영어교육과 응용언어학 연구를 위한 SPSS의 활용

영어교육과 응용언어학 연구를 위한 SPSS의 활용

백 승 현

전남대학교출판부

머리말

인문사회과학의 연구 방법론적 접근에 있어 SPSS (Statistical Package for the Social Sciences)의 활용은 기술적(descriptive)/추론적(inferential) 통계에 매우 중요한 역할을 차지하고 있다. 특히, 양적연구의 방법론적 측면에서는 더더욱 그러하다. 하지만 기존의 통계학과 SPSS의 활용을 연계한 분야는 주로 통계학, 사회학, 심리학 등에 국한되어 있어 영어교육·응용언어학 분야의 학생들은 자신들의 분야의 논문을 작성 시 통계처리 및 결과 보고에 많은 어려움을 겪고 있다. 이러한 어려움의 가장 큰 이유는 통계학에 기초한 수리통계의 개념을 이해하기 어렵고 기존의 학술도서들은 영어교육·응용언어학분야의 내용과는 다른 각 해당분야의 예시내용과 용어를 사용하고 있어 통계개념을 이해하더라도 그 개념을 영어교육과 응용언어학분야로의 재적용이 어려운 실정이다. 본 도서 '영어교육과 응용언어학 연구를 위한 SPSS의 활용'은 이러한 문제점들을 극복하며 동시에 전공학생들이 통계학의 개념을 쉽게 이해하여 SPSS 프로그램의 활용에 익숙해지도록 하는데 있다.

본 도서의 내용은 다음과 같다. 데이터 코딩 (Coding), 처리 (Data Organization & Reduction) 및 기술·빈도분석 (Descriptive/Frequency Analysis: Crosstab)에서 부터 각 통계분석의 방법 즉, T 검정 (T-test: One-sample T-test; Paired-sample T-test; Independent-samples T-test), 분산분석 (ANOVA: One-way ANOVA; Two-way ANOVA; One-way Repeated-measures ANOVA; Two-way Repeated-measures ANOVA, Split Plot Two-way Repeated-measures ANOVA), 공분산분석 (ANCOVA), 상관분석 (Correlation), 신뢰도 (Reliability: Cronbach's α), 회기분석 (Regression: Simple·Multiple Linear Regression; Multiple Ordered Linear Regression), 카이스퀘어 검정 (Chi-square Test: χ^2) 그리고 요인분석 (Factor Analysis)과 같은 기본적으로 필요한 수리통계 공식을 제공하여 각 통계분석도구의 개념을 이해시키고 각각의 사용목적을 비교·설명하고 있다. 동시에 영어교육과 응용언어분야의 데이터 샘플을 사용하여 각 통계분석도구를 실행하는 SPSS

SPSS 프로그램 운영을 입체적으로 보여준다. 나아가서는 SPSS 프로그램 결과(output)를 이해하고 해석하여 영어교육 및 응용언어학분야에 어떻게 적용할 수 있는지에 이르기까지 자세히 설명하고 있다. 아울러 각 장의 데이터 샘플을 CD로 제작하여 실제 영어교육·응용언어학 전공자들에게 연구진행에 활용성이 높도록 구성하였다.

본 도서는 기존의 통계학을 영어교육 및 응용언어학 연구방법론으로 적용을 처음으로 시도한 학술서적으로서 통상적인 사회과학분야에 머무르던 통계학을 영어학 및 영어교육분야로 확대시킨 새로운 접근에 그 가치성과 의의를 둘 수 있다. 또한 단순히 이 분야에서 어떻게 SPSS 프로그램을 활용하는가에 머무르는 것이 아니라 기본적인 통계개념을 제시하며 각 통계분석도구의 목적과 사용을 비교·설명하고 있어 대학원생의 연구방법론에 관한 통계학적 이해와 실제 실험연구의 적용 및 논문작성에 도움을 줄 수 있으리라 기대된다. 아울러 영어교육 및 응용언어학 분야의 학생들이 쉽게 이해할 수 있도록 해당 연구 설계(research design)에 따른 통계분석방법을 제시하고 있다. 따라서 통계적 지식의 필요성을 절감하면서도 통계적 방법에 대해서는 어려운 문제로 여기는 영어교육·응용언어학 연구자들에게 연구방법론 및 분석의 입문서·지침서로 활용가능하리라 기대한다.

끝으로 본 도서의 자료수집과 편집에 도움을 준 박사과정 지문건에게 고마운 마음을 전하면서 또한 힘들고 지칠 때 위로가 되어준 나의 가족, 아들 종민이와 아내 황광선에게 감사의 마음을 전하고 싶다.

2012. 1

저 자

목 차

1. 연구란 무엇인가?

연구란 새로운 지식을 발견하는 과정이다(Hatch & Lazaraton, 1991).

1.1. 연구의 특성(Characteristics of Research)

1) 기존 연구를 토대로 한다(based on the previous research). 즉, 기존 연구의 방법들과 결과를 기반으로 연구가 이루어진다.
2) 반복 가능해야 한다(replication). 연구방법 및 절차 등이 다른 실험 집단에서도 반복적으로 사용되어져야 하고, 연구의 결과들이 다른 연구에서도 사용되어져야 한다.
3) 다른 집단에서도 일반화되어져야 한다(generalizability).
4) 이론과 논리적 설명에 근거해야 한다. 즉, 본 연구의 배경과 이론적 설명(rationale)이 제시되어야 한다.
5) 실현가능해야 한다(doability). 문제 제기에 대한 답을 제시할 수 있어야 한다. 즉, 실현가능한 연구 주제를 선정해야 한다.
6) 새로운 문제를 제기(generating new questions)하거나 순환적이다(cyclicity).
7) 점진적이다(increment). 한꺼번에 이루어지는 것이 아니라 다른 연구들을 기반으로 점진적으로 이루어진다.
8) 사회 발전에 이바지해야 한다(for the betterment of society). 특히, 정치적 목적에 의한 연구가 아니라 사회 발전을 위한 연구가 되어야 한다(apolitical activity).

1.2. 연구 방법의 형태(Type of Research)

1) 비실험적 연구(Non-experimental Research): 변수들 간의 인과 관계(Causal Relationship)를 알 수 없다. 다시 말해, 원인과 결과(cause-and-effect)를 검정하고 분석하는 것이 아니라 사실만을 기술한다. 기술적 연구(Descriptive Research), 역사적 연구(Historical Research), 상관적 연구(Correlational Research), 질적 연구(Qualitative Research) 4가지가 있다.

① 기술적 연구(Descriptive Research): 현존하는 현상들의 특징을 설명한다. 학습자들이 사용하는 학습 방법을 알아보기 위한 설문지 조사(questionnaire), 학습 현장에서 사용되어지는 교수법이 무엇인지를 알아보기 위한 방법 등이 해당된다. 또한 개인 또는 작은 집단을 연구하는 사례 연구(case studies)가 기술적 연구에 해당된다. 구체적으로는 Longitudinal Study(age change), Cross-sectional Study(age difference) 방법으로 사례 연구를 할 수 있다. 개인의 특성을 구체적이고 자세하게 설명은 할 수 있으나, 일반화(generalization)하는 데는 많은 한계점이 있다.

② 역사적 연구(Historical Research): 과거 사실의 관계를 조사한다. 예를 들면, 수능 영어 점수의 시대별, 지역별 점수 차이, 또는 시대에 따른 지역별 점수 차이를 알아본다.

③ 상관적 연구(Correlational Research): 변수들 간의 수평적 관계(linear relationship)를 조사한다. 예를 들면, 학습 시간에 따른 영어 점수의 과계를 알아 본다. 그러나 이 상관적 연구는 긍정적/부정적 관계(positive/negative relationship)를 알아보는 것이지 인과 관계(causal relationship)를 알아보는 것이 아니다.

④ 질적 연구(Qualitative Research): 숫자(number)를 사용하지 않는 사회 또는 행동 과학 연구이다. 실험적 모델보다는 다른 이론 체계들을 조사한다. 즉, interviews, historical methods, case studies, ethnography등을 이용하여 인간 행동(human behavior)을 연구하는데 qualitative(or non-numeric) primary data로 결과가 나타난다. 예를 들면, interview의 빈도수(frequency)보다는 내용(contents)에 더 많은 관심이 있다. 대부분의 비실험적 연구(non-experimental research)가 여기에 속한다.

2) 실험적 연구(Experimental Research): 집단 현상(group phenomena) 또는 개인 행동(individual behavior)과 관련된 변수들 간의 인과관계(causal relationship)를 통하여 집단이나 개인의 현상적·행동적 특징을 연구하는 것이다. 영어교육과 응용언어학 분야에서는 일반적으로 언어 인지 또는 언어 습득을 숫자로 계량화하여 언어적 특성을 조사한다. 실험 연구(true experimental research), 유사 실험 연구(quasi-experimental research) 2가지가 있다.

① 실험 연구(True Experimental Research): 통제 집단(control group)과 실험 집단(experiment group)으로 나누어 실험의 효과(effect of treatment)를 비교·분석

하는 것이다. 예를 들면, 실험 집단과 통제 집단이 있을 때 실험 전 영어능력이 동일하다고 가정했을 경우 실험(treatment: instruction)후 영어 능력을 비교·분석하여 영어 능력의 차이가 있을 때 실험이 영어 능력에 영향을 미치는 인과 관계를 알 수 있다.

② 유사실험 연구(Quasi-Experimental Research): 실험 연구와 개념은 비슷하지만, 피실험자의 특성이 이미 결정되어졌기 때문에 연구자가 임의적으로 바꿀 수 없는 경우이다. 예를 들면, 성별(gender), 나이(age), 모국어 능력의 차이에 따른 제2언어 능력을 비교·분석하는 것이다.

표 1.1. 실험 연구와 유사 실험 연구의 차이점
(Differences between true experimental research and quasi-experimental research)

	실험 연구 (True Experimental Research)	유사 실험 연구 (Quasi-Experimental Research)
통제집단 (Control Group)	Always	Often
임의추출 (Random Selection)	Yes	No
임의배치 (Random Assignment)	Yes	No
임의실험 (Random Treatment)	Yes	No
외적변수통제(Control over extraneous variable)	Yes	Some

* 질적연구(Qualitative Research)와 양적연구(Quantitative Research)의 차이점:
연구 결과를 숫자(number)로 나타내느냐, 그렇지 않느냐의 차이다. 질적연구(qualitative research)는 수로 나타나지 않는 사회 또는 행동 과학(behavioral science) 연구이다. 예를 들면 문헌(documentation), 문서기록(archival records), 직접관찰(direct observation), 참가자관찰(participant observation), 인터뷰(interviews) 등이 있다. 양적연구(quantitative research)는 사회 또는 행동 과학 연구에서 좀 더 적합한 도구가 될 수 있는 통합적인 연구(integral research)이다.

* 실험연구(Experimental Research)와 비실험연구(Non-experimental Research)의 차이점:
연구 결과에 대해서 변수들간에 인과 관계(causal relationship)를 나타내느냐, 그렇지 않느냐의 차이다. 실험연구(experimental research)는 변수들 간에 원인(cause)과 효과(effect)를 알 수 있지만, 비실험 연구(non-experimental research)는 변수들 간에 인과 관계를 나타내는 것이 아니라 단지 변수들 간에 관계(relationship)만을 나타낸다.

1.3. 연구 절차(Research Procedures)

1) 문제 제기(asking the question): 연구자가 관심을 가지고 있는 분야의 문제점을 제시한 후, 연구의 필요성과 연구의 목적을 제시한다.
2) 중요한 변수 확인(identifying the important factors): 연구와 관련된 중요한 요소들을 확인한다. 예를 들면 언어 환경, 영어 교육 경험 등을 확인한다.
3) 가설 설정(formulating a hypothesis): 객관적 사실을 근거로 가설을 설정한다.
4) 자료 수집(collecting relevant information) : 모집단(population)의 특성을 잘 반영할 수 있는 표본(sample) 및 측정 도구(시험지, 설문지 등)를 수집한다.
5) 가설 검정(testing and working with the hypothesis): 연구 문제의(research question) 결과를 가설과 비교・검토하여 검정한다.
6) 이론 재고(reconsidering the theory): 연구 결과가 이론에 부합하는지를 확인한다.
7) 새로운 문제 제기(asking new question): 미래연구를 위한 새로운 문제를 제기한다.

1.4. 통계 연구의 특징(Characteristics of Statistical Research)

1) 체계적이다(systematic): 정확한 절차적 규칙에 명료한 구조이어야 한다.
2) 논리적이다(logical): 단계별로 진행이 되어야 한다.
3) 실체적이다(tangible): 현실 세계에서 수(number)로 나타낼 수 있는 점수(score), 순위(rank), 등급(grade) 등 양적 자료(quantitative data)이어야 한다.

4) 반복적이다(replicable): 똑같은 조건에서 또 이루어질 수 있어야 한다.

5) 명료적이다(reductive): 새로운 패턴이나 경향을 발견할 수 있을 만큼 간단명료해야 한다.

표 1.2. 연구 방법의 형태 (Type of Research)

	비실험적 (Non-experimental)				실험적 (Experimental)	
	기술적 연구: Descriptive	역사적 연구: Historical	상관적 연구: Correlational	질적 연구: Qualitative	실험 연구: True Experimental	유사 실험 연구: Quasi-Experimental
목적	현존하는 현상들에 대한 특성 설명	과거의 일을 현재의 일과 연계해서 관계 설명	변수들 간의 관계 조사	인간행동, 사회적, 문화적, 정치적 관계 조사	변수들 간의 실제적인 인과 관계 설명	완전한 통제가 이루어지지 않은 상태에서의 인과 관계 설명
예시	남자 청소년의 흡연 습관 조사	현재 음악치료와 고든 음악이론의 관계 분석	컴퓨터 사용시간과 영어평균 점수와의 관계조사	어린이 영어교육 정책 효과의 사례 연구 분석	어린이들의 취학 전 언어 프로그램의 효과	언어환경에 따른 영어 능력의 성별차이

2. 변수(Variable)와 척도(Scale)란 무엇인가?

2.1. 변수(Variable)란?

변수란 케이스(case)에 따라서 서로 다른 값을 가질 수 있는 각각의 특성 또는 개념을 말한다(Crawley, 2007). 케이스(case)란 관심 있는 내용에 대해서 관찰하고자 하는 측정대상, 즉 피실험자 또는 피실험자 집단을 가리킨다. '성별(gender)', '학년(grade)', 'L1 또는 L2 학습자' 또는 'ESL환경과 EFL환경', '언어점수(language proficiency)' 등이 변수에 해당된다. 또한 변수는 측정방법에 따라 질적변수와 양적변수로 나누어지고, 변수의 연속성 여부에 따라 연속형 변수와 이산형 변수로 분류된다.

2.1.1. 변수의 종류 (Type of Variables)

1) 독립변수(Independent Variable): 독립변수는 영향을 주는 변수로서 원인 변수(predictor, factor, treatment, causal variable) 라고도 한다. 예를 들면, 해외 어학연수의 경험이 있는 집단과 없는 집단 간의 영어 능력을 측정 비교할 때, 어학연수 경험은 독립변수가 된다. 또한 ESL환경과 EFL환경의 집단간의 영어능력을 평가 비교할 때, ESL환경과 EFL환경, 즉 언어환경은 독립변수에 해당된다.

2) 종속변수(Dependent Variable): 독립변수에 영향을 받는 변수로서 결과 변수(outcome/central Variable)라고도 한다. 영어 교수법(i.e., task-based vs. content-based instruction)의 효과를 통해 영어 능력을 측정하고자 할 때 각 집단의 영어 점수가 종속변수가 된다.

3) 조절변수 (Moderator Variable): 독립변수의 또 다른 형태의 변수이다(interacting variable). 예를 들어, 영어 학습 기간에 따른 영어성취도를 측정하고자 할 때, 영어 학습 기간은 독립 변수이고, 영어성취도(English proficiency achievement)는 종속변수이다. 하지만 이때 학습방법에 따라 영어성취도가 다르게 나타날 수 있으므로 학습방법을 조절변수라 한다.

4) 통제변수 (Control Variable): 독립, 종속, 조절 변수간의 관계에 영향을 미칠 수 있는 제3의 외적 변수이다(restricting extraneous variable). 명시적 학습(explicit

learning)과 비명시적학습(implicit learning)의 따른 영어성취도를 측정할 때 학습방법은 독립변수이고, 영어성취도는 종속변수이다. 이때 사전영어 교육경험의 유무(previous educational background in English)에 따른 영어성취도가 다르게 나타날 수 있다. 이때 사전영어 교육경험을 통제변수라 한다.

5) 매개변수(Intervening Variable) : 독립변수와 종속변수를 연결하는 관계 또는 과정에 적용되어 지는 추상적이고 이론적인 변수이다(theoretical variable). 위의 예를 다시 든다면 영어 학습 기간에 따른 영어 성취도를 측정하고자 할 때 영어교사의 능숙도(teacher effectiveness)가 영어성취도에 영향을 미칠 수 있다. 이때 영어교사의 능숙도가 매개변수이다.

표 2.1. 연구: 변수들간의 관계

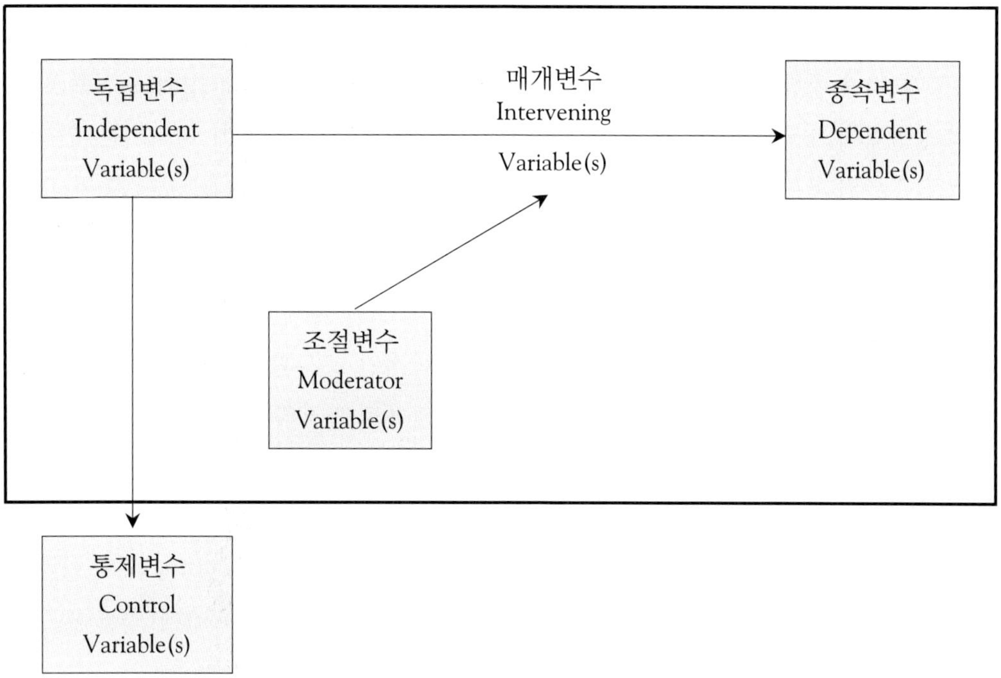

2.1.2. 측정방법에 의한 분류

1) 질적변수 (Qualitative Variable): 각각의 단위가 갖는 성질을 개별적으로 분별·관찰할 수 있는 변수이다. 즉, 변수의 크고 작음이 없는 것으로 성별, 어학연수 경험의 유무, 영어학습전략, 언어 환경(ESL, EFL) 등이다.

2) 양적변수 (Quantitative Variable): 개개의 단위가 갖는 양의 크기를 수량으로 표시되어 관찰할 수 있는 변수이다. 즉, 변수의 크고 작음이 있는 것으로 예를 들어 영어 성취도 점수가 양적 변수에 해당된다.

2.1.3. 변수의 연속성에 의한 분류

1) 연속형 변수 (Continuous Variable): 케이스를 크기나 양에 따라 분류하는 것으로 실수로 구성되어 있다. 영어 점수가 대표적인 예이다.
2) 이산형 변수 (Discrete Variable): 케이스를 속성이나 성질에 따라 분류하는 것으로 정수(integer)로 구성되어 단지 분류만을 목적으로 한다. 성별, 영어학습전략, 영어교수법, 언어 환경(ESL, EFL) 등이 이산형 변수에 해당된다.

결론적으로 언어 환경(ESL, EFL)의 경우 측정방법에 따라서는 질적 변수로, 변수의 연속성에 의한 분류에 따라서는 이산형 변수로 분류된다. 또한 영어 성취도 점수의 경우 측정방법에 따라서는 양적변수로, 변수의 연속성에 의한 분류에 따라서는 연속형 변수로 분류된다.

2.2 척도(Scale)란?

측정대상(case)의 속성에 대해서 객관적이고 과학적인 조사를 위한 숫자체계를 의미한다(Mackey & Gass, 2005). 즉, ESL환경의 집단과 EFL환경의 집단에서 학습한 집단의 영어능력을 측정하고자 할 때, ESL환경의 집단과 EFL환경의 집단은 하나의 개념이지 숫자가 아니다. 이와 같은 경우 ESL환경을 '1', EFL환경을 '2'로 구분하여 변수 값을 부여하고, 영어 능력에 대해 변수 값을 부여하는 것을 척도라 한다. 다시 말해서 측정하고자 하는 대상의 숫자체계이다. 측정수준(level of measurement)에 의한 척도를 분류하면 다음과 같다.

1) 명목척도 (Nominal Scale): 서로 다른 값을 가지는 측정대상이 우열이 없고, 변수의 크고 작음도 나타낼 수 없다. 예를 들면 성별, 영어학습전략, 어학연수경험의 유무, 영어교수법, 영어언어환경 등이다.
2) 순서척도 (Ordinal Scale): 서로 다른 값을 가지는 측정대상이 우열이 있고, 변수의 크고 작음을 나타낼 수 있다. 예를 들면 학년(grade), 영어성적의 순위(rank),

리커트척도(Likert Scale) 등이다. 순서척도에서 중요한 점은 인접한 두변수의 값들이 서열 및 순서는 있지만 일정한 차이가 있는 것은 아니다. 즉, 변수의 내용 및 정보까지는 알 수 없다.

3) 구간척도 (Interval Scale): 서로 다른 값을 가지는 측정대상이 우열이 있고, 변수의 크고 작음이 있으며, 두 변수의 차이는 일정하다(equal distance). 예를 들면 온도, IQ, 영어점수(English proficiency score-TOEFL TOEIC, TEPS) 등이다. 구간척도의 특징은 '절대 0(absolute zero)'이 없다는 것이다. 온도에는 0℃는 온도가 없다는 것이 아니라 임의로 정해놓은 값이다(arbitrary value).

4) 비율척도 (Ratio Scale): 서로 다른 값을 가지는 측정대상이 우열이 있고, 변수의 크고 작음이 있으며, 두 변수의 차이가 일정하며, 비(ratio)가 있다. 예를 들면 연령, 키, 몸무게, 전압, 강우량 등이다. 비율척도의 특징은 '절대 0(absolute zero)'이 있다는 것이다. 즉, 몸무게가 0이면 무게가 없다는 것이다. 또 전압 100(W)는 50(W)의 2배이며, 전압 0(W)은 전류가 없다는 의미이다. 일반적인 영어교육과 응용언어학 연구에서 비율척도와 구간척도는 실제적으로 엄격히 구분되어 쓰이지는 않는다.

다음의 표 2.2은 척도(scale)가 제공하고 있는 정보들을 설명한다.

표 2.2. 척도가 제공하는 정보

척도 (scale)	정보 유형 (Type of Information Provided)			
	범주 (category: name)	순서 (order: rank)	구간 (interval: distance)	비율 (ratio: zero/ multiplication)
명목척도 (nominal scale)	○			
서열척도 (ordinal scale)	○	○		
구간척도 (interval scale)	○	○	○	
비율척도 (ratio scale)	○	○	○	○

위의 표 2.2를 근거하여 척도(Scale)의 대표적인 예들을 설명하기로 한다.

명목척도의 대표적인 예는 영어 학습 전략이다: '상위인지전략(metacognitive strategy),

인지전략(cognitive strategy), 사회적상호작용전략(socioaffective strategy)' 이러한 전략들은 구분만 있을 뿐이지 순서(order), 차이(distance), 비율(ratio)이 없다. 한편 설문지의 리커트 5점 척도(Likert 5-Scale)는 순서척도(ordinal scale)에 해당된다. 예를 들면 영어 학습시 문법의 중요성을 묻는 문항에서 '매우그렇다=5, 그렇다=4, 보통이다=3, 그렇지않다=2, 전혀그렇지않다=1' 리커트 5점 척도일 경우 5가지의 구분과 순서는 있지만 차이와 비율은 없다. 또 다른 대표적인 순서척도의 예는 영어 성적의 순위이다. 1등과 2등, 2등과 3등 역시 구분과 순서만 있을 뿐이지 순위의 차이(점수)와 비율은 알 수 없다. 한편, 영어점수(English proficiency score)는 구간 척도(interval scale)에 해당된다. 영어 점수의 경우 0점, 30점, 80점, 100점이라고 했을 때, 점수의 구분, 순서, 차이가 있는 것을 알 수 있다. 하지만 점수가 0점이라고 할지라도 영어 지식의 무(無)를 나타내는 것은 아니기 때문에 영어 점수의 경우 구간 척도에 속한다. 그러나 영어교육 및 응용언어학 분야에서는 비율척도(ratio scale)에 해당하는 부분이 거의 없다고 볼 수 있다. 다시 말해서, 영어 점수의 경우 0점, 50점, 100점일 경우라 할지라도 0점을 영어 지식에 대해 무(無)라 할 수 없고, 100점이 50점보다 2배 영어지식이 많다고 말할 수 없다. 위의 예시에서 보듯이 구간·비율척도는 서열척도와 명목척도가 될 수 있고, 서열척도는 명목척도가 될 수 있다. 그러나 반대로 명목척도는 서열척도와 구간·비율척도가 될 수 없고, 서열척도는 구간·비율척도가 될 수 없음을 알 수 있다.

2.3. 변수(Variable)와 척도(Scale)의 차이점은 무엇인가?

변수란 케이스(case)에 따라서 서로 다른 값을 가질 수 있는 각각의 특성 또는 개념을 말하고, 척도란 측정하고자 하는 특성과 개념에 대응하는 값 또는 숫자체계이다.

표 2.3. 변수와 척도의 차이점에 관한 예시

변수(Variable)	언어 환경	
개념(속성)	ESL	EFL
변 수 값	1	2
척도(Scale)	명목척도	

위의 표 2.3을 예로 다시 설명하면 언어 환경(ESL, EFL)이라는 특성 또는 개념이 변수가 되고 이 특성과 개념에 '1' 또는 '2'에 대응하는 변수 값이 척도이다. 그 변수값을 부여하는 과정에 따라 명목척도, 순서척도, 구간척도, 비율척도로 나누어진다.

3. 데이터 구성 (Data Organization)

3.1. 데이터 소개

SPSS 15.0 프로그램 운영을 바탕으로 데이터(data)및 변수 작성을 설명하고자 한다. 데이터는 직사각형 모양의 숫자의 모임으로, 각 케이스(case)가 행(row)을 이루고, 각 변수(variable)가 열(column)을 이루는 숫자의 행렬(matrix)이다.

3.2. 데이터 작성

데이터 작성이란 원자료(설문지, 평가지)를 SPSS에서 분석할 수 있는 형태로 만드는 과정이다. 마치 한 장의 종이위에 숫자를 적어 놓은 것과 같아서 데이트시트(datasheet)라고 한다. 데이터시트를 만들고 응용할 수 있는 몇 가지 방법을 소개하면 다음과 같다.

1) 원자료를 SPSS 데이터 편집기 창에 직접 입력하여 만드는 방법
2) 원자료를 엑셀(excel)에 입력하여 만드는 방법

3.3. 원자료를 SPSS 데이터 편집기 창에 직접 입력하여 만드는 방법

이 방법은 케이스와 변수의 수가 비교적 적은 경우에 손쉽게 이용할 수 있는 방법이다. 변수 정의란 변수보기(variable view) 창을 통해 이름을 정의하는 것이다. 변수정의에는 이름(name), 유형(type), 자리수(width), 소수점이하자리(decimals), 설명(label), 값(values), 결측값(missing), 열(column), 맞춤(align), 측도(measure)가 있다.

1) 변수의 이름과 유형 등을 정의하기 위하여 "변수 보기(Variable View)" 탭을 선택한다.

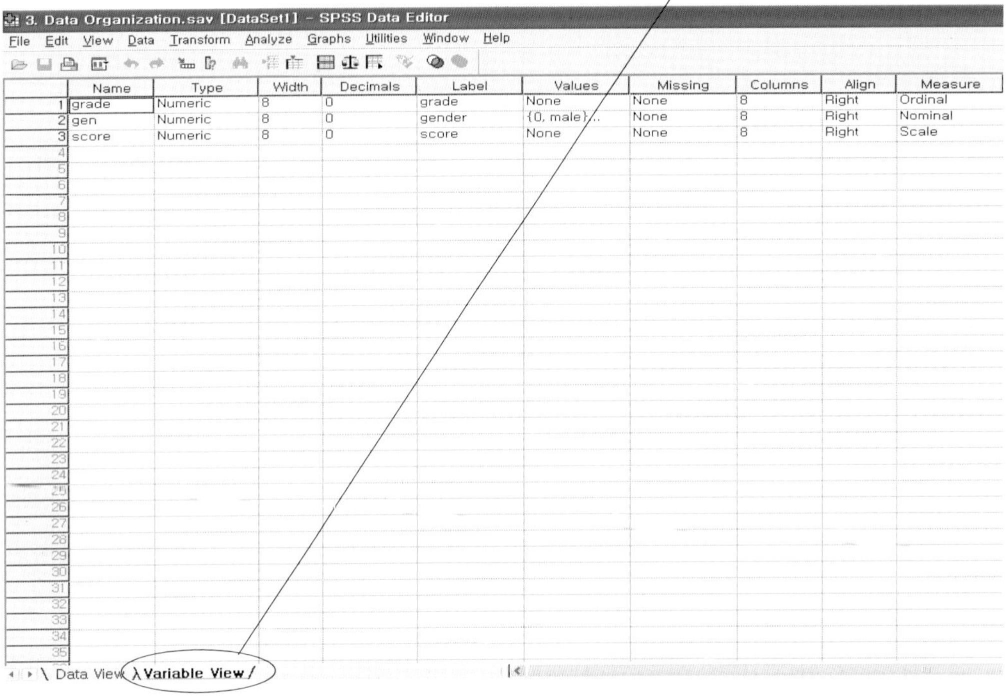

① 이름(Name) 정의하기: 열이 숫자로 나열되어 있어 이해하기 힘든 변수에 이해를 쉽게 하기 위해 이름을 부여하는 것이다. 차후에 분석을 하게 되면 모든 결과들은 변수 이름을 출력하게 된다. 뒤에 설명(Label)란에 전체이름을 기입한다. 변수 이름에는 알파벳이나 한글, 숫자가 들어갈 수 있다. 첫 자는 반드시 알파벳이나 한글이어야 하며, 이름의 길이는 영문은 8자까지, 한글은 4자까지 가능하다.

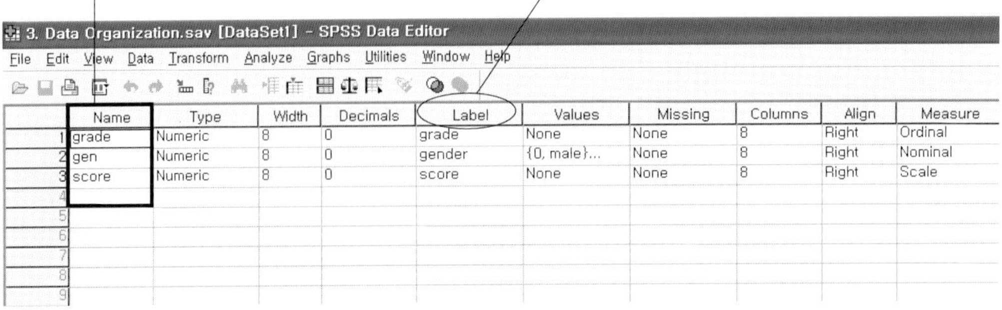

② 유형(Type) 정의하기: 측정 자료의 표기하는 방법이다. 즉, 데이터(data)의 형식을 지정해준다. 여기에는 숫자(Numeric), 날짜(Date), 문자열(String)등 8가지의 유형이 있으나, 영어교육 및 응용언어학 분야에서 가장 많이 쓰이는 숫자(Numeric)을 중심으로 설명한다. 변수 유형 대화상자에는 너비(Width),와 소수점이하자리수(Decimal Places)가 있다.

* 숫자(Numeric): 변수의 값이 숫자일 때 선택한다.
* 너비(Width): 데이터의 전체 길이를 나타낸다. 즉, 변수의 크기를 지정한다. 8자리가 기준이다.
* 소수점이하 자리수(Decimal Places): 소수점이하 2자리까지 입력할 수 있음을 의미한다. 그러나 연구 특성 및 본질에 따라 너비(Width)와 소수점이하 자리수(Decimal Places)는 변경되어질 수 있다.

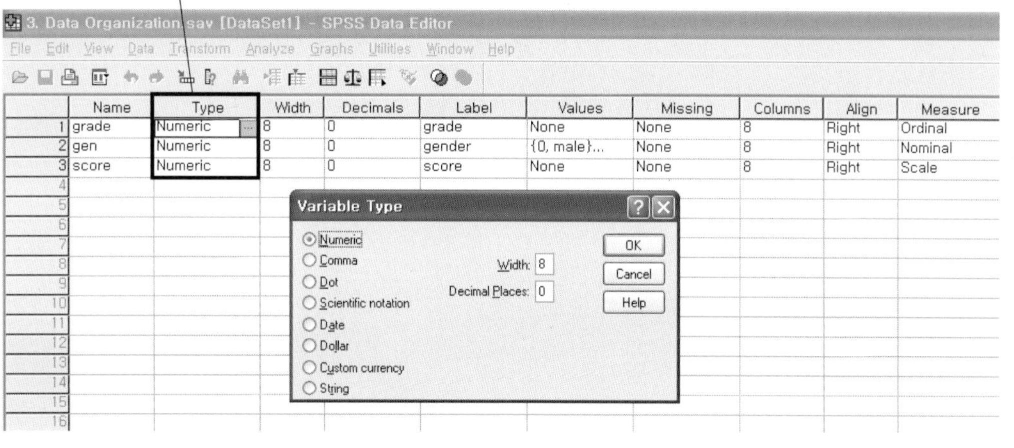

③ 설명(Label) 붙이기: 원자료(raw data)가 숫자로 입력되었기 때문에 그 숫자를 설명하는 부호화된 변수이름이 필요하다. 그 변수이름이 무엇을 나타내는지 알 수 있도록 설명(Label)란에 자세하게 쓸 수 있다. 변수이름이 무엇을 나타내는지 코드북을 참고하지 않아도 알 수 있다. 예를 들면, 변수 이름은 'gen' 라고 명명하였을 때 그 이름을 설명하기 위한 'gender'를 표시함으로써 구체적인 내용을 쉽게 파악할 수 있다.

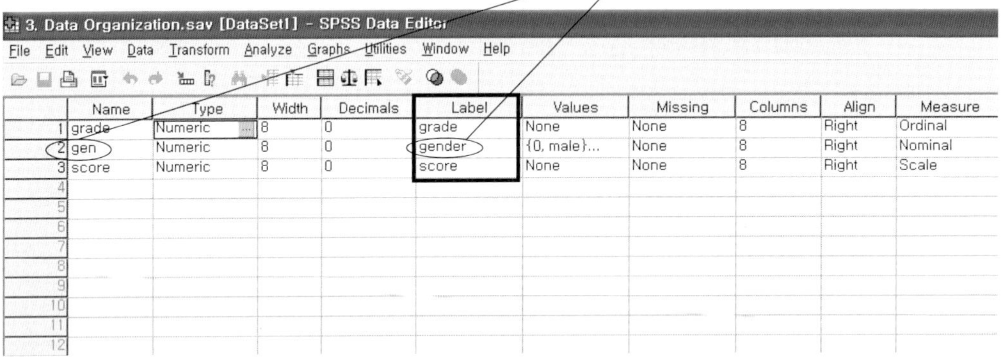

④ 변수값(Values)에 설명 붙이기: 변수값이 무엇을 의미하는지를 설명한다. 변수보기 시트에서 먼저 '변수값(Values)'에 해당하는 셀을 선택한다. 셀의 오른쪽 부분을 선택하면 변수값 설명(Value Labels) 대화 상자가 나온다. 성별의 경우 '기준 값 Value)' 상자에 첫 번째 값 '0'을 '설명(label)' 상자에 'male'를 입력한 후 '추가(Add)'를 선택하면 성별의 변수값 '0'에 대한 설명문 표기가 완성되어 설명표시 공간에 나타난다. 또 '기준값(Value)'에 '1'을 입력한 후 설명(Label)에 'female'를 입력한 후 '추가(Add)'를 선택하면 설명표시 공간이 완성된다. 마지막으로 확인(OK)을 선택한다. 영어 학습 방법을 확인하는 설문지의 경우도 먼저 '기준값(Value)' 란에 '5'을 입력한 후 '설명(Label)'란에 '매우 그렇다'를 입력하고 '추가(Add)'를 선택한다. 다시 '기준값(Value)'란에 '4'를 입력한 후 '설명(Label)'란에 '그렇다'를 입력하고 '추가(Add)'를 선택한다. 똑같은 방법으로 '3, 2, 1'을 반복한 후 확인(OK)을 선택한다.

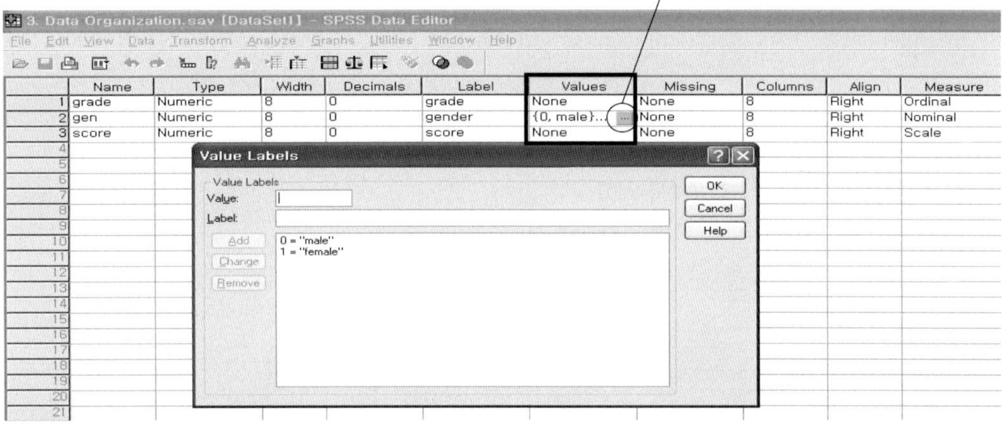

표 3.1. 가상의 데이터에 대한 약식 코드북

피실험자의 순번 (subject number)	
성별 (gender)	남=0, 여=1
언어 환경 (language environment)	EFL=0, ESL=1
측정종류 (test type)	pretest=1, posttest=2
영어능력수준 (English proficiency level)	상위집단(high level)=1, 중위집단(middle level)=2, 하위집단(low level)=3
설문지 문항별항목	매우 그렇다(strong agree)=5, 그렇다(agree)=4, 보통이다(neutural)=3, 그렇지 않다(disagree)=2, 전혀 그렇지 않다(strong disagree)=1

⑤ 결측값(Missing) 정의하기: 각 변수값에서 피실험자(subject)가 응답을 하지 않았거나 무의미한 변수값일 때, 또는 분석에서 제외하고자 할 때 사용한다. 결측값 대화상자에는 3가지가 있다.

* 결측값 없음(No Missing Values): 결측값이 없을 때 사용한다. 기본적으로 지정되어 있다.
* 이산형 결측값(Discrete Missing Values): 결측값을 각각 3개까지 지정할 수 있다.
* 한 개의 선택적 이산형 결측값을 더한 범위(Range plus One Optional Discrete Missing Value) : 3개 이상의 결측값이 있을 때 낮은 수(Low)부터 높은 수(High)의 범위를 결측값으로 지정하거나, 또한 범위를 벗어난 개별값(Discrete value)을 결측값으로 지정할 수 있다.

성별(gender), 언어 환경(language environment), 설문지(questionnaire)등 '1~5'의 한 자리 수의 응답일 경우 보통 '9'를 결측값으로 사용하고, 영어점수(English proficiency score)의 경우 '000'으로 결측값을 사용할 수 있다. 중요한 것은 결측값을 지정할 때 변수값(values)에 사용된 값을 사용할 수 없다.

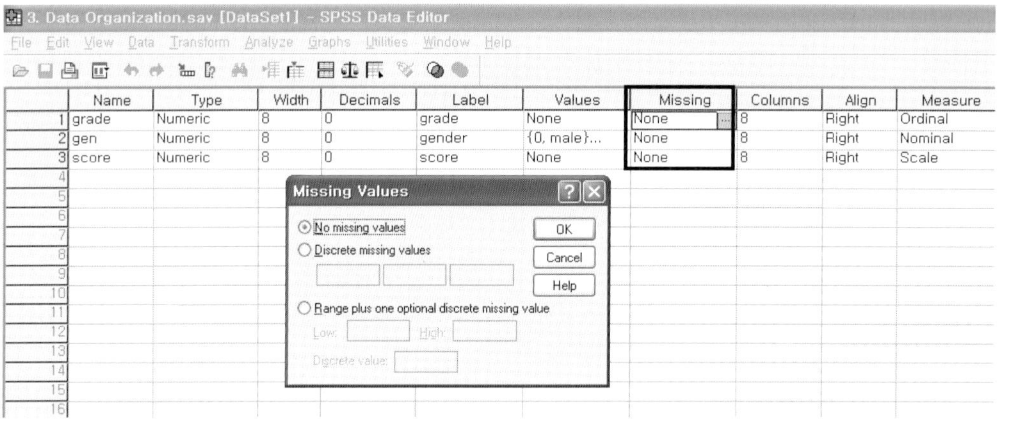

⑥ 열(Columns): 변수의 자리수를 의미하는 것으로 초기 지정값은 '8'로 지정되어 있다.

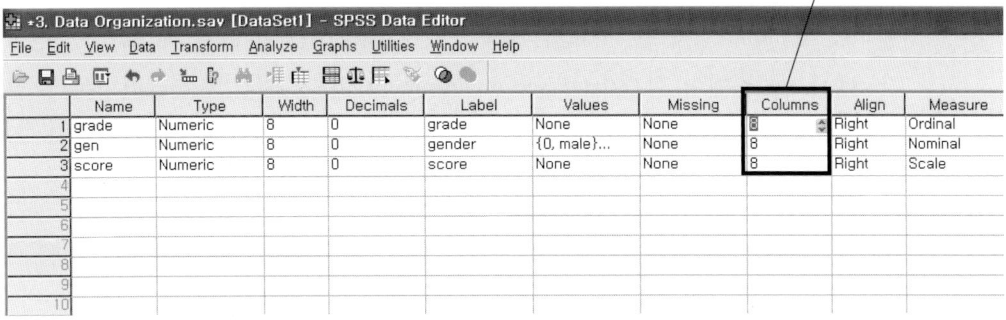

*3. Data Organization.sav [DataSet1] - SPSS Data Editor

File Edit View Data Transform Analyze Graphs Utilities Window Help

	Name	Type	Width	Decimals	Label	Values	Missing	Columns	Align	Measure
1	grade	Numeric	8	0	grade	None	None	8	Right	Ordinal
2	gen	Numeric	8	0	gender	{0, male}...	None	8	Right	Nominal
3	score	Numeric	8	0	score	None	None	8	Right	Scale
4										
5										
6										
7										
8										
9										
10										

⑦ 맞춤(Align): 자료를 어떻게 정렬할 것인가? 즉, 자료의 정렬 방식을 알려준다. 왼쪽(Left), 가운데(Center), 오른쪽(Right) 이 있다.

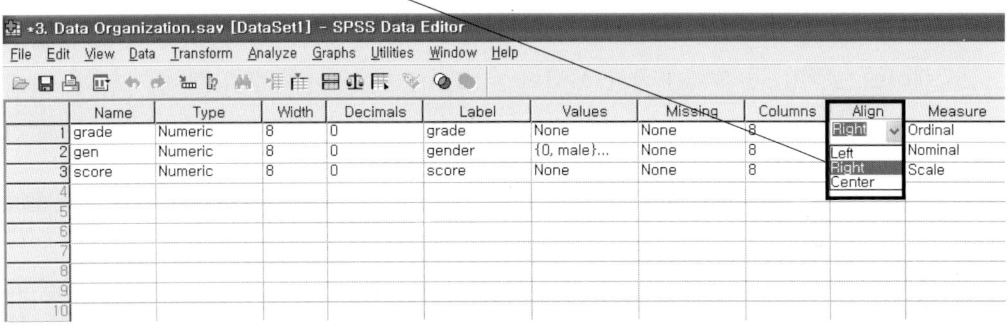

*3. Data Organization.sav [DataSet1] - SPSS Data Editor

File Edit View Data Transform Analyze Graphs Utilities Window Help

	Name	Type	Width	Decimals	Label	Values	Missing	Columns	Align	Measure
1	grade	Numeric	8	0	grade	None	None	8	Right	Ordinal
2	gen	Numeric	8	0	gender	{0, male}...	None	8	Left	Nominal
3	score	Numeric	8	0	score	None	None	8	Right	Scale
4									Center	
5										
6										
7										
8										
9										
10										

⑧ 측량(Measure): 변수의 척도를 결정한다. 측량에서는 'Scale(척도), Ordinal(순서), Nominal(명목)' 3가지가 있다. Scale(척도)는 자료가 구간척도 및 비율척도에 해당하는 변수일 때, Ordinal(순서)은 자료가 순서척도에 해당하는 변수일 때, Nominal(명목)은 자료가 명목척도에 해당하는 변수일 때 각각 지정한다. 예를 들어 언어 환경(language environment)의 경우는 'Nominal(명목)'으로 설문지의 경우는 'Ordinal(순서)'로, 점수의 경우는 'Scale(척도)'로 지정할 수 있다.

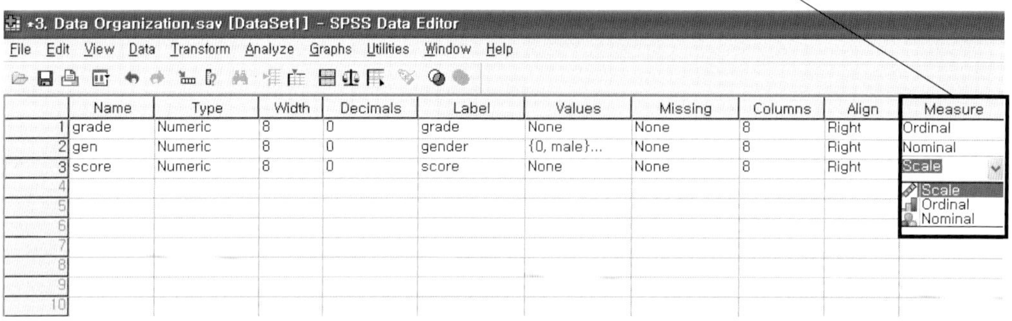

2) '데이터 보기(Date View)'에서 데이터 보기 시트에 데이터(숫자)를 입력한다. 아래의 자료는 학년(grade), 성별(gender), 점수(score)를 나타낸다.

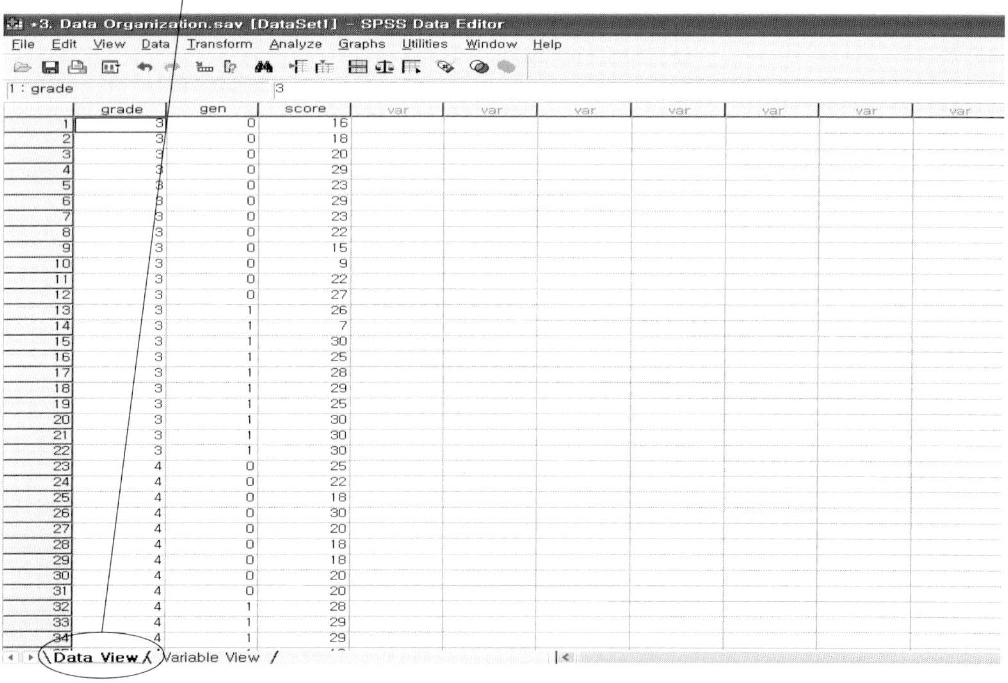

3.4. 원자료를 엑셀(Excel)을 이용하여 만드는 방법

1) SPSS Data Editor 창에서 파일(File) → Open Database → New Query를 순서대로 선택한다.

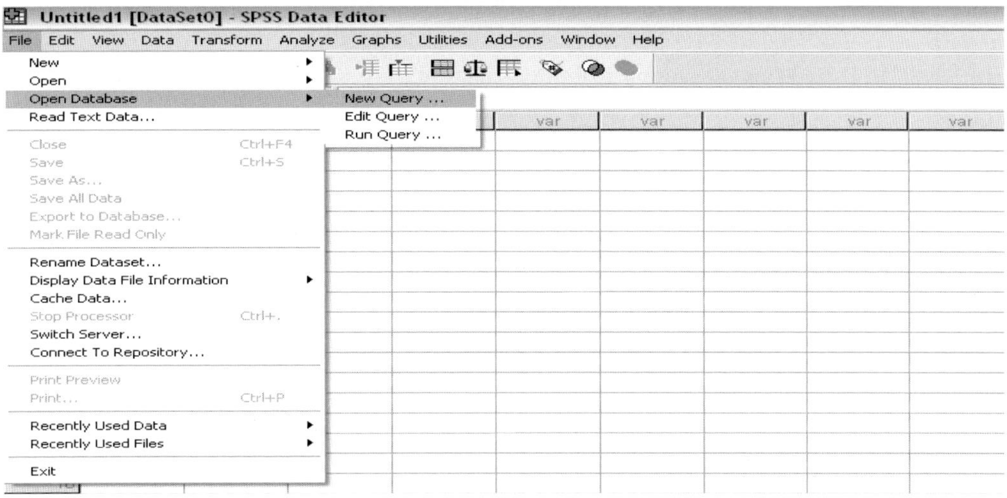

2) Database Wizard 대화상자에서 엑셀 파일(Excel Files)을 선택한 후 다음(Next)을 선택한다.

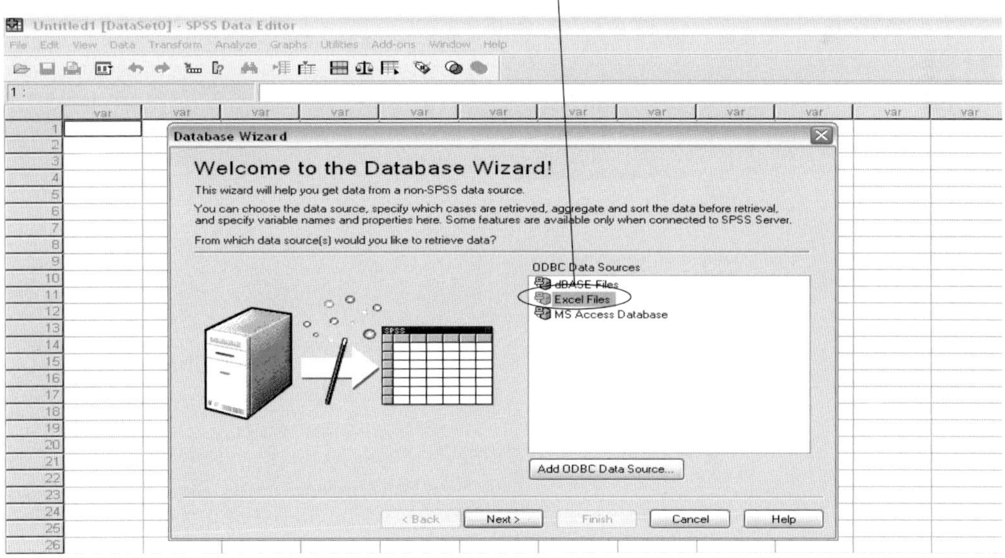

3) ODBC Driver Login 대화상자에서 찾기(Browse)를 선택한다.

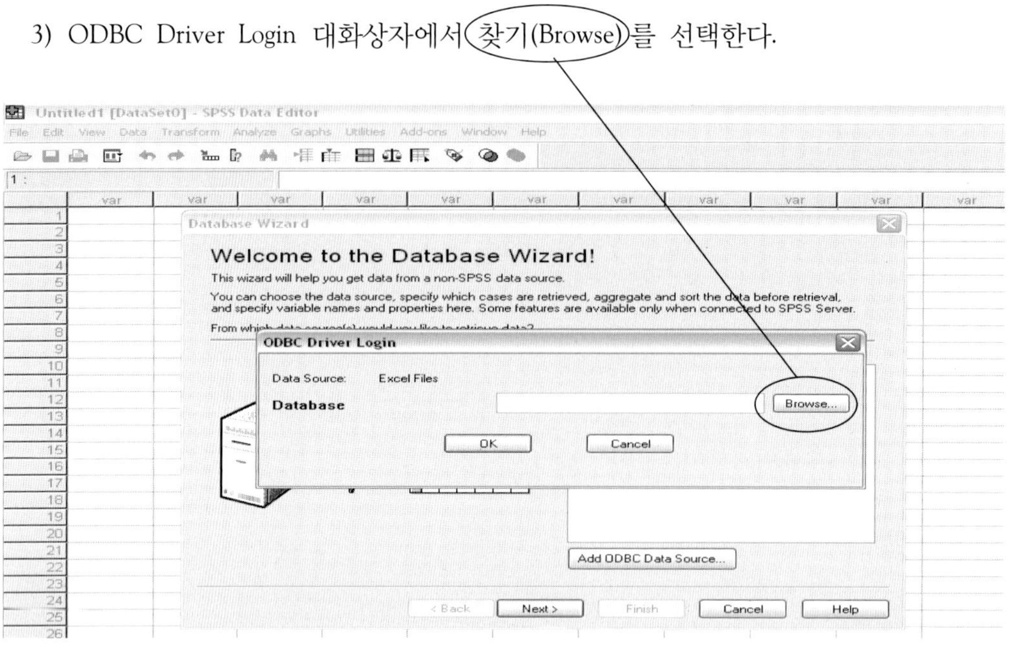

4) 파일 찾기(Open File) 대화상자의 파일 이름에서 찾고자하는 파일 이름을 선택한 후 열기(Open)를 선택한다.

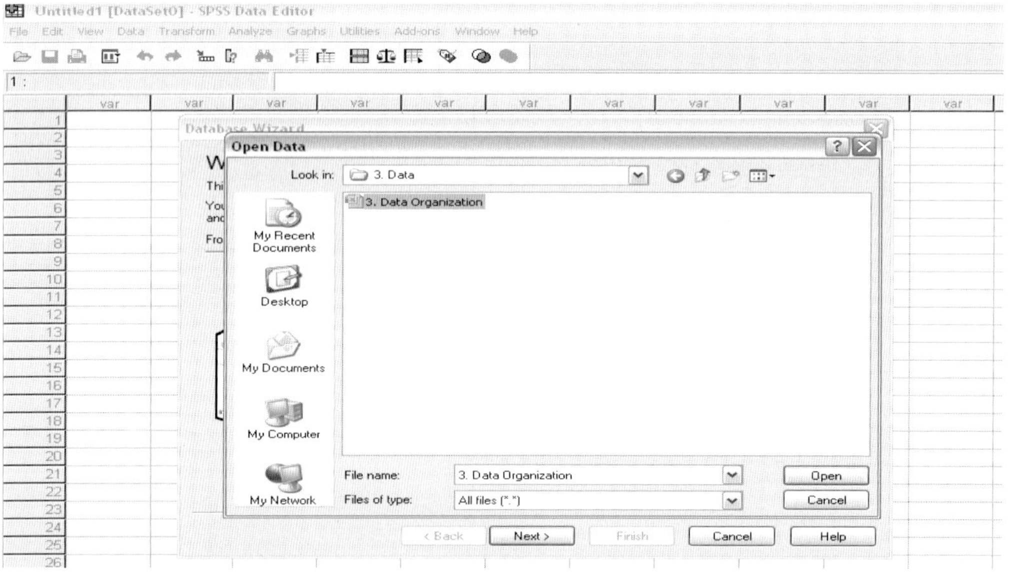

5) ODBC Driver Login 대화상자에 선택한 파일이 표시되면 확인(OK)을 선택한다.

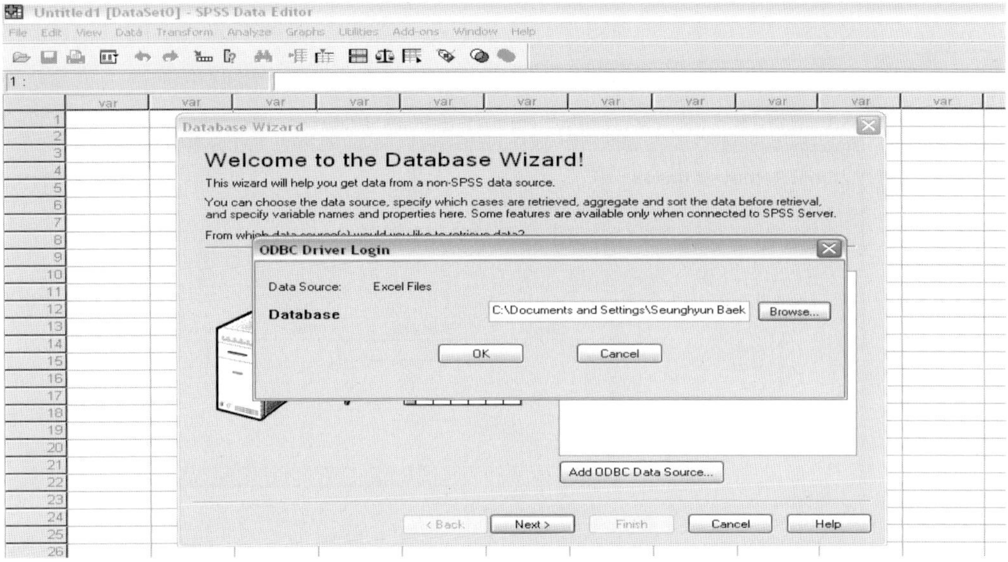

6) Database Wizard-Select Data 대화상자에서 왼쪽에 있는 'Available' 변수상자에 있는 'Sheet1 $'을 드래그하여 오른쪽에 있는 'Retrieve Fields In This' 변수상자로 옮긴 후 다음(Next)을 선택한다.

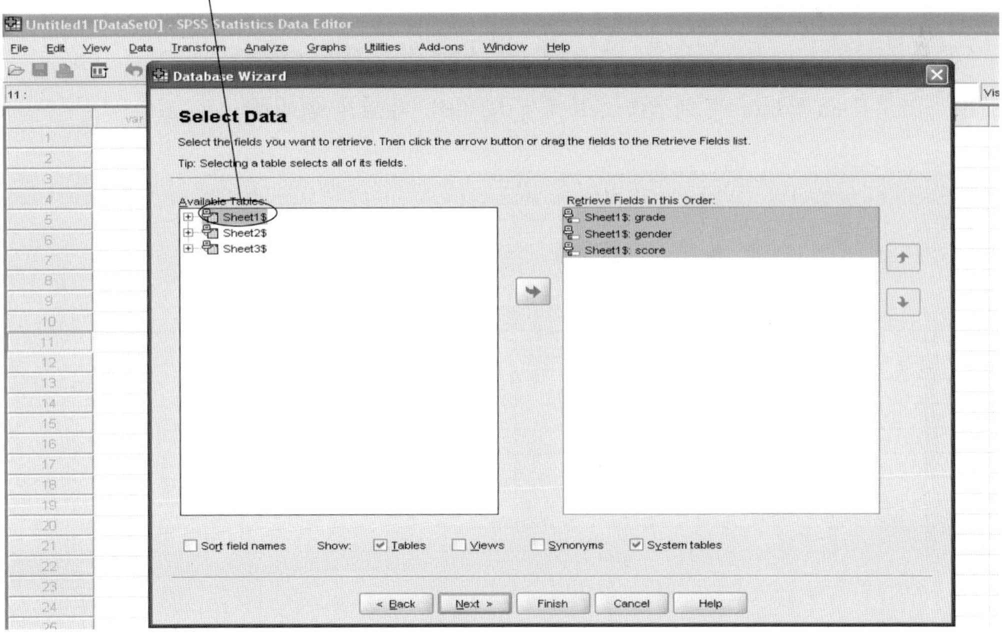

7) 마지막으로 Database Wizard - Step 4 of 6 대화상자가 열리면 마침(Finish)을 선택한다.

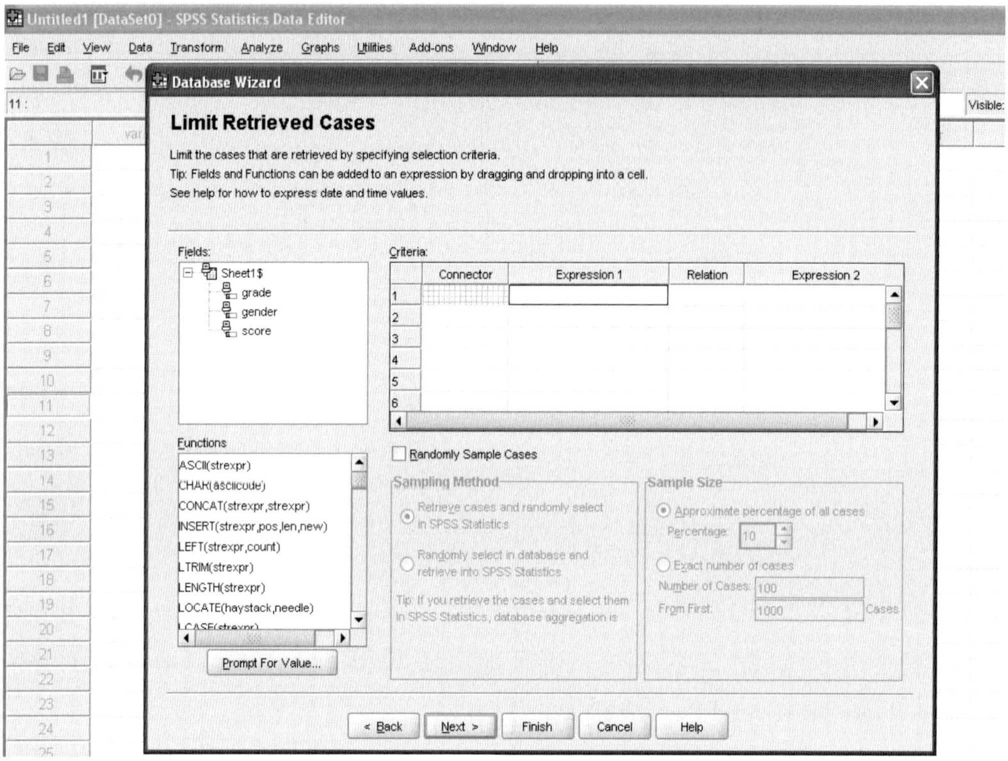

8) SPSS Data Editor에 엑셀(Excel)에서 입력한 자료가 열린다.

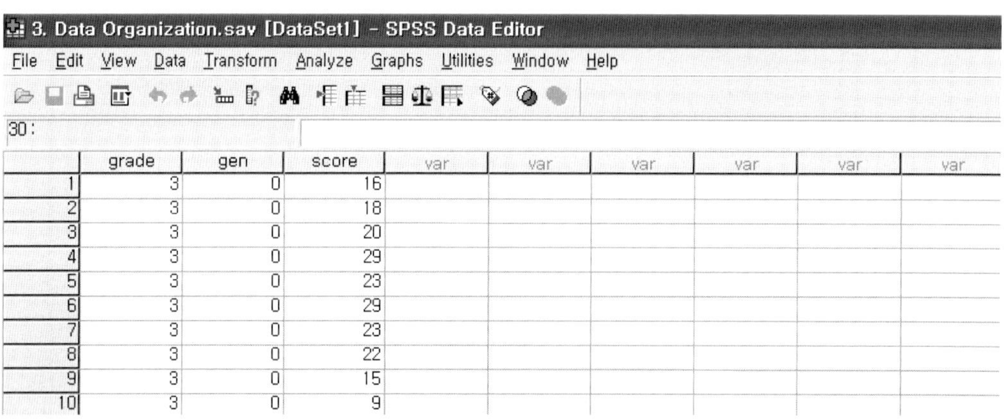

9) 변수보기(Variable View)에서 변수정의를 해야 한다.

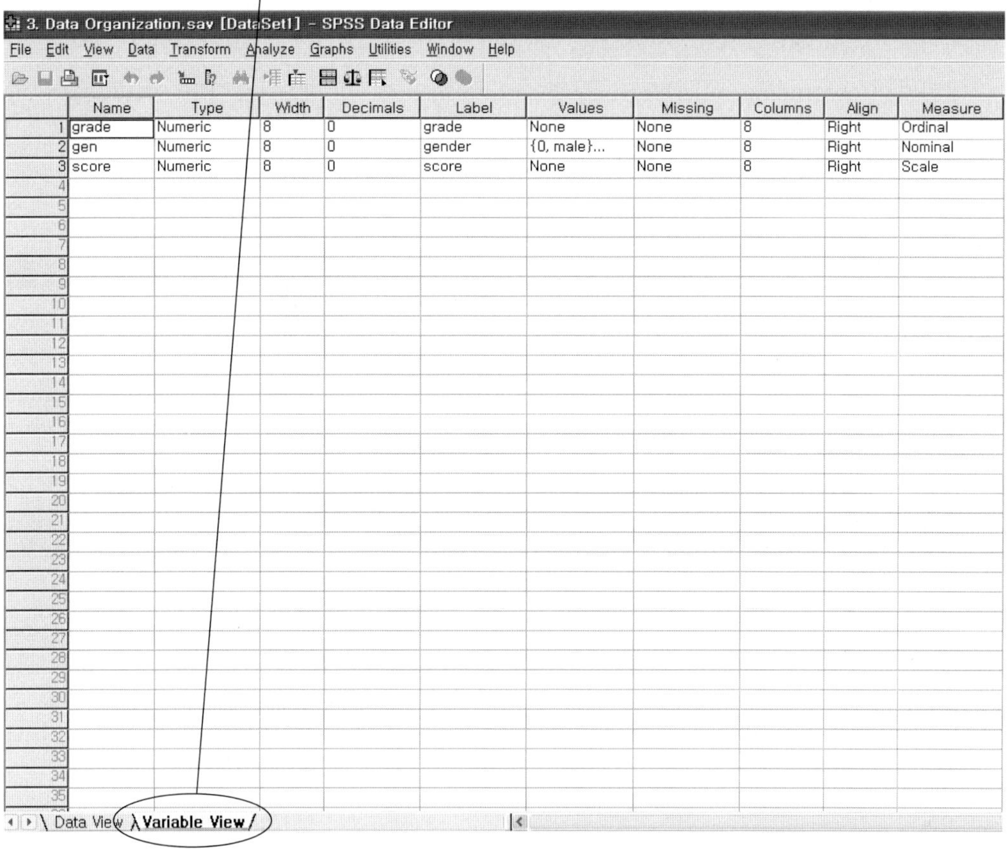

3.5. 데이터 편집(Data Screening)

1. 케이스 정렬(Sort Cases): 케이스를 특정한 변수 즉, 오름차순(ascending order) 또는 내림차순(descending order)으로 정렬(sorting)하고자 할 때 이용한다. 예를 들어 영어 점수가 높은 사람부터 정렬하는 것이다. 아래의 데이터를 통해 영어 점수가 높은 사람부터 정리해 보자.

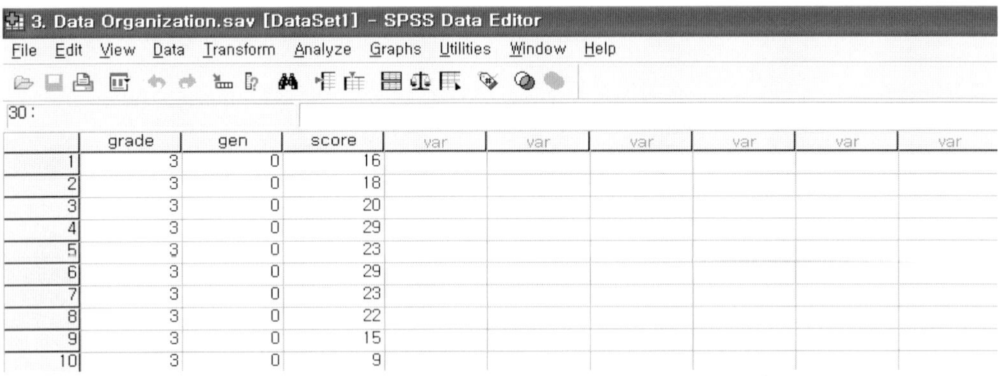

1) 케이스 정렬(Sort Cases) 선택: 데이터(Data) → 케이스 정렬(Sort Cases)을 순서대로 선택한다.

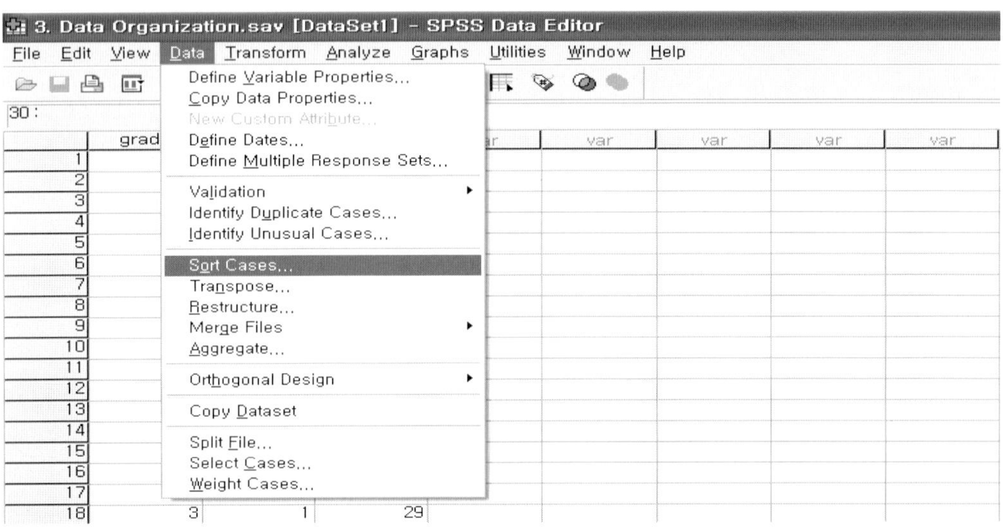

2) 정렬기준(Sort by): 케이스 정렬(Sort Cases) 대화상자에서 영어 점수 변수를 오른쪽 변수상자로 이동시킨 후 정렬순서(Sort Order)에서 오름차순(Ascending)을 선택한 후 확인(OK)을 선택한다.

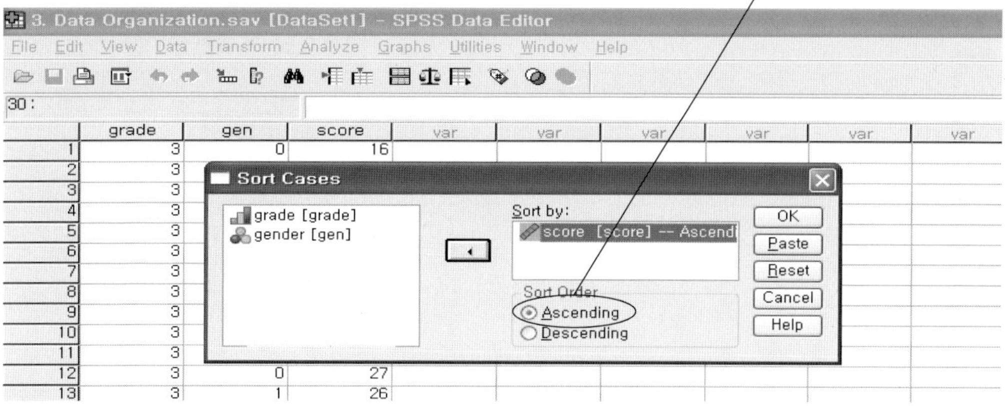

3) 케이스 정렬 결과: 아래 표에서 보는 것처럼 데이터(data)가 영어 점수가 오름차순(Ascending)으로 정렬된 것을 알 수 있다.

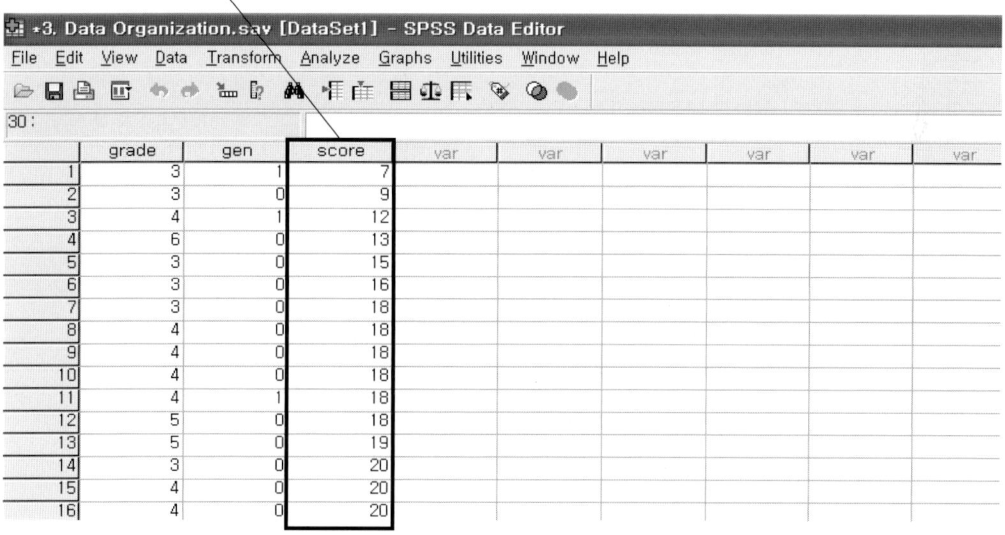

2. 케이스(Select Cases) 선택: 일부 케이스만을 선택하여 분석한다. 예를 들어 남학생들의 영어 점수만을 분석한다.

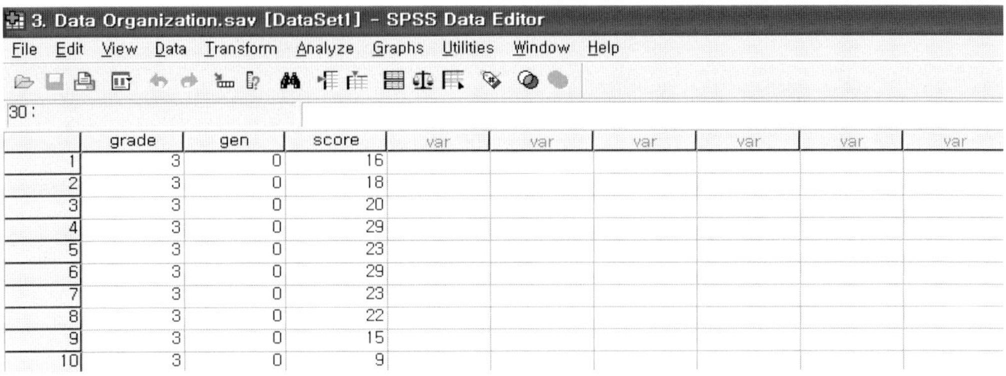

1) 케이스 선택(Select Cases) 선택: 데이터(Data) → 케이스 선택(Select Cases)을 순서대로 선택한다.

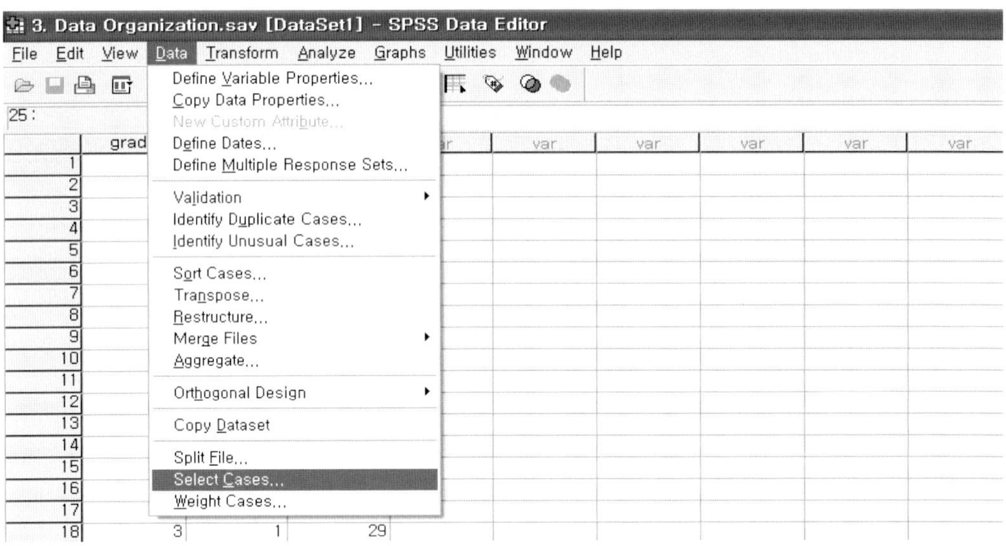

2) 조건을 만족하는 케이스(If condition is satisfied): 케이스 선택(Select Cases) 대화상자에서 '조건을 만족하는 케이스'를 선택한 후 조건(If)을 선택한다.

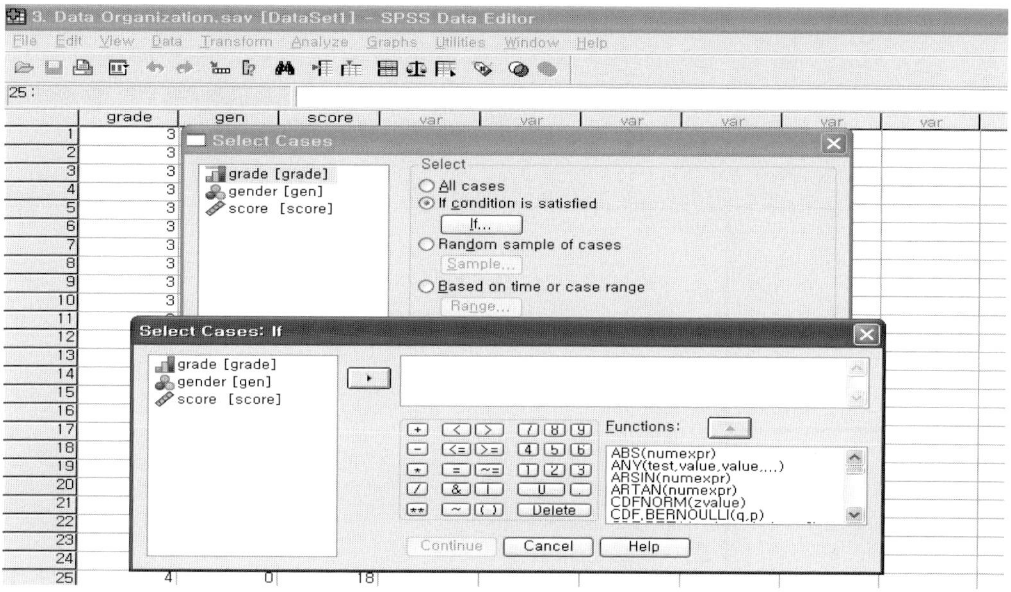

3) 부호패드 사용: 성별을 선택한 후 오른쪽으로 옮긴 후 '='을 클릭한 후 '0'을 입력하고 계속(Continue)을 선택한다. 남학생만 선택하고자 할 때 변수보기에서 남학생은 '0', 여학생은 '1'로 코딩되었기 때문이다.

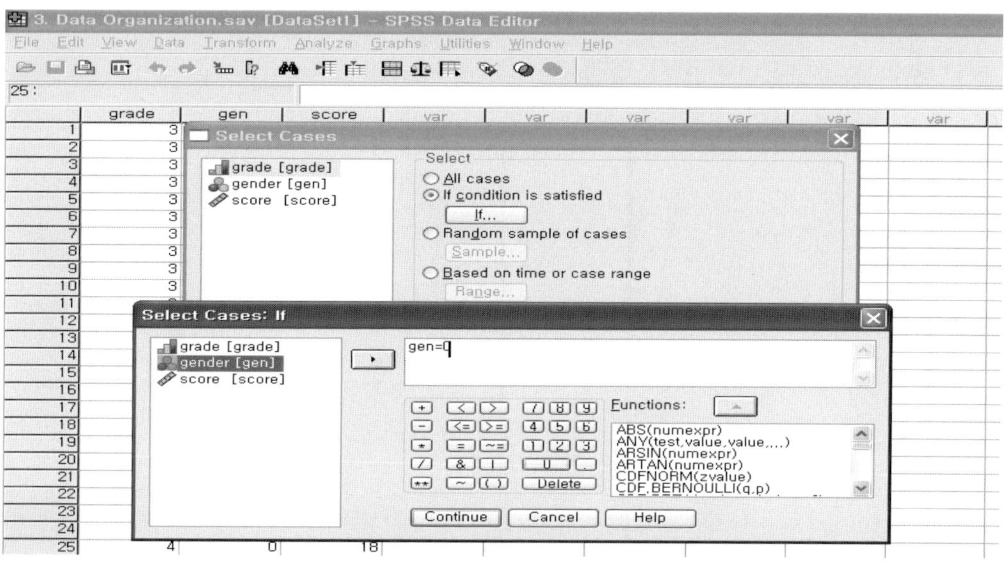

4) 케이스 선택 결과: 아래 표에서 보는 것처럼 테이터(data)가 선택되지 않은 케이스의 번호에 사선으로 표시되어 있다. 즉, 남학생(0)만 선택되었고, 여학생(1)은 선택되지 않은 것을 알 수 있다.

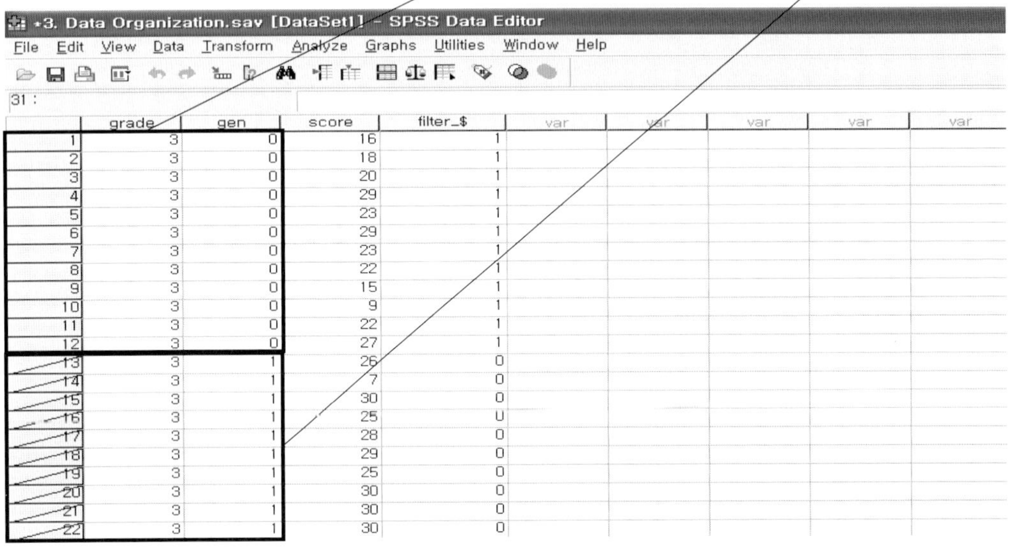

*3. Data Organization.sav [DataSet1] - SPSS Data Editor

File Edit View Data Transform Analyze Graphs Utilities Window Help

31 :

	grade	gen	score	filter_$	var	var	var	var	var
1	3	0	16	1					
2	3	0	18	1					
3	3	0	20	1					
4	3	0	29	1					
5	3	0	23	1					
6	3	0	29	1					
7	3	0	23	1					
8	3	0	22	1					
9	3	0	15	1					
10	3	0	9	1					
11	3	0	22	1					
12	3	0	27	1					
13	3	1	26	0					
14	3	1	7	0					
15	3	1	30	0					
16	3	1	25	0					
17	3	1	28	0					
18	3	1	29	0					
19	3	1	25	0					
20	3	1	30	0					
21	3	1	30	0					
22	3	1	30	0					

또한 오른쪽 끝에 'filter_$'라는 임시 변수가 생성된다. 즉, 선택된 케이스는 '1', 선택되지 않는 케이스에는 '0' 이 코딩된다.

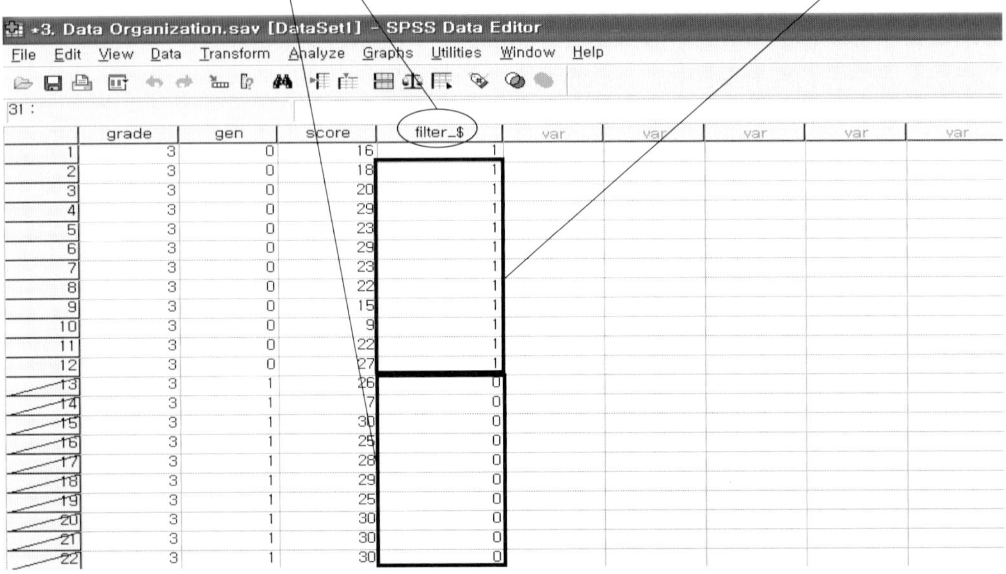

*3. Data Organization.sav [DataSet1] - SPSS Data Editor

File Edit View Data Transform Analyze Graphs Utilities Window Help

31 :

	grade	gen	score	filter_$	var	var	var	var	var
1	3	0	16	1					
2	3	0	18	1					
3	3	0	20	1					
4	3	0	29	1					
5	3	0	23	1					
6	3	0	29	1					
7	3	0	23	1					
8	3	0	22	1					
9	3	0	15	1					
10	3	0	9	1					
11	3	0	22	1					
12	3	0	27	1					
13	3	1	26	0					
14	3	1	7	0					
15	3	1	30	0					
16	3	1	25	0					
17	3	1	28	0					
18	3	1	29	0					
19	3	1	25	0					
20	3	1	30	0					
21	3	1	30	0					
22	3	1	30	0					

3. 파일분할(Split-File) 선택: 하나의 데이터를 몇 개의 집단으로 나누어서 분석한다. 예를 들어 영어 점수를 성별로 나누어 분석한다.

1) 파일분할(Split-File) 선택: 데이터(Data) → 파일분할(Split-File)을 순서대로 선택한다.

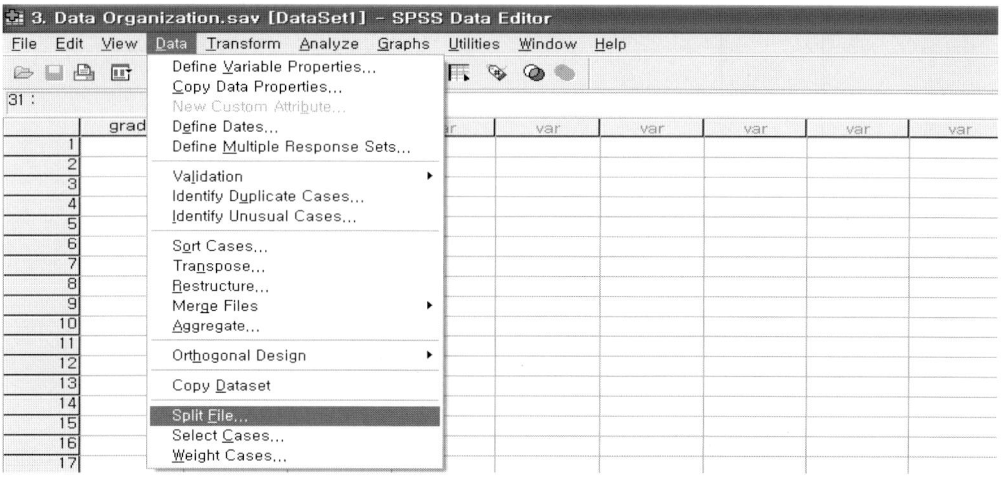

2) 집단별 비교(Compare groups): 파일분할 대화상자에서 집단들 비교(Compare Groups)를 선택한 후 '성별'을 선택한 후 오른쪽으로 옮긴 후 확인(OK)을 선택한다.

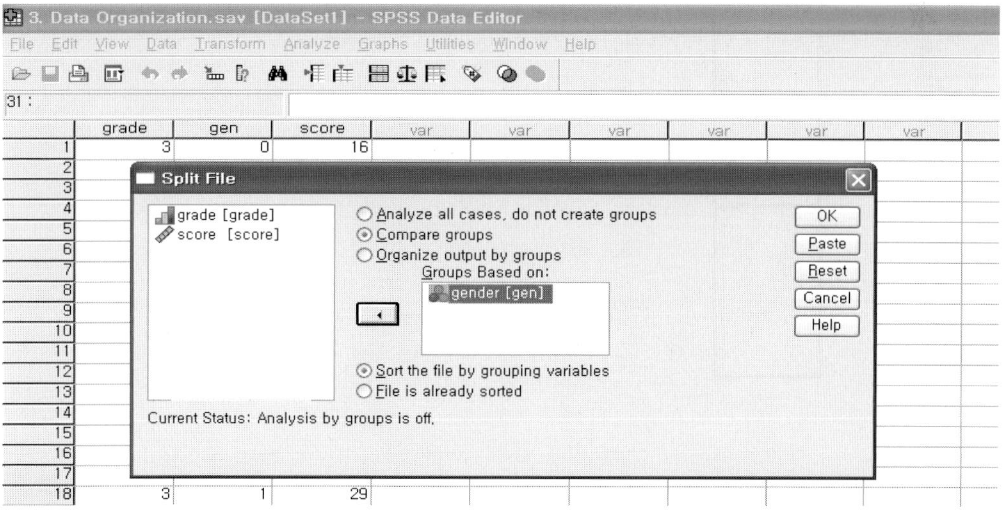

3) 파일분할 결과: 아래 표에서 보는 것처럼 데이터(data)가 남학생(0)부터 자료가 코딩된 것을 알 수 있다.

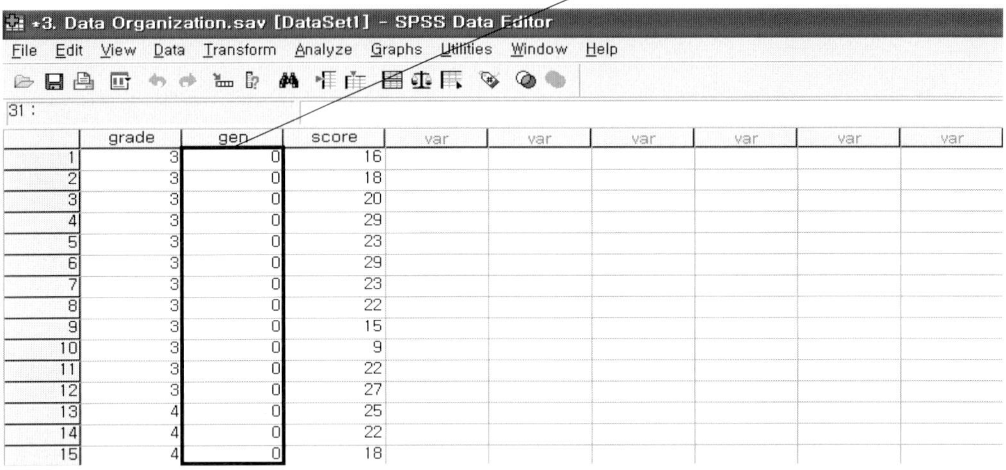

그리고 또한 아래 표에서 보는 것처럼 데이터(data)가 남학생(0)의 자료에 이어 여학생(1)의 자료가 코딩된 것을 알 수 있다.

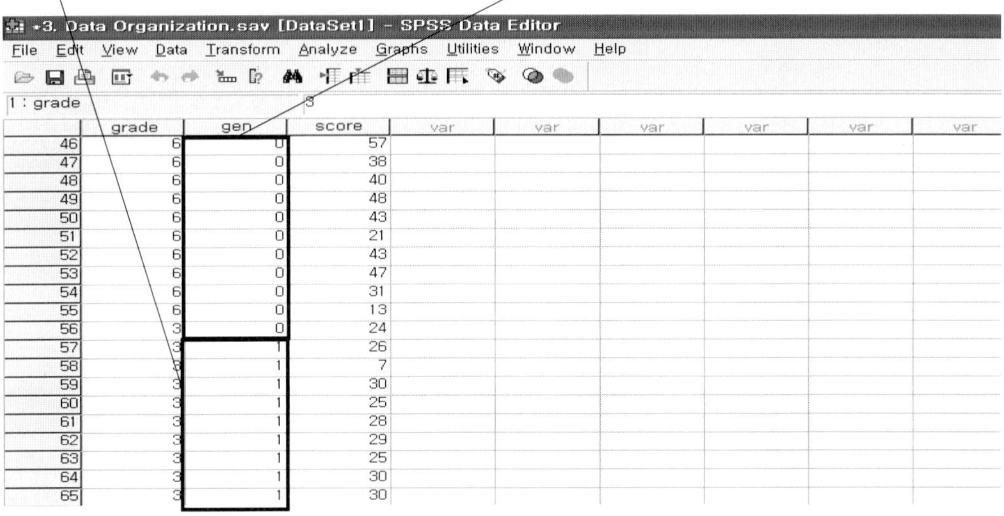

4. 케이스 삽입(Insert Cases)

1) 케이스 삽입(Insert Cases) 선택: 편집(Edit) → 케이스 삽입(Insert Cases)을 순서대로 선택한다.

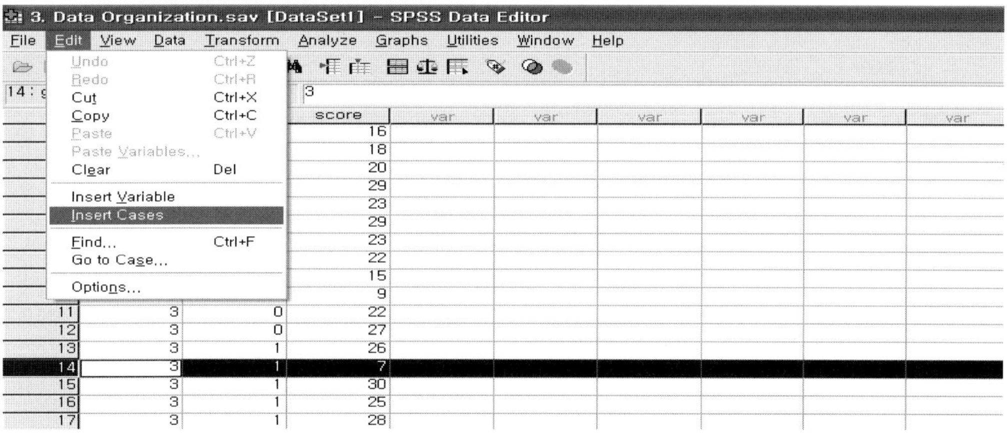

2) 케이스 삽입(Insert Cases) 결과: 아래 표에서 보는 것처럼 데이터(data) 13번과 15번 사이에 새로운 케이스를 삽입하면 된다.

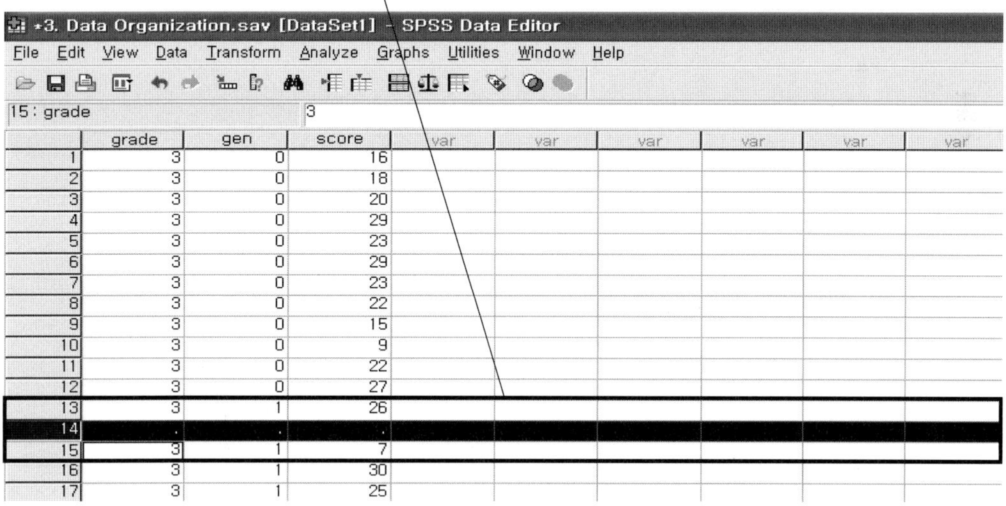

아래 표에서 보는 것처럼 13번과 15번 사이에 새로운 케이스(Case)가 생성된 것을 알 수 있다.

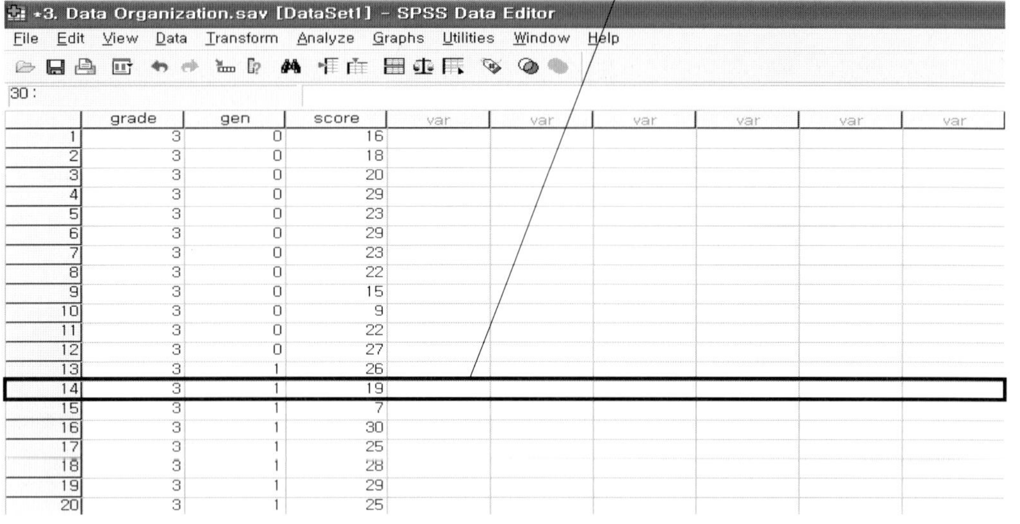

	grade	gen	score	var	var	var	var	var	var
1	3	0	16						
2	3	0	18						
3	3	0	20						
4	3	0	29						
5	3	0	23						
6	3	0	29						
7	3	0	23						
8	3	0	22						
9	3	0	15						
10	3	0	9						
11	3	0	22						
12	3	0	27						
13	3	1	26						
14	3	1	19						
15	3	1	7						
16	3	1	30						
17	3	1	25						
18	3	1	28						
19	3	1	29						
20	3	1	25						

5. 변수 삽입(Insert Variables)

1) 변수 삽입(Insert Variables) 선택: 편집(Edit) → 변수 삽입(Insert Variables)을 순서대로 선택한다.

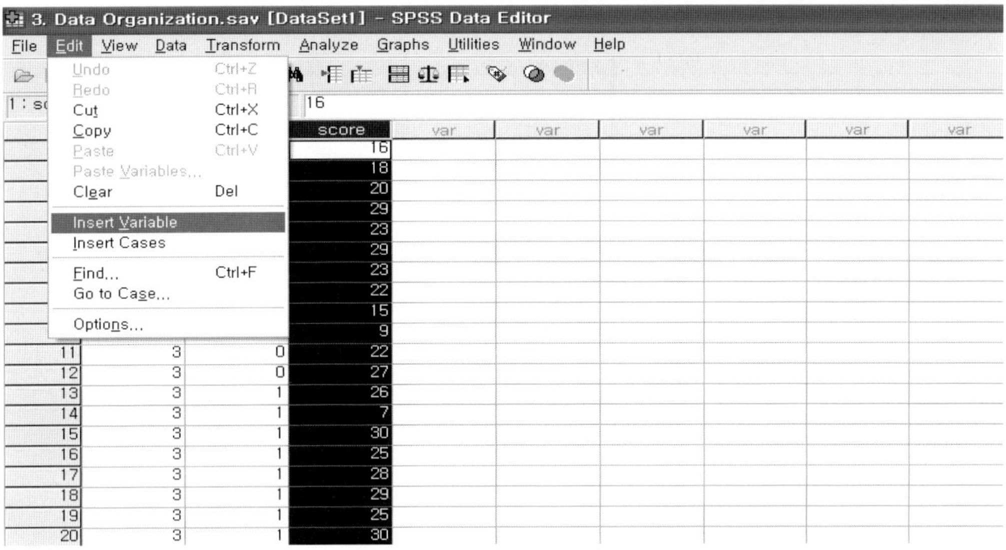

2) 변수 삽입(Insert Variables) 결과: 아래 표에서 보는 것처럼 데이터(data) 성별(gender)과 점수(score)사이에 새로운 변수를 삽입하면 된다. 새로운 변수가 삽입되었으므로 변수 보기(variable view)로 이동하여 변수를 새로이 정의해야 한다.

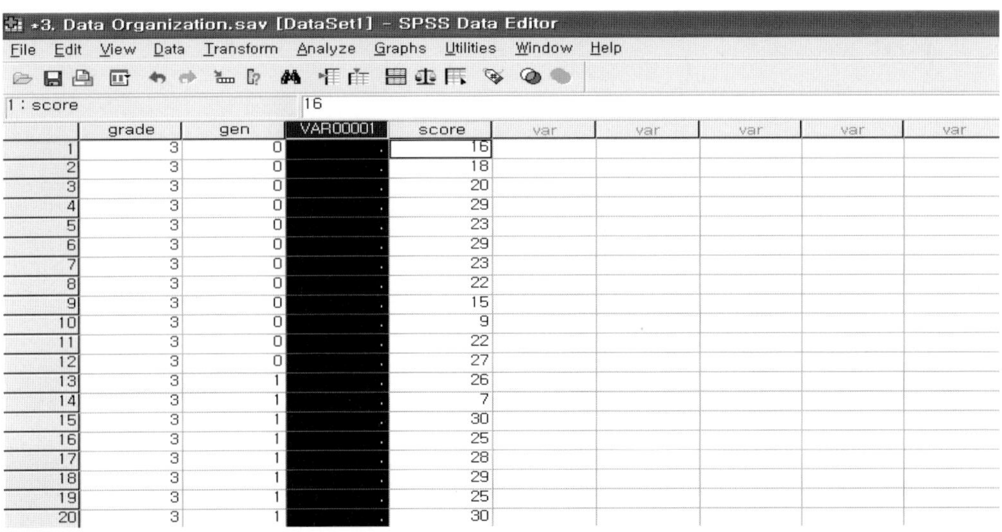

아래 표에서 보는 것처럼 성별(gender)과 점수(score)사이에 새로운 변수인 언어 환경(language environment)이 생성된 것을 알 수 있다.

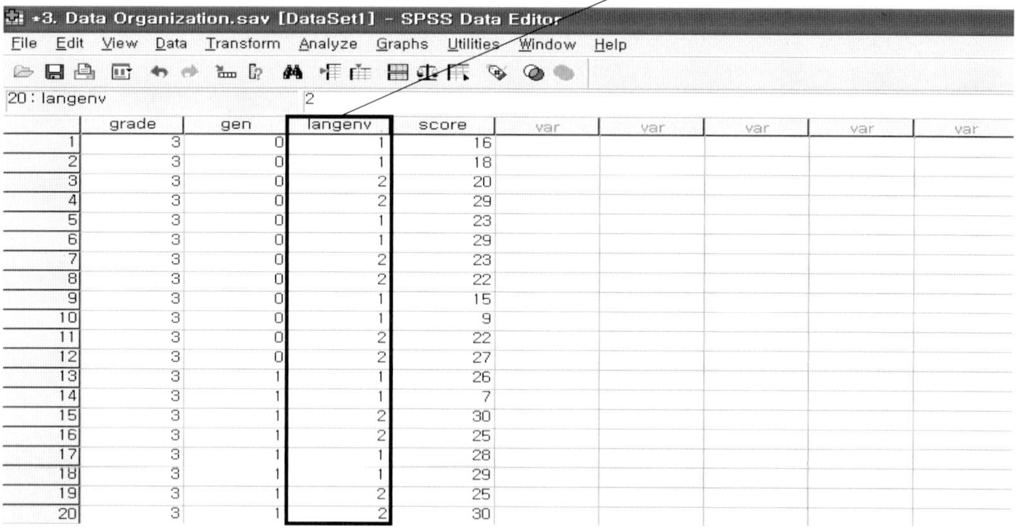

	grade	gen	langenv	score	var	var	var	var	var
1	3	0	1	16					
2	3	0	1	18					
3	3	0	2	20					
4	3	0	2	29					
5	3	0	1	23					
6	3	0	1	29					
7	3	0	2	23					
8	3	0	2	22					
9	3	0	1	15					
10	3	0	1	9					
11	3	0	2	22					
12	3	0	2	27					
13	3	1	1	26					
14	3	1	1	7					
15	3	1	2	30					
16	3	1	2	25					
17	3	1	1	28					
18	3	1	1	29					
19	3	1	2	25					
20	3	1	2	30					

4. 통계용어(Statistical Term)

1) 중심경향(central tendency): 집단의 분포적 특성을 종합적으로 나타내는 통계적 방법이다. 즉, 자료가 어디에 집중되어 있는가를 나타낸다. 평균(mean), 중위수(median), 최빈값(mode), 합계(sum)가 있다.

표 4.1. 평균 계산

사례수	점수	계 산
1	65	1 $\sum X = \sum of\ Scores = 65+65+75+80+85=370$
2	65	
3	75	2 $N = Nmber of Subject = 5$
4	80	
5	85	3 $\overline{X} = \frac{\sum X}{N} = \frac{370}{5} = 74$

① 평균(mean): 산술평균 값이다.

$$\overline{X} = \frac{\Sigma X}{N} \qquad \overline{X} = \frac{370}{5} = 74$$

$\overline{X}$= 평균$(mean)$, X= 점수$(scores)$, N= 사례수$(Number\ of_{ject)}$ $\sum$= 합계

② 중위수(median): 자료를 순서대로 배열할 때 가운데 위치하는 값이다.

$$Md = \frac{(n+1)}{2} \qquad Md = 중위수, n = 5$$

$$Md = \frac{5+1}{2} = 3$$ 즉, 3번째 값이 75이다.

③ 최빈값(mode): 가장 많은 빈도를 나타내는 값(observed value)이다. 여기서 최빈값은 65이다.

④ 합계(sum): 지정한 변수의 수집된 자료의 전체 합계를 나타낸다. 여기서 합계는 370이다.

* SPSS에서 중심경향(central tendency)을 알아보는 방법은 다음과 같다.

① 분석(Analyze) → 기술통계량(Descriptive Statistics) → 빈도분석(Frequencies)을 선택한다.

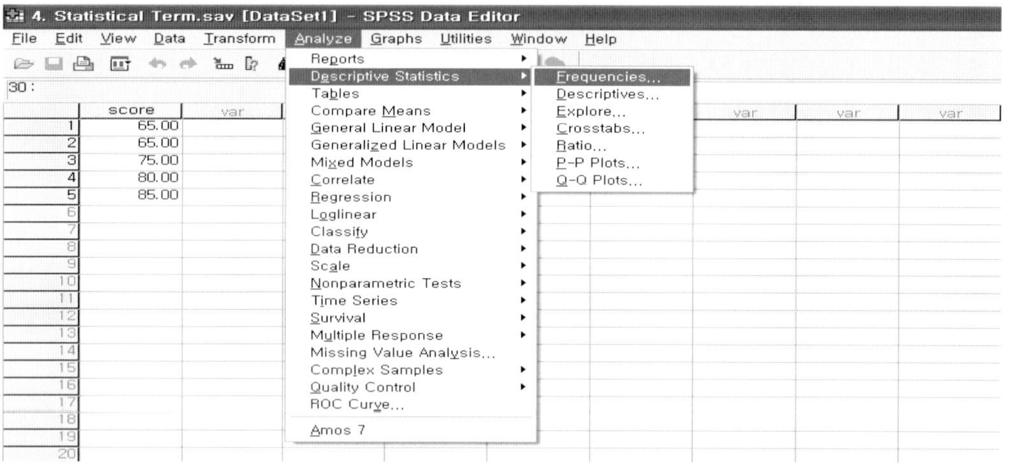

② 변수(Variable) 선택: 빈도분석 대화상자에서 검정하고자 하는 변수를 선택한 후 오른쪽으로 옮긴 후 통계량(Statistics)을 선택하면 통계량 대화상자에서 검정하고자하는 것을 선택한 후 계속(Continue)을 선택한다. 여기서는 평균, 중위수, 최빈값, 합계를 선택한다.

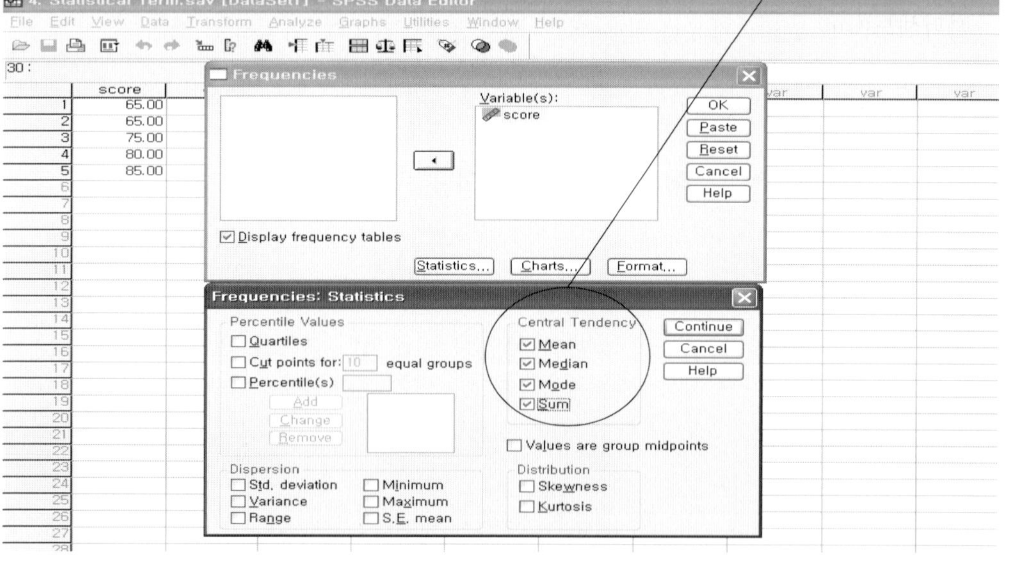

③ 분석결과: 확인(OK)을 클릭하면 아래와 같은 결과(output)가 출력된다.

Frequencies

Statistics

SCORE

N	Valid	5
	Missing	0
Mean		74.0000
Median		75.0000
Mode		65.00
Sum		370.00

빈도분석 통계량(Statistics)을 통해 평균(Mean)은 74점, 중위수(Median)는 75점, 최빈값(Mode)은 65점, 합계(Sum)는 370점인 것을 알 수 있다.

SCORE

		Frequency	Percent	Valid Percent	Cumulative Percent
Valid	65.00	2	40.0	40.0	40.0
	75.00	1	20.0	20.0	60.0
	80.00	1	20.0	20.0	80.0
	85.00	1	20.0	20.0	100.0
	Total	5	100.0	100.0	

점수(Score)에 대한 빈도(Frequency), 퍼센트(Percent), 유효 퍼센트(Valid Percent), 누적퍼센트(Cumulative Percent)를 알 수 있다. 빈도는 65점이 2명, 75점이 1명, 80점이 1명, 85점이 1명인 것을 알 수 있다. 퍼센트는 전체 대상을 100으로 보았을 때의 비율을 말한다. 즉, 65점이 전체의 40%, 75점이 전체의 20%, 80점이 전체의 20%, 85점이 전체의 20%인 것을 알 수 있다. 유효 퍼센트는 무시험자를 제외한 시험참가자를 전체로 한 비율을 의미한다. 그러므로 위의 자료는 결측값이 없기 때문에 퍼센트와 같다는 것을 알 수 있다. 누적퍼센트는 유효퍼센트의 누적비율을 말한다.

2) 산포도(Dispersion): 관찰된 각각의 점수가 평균으로부터 어느 정도 분포되어 있는가를 나타낸다. 표준편차(standard deviation), 분산(variances), 최소값(minimum), 최대값(maximum), 범위(range), 평균의 표준오차(S.E.Mean)가 있다. 표준편차와 분산이 가장 중요하다.

① 표준편차(Standard Deviation): 개별값들이 평균으로부터 떨어져 있는 정도를 표준화한 값이다. 분산에 √를 씌우면 표준편차가 된다.

$$S_D = \sqrt{\frac{\sum (X - \overline{X})^2}{N}}$$

$\overline{X}$= 평균(mean), X= 점수(scores), N= 사례수(Number of Subject), $\sum$= 합계

표 4.2. 표준편차

학생	점수(X)	평균($\overline{X}$)	차이($X-\overline{X}$)	차이제곱$(X-\overline{X})^2$
1	65	-74	=-9	81
2	65	-74	=-9	81
3	75	-74	=+1	1
4	80	-74	=+6	36
5	85	-74	=+11	121

$$\sum (X - \overline{X})^2 = 320$$

$$S_D = \sqrt{\frac{\sum (X - \overline{X})^2}{N}} = \sqrt{\frac{320}{5}} = 8.00000$$

② 분산(Variances): 개별값들이 평균으로부터 떨어져 있는 정도를 나타낸다. 즉 분산이 크면 개별값들이 평균으로부터 멀리 떨어져 있다는 것을 의미한다. 표준편차를 제곱하면 분산이 된다.

$$V = \frac{\sum (X - \overline{X})^2}{N} = S_D^2$$

$$V = \frac{320}{5} = 64 = 8^2\,(S_D)^2$$

③ 최소값(Minimum): 개별값 중 가장 낮은 값이다.

④ 최대값(Maximum): 개별값 중 가장 높은 값이다.

⑤ 범위(Range): 최소값에서 최대값 사이의 거리를 의미한다.

⑥ 평균의 표준오차(Standard Error of Mean): 각 표본 평균들의 표준편차를 나타낸다. 표본의 사례수가 많으면 표준오차가 줄어들고, 표준편차가 클수록 표준오차는 커진다.

$$SEM = \frac{S_D}{\sqrt{n}} \quad S_D = \text{표준편차},\ n = \text{사례수}(Number\,of\,Subject)$$

$$SEM = \frac{8}{\sqrt{5}} = \frac{8}{2.23607} = 3.577$$

* SPSS에서 산포도(dispersion)를 알아보는 방법은 다음과 같다.

① 분석(Analyze) → 기술통계량(Descriptive Statistics) → 빈도분석(Frequencies)을 선택한다.

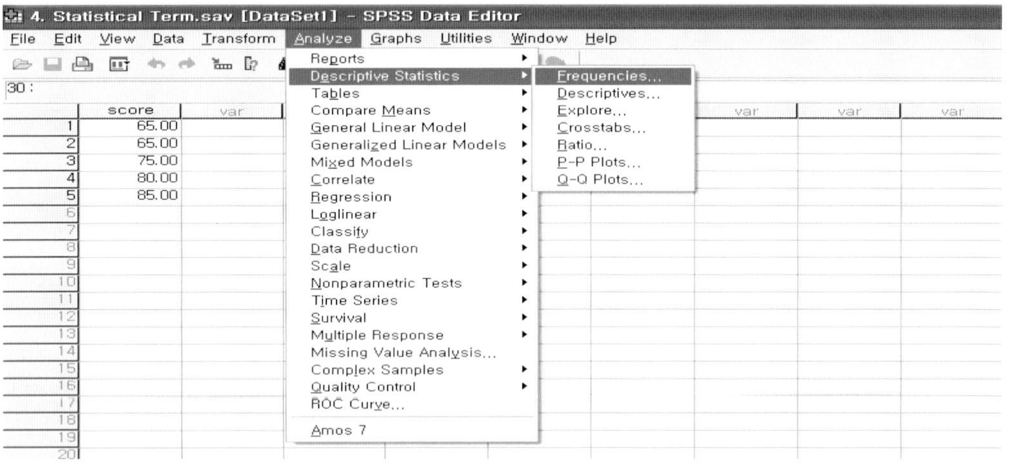

② 변수(Variable) 선택: 빈도분석 대화상자에서 검정하고자 하는 변수를 선택한 후 오른쪽으로 옮긴 후 통계량(statistics)을 선택하면 통계량 대화상자에서 검정하고자 하는 것을 선택한 후 계속(continue)을 선택한다. 여기서는 표준편차, 분산, 범위, 최소값, 최대값, 평균의 표준오차를 선택한다.

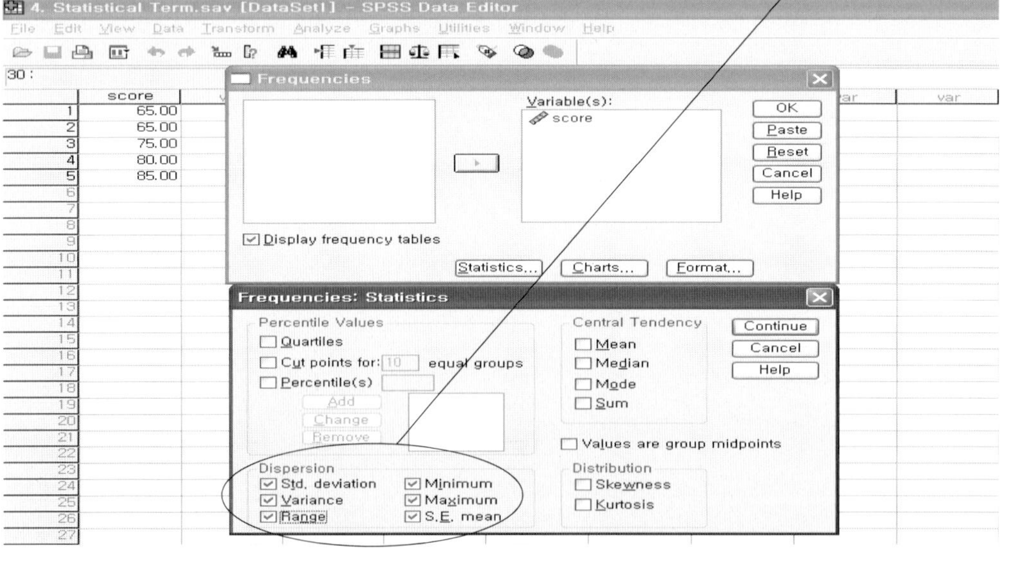

③ 분석결과: 확인(OK)을 선택하면 아래와 같은 결과(output)가 출력된다.

Frequencies

Statistics

SCORE

N	Valid	5
	Missing	0
Std. Error of Mean		4.00000
Std. Deviation		8.94427
Variance		80.00000
Range		20.00
Minimum		65.00
Maximum		85.00

모집단의 표준편차 $\sigma = \sqrt{\frac{\sum(X-\mu)^2}{n}} = \sqrt{\frac{320}{5}} = 8$ (μ : 모집단의 평균)

표본의 표준편차 $s = \sqrt{\frac{\sum(X-\overline{X})^2}{n-1}} = \sqrt{\frac{320}{4}} = 8.944$ ($\overline{X}$: 표본평균)

$$SEM = \frac{S_D}{\sqrt{n}} = \frac{8}{\sqrt{5}} = \frac{8}{2.23607} = 3.577$$

$$SEM = \frac{S_D}{\sqrt{n}} = \frac{8.944}{\sqrt{5}} = \frac{8.944}{2.23607} = 4.00$$

위의 표본의 표준편차와 모집단의 표준편차 공식이 다르기에 앞의 예시에서 보여진 표준편차값(8.00)과 다르게 나타나고 있다. 따라서 분산과 평균의 표준오차값이 달라진다. 빈도분석 통계량을 통해 평균의 표준오차(Std. Error of Mean)는 4.00, 표준편차(Std. Deviation)는 8.94, 분산(Variance)은 80.00, 범위(Range)는 20.00, 최소값(Minimum)은 65, 최대값(Maximum)은 85인 것을 알 수 있다.

3) 분포(Distribution): 정상분포 곡선의 성향을 나타낸다.

① 정규분포(Normal Distribution): 표본을 통한 통계적 추정 및 가설검증의 기본이 되는 분포이다. 정규분포를 하나로 표준화시켜 적분한 값을 하나의 수표로 제시한 표이다. 도수분포곡선이 평균값을 중심으로 좌우대칭인 종 모양(bell-shaped)과 같은 분포를 나타낸다(Dalgaard, 2002).

② 왜도(Skewness): 정상분포의 곡선이 좌·우로 기울어졌는지를 나타낸다. 정상분포곡선일 경우 왜도의 값은 0이다. 0보다 크면 좌측으로 기우는데 부적편포(Negatively Skewed Distribution)라 하며, 0보다 작으면 우측으로 기우는데 정적편포(Positively Skewed Distribution)이라 한다(Westfall & Young, 1993).

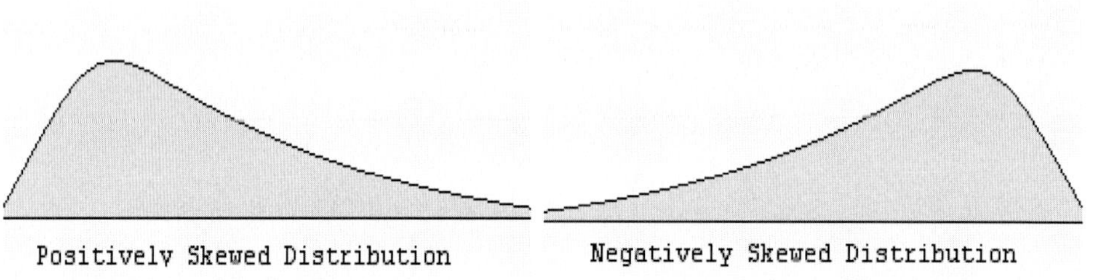

Positively Skewed Distribution   Negatively Skewed Distribution

왜도 $\widehat{\mu_3} = \frac{\sum_{i=1}^{n} \left[(x_i - \overline{x}) / S_D \right]^3}{n-1}$ $n =$ 사례수, $x_i =$ 점수, $\overline{x} =$ 평균, $S_D =$ 표준편차

③ 첨도(Kurtosis): 정규분포와 비교하여 데이터들이 어느 정도 가운데 분포되어 있는가를 나타내는 측도이다. 정상분포의 곡선이 뾰족한지 평평한지를 나타낸다. 정상분포곡선일 경우 첨도의 값은 0이다. 0보다 크면 뾰족하고, 0보다 작으면 평평하다(Howell, 2002).

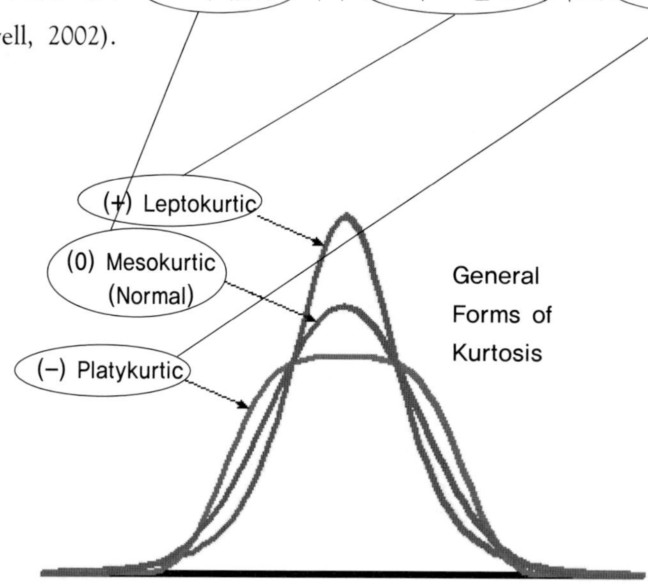

$$\text{첨도}\ \widehat{\mu_4} = \frac{\sum_{i=1}^{n}\left[(x_i - \overline{x})/S_D\right]^4}{n-1} \qquad n = \text{사례수},\ x_i = \text{점수},\ \overline{x} = \text{평균},\ S_D = \text{표준편차}$$

* SPSS에서 분포(Distribution)를 알아보는 방법은 다음과 같다.

① 분석(Analyze) → 기술통계량(Descriptive Statistics) → 빈도분석(Frequencies)을 선택한다.

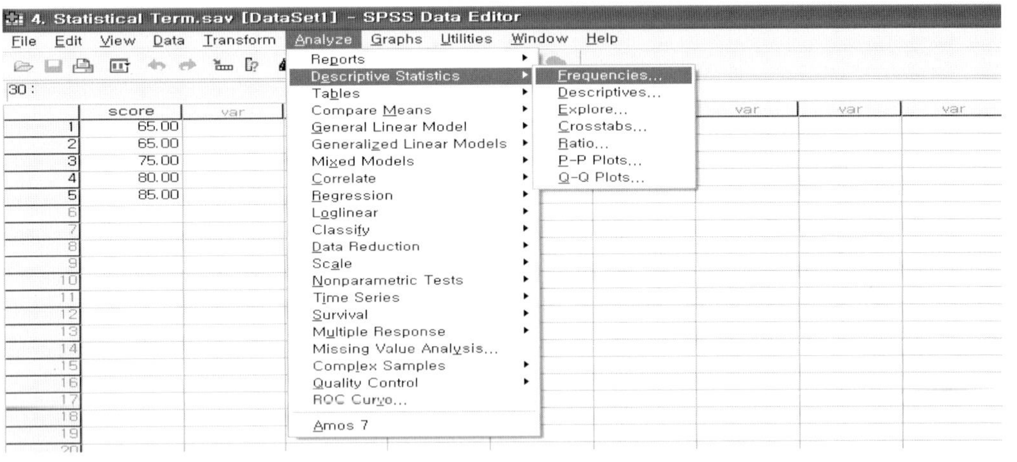

② 변수(Variable) 선택: 빈도분석 대화상자에서 검정하고자 하는 변수를 선택한 후 오른쪽으로 옮긴 후 통계량(Statistics)을 선택하면 통계량 대화상자에서 검정하고자 하는 것을 선택한 후 계속(Continue)을 선택한다. 여기서는 왜도(skewness)와 첨도(kurtosis)를 선택한다.

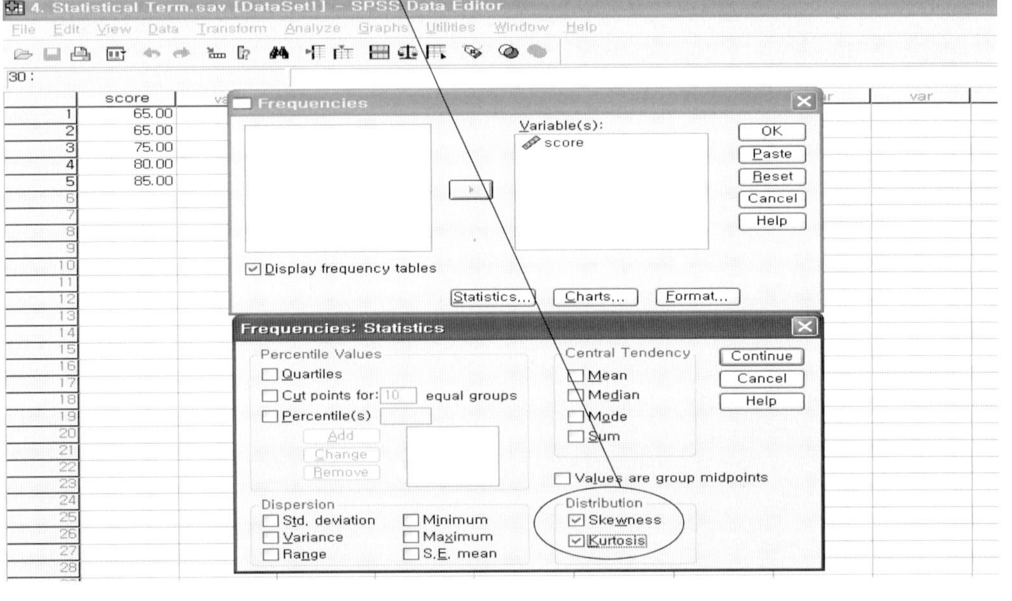

③ 분석결과: 확인(OK)을 선택하면 아래와 같은 결과(output)가 출력된다.

Frequencies

Statistics

SCORE

N	Valid	5
	Missing	4
Skewness		.052
Std. Error of Skewness		.913
Kurtosis		-2.324
Std. Error of Kurtosis		2.000

왜도(skewness)가 .052로 0보다 크기 때문에 좌측으로 기울고, 첨도(kurtosis)는 -2.324로 0보다 작기 때문에 평평하다는 것을 알 수 있다.

④ 히스토그램: 모집단의 분포가 정규분포를 나타내는 방법 중 하나로서 시각적으로 보여준다.

(a) 그래프(Graphs) → (Legacy Dialogs) → 히스토그램...(Histogram)을 선택한다.

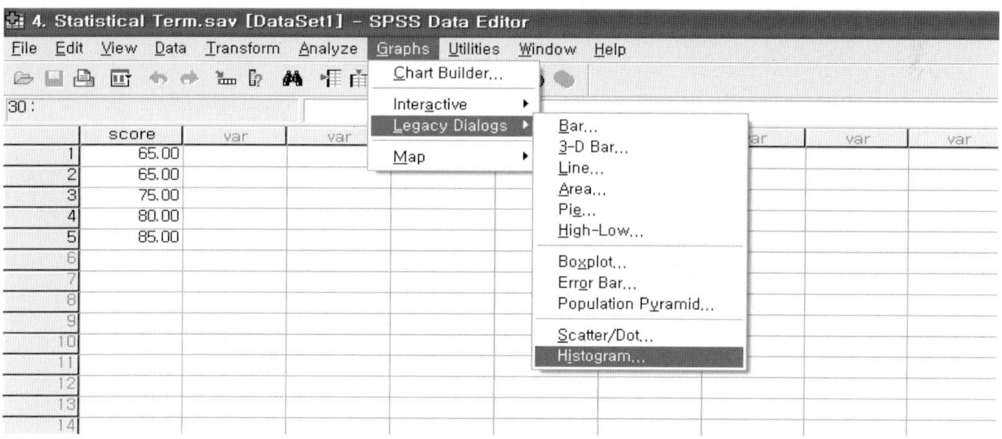

(b) 히스토그램(Histogram) 대화상자에서 왼쪽의 변수목록 상자에서 변수를 선택한 후, 오른쪽의 변수(variable)로 옮긴다. 정규곡선출력(display normal curve)을 체크한 후 확인(OK)을 선택한다.

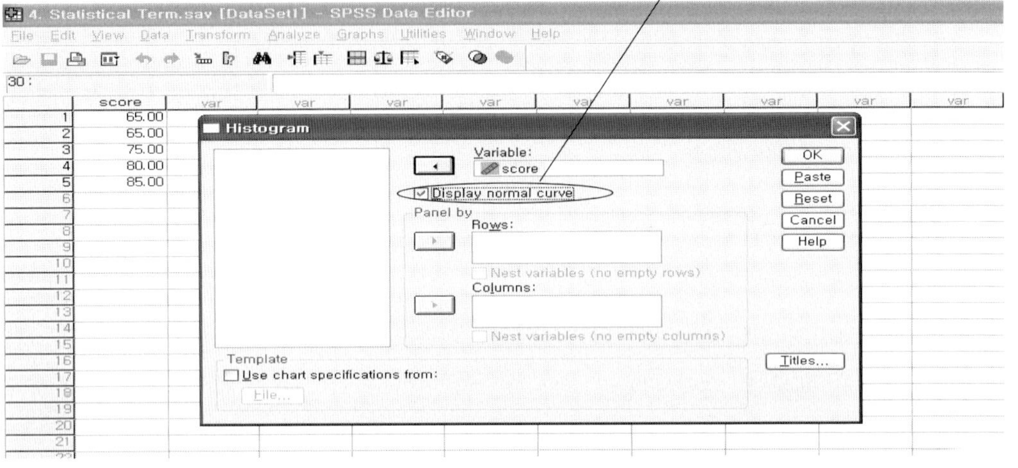

(c) 히스토그램을 통하여 정규분포를 나타내는지 알 수 있다.

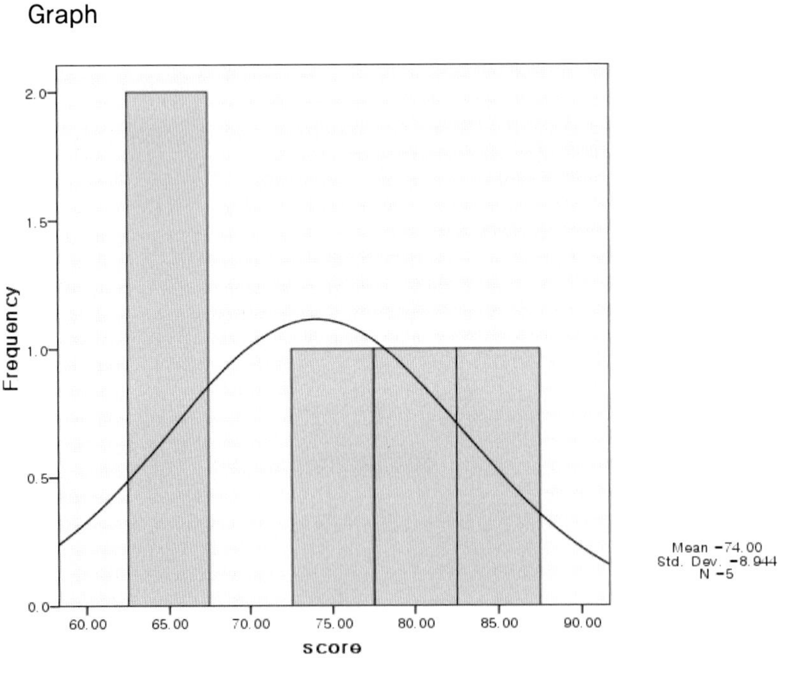

4) 측정의 표준오류(Standard Error of Measurement): 특정 집단의 점수와 관련이 있는 측정 오차의 표준편차이다. 즉, 반복 측정된 시험에서 학생의 관찰 점수 내에서 학생들의 실제 점수를 결정하는 범위이다. 다시 말해서 매 시험마다 학생의 점수를 100% 정확하게 측정할 수 없다. 시험점수 측정의 오차가 발생하게 되는 것이다.

$$Standard\,Error\,of\,Measurement = S_D\sqrt{1-r}$$

$$S_D = \text{표준편차},\ r = Correlation\,Coefficient$$

$$S_D = 15,\ r = .96$$

$$SEM = 15\sqrt{1-.96} = 15\sqrt{.04} = 15 \times .2 = 3$$

예를 들어 1문제당 1점인 100문제의 시험에서 표준편차가 15이고, 상관계수가 .96일 때 위에서 보여 지는 것처럼 SEM=3이고 학생의 관찰점수(test score)는 70점이라고 가정해보자. 이때 학생의 실제점수(true score)는 몇 점인가? 관찰점수가 70점이고 SEM이 3이므로 학생의 실제점수는 67~73점이다.

$$test\,score \pm 1(SEM) = 70 \pm (1 \times 3) = 70 \pm 3$$

그래서 실제점수는 67점에서 73점 사이에 분포할 수있다.

즉, 테스트를 무한수로 측정할 때 68%(정상분포의 경우 68%에 해당되는 영역)의 확률로 67~73점을 받을 수 있다는 것이다. SEM을 사용함으로써 보다 정확한 학생의 실제점수를 알 수 있고, 점수의 신뢰도를 높일 수 있다.

5) 유의확률(Significance Probability): 유의수준은 보통 p-값(p-value)으로 나타내며, $p<.10(90\%)$, $p<.05(95\%)$, $p<.01(99\%)$로 나타낸다. 예를 들면 $p<.05$일 경우 모집단과 표본의 결과가 다르게 나타날 확률이 100번 가운데 5번 이하라는 것이다. 다시 말해, 표본의 통계치에 대해 95%의 신뢰도가 있으며, 5%의 오차가 있음을 나타낸다.

6) 영가설(null hypothesis)을 부정하는 한계영역

① 양측검정(two-tailed test)

영가설(null hypothesis, H_0): 영어 점수에서 언어 환경간(ESL, EFL)의 차이가 없을 것이다. $(\mu_1 = \mu_2) \rightarrow$ 양측검정$(two-tailed)$

연구가설(alternative hypothesis, H_1): 영어 점수에서 언어 환경간(ESL, EFL)의 차이가 있을 것이다. $(\mu_1 \neq \mu_2) \rightarrow$ 양측검정$(two-tailed)$

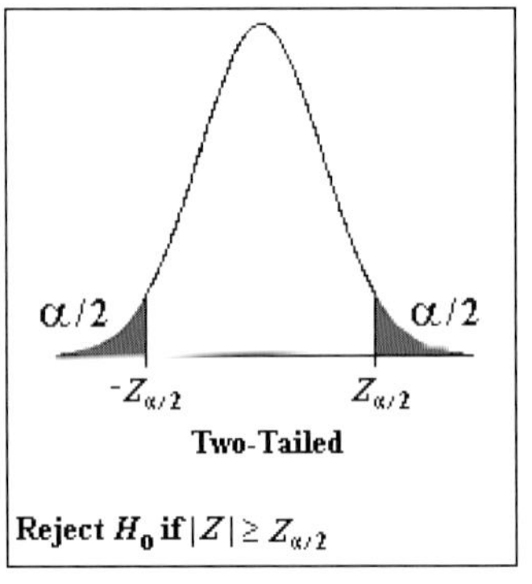

(shaded area : region of H_0 rejection)

② 단측검정 1(one-tailed test)

영가설(null hypothesis, H_0): 영어 점수에서 언어 환경간(ESL, EFL)의 차이가 없을 것이다. $(\mu_1 = \mu_2) \rightarrow$ 단측검정$(one-tailed)$

연구가설(alternative hypothesis, H_1): 영어 점수에서 ESL환경의 점수가 EFL환경의 점수보다 높을 것이다. $(\mu_1 \geq \mu_2) \rightarrow$ 단측검정$(one-tailed)$

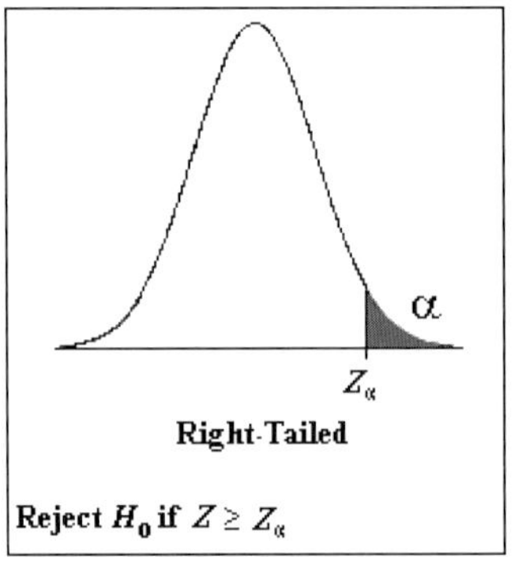

(shaded area : region of H_0 rejection)

③ 단측검정 2(one-tailed test)

영가설(null hypothesis, H_0): 영어 점수에서 언어 환경간(ESL,EFL)의 차이가 없을 것이다. $(\mu_1 = \mu_2) \rightarrow 단측검정(one-tailed)$

연구가설(alternative hypothesis, H_1): 영어 점수에서 ESL환경의 점수가 EFL환경의 점수보다 낮을 것이다. $(\mu_1 \leq \mu_2) \rightarrow 단측검정(one-tailed)$

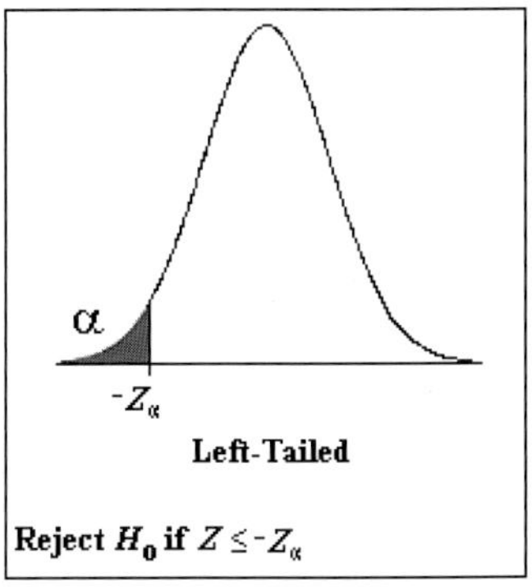

(shaded area : region of H_0 rejection)

연구가설의 검정은 연구자에 의해 결정된다. 그러나 위 세 가지의 가설 검정을 동시 에 설정할 수는 없고, 하나의 연구 가설만을 설정하여 검정한다. 양측검정은 ESL환경의 영어 점수가 EFL환경의 영어 점수보다 높을 수도 있고, 낮을 수도 있기 때문에 일측검정에 비해 발생확률이 2배이다. 즉, p<.05 수준에서 영가설을 부정하는 한계영역은 양측검정의 경우 정규분포곡선의 양쪽 극단치 .025%씩이고 단측검정의 경우는 한쪽이 .05%이다 (DeKeyser & Larson-Hall, 2005).

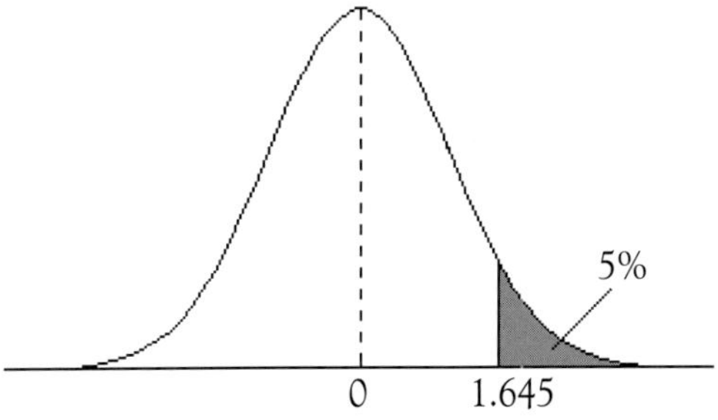

(a) One-tailed test

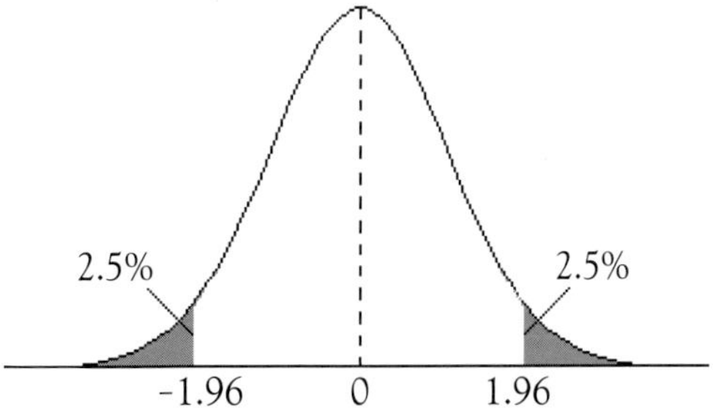

(b) Two-tailed test

7) 가설검정의 오류

제1종 오류: 실제로는 영가설이 참인데 이를 틀렸다고 결정하는 것이다. 다시 말해언어 환경에 따른 영어 점수가 차이가 없음에도 불구하고 차이가 있다고 잘못 결정하는 것이다(α오류)

제2종 오류: 실제로는 연구가설이 참인데 이를 틀렸다고 결정하는 것. 즉, 언어 환경에 따른 영어 점수가 유의한 차이가 있음에도 불구하고 차이가 없다고 잘못 결정하는 오류이다(β오류).

정확한 결론은 두 종류가 있다. 영가설을 잘못 해석해서 오류를 범할 때 그 결론이100%틀린 것이 아니라 α%, β% 정도 틀릴 확률적 오류이다. 즉, 정확한 결론이 될 수 있는 확률은 1-α(β)이다. 다시 말해 오류 α=5%(α=0.05)인 경우에 정확한 결론을 내려도 95%가 참일 확률이다는 것이다 (Murphy & Myors, 2004).

표 4.3.

	영가설 참 (H_0: 두 그룹의 영어점수 차이가 없다.)	영가설 거짓 (H_1: 두 그룹의 영어점수 차이가 있다.)
영가설 긍정	정확한 결론(1-α)	제2종 오류(β)
영가설 부정 (H_0을 기각한다)	제1종 오류(α)	정확한 결론(1-β)

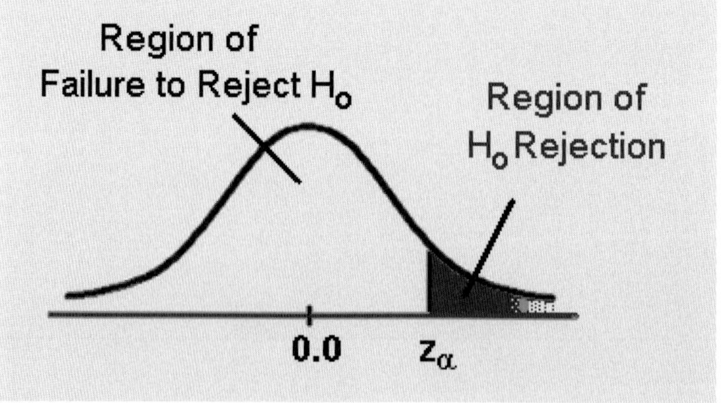

표 4.4. 두 그룹의 평균 차이에 대한 영가설의 기각역(region of H_0 rejection)과 비기각역(region of H_0 non-rejection)

두 그룹의 평균의 차이가 있다라고 결론내리기에는 증거가 충분하지 않다. 따라서 영가설은 이 영역에서 기각되지 않는다. 즉, 두 그룹의 평균은 같다라고 결론지을 수 있다.	두 그룹의 평균의 차이가 있다라고 결론내리기에 증거가 충분하다. 따라서 영가설은 이 영역에서 기각된다. 즉, 두 그룹의 평균은 다르다라고 결론지을 수 있다.
←영가설의 비기각역 (region of H_0 non-rejection) → 1-α	← 영가설의 기각역 (region of H_0 rejection) →

α (기각점)

α=.05, 기각값(critical value)=X라고 전제할 때 관찰값(ovserved value)이 기각값보다 크면 기각역에 들어가게 된다. 즉, 두 그룹의 평균의 차이가 있다라고 결론내리기에 충분한 증거가 있다고 할 수 있다. 이때 p-값이 α-값 .05보다 작다는 것은 영가설을 기각해도 1종 오류(type I error)가 발생할 확률이 현실적으로 매우 낮은 것으로 보기 때문에 영가설을 기각하여도 통계적으로 문제는 발생하지 않는다는 것을 의미한다. 다시 말해서 p-값이 α-값 .05보다 작다는 것은 영가설을 기각할 수 있는 충분한 증거가 있으며 연구가설을 채택해도 오류가 낮다는 것을 의미한다. 반대로 p-값이 α-값 .05보다 크다는 것은 영가설을 기각할 수 있는 증거가 충분하지 않으며 연구가설을 채택하는데 오류가 높다는 것을 의미한다.

p값$<\alpha$ 값 일 때 영가설을 기각하며
p값$\geq\alpha$ 값 일 때 영가설을 기각하지 않는다.

8) 자유도(Degree of Freedom): 주어진 조건에서 최소한으로 자유롭게 변화할 수 있는 독립된 수를 의미한다. 즉, 평균을 유지하면서 어떠한 값도 가질 수 있는 사례 수를 의미한다. 예를 들어 5명의 학생에게 좋아하는 한 명을 선택하라고 할 때, 선택 대상은 자신을 제외한 4명이 되는 것이다. 또한 3가지의 영어 교수법이 있다고 가정할 때 첫 번째 교사가 자유롭게 선택할 수 있는 교수법은 3가지의 교수법이다. 두 번째 교사가 자유롭게 선택할 수 있는 교수법은 나머지 2가지의 교수법이다.

9) Z 점수(Z Scores): 원점수(raw score)가 평균으로부터 얼마나 떨어져 있는가를 알려주는 것으로 원점수가 평균 점수일 때 즉 원점수와 평균 점수가 같을 때 Z 점수를 0으로 만들고 원점수와 평균 점수의 차이가 표준편차와 같을 때 Z 점수를 1로 변환시킨 값이다. 데이터에서 한 값의 상대적인 위치를 나타내기 위해서 표준 점수를 사용하는데 이때 표준점수를 Z 점수(Z Score)라고 부르기도 한다. Z 점수가 2이라는 것은 2배의 표준편차만큼 평균보다 값이 크다는 것을 의미하고 (Z = 2SD/SD), Z 점수가 -3이라는 것은 3배의 표준편차만큼 평균보다 값이 작다는 것을 의미한다. Z 점수는 데이터에 있는 변수들의 상대적인 크기를 고려하여 사용한다.

$$z = \frac{X - \overline{X}}{S_D} \quad X = \text{점수}\,(Score),\ \overline{X} = \text{평균}\,(Mean),\ S_D = \text{표준편차}$$

* SPSS에서 z 점수(z scores)를 알아보는 방법은 다음과 같다.

① 기술통계(Descriptives) 선택: 분석(Analyze) → 기술통계량(Descriptive Statistics) → 기술통계(Descriptives)를 순서대로 선택한다.

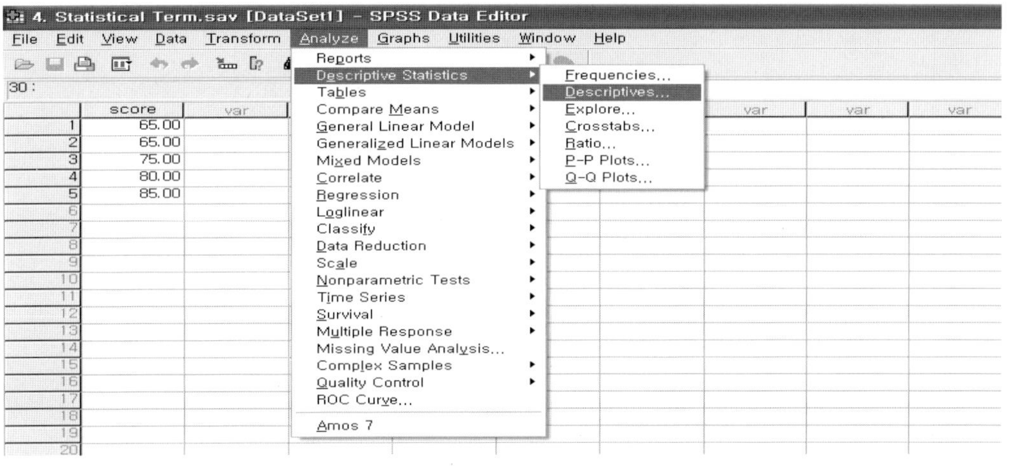

② 변수(Variables) 선택: 기술통계(Descriptives) 대화상자에 검정하고자 하는 변수를 오른쪽으로 이동시킨 후 표준화 값을 변수로 저장(Save standardized values as variables)을 선택한다.

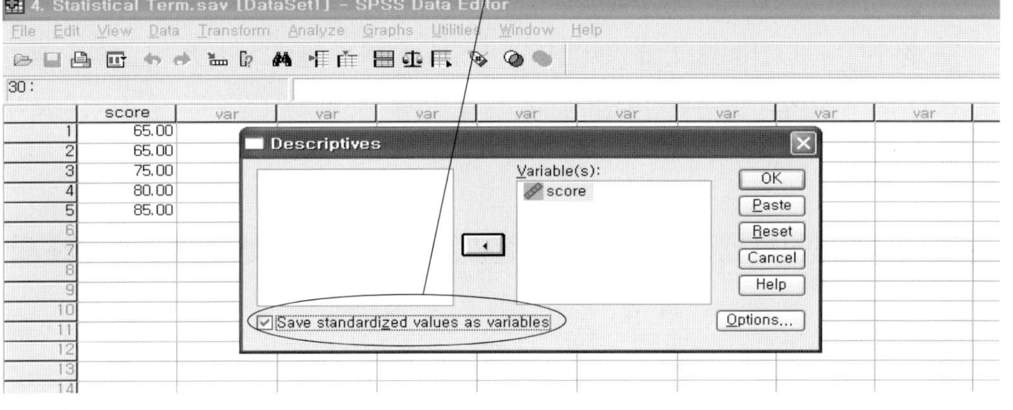

③ 옵션(Options) 선택: 옵션(Options)을 클릭하면 기술통계: 옵션(Descriptives: Options) 대화상자에서 검정하고자 하는 것을 클릭한 후 계속(Continue)을 선택한다.

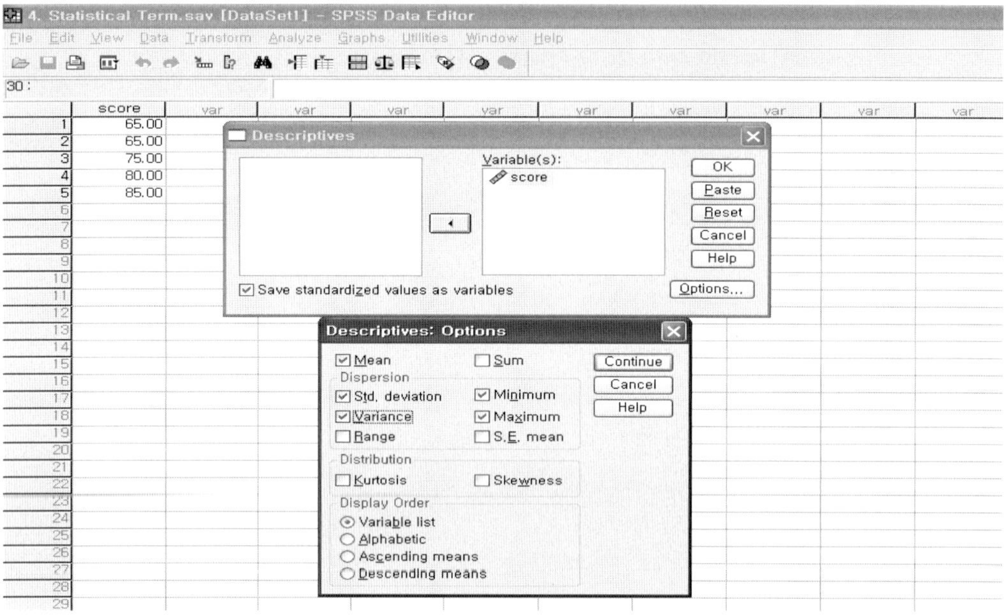

④ 분석결과(Result): 기술통계(Descriptives) 대화상자에서 표준화 값을 변수로 저장(Save standardized values as variables)을 선택했기 때문에 데이터 편집기에 위와 같이 Z 점수들이 변수로서 추가된다. 첫 번째와 두 번째 케이스의 점수(65)는 평균 점수(74)보다 -1.00623 배의 표준편차(8.94)만큼 낮고, 세 번째 케이스의 점수는 평균 점수보다 0.11180배의 표준편차만큼 높고, 네 번째 케이스의 점수는 평균 점수보다 0.67082배의 표준편차만큼 높고, 다섯 번째 케이스의 점수는 평균 점수보다 1.22984배의 표준편차만큼 높다는 것을 알 수 있다.

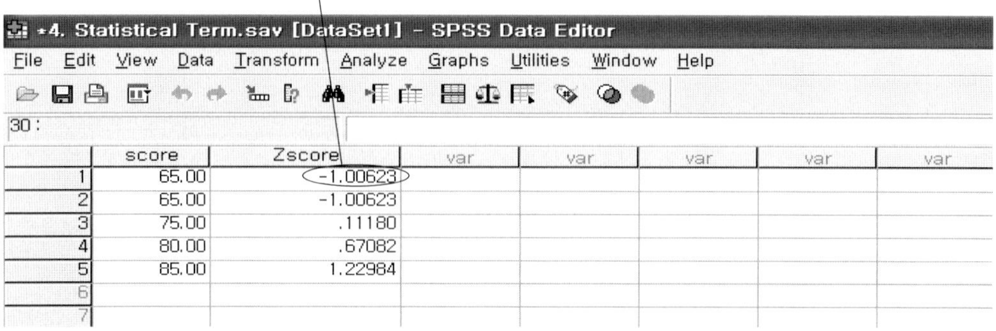

Descriptives

Descriptive Statistics

	N	Minimum	Maximum	Mean	Std. Deviation	Variance
score	5	65.00	85.00	74.0000	8.94427	80.000
Valid N (listwise)	5					

기술통계(Descriptive Statistics)를 통하여 사례수(N)는 5명, 최소값(Minimum)은 65점, 최대값(Maximum)은 85점, 평균(Mean)은 74점, 표준편차(Std. Deviation)는 8.94427, 분산(Variance)은 80.000인 것을 알 수 있다.

* T 점수(T Scores): Z 점수와 마찬가지로 원점수(raw score)가 평균으로부터 얼마나 떨어져 있는가를 알려준다. Z 점수는 긍정적이냐 부정적이냐로 또는 소수점으로도 나타날 수도 있지만 점수가 작아서 이해하기가 어렵다. 그래서 이해하기 쉽도록 T 점수로 변환시킨다.

$$T = 10z + 50 \quad z : z\ score(z\text{점수})$$

$$T = 10(-1.000623) + 50 = 39.99377$$
$$T = 10(0.11180) + 50 = 51.118$$
$$T = 10(0.67082) + 50 = 56.7082$$
$$T = 10(1.22984) + 50 = 62.2984$$

표 4.5. 표준 점수 분포의 비교(comparison of standard score distributions)

원 점수	65	65	75	80	85
Z 점수	-1.00623	-1.00623	0.11180	0.67082	1.22984
T 점수	39.99377	39.99377	51.118	56.7082	62.2984

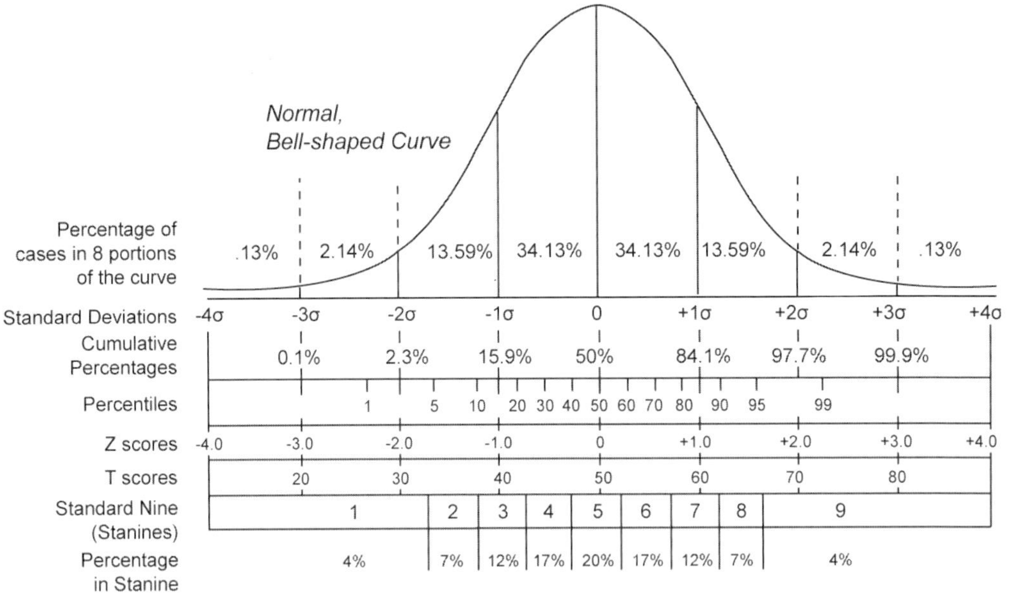
Normal,
Bell-shaped Curve
Percentage of cases in 8 portions of the curve
.13%
2.14%
13.59%
34.13%
34.13%
13.59%
2.14%
.13%
Standard Deviations
-4σ
-3σ
-2σ
-1σ
0
+1σ
+2σ
+3σ
+4σ
Cumulative Percentages
0.1%
2.3%
15.9%
50%
84.1%
97.7%
99.9%
Percentiles
1
5
10
20
30
40
50
60
70
80
90
95
99
Z scores
-4.0
-3.0
-2.0
-1.0
0
+1.0
+2.0
+3.0
+4.0
T scores
20
30
40
50
60
70
80
Standard Nine (Stanines)
1
2
3
4
5
6
7
8
9
Percentage in Stanine
4%
7%
12%
17%
20%
17%
12%
7%
4%

정규분포곡선

5. 기술통계분석(Descriptive Analysis)

구간·비율 척도 변수들과 같은 연속적인 변수값을 서술통계로 분석하는 방법이다. 즉, 조사 대상의 평균(mean), 표준 편차(standard deviation), 최대값(maximum), 최소값(minimum)등을 통하여 분석한다. 예를 들면 어느 특정 집단의 영어 점수(English proficiency score)를 평균, 표준 편차, 최대값, 최소값을 통하여 특정 집단의 영어 점수를 분석한다.

기술통계분석(Descriptive) 절차

1) 기술통계분석(Descriptive) 선택: 분석(Analyze) → 기술통계량(Descriptive Statistics) → 기술 통계(Descriptives)를 순서대로 선택한다.

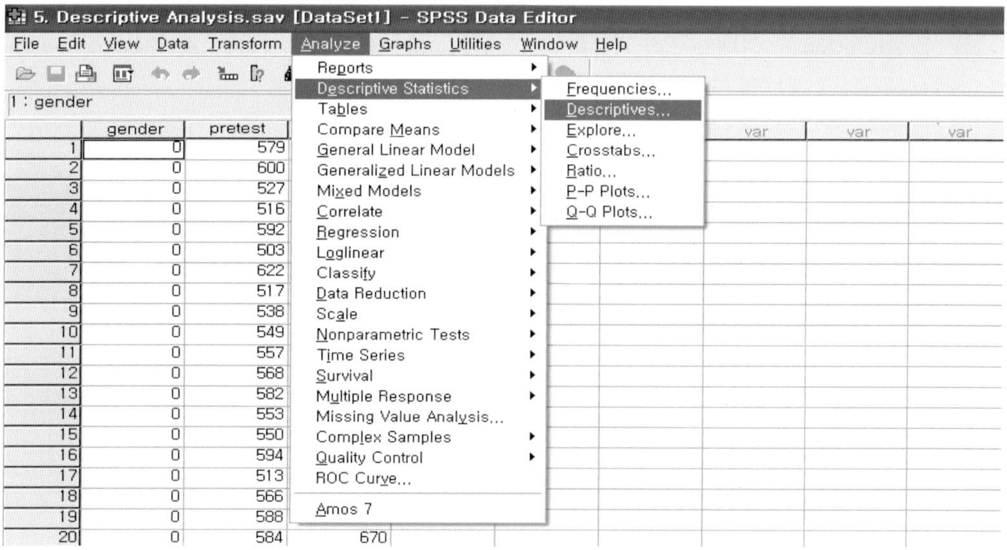

2) 변수(Variable) 선택: 기술통계(Descriptives) 대화상자에서 분석하고자하는 변수(Variable)를 선택하여 오른쪽 변수(Variable)상자로 이동시킨다. 예를 들면, 실험전 영어 점수(pretest score)와 실험 후 영어 점수(posttest score)를 기술통계(Descriptives) 분석한다.

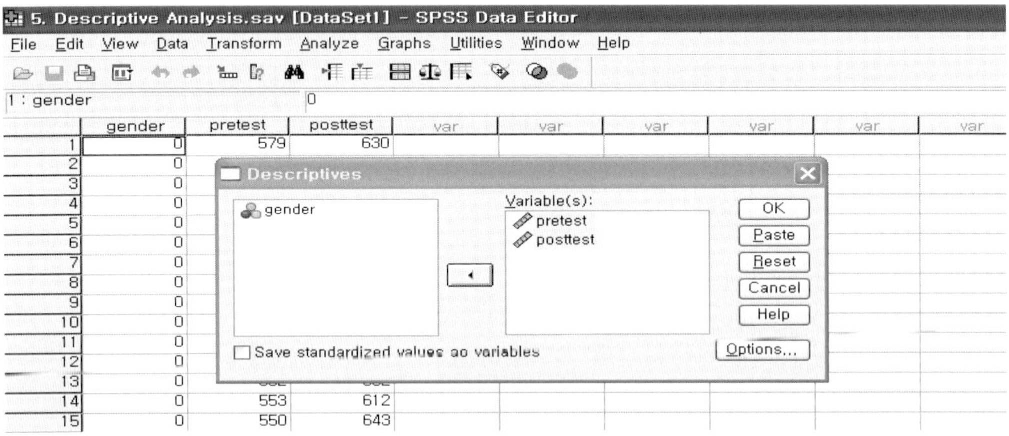

3) 옵션(Options) 선택: 구하고자하는 항목(item)들을 체크한 후 계속(Continue)을 선택한다.

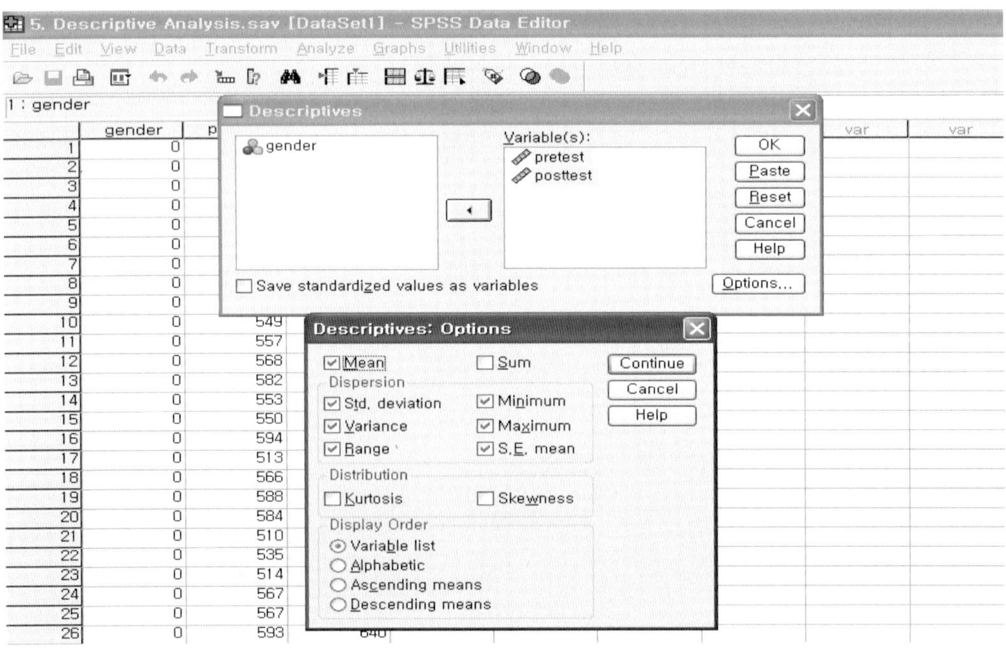

4) 분석결과(Result): 기술통계분석 대화상자가 나타나면 확인(OK)을 선택한다. 기술통계량은 사례수(N), 범위(Range), 최소값(Minimum), 최대값(Maximum), 평균(Mean), 표준편차(Std. Deviation), 표준오차(Std. Error), 분산(Variance)등을 알 수 있으며, 옵션(Options) 대화상자에서 무엇을 선택하느냐에 따라 기술통계량의 내용이 달라질 수 있다.

Descriptives

Descriptive Statistics

	N	Range	Minimum	Maximu	Mean		Std.	Variance
	Statistic	Statistic	Statistic	Statistic	Statistic	Std. Error	Statistic	Statistic
pretest	60	145	503	648	559.70	3.837	29.724	883.502
posttest	60	196	547	743	655.22	4.789	37.097	1376.173
Valid N (listwise)	60							

실험 전 영어 점수(pretest)의 결과는 사례수는 60명이며, 범위는 145점, 최소값은 503점, 최대값은 648이다, 평균은 559.70점이고, 표준오차는 3.84, 표준편차는 29.724, 분산은 883.502인 것을 알 수 있다. 또한 실험 후 영어 점수(posttest)의 결과는 사례수는 60명이며, 범위는 196점, 최소값은 547점, 최대값은 743이다, 평균은 655.22점이고, 표준오차는 4.79, 표준편차는 37.097, 분산은 1376.173인 것을 알 수 있다.

6. 다중응답분석(Multiple Response Analysis)

다중응답이란 한 문항에 두 가지 이상의 응답항목(복수 선택)을 선택하는 것을 말한다. 다중응답 분석에는 이분형(dichotomy)과 범주형(category) 두 가지 방법이 있다. 이분형은 각 응답항목에 '예'와 '아니오'로 데이터를 작성하는 것이다. 예를 들어, '해외어학 연수 경험이 있습니까?'의 항목에 '예'와 '아니오'의 응답으로 구성된 것이다. 범주형은 각 응답항목에 대하여 두 개 이상을 선택하는 것이다. '영어 학습 방법을 고르시오.'의 항목에 '영어 단어 및 영어 문장 암기, 멀티미디어, 사전활용, 원어민과의 대화, 읽기 교재(reading material)'등의 응답으로 구성된 것이다.

6.1. 범주형 다중응답분석(Categories Multiple Response Analysis)

아래의 예제 문항 1은 다중응답분석 중 응답항목이 정해진 수만큼 선택하도록 하는 범주형 분석이다. 문항 1에 대한 자료 입력 및 분석을 다음과 같이 할 수 있다.

표 6.1.

1. 영어 학습 방법중 가장 효과적인 방법이라고 생각하는 2개를 선택하시오.		
① 영어단어 및 영어문장암기 (self-speech)	② 멀티미디어 (DVD/CD, 만화, 영화)	③ 사전활용 (영한사전, 영영사전)
④ 원어민과의 대화	⑤ 읽기 교재(영어신문, 저널, 잡지)	

1) 자료(Data) 입력: 위의 자료에서 보듯이 문항 1에서 영어 학습 방법중 가장 효과적인 방법이라고 생각하는 2개를 선택해야 함으로 1번 문항의 답을 두 칸으로 코딩해 주어야 한다. 즉, 문항 1(q1)이 q11과 q12로 변한 것을 알 수 있다. 만약에 문항 1에서 3개를 선택할 경우에는 문항 1(q1)이 q11, q12, q13으로 바뀔 수 있다. 그리고 q11과 q12에 올수 있는 변수값은 1부터 5까지이다. 왜냐하면 변수값(영어학습방법)이 ①부터 ⑤까지이기 때문이다. 그리고 만약에 응답자가 하나만 선택하였을 경우에는 선택한 번호만 입력하고 선택하지 않은 것은 9(일반적으로 무응답일 경우 9로 입력)로 입력한다.

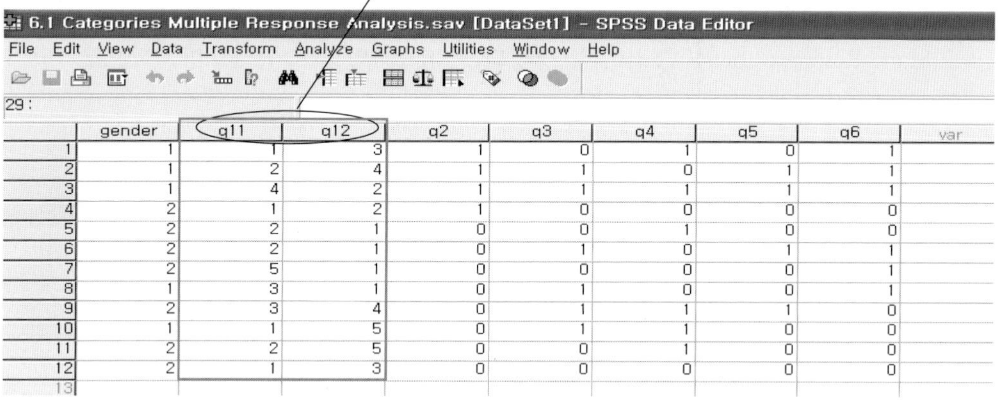

	gender	q11	q12	q2	q3	q4	q5	q6	var
1	1	1	3	1	0	1	0	1	
2	1	2	4	1	1	0	1	1	
3	1	4	2	1	1	1	1	1	
4	2	1	2	1	0	0	0	0	
5	2	2	1	0	0	1	0	0	
6	2	2	1	0	1	0	1	1	
7	2	5	1	0	0	0	0	1	
8	1	3	1	0	1	0	0	1	
9	2	3	4	0	1	1	1	0	
10	1	1	5	0	1	1	0	0	
11	2	2	5	0	0	1	0	0	
12	2	1	3	0	0	0	0	0	
13									

2) 변수군 정의(Define Set) 선택: 분석(Analyze) → 다중응답분석(Multiple Response) → 변수군 정의(Define Sets)를 순서대로 선택한다.

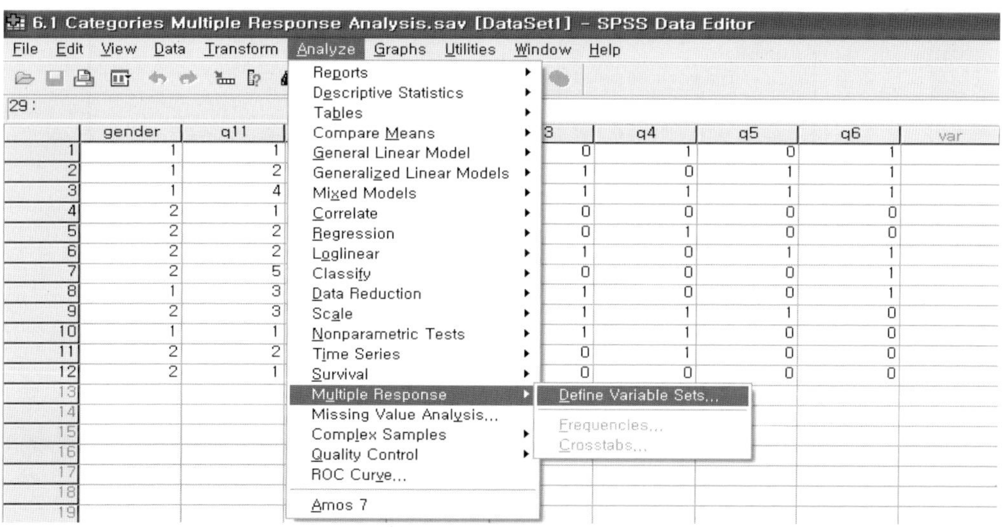

3) 다중응답 변수군 정의 (Define Multiple Response Sets) 선택: 왼쪽의 '변수군 정의(Set Definition)' 대화상자에서 검정하고자 하는 변수를 선택하여 오른쪽 '변수군에 포함된 변수(Variables in Set)' 대화상자로 옮긴다. 여기서는 q11과 q12를 선택하여 옮긴다. '변수들의 코딩형식(Variables Are Coded As)'에서는 1번 문항이 정해진 수만큼(2개 선택) 선택을 하기 때문에 '범주형(Categories)'을 선택한다. 범위(Range)에서는 변수의 값들(①~⑤)이 5개이고, 무응답(⑨)1개를 포함하면 6개가 되므로 '1에서 6(1 through 6)' 을 입력한다. '이름(Name)'에는 새로운 변수의 이름 'q10'을 입력하고 '설명(Label)'에는 새로운 변수의 설명 'English learning method frequency'를 입력한 후 '추가(Add)'를 선택하면 새로운 '다중응답 변수군(Mult Response Sets)' '$q10'이 생성되는 것을 알 수 있다. 마지막으로 '닫기(Close)'를 선택한다.

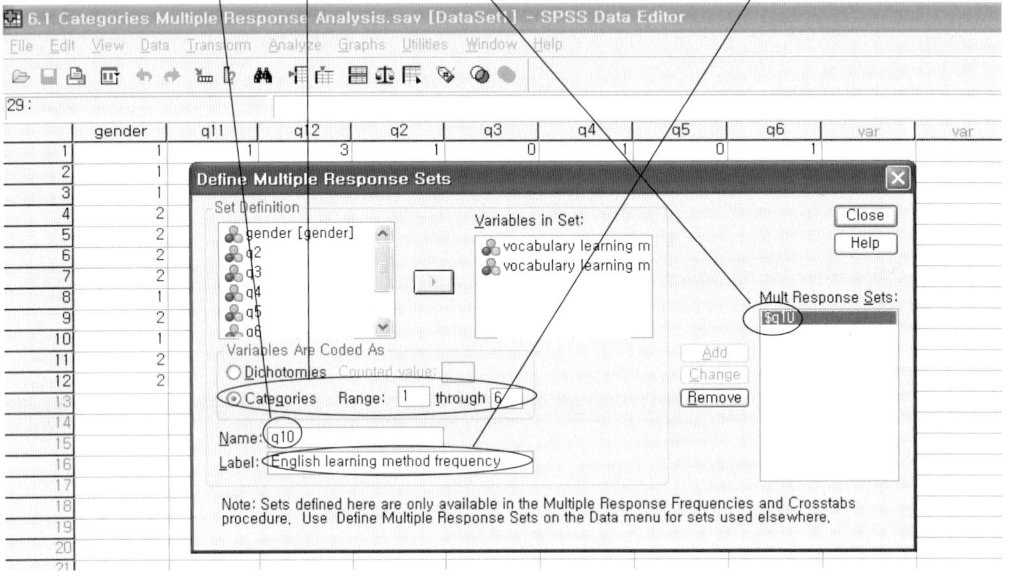

4) 빈도분석(Frequencies) 선택: 분석(Analyze) → 다중응답분석(Multiple Response) → 빈도분석(Frequencies)을 순서대로 선택한다.

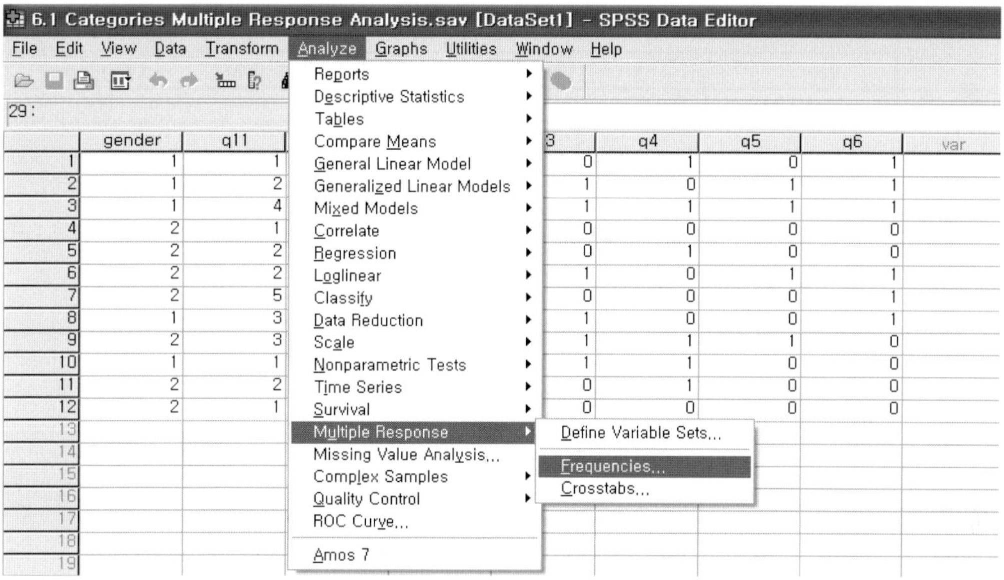

5) 다중응답 빈도분석(Multiple Response Frequencies): 왼쪽의 '다중응답 변수군(Mult Response Sets)' 대화 상자에서 검정하고자 하는 변수를 선택하여 오른쪽 '표작성 응답군(Table(s) for)' 대화상자로 옮긴 후 확인(OK)을 선택한다.

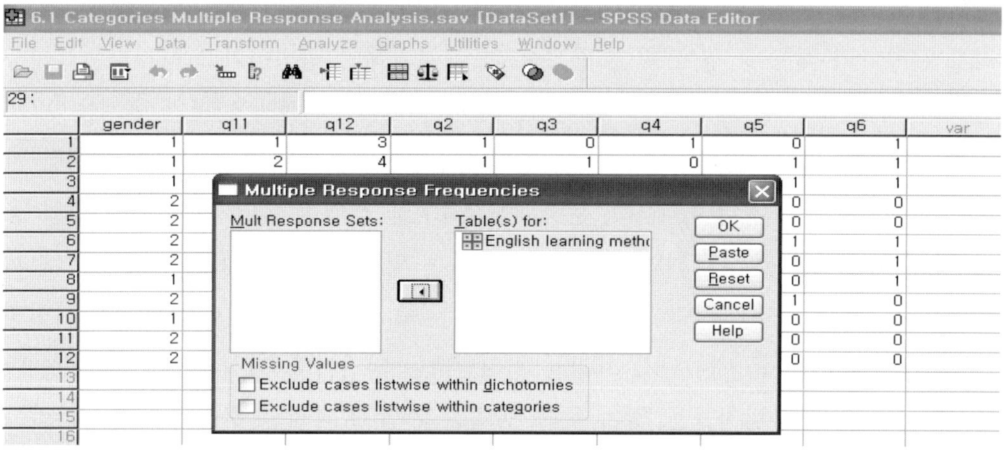

6) 분석 결과: 다음과 같은 결과(output)가 출력된다.

Case Summary

	Cases					
	Valid		Missing		Total	
	N	Percent	N	Percent	N	Percent
$q10[a]	12	100.0%	0	.0%	12	100.0%

a. Group

위의 케이스 요약(Case Summary)은 응답자수(N), 결측값(Missing)을 알 수 있다. 즉, 응답자수는 12명, 결측값은 없다는 것을 알 수 있다.

$q10 Frequencies

		Responses		Percent of Cases
		N	Percent	
English learning method frequency[a]	1	8	33.3%	66.7%
	2	6	25.0%	50.0%
	3	4	16.7%	33.3%
	4	3	12.5%	25.0%
	5	3	12.5%	25.0%
Total		24	100.0%	200.0%

a. Group

'$q10 Frequencies'는 다중응답분석에서 생성된 새 변수명이다. 'Frequency 1, 2, 3, 4, 5'는 문항 1에서 응답지 번호가 ①~⑤까지 있다는 것을 알 수 있다. 'N'은 각 응답자가 선택한 빈도를 나타낸다. 즉, 문항 1에서 1번을 선택한 응답자가 8명이라는 것이다. 그리고 문항 1의 내용이 '영어 학습 방법중 가장 효과적인 방법이라고 생각하는 2개를 선택하시오'이므로 한 사람이 두 개씩 선택한다. 그러므로 전체 빈도의 합계는 '12명×2회=24회'가 되는 것이다. 'Percent'는 전체 응답 빈도 중에서 각 응답자가 선택한 빈도를 퍼센트로 나타낸 것이다. 즉, 문항 1에서 1번을 선택한 응답자가 8명은 전체 응답 빈도 중에서 33.3%((8÷24)×100)를 차지한다는 의미이다. 'Percent of Cases'는 전체 응답자 중 각 응답지를 선택한 사람의 비율이다. 즉, 응답자 12명 중에서 1번을 선택한 사람의 비율이 66.7%((8÷12)×100)를 차지한다는 의미이다. 다시 말해서, 범주형 다중응답분석 결과 응답자들은 영어 학습 방법중 가장 효과적인 방법이라고 생각하는 두 가지는 영어단어 및 영어문장암기(8명, 33.3%)와 멀티미디어(6명, 25.0%)를 가장 많이 사용하는 것으로 나타났다.

6.2. 범주형 다중응답분석 - 순위형(Weight-Categories Multiple Response Analysis)

다음은 범주형 다중응답분석중 순위를 정하는 경우이다. 즉, 복수응답에서 가장 중요한 순서대로(가장 효과적인 방법) 주어진 질문에 대하여 2개 또는 3개의 답을 선택하는 것이다. 아래의 예제 문항 1은 다중응답분석 중 영어 학습 방법중 가장 효과적이라고 생각하는 방법 3개를 선택하는 범주형 분석이다. 순위를 정하는 범주형 다중응답분석은 중요도(선호도)에 따라서 가중치를 주어 분석을 해야 한다. 문항 1에 대한 자료 입력 및 분석을 다음과 같이 할 수 있다.

표 6.2.

1. 영어 학습 방법중 가장 효과적이라고 생각하는 방법 3개를 순위를 정하여 선택하시오.
   (1순위: , 2순위: , 3순위:)

① 영어단어 및 영어문장암기 (self-speech)	② 멀티미디어 (DVD/CD, 만화, 영화)	③ 사전활용 (영한사전, 영영사전)
④ 원어민과의 대화	⑤ 읽기 교재(영어신문, 저널, 잡지)	

1) 자료(Data) 입력: 위의 자료에서 보듯이 문항 1에서 영어 학습 방법중에서 3개를 우선순위에 의해서 선택해야 함으로 1번 문항의 답을 세 칸으로 코딩해 주어야 한다. 즉, 문항1(q1)이 q11, q12, q13으로 전환한 것을 알 수 있다. 만약에 문항 1에서 우선순위가 2개라면 문항 1(q1)은 q11과 q12로 바뀔 수 있다. 그리고 q11부터 q13에 올 수 있는 변수값은 1부터 5까지이다(영어학습방법이 ①부터 ⑤까지이므로). 그리고 만약에 응답자가 1순위와 2순위만 선택하고 3순위를 선택하지 않았을 경우에는 9(일반적으로 무응답일 경우 9로 입력)로 입력한다.

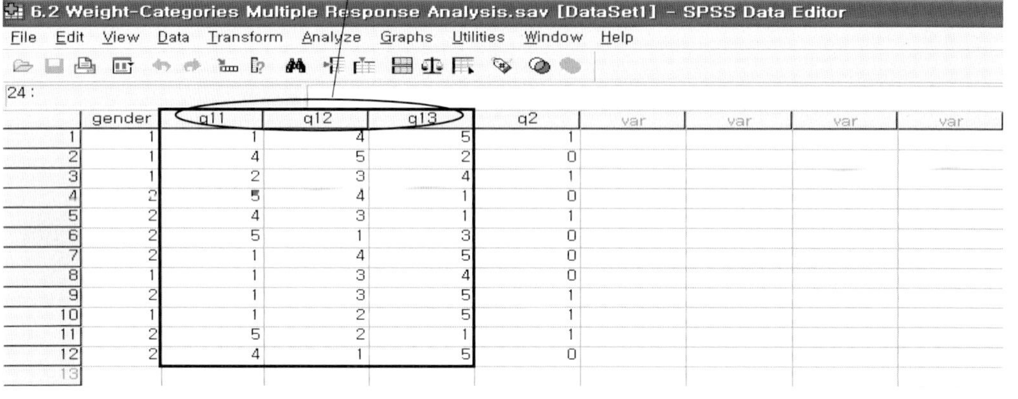

	gender	q11	q12	q13	q2	var	var	var	var
1	1	1	4	5	1				
2	1	4	5	2	0				
3	1	2	3	4	1				
4	2	5	4	1	0				
5	2	4	3	1	1				
6	2	5	1	3	0				
7	2	1	4	5	0				
8	1	1	3	4	0				
9	2	1	3	5	1				
10	1	1	2	5	1				
11	2	5	2	1	1				
12	2	4	1	5	0				
13									

2) 빈도분석(Frequencies) 선택: 분석(Analyze) → 기술통계량(Descriptive Statistics) → 빈도분석(Frequencies)을 순서대로 선택한다.

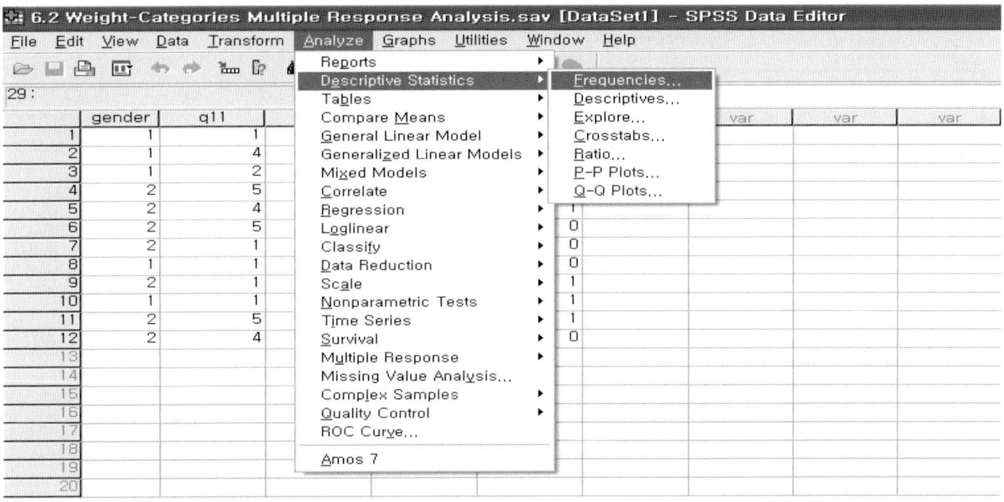

3) 빈도분석 (Frequencies) 선택: 분석하고자 하는 변수를 오른쪽 변수(Variable(s))로 옮긴 후 확인(OK)을 선택한다.

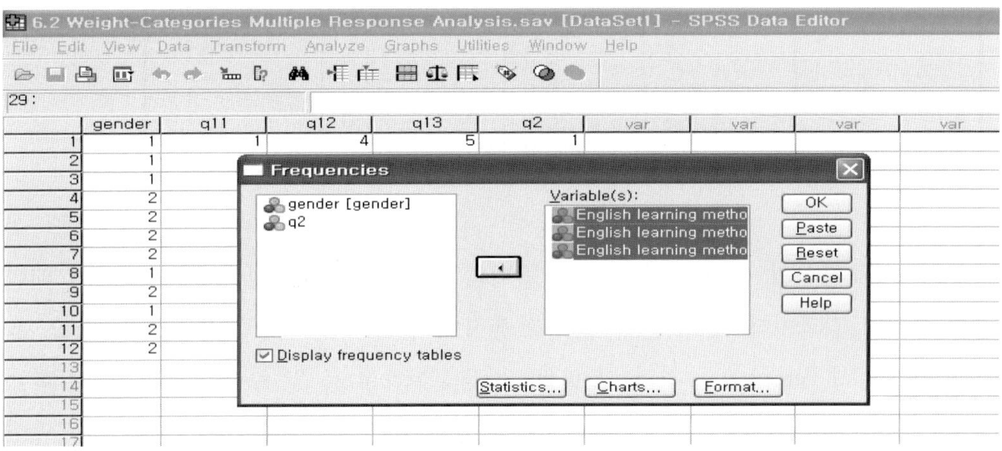

4) 분석 결과: 다음과 같은 결과(output)가 출력된다.

Frequencies

Statistics

		English learning method 1	English learning method 2	English learning method 3
N	Valid	12	12	12
	Missing	0	0	0

문항 1의 1순위, 2순위, 3순위의 사례수를 알 수 있다. 즉, 각각의 순위에 대한 사례수가 12명인 것을 알 수 있다. 결측값(Missing)은 없는 것을 알 수 있다.

Frequency Table

English learning method 1

		Frequency	Percent	Valid Percent	Cumulative Percent
Valid	1	5	41.7	41.7	41.7
	2	1	8.3	8.3	50.0
	4	3	25.0	25.0	75.0
	5	3	25.0	25.0	100.0
	Total	12	100.0	100.0	

위의 빈도 분석의 결과는 영어 학습 방법의 효과성을 묻는 질문에서 1순위에 대한 빈도 분석의 결과이다. 빈도 분석 결과를 통하여 빈도(Frequency), 퍼센트(Percent), 유효퍼센트(Valid Percent), 누적퍼센트(Cumulative Percent)를 알 수 있다. 즉, 영어 학습 방법중 가장 효과적이라고 생각하는 방법의 1순위(영어학습방법1)는 1번 영어 단어 및 영어 문장 암기를 선택한 응답자가 5명이고 전체 응답자의 41.7%((5÷12)×100)인 것을 알 수 있다. 다시 말해서 응답자들은 영어 학습 방법으로 '영어단어 및 영어문장 암기'를 가장 효과적이라고 생각하는 것으로 나타났다.

English learning method 2

		Frequency	Percent	Valid Percent	Cumulative Percent
Valid	1	2	16.7	16.7	16.7
	2	2	16.7	16.7	33.3
	3	4	33.3	33.3	66.7
	4	3	25.0	25.0	91.7
	5	1	8.3	8.3	100.0
	Total	12	100.0	100.0	

영어 학습 방법의 효과성을 묻는 질문에서 2순위에 대한 빈도 분석의 결과이다. 즉, 영어 학습 방법중 가장 효과적이라고 생각하는 방법의 2순위(영어학습방법2)는 3번(사전사용)을 선택한 응답자가 4명이고 전체 응답자의 33.3% ((4÷12)×100)인 것을 알 수 있다. 다시 말해서 응답자들은 영어 학습 방법으로 사전활용을 두 번째로 효과적인 것으로 나타났다.

English learning method 3

		Frequency	Percent	Valid Percent	Cumulative Percent
Valid	1	3	25.0	25.0	25.0
	2	1	8.3	8.3	33.3
	3	1	8.3	8.3	41.7
	4	2	16.7	16.7	58.3
	5	5	41.7	41.7	100.0
	Total	12	100.0	100.0	

영어 학습 방법의 효과성을 묻는 질문에서 3순위에 대한 빈도 분석의 결과이다. 즉, 영어 학습 방법중 가장 효과적이라고 생각하는 방법의 3순위(영어학습방법 3)는 5번 읽기 교재(reading material)를 선택한 응답자가 5명이고 전체 응답자의 41.7%((5÷12)×100)인 것을 알 수 있다. 다시 말해서 응답자들은 영어 학습 방법으로 읽기 교재가 세 번째로 효과적인 것으로 나타났다.

그러나 효율성 또는 중요도의 순위를 질문하는 다중응답분석의 결과는 순위에 따라 가중치를 주어서 다시 해석을 하여야 한다. 문항 1의 경우는 1순위, 2순위, 3순위가 있으므로 1순위에 300%, 2순위에 200%, 3순위에 100%의 가중치를 부여하여 계산할 수 있다. 물론 각각의 순위에 대하여 가중치의 값은 연구에 따라서 달라질 수 있다. 그러나 여기서는 1순위에 300%, 2순위에 200%, 3순위에 100%의 가중치를 주어 다음과 같이 계산한다.

표 6.3.

응답지번호	1순위	2순위	3순위	전체
1	5×300=1500	2×200=400	3×100=300	2200(1순위)
2	1×300=300	2×200=400	1×100=100	800
3	0×300=0	4×200=800	1×100=100	900
4	3×300=900	3×200=600	2×100=200	1700(2순위)
5	3×300=900	1×200=200	5×100=500	1600(3순위)
빈도	12	12	12	

표 6.3은 가중치를 부여한 계산 결과이다. 영어 학습 방법중 가장 효과적이라고 응답한 방법은 1번(영어단어 및 영어문장암기)이 2200으로 가장 높게 나타났고, 2번(멀티미디어)이 800으로 가장 낮게 나타난 것을 알 수 있다. 즉, 영어 학습 방법중 가장 효과적이라고 생각하는 것에 대한 응답 분석 결과는 1순위는 영어단어 및 영어문장암기(self-speech)가 가장 효과적이고, 2순위는 원어민과의 대화, 3순위는 읽기 교재로 나타났다.

* 성별(Gender)에 따른 영어 학습 방법에 대한 다중응답의 교차분석

1) 변수군 정의(Define Set) 선택: 분석(Analyze) → 다중응답분석(Multiple Response) → 변수군 정의(Define Set)를 순서대로 선택한다. 순위를 정하는 빈도 분석의 경우는 변수군 정의를 하지 않았으나 순위를 정하는 다중응답 교차분석은 변수군 정의를 해야 한다.

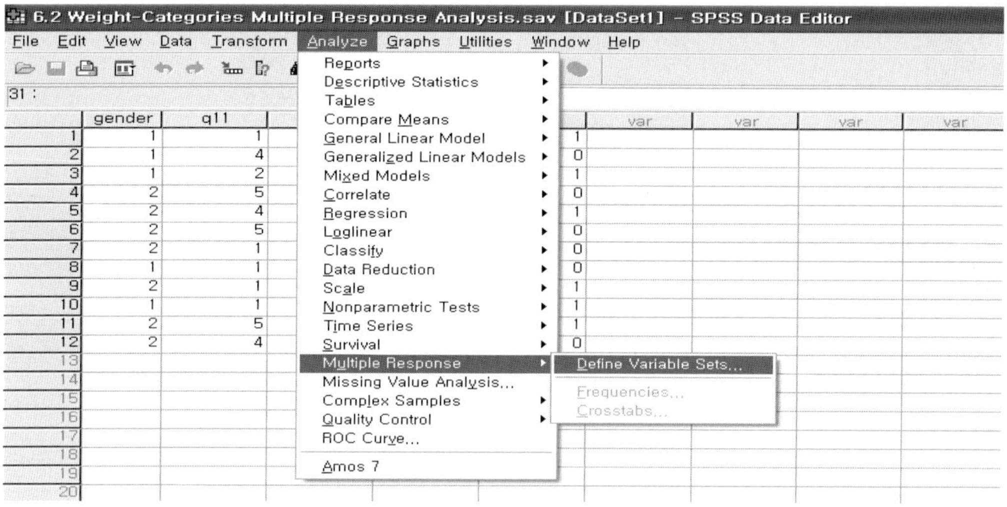

2) 다중응답 변수군 정의 (Define Multiple Response Sets) 선택: 내용은 6.1과 동일하다.

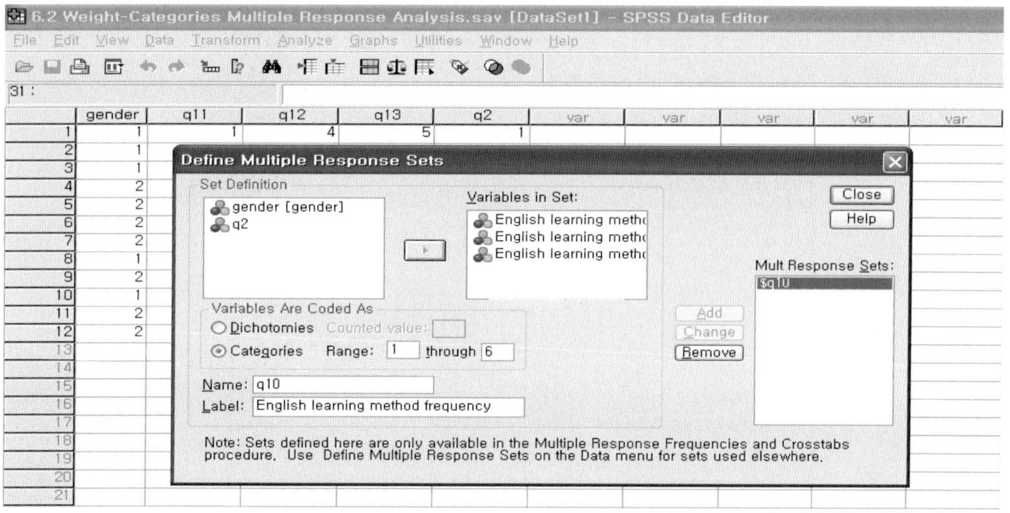

3) 교차분석 (Crosstabs) 선택: 분석(Analyze) → 다중응답분석(Multiple Response) → 교차분석(Crosstabs)을 순서대로 선택한다.

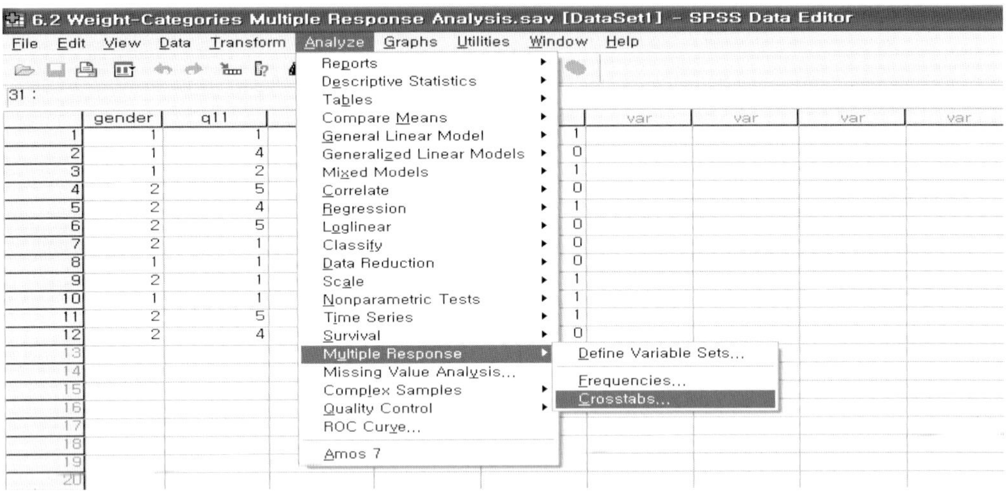

4) 다중응답 교차분석(Multiple Response Crosstabs): 분석하고자 하는 변수를 오른쪽 변수(variable(s)) 상자로 옮긴다. 행(Row)변수 상자에는 성별(gender)을 입력하고, 열(Column)변수 상자에는 영어학습방법의 1순위(q11), 2순위(q12), 3순위(q13)를 입력한 후 Define Ranges를 선택한다. 아래에서 보듯이 성별(gender(??)), 1순위(q11(??)), 2순위(q12(??)), 3순위(q13(??))으로 되어 있기 때문에 계속 분석을 할 수 없다. 그래서 Define Ranges 선택한다.

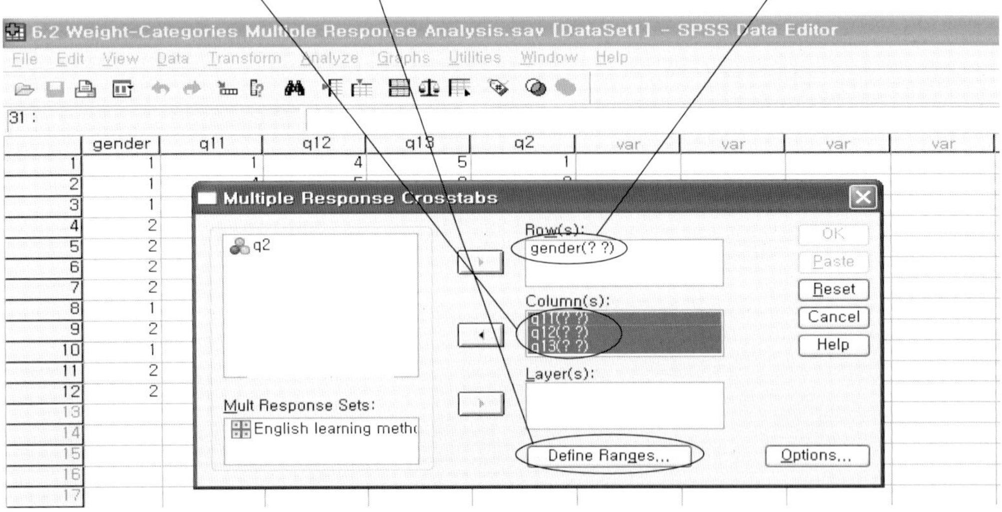

5) 다중응답 교차분석(Multiple Response Crosstabs): 먼저 성별에 대하여 Define Ranges를 한다. 남자를 '1'로, 여자를 '2'로 코딩을 하였으므로 최소값(Minimum)은 '1', 최대값(Maximum)은 '2'로 한다. 계속(Continue)을 선택한다.

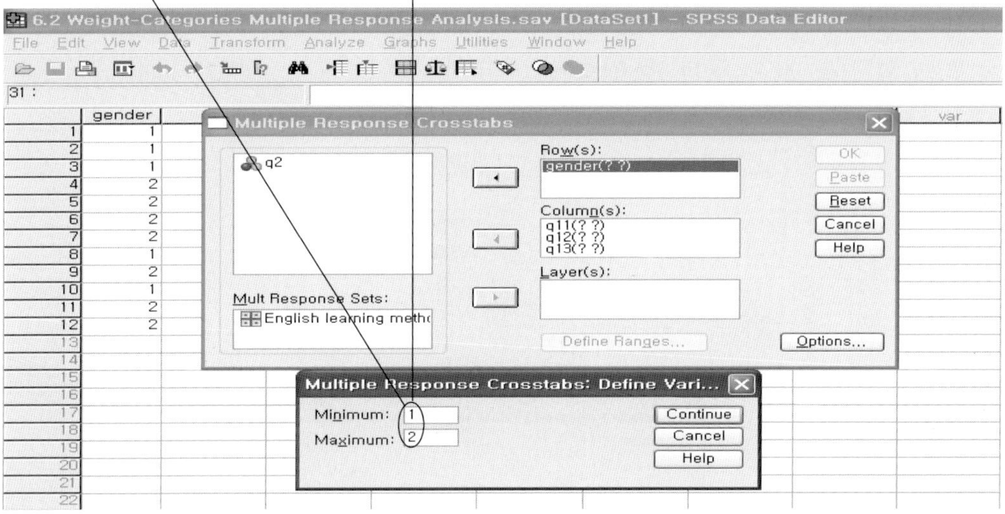

아래의 그림은 성별이 gender(1 2)로 바뀐 것을 알 수 있다. 또한 1순위(q11(??))에 대하여 Define Ranges를 한다. 변수군 정의에서 '1~6'로 코딩을 하였으므로 최소값(Minimum)은 '1', 최대값(Maximum)은 '6'로 한다. 계속(Continue)을 선택한다.

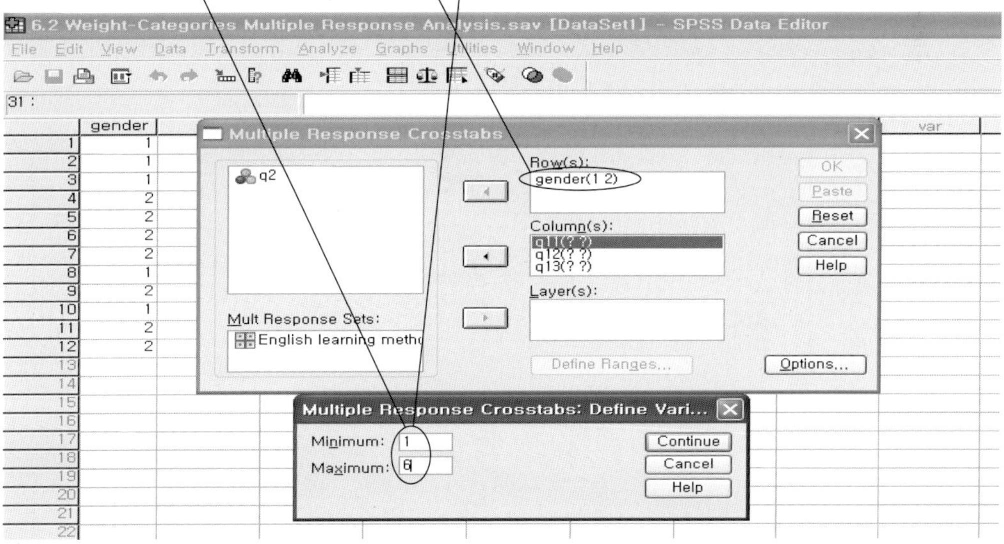

아래의 그림은 q11(1 6)로 바뀐 것을 알 수 있다. 또한 2순위(q11(??))에 대하여 Define Ranges를 한다. 변수군 정의에서 '1~6'로 코딩을 하였으므로 최소값(Minimum)은 '1', 최대값(Maximum)은 '6'로 한다. 계속(Continue)을 선택한다.

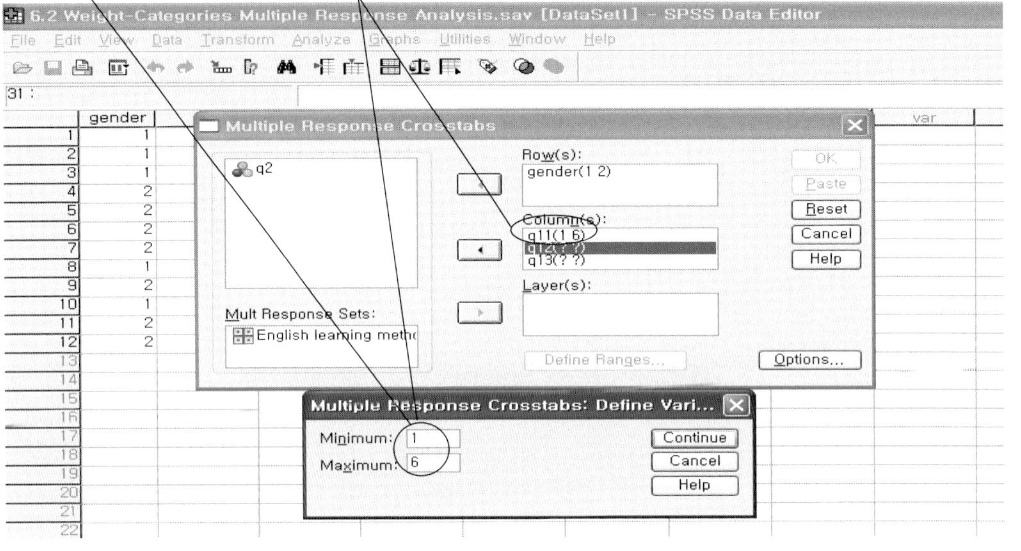

아래의 그림은 q12(1 6)로 바뀐 것을 알 수 있다. 또한 3순위(q11(??))에 대하여 Define Ranges를 한다. 변수군 정의에서 '1~6'로 코딩을 하였으므로 최소값(Minimum)은 '1', 최대값(Maximum)은 '6'로 한다. 계속(Continue)을 선택한다.

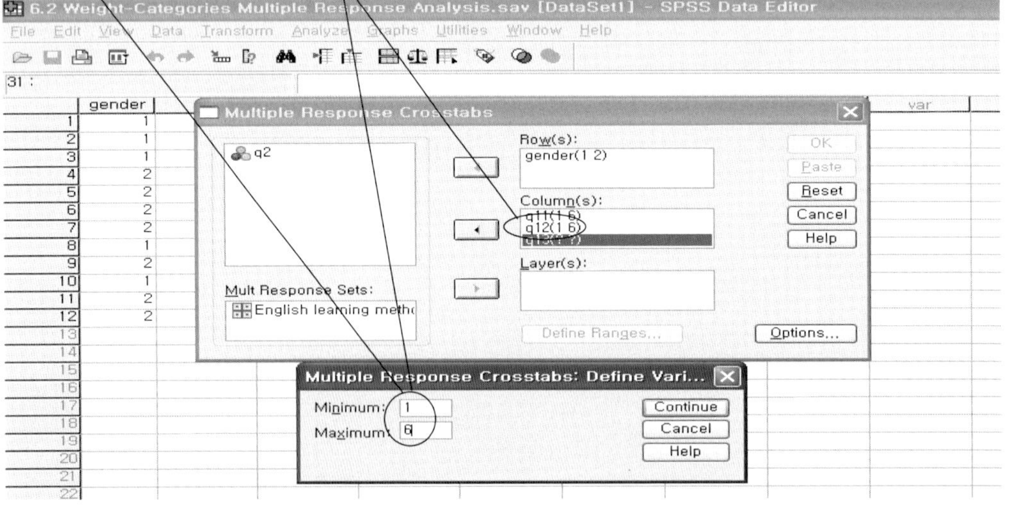

아래의 그림은 q13(1 6)으로 바뀐 것을 알 수 있다. 확인(OK)을 선택한다.

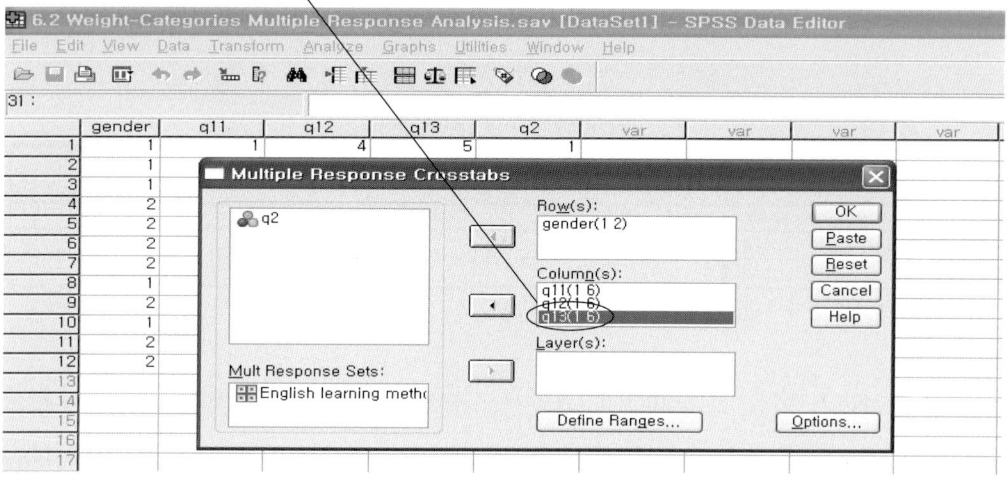

6) 분석 결과: 분석 결과(output)는 다음과 같다.

Case Summary

	Cases					
	Valid		Missing		Total	
	N	Percent	N	Percent	N	Percent
gender*q11	12	100.0%	0	.0%	12	100.0%

문항 1의 1순위, 2순위, 3순위의 각각의 사례수(N)를 알 수 있다. 즉, 각각의 순위에 대한 사례수가 12명인 것을 알 수 있다. 또한 결측값(Missing)은 없는 것을 알 수 있다.

gender*q11 Crosstabulation

			English learning method 1				Total
			1	2	4	5	
gender	male	Count	3	1	1	0	5
	female	Count	2	0	2	3	7
Total		Count	5	1	3	3	12

Percentages and totals are based on respondents.

위의 교차분석의 결과는 성별에 따라서 영어 학습 방법의 효과성을 묻는 질문에 대한 1순위의 교차분석의 결과이다. 영어 학습 방법중 가장 효과적이라고 생각하는 방법의 1순위(영어학습방법1)는 남자는 1번 영어 단어 및 영어 문장 암기를 선택한 응답자가 3명인 것을 알 수 있고, 여자는 5번 읽기 교재(reading material)를 선택한 응답자가 3명인 것을 알 수 있다. 다시 말해서 남자는 영어 학습 방법으로 영어 단어 및 영어 문장 암기가 가장 효과적이라고 생각하고, 여자는 읽기 교재가 가장 효과적이라고 생각하는 것으로 나타났다.

gender*q12 Crosstabulation

			English learning method 2					Total
			1	2	3	4	5	
gender	male	Count	0	1	2	1	1	5
	female	Count	2	1	2	2	0	7
Total		Count	2	2	4	3	1	12

Percentages and totals are based on respondents.

성별에 따라서 영어 학습 방법의 효과성을 묻는 질문에 대한 2순위의 교차 분석의 결과이다. 즉, 영어 학습 방법중 가장 효과적이라고 생각하는 방법의 2순위(영어학습방법2)는 남자는 3번(사전활용)을 선택한 응답자가 2명이고, 여자는 1번(영어단어 및 영어문장암기), 3번(사전활용), 4번(원어민과의 대화)을 선택한 응답자가 각각 2명씩이었다. 다시 말해서 남자는 영어 학습 방법으로 사전활용을 두 번째로 효과적인 것으로 생각하고, 여자는 영어단어 및 영어문장암기, 사전활용과 원어민과의 대화를 두 번째로 효과적이라고 생각하는 것으로 나타났다.

gender*q13 Crosstabulation

			English learning method 3					Total
			1	2	3	4	5	
gender	male	Count	0	1	0	2	2	5
	female	Count	3	0	1	0	3	7
Total		Count	3	1	1	2	5	12

Percentages and totals are based on respondents.

성별에 따라서 영어 학습 방법의 효과성을 묻는 질문에 대한 3순위의 교차 분석의 결과이다. 즉, 영어 학습 방법중 가장 효과적이라고 생각하는 방법의 3순위(영어학습방법)는 남자는 4번(원어민과의 대화)과 5번(읽기 교재)을 선택한 응답자가 각각 2명씩이고, 여자는 1번(영어단어 및 영어문장암기)과 5번(읽기 교재)을 선택한 응답자가 각각 3명씩이었다. 다시 말해서 남자는 영어 학습 방법으로 원어민과의 대화와 읽기 교재를 세 번째로 효과적인 것으로 생각하고, 여자는 영어단어 및 영어문장암기와 읽기 교재를 세 번째로 효과적이라고 생각하는 것으로 나타났다.

표 6.4에서 보는 바와 같이 효율성 또는 중요도의 순위를 질문하는 다중응답분석의

결과는 순위에 따라 가중치를 주어서 다시 해석을 하여야 한다. 문항 1의 경우는 1순위, 2순위, 3순위가 있으므로 1순위에 300%, 2순위에 200%, 3순위에 100%의 가중치를 부여하여 계산할 수 있다. 물론 각각의 순위에 대하여 가중치의 값은 연구에 따라서 달라질 수 있다. 그리고 여기서는 남자와 여자의 성별에 따른 분석이므로 각각 성별의 1순위에 300%, 2순위에 200%, 3순위에 100%의 가중치를 주어 다음과 같이 계산한다.

표 6.4

	남 자				여 자			
응답지 번 호	1순위	2순위	3순위	전체	1순위	2순위	3순위	전체
1	3×300 =900	0×200 =0	0×100 =0	900 (1순위)	2×300 =600	2×200 =400	3×100 =300	1300 (1순위)
2	1×300 =300	1×200 =200	1×100 =100	600 (3순위)	0×300 =0	1×200 =200	0×100 =0	200
3	0×300 =0	2×200 =400	0×100 =0	400	0×300 =0	2×200 =400	1×100 =100	500
4	1×300 =300	1×200 =200	2×100 =200	700 (2순위)	2×300 =600	2×200 =400	0×100 =0	1000 (3순위)
5	0×300 =0	1×200 =200	2×100 =200	400	3×300 =900	0×200 =0	3×100 =300	1200 (2순위)
빈도	**5**	**5**	**5**		**7**	**7**	**7**	

표 6.4는 성별에 따라서 가중치를 부여한 계산 결과이다. 남자는 영어 학습 방법중 가장 효과적이라고 응답한 방법은 1번(영어단어 및 영어문장암기)이 900으로 가장 높게 나타났고, 3번(사전활용)과 5번(읽기 교재)이 각각 400으로 가장 낮게 나타난 것을 알 수 있다. 여자는 영어 학습 방법 중 가장 효과적이라고 응답한 방법은 1번(영어단어 및 영어문장암기)이 1300으로 가장 높게 나타났고, 2번(멀티미디어)이 200으로 가장 낮게 나타난 것을 알 수 있다. 즉, 남자는 영어 학습 방법 중 가장 효과적이라고 생각하는 것에 대한 응답 분석 결과는 1순위는 영어단어 및 영어문장 암기(self-speech)가 가장 효과적이고, 2순위는 원어민과의 대화, 3순위는 멀티미디어로 나타났고, 여자는 영어 학습 방법 중 가장 효과적이라고 생각하는 것에 대한 응답 분석 결과는 1순위는 영어단어 및 영어문장암기(self-speech)가 가장 효과적이고, 2순위는 읽기 교재, 3순위는 원어민과의 대화인 것으로 나타났다.

표 6.3

응답지번호	1순위	2순위	3순위	전체
1	5×300=1500	2×200=400	3×100=300	2200(1순위)
2	1×300=300	2×200=400	1×100=100	800
3	0×300=0	4×200=800	1×100=100	900
4	3×300=900	3×200=600	2×100=200	1700(2순위)
5	3×300=900	1×200=200	5×100=500	1600(3순위)
빈도	12	12	12	

위의 표 6.3은 성별을 구분하지 않은 다중응답의 분석결과이다. 즉, 영어 학습 방법 중 가장 효과적이라고 생각하는 것에 대한 1순위는 영어단어 및 영어문장 암기(self-speech)가 가장 효과적이고, 2순위는 원어민과의 대화, 3순위는 읽기 교재로 나타났다. 그러나 표 6.4는 성별에 따른 다중응답의 분석결과이다. 즉, 남자의 1순위는 영어단어 및 영어문장 암기(self-speech), 2순위는 원어민과의 대화, 3순위는 멀티미디어로 나타났고, 여자는 영어 학습 방법 중 가장 효과적이라고 생각하는 것에 대한 응답 분석 결과는 1순위는 영어단어 및 영어문장암기(self-speech), 2순위는 읽기 교재, 3순위는 원어민과의 대화인 것으로 나타났다. 결론적으로 성별에 따른 다중응답 분석 결과는 성별을 구분하지 않은 다중응답의 분석결과와 다르다는 것을 표 6.3과 표 6.4를 비교함으로써 알 수 있다.

성별에 따른 영어 학습 방법에 대한 다중응답의 교차분석을 아래와 같이 분석을 할 수도 있다.

1) 교차분석(Crosstabs) 선택: 분석(Analyze) → 기술통계량(Descriptive Statistics) → 빈도분석(Frequencies)을 순서대로 선택한다.

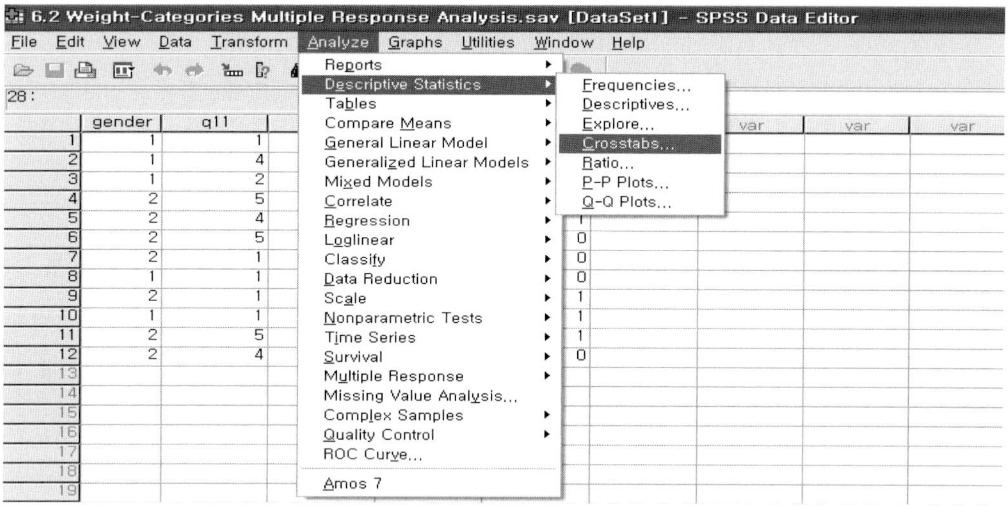

2) 교차분석(Crosstabs) 선택: 분석하고자 하는 변수를 오른쪽 변수(variable(s)) 상자로 옮긴다. 행(Row)변수 상자에는 성별(gender)을 입력하고, 열(Column)변수 상자에는 영어학습방법(English learning method) 1순위, 2순위, 3순위를 입력한다.

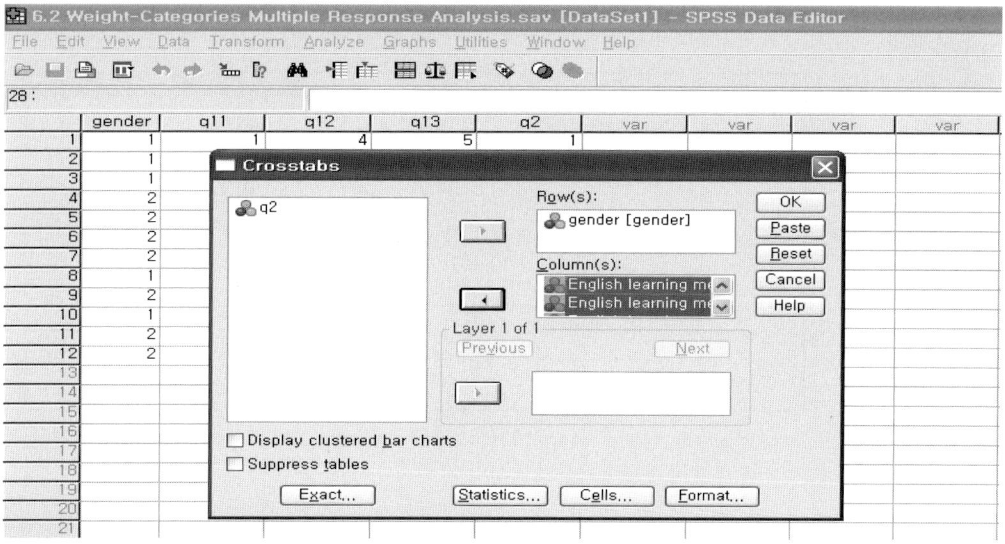

3) 분석 결과: 분석 결과(output)는 앞서 언급한 다중응답 교차분석과 동일하기 때문에 생략한다.

6.3 이분형 다중응답분석(Dichotomies Multiple Response Analysis)

아래의 예제 문항 1은 다중응답분석중 응답항목중 해당하는 모든 것을 선택하는 이분형 분석이다. 문항 1에 대한 자료 입력 및 분석을 다음과 같이 할 수 있다.

표 6.5

1. 영어 학습 방법중 가장 효과적이라고 생각하는 것을 모두 고르시오.		
① 영어단어 및 영어문장암기 (self-speech)	② 멀티미디어 (DVD/CD, 만화, 영화)	③ 사전활용 (영한사전, 영영사전)
④ 원어민과의 대화	⑤ 읽기 교재(영어신문, 저널, 잡지)	

1) 자료(Data) 입력: 위의 자료에서 보듯이 문항 1에서 영어 학습 방법중 주로 사용하는 방법을 모두 선택함으로 1번 문항의 답을 다섯 칸으로 나누어 입력한다. 즉, 문항1(q1)이 q11, q12, q13, q14, q15로 변한 것을 알 수 있다. 만약에 문항 1의 보기가 4개일 경우 문항1(q1)이 q11, q12, q13, q14로 바뀔 수 있다. 그리고 문항 1에 대하여 보기의 답지가 선택된 경우에는 '1', 선택되지 않은 경우에는 '0'을 입력한다.

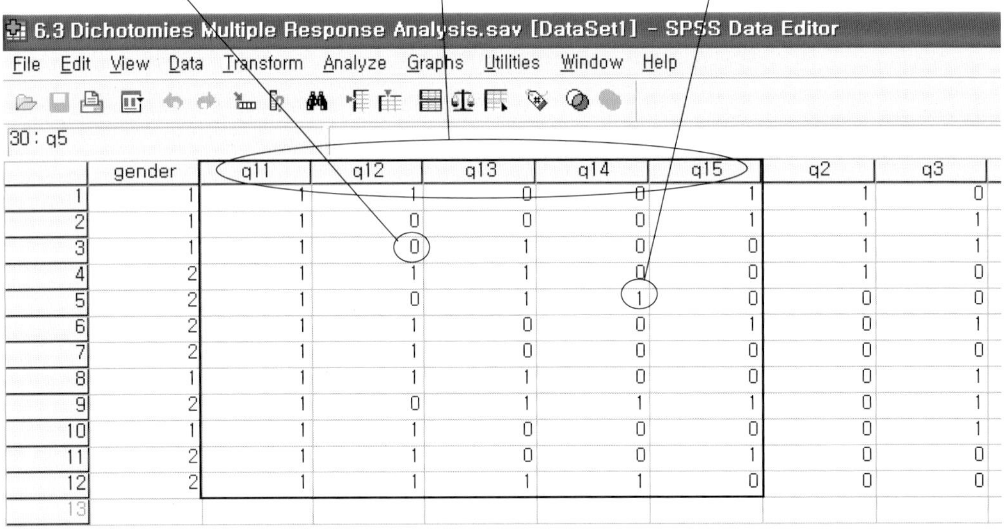

	gender	q11	q12	q13	q14	q15	q2	q3
1	1	1	1	0	0	1	1	0
2	1	1	0	0	0	1	1	1
3	1	1	0	1	0	0	1	1
4	2	1	1	1	0	0	1	0
5	2	1	0	1	1	0	0	0
6	2	1	1	0	0	1	0	1
7	2	1	1	0	0	0	0	0
8	1	1	1	1	0	0	0	1
9	2	1	0	1	1	1	0	1
10	1	1	1	0	0	0	0	1
11	2	1	1	0	0	1	0	0
12	2	1	1	1	1	0	0	0
13								

2) 변수군 정의(Define Set) 선택: 분석(Analyze) → 다중응답분석(Multiple Response) → 변수군 정의(Define Set)를 순서대로 선택한다.

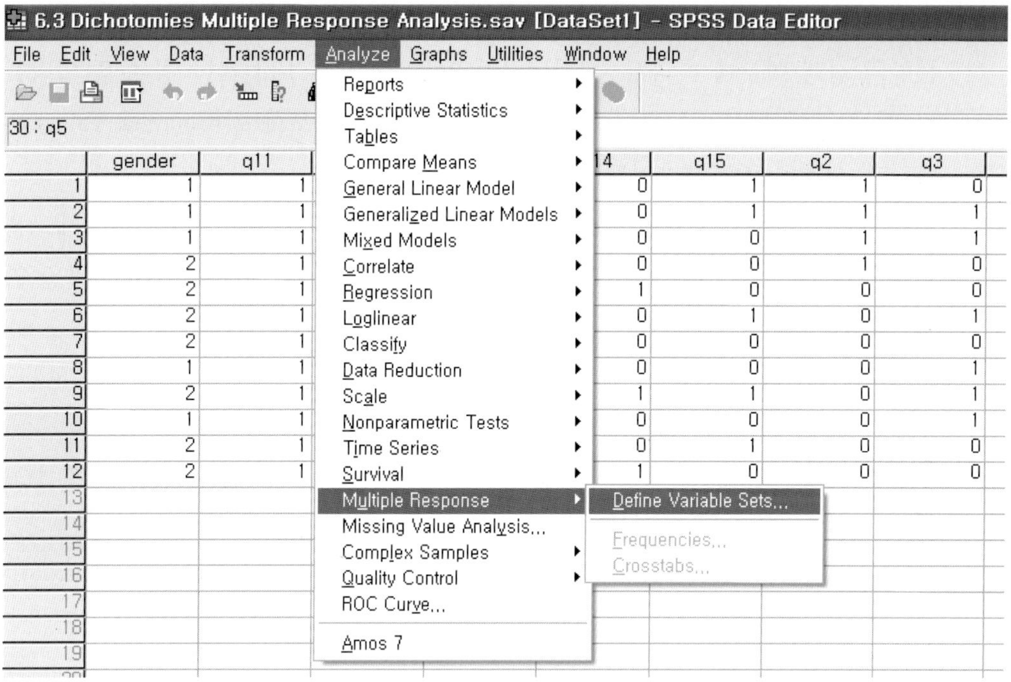

3) 다중응답 변수군 정의(Define Multiple Response Sets)선택: 왼쪽의 '변수군 정의(Set Definition)' 대화상자에서 검정하고자 하는 변수를 선택하여 오른쪽 '변수군에 포함된 변수(Variables in Set)' 대화상자로 옮긴다. 여기서는 q11, q12, 13, q14, q15를 선택하여 옮긴다. '변수들의 코딩형식(Variables Are Coded As)'에서는 1번 문항의 선택 여부에 따라서 '0'(선택하지 않은 경우)과 '1'(선택한 경우)을 입력했기 때문에 이분형(Dichotomy)을 선택한다. 그리고 '빈도화 값(Counted Value)'은 답지가 선택된 경우가 1이기 때문에 '1'을 입력한다.
'이름(Name)'에는 새로운 변수의 이름 'q10'을 입력하고 "설명(Label)"에는 새로운 변수의 설명 '영어학습방법의 사용빈도(English learning method frequency)'을 입력한 후 "추가(Add")를 선택하면 새로운 '다중응답 변수군(mult response sets)' '$q10'이 생성되는 것을 알 수 있다. 마지막으로 '닫기(Close)'를 선택한다.

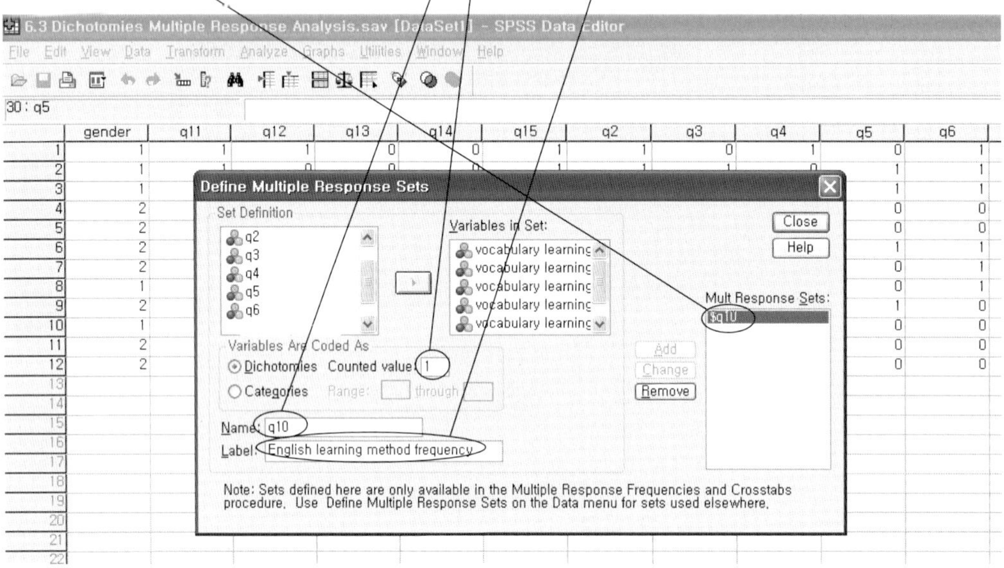

4) 빈도분석(Frequencies) 선택: 분석(Analyze) → 다중응답분석(Multiple Response) → 빈도분석(Frequencies)을 순서대로 선택한다.

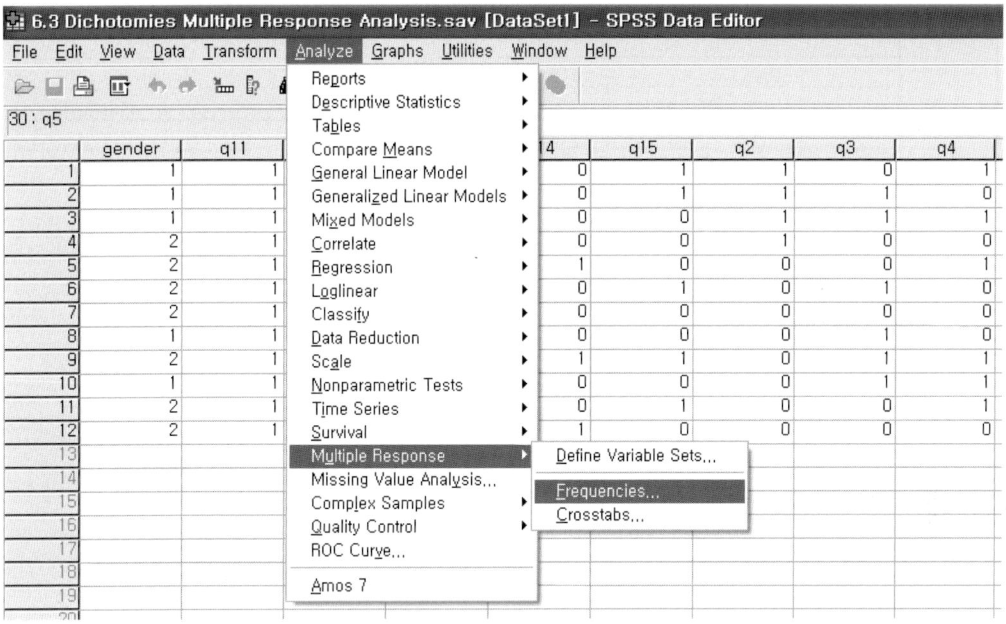

5) 다중응답 빈도분석(Multiple Response Frequencies): 왼쪽의 '다중응답 변수군(Mult Response Sets)' 대화 상자에서 검정하고자 하는 변수를 선택하여 오른쪽 "표작성 응답군(Table(s) for)" 대화상자로 옮긴 후 확인(OK)을 선택한다.

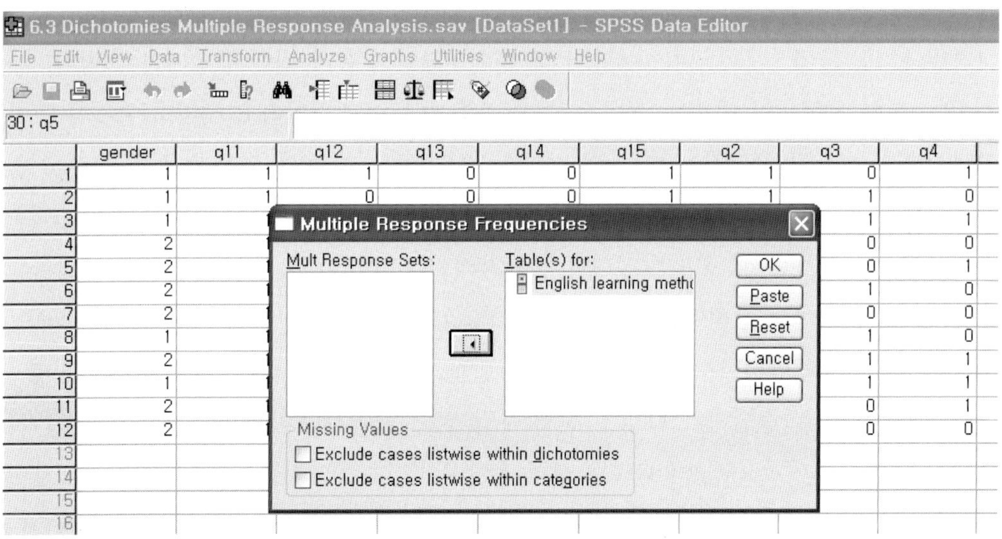

5) 분석 결과: 다음과 같은 결과(output)가 출력된다.

Multiple Response

Case Summary

	Cases					
	Valid		Missing		Total	
	N	Percent	N	Percent	N	Percent
$q10[a]	12	100.0%	0	.0%	12	100.0%

a. Dichotomy group tabulated at value 1.

위의 케이스 요약(Case Summary)은 응답자수(N), 결측값(Missing)을 알 수 있다. 즉, 응답자수는 12명, 결측값은 없다는 것을 알 수 있다.

$q10 Frequencies

		Responses		Percent of Cases
		N	Percent	
English learning method frequency[a]	vocabulary learning method 1	12	35.3%	100.0%
	vocabulary learning method 2	8	23.5%	66.7%
	vocabulary learning method 3	6	17.6%	50.0%
	vocabulary learning method 4	3	8.8%	25.0%
	vocabulary learning method 5	5	14.7%	41.7%
Total		34	100.0%	283.3%

a. Dichotomy group tabulated at value 1.

"$q10 Frequencies"는 다중응답분석에서 생성된 새 변수명이다. "Frequency"는 문항 1에서 응답지 번호가 ①~⑤까지 있다는 것을 알 수 있다. "N"은 각 응답자가 선택한 빈도를 나타낸다. 즉, 문항 1에서 1번(영어단어 및 영어문장암기)을 선택한 응답자가 12명이라는 것이다. 또한 문항 1의 내용이 '영어 학습 방법중 가장 효과적이라고 생각하는 것을 모두 고르시오'이므로 각 응답자는 한 개만 선택할 수도 있고 다섯 개 모두를 선택할 수도 있다. 그래서 전체 빈도의 합계는 1번을 선택한 응답자의 수는 12명(12회), 2번을 선택한 응답자의 수는 8명(8회), 3번을 선택한 응답자의 수는 6명(6회), 4번을 선택한 응답자의 수는 3명(3회), 5번을 선택한 응답자의 수는 5명(5회)이 되어 총 34회가 된다. "Percent"는 전체 응답 빈도 중에서 각 응답자가 선택한 빈도를 퍼센트로 나타낸 것이다. 즉, 문항 1에서 1번을 선택한 응답자가 12명은 전체 응답 빈도 중에서 35.3%((12÷34)×100)를 차지한다는 의미이다. 'Percent of Cases'는 전체 응답자 중 각 응답지를 선택한 사람의 비율이다. 즉, 응답자 12명 중에서 1번을 선택한 사람의 비율이 100%((12÷12)×100)를 차지한다는 의미이다. 다시 말해서 이분형 다중응답분석 결과 응답자들은 영어 학습 방법중 가장 효과적인 것으로 영어단어 및 영어문장암기(12명)를 가장 많이 선택하였고, 두 번째로 멀티미디어(8명)를 선택한 것을 알 수 있다.

다중응답분석시 사용되는 문항의 내용 특성과 분석 종류(빈도분석, 교차분석)에 따른 특징을 살펴보자. 범주형 다중응답분석중 설문지 문항의 내용이 순위가 있는 경우는 '중요한 순서대로 고르시오', 순위가 없는 경우는 '선택의 수를 제한(2개 또는 3개)하여 고르시오', 이분형 다중응답 분석은 '해당되는 것을 다 고르시오.'의 형태를 지닌다. 중요한 것은 순위가 없는 범주형 다중응답분석과 이분형 다중응답분석은 각 문항의 빈도의 총합만을 결과로 보여주지만 순위가 있는 범주형 다중응답분석은 문항별로 가중치를 부여한다는 것이 가장 큰 차이점이며, 성별, 학년별, 언어 환경별에 따른 다중응답분석시 교차분석이 유용하다.

7. 빈도분석(Frequency Analysis)

수집된 범주형 변수값을 갖는 자료의 분포적 특성을 나타낸다(Weinberg & Abramowitz, 2002). 즉, 평균(mean), 중앙값(median), 최빈값(mode)등의 중심경향(central tendency)과 표준편차(Std. deviation), 분산(variance), 최대값(maximum), 최소값(minimum)등의 산포도(dispersion)와 첨도(kurtosis), 왜도(skewness)와 같은 분포(distribution)등을 통해 분포적 특성을 파악한다. 또한 막대도표, 히스토그램 등 다양한 도표를 통해 시각적으로 쉽게 이해할 수 있다. 예를 들면, 영어 학습 방법에 관한 분포적 특성, 또는 리커트 5점 척도(Likert 5-point Scale) 설문지(questionnaire) 조사의 문항별 항목의 분포적 특성을 알 수 있다.

빈도분석(Frequency Analysis) 절차

1) 빈도분석(Frequency Analysis) 선택: 분석(Analyze) → 기술통계량(Descriptive Statistics) → 빈도분석(Frequencies...)을 순서대로 선택한다.

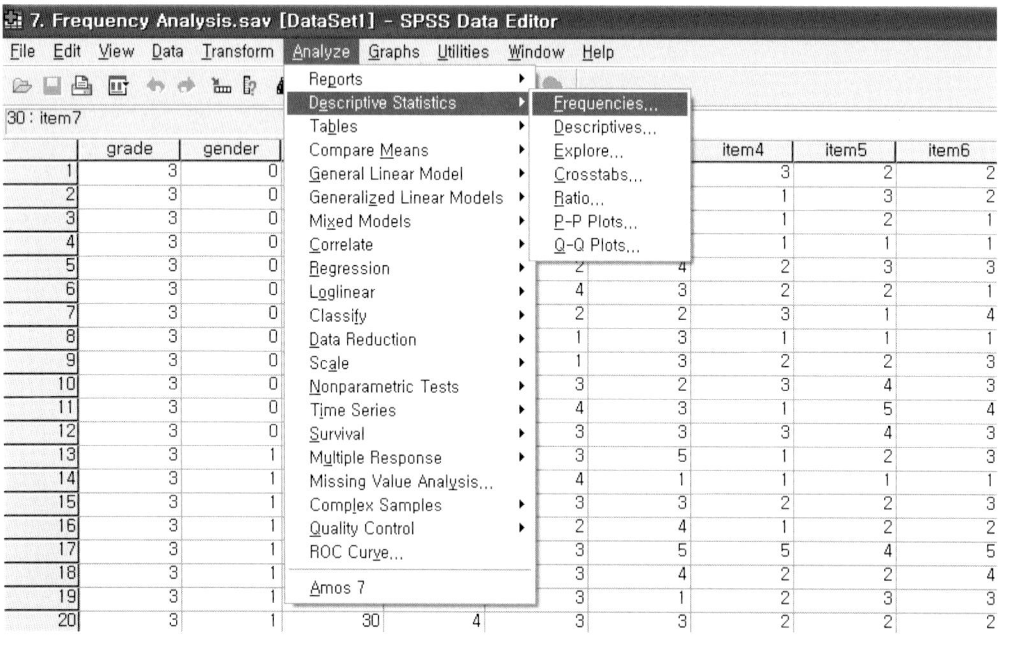

2) 변수(Variable) 선택: 빈도분석(frequencies) 대화상자에서 분석하고자하는 변수(variable)를 선택하여 오른쪽 변수(variable)상자로 이동시킨다. 예를 들면, 일주일 동안의 원어민과의 대화 시간 (time)의 분포적 특성을 알아본다.

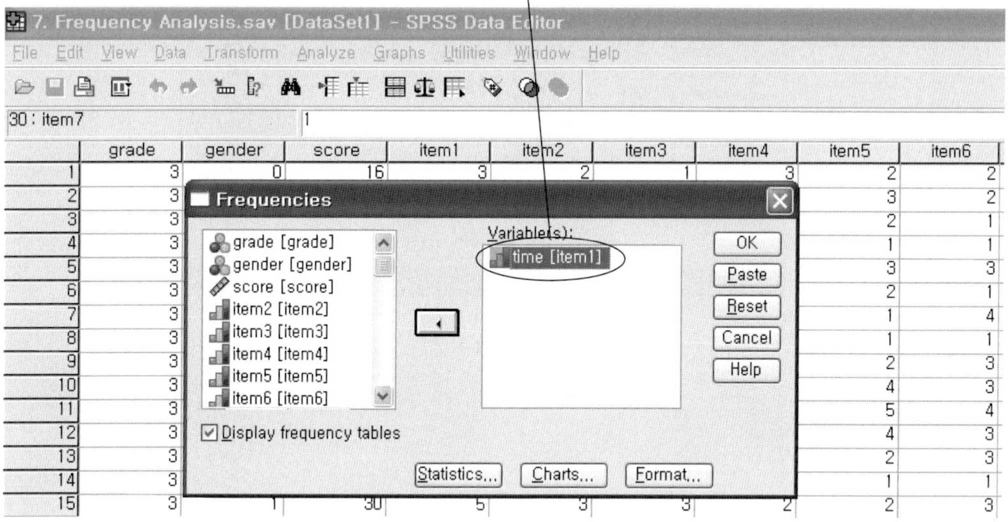

변수보기(Variable View)에서 보는 것처럼 문항 1 '1주일 동안 원어민과의 대화시간은 몇 시간인가?'에 다섯 가지의 시간대가 있는 것을 알 수 있다.

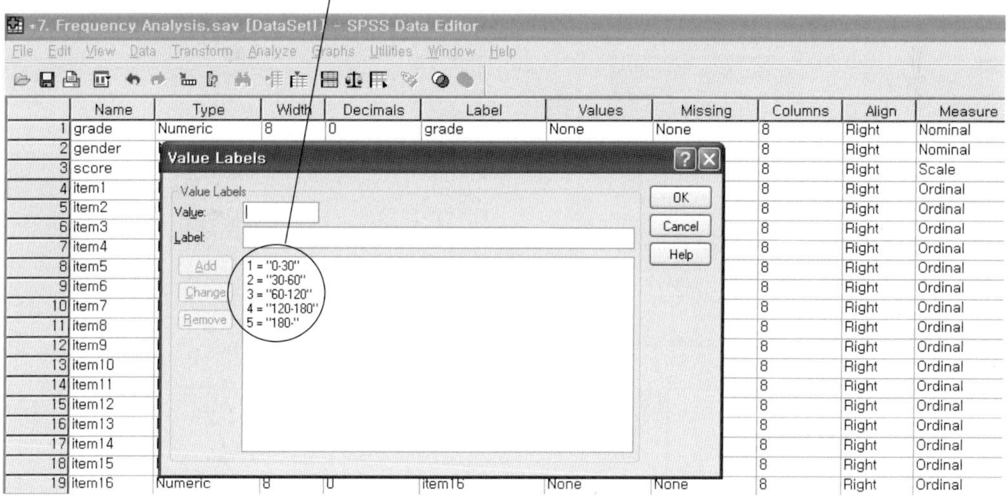

3) 통계량(Statistics) 선택: 통계량(statistics) 대화상자에서 구하고자하는 항목(item) 들을 체크한 후 계속(continue)을 선택한다.

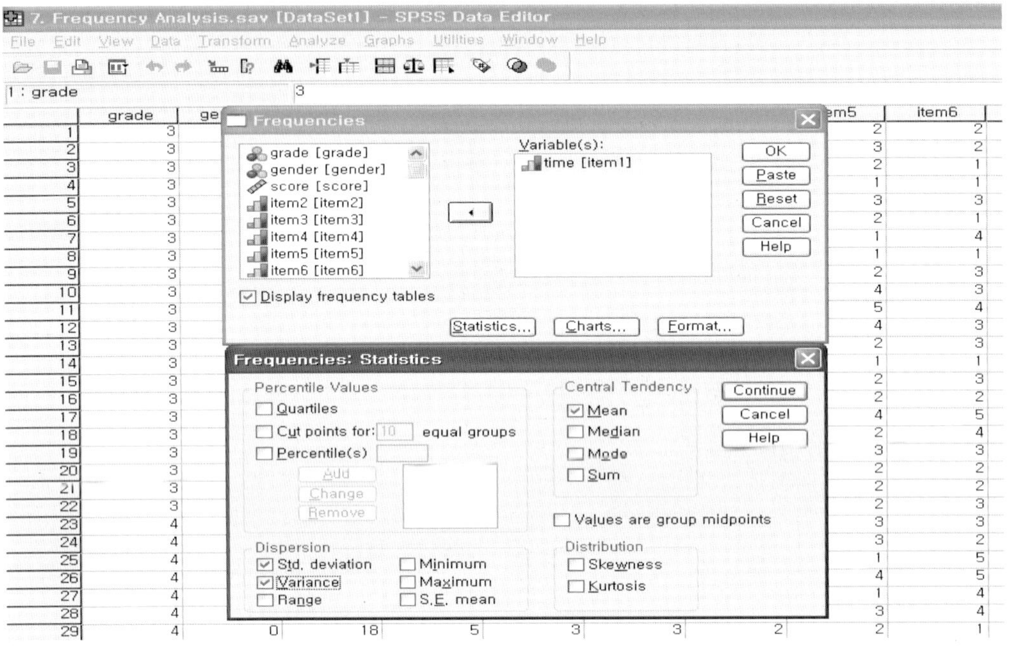

4) 도표(charts) 선택: 도표(charts) 대화상자에서 구하고자하는 항목(item)들을 체크한 후 계속(Continue)을 선택한다.

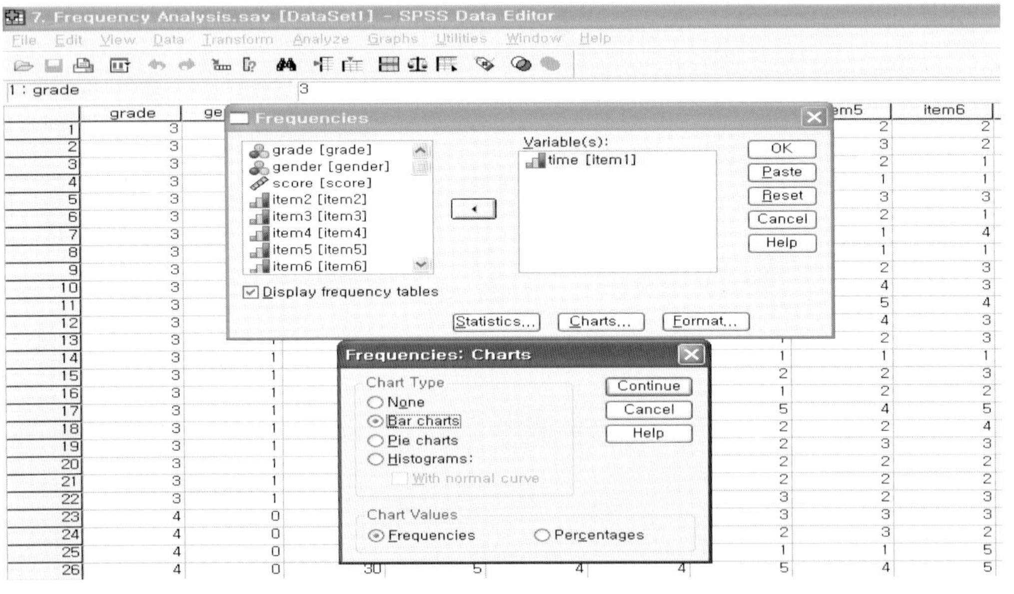

5) 분석결과(Result): 빈도분석 대화상자가 나타나면 확인(OK)을 선택한다. 빈도분석(Frequency Analysis)은 일반적으로 통계량(Statistics)과 각 문항(item)에 대한 빈도표가 생성된다. 보통 빈도 분석 통계량에는 사례수(N)에 대한 유효(Valid)와 결측값(Missing)이 나타나며, 평균(Mean), 표준편차(Std. Deviation), 분산(Variance) 등이 나타나며, 통계량(Statistics) 대화상자에서 무엇을 선택하느냐에 따라 통계량의 내용이 달라질 수 있다. 또한 각 문항에 대한 도수분포표(Frequency Table)가 생성된다.

Frequencies

Statistics

time

N	Valid	98
	Missing	0
Mean		3.50
Std. Deviation		.997
Variance		.995

일주일 동안 원어민과의 대화 시간에 대한 빈도분석 결과는 유효응답자 98명, 무응답자는 없는 것을 알 수 있다. 또한 평균은 3.50, 표준편차는 .99, 분산은 .99 인 것을 알 수 있다.

Frequency Table

time

		Frequency	Percent	Valid Percent	Cumulative Percent
Valid	1	2	2.0	2.0	2.0
	2	12	12.2	12.2	14.3
	3	37	37.8	37.8	52.0
	4	29	29.6	29.6	81.6
	5	18	18.4	18.4	100.0
	Total	98	100.0	100.0	

도수분포표를 통하여 1번 문항에 대하여 빈도(Frequency), 퍼센트(Percent), 유효 퍼센트(Valid Percent), 누적퍼센트(Cumulative Percent)를 알 수 있다. 1번 문항에 대한 빈도는 응답자는 98명이고, '0~30분'의 응답자가 2명, '30분~1시간'의 응답자가 12명, '1시간~2시간'의 응답자가 37명, '2시간~3시간'의 응답자가 29명, '3시간 이상'의 응답자가 18명인 것을 알 수 있다. 퍼센트는 총 응답자 수에 대한 각 변수값의 비율을 나타낸다. '0~30분'의 응답자가 2%, '30분~1시간'의 응답자가 12.2%, '1시간~2시간'의 응답자가 37.8%, '2시간~3시간'의 응답자가 29.6%, '3시간 이상'의 응답자가 18.4%인 것을 알 수 있다. 유효 퍼센트는 퍼센트와 동일하게 나타나지만, 결측값이 있을 경우는 결측값을 제외한 나머지를 다시 퍼센트로 나타낸다. 위의 사례는 결측값이 없으므로 퍼센트와 동일하게 나타난다. 누적퍼센트는 유효 퍼센트의 누적비율을 나타낸다. '0~30분'의 응답자가 2%, '30분~1시간' 이하의 응답자가 14.3%, '1시간~2시간' 이하의 응답자가 52.0%, '2시간~3시간' 이하의 응답자가 81.6%인 것을 알 수 있다. 그리고 '3시간 이상'의 응답자가 18.4%를 더하면 100.0%가 되는 것을 알 수 있다. 본 문항의 분석 결과를 정리하면 '1시간~2시간' 원어민과 대화를 하는 응답자가 가장 많은 것으로 나타났다. 또한 아래의 막대도표(bar chart)를 통하며 시각적으로도 쉽게 알 수 있다.

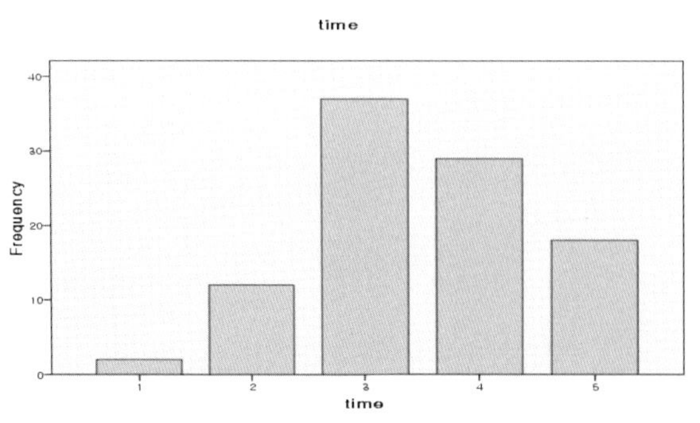

8. 교차분석(Crosstabulation Analysis)

수집된 자료에서 두 개의 변수들(명목척도 또는 순서척도) 간의 관련성(association)을 분석한다. 교차분석에 사용되는 검정통계량이 카이제곱분포를 따르기 때문에 카이제곱분석(chi-square analysis)이라고도 한다 (Friendly, 2000). 예를 들면 '학년에 따라 선호하는 영어 학습법의 차이가 있는가?' 또는 '언어 환경에 따라 영어 학습 빈도의 차이가 있는가?'에 관한 문제들을 분석할 때 교차분석을 실행한다.

교차분석(Crosstabs) 절차

1) 교차분석(Crosstabs) 선택: 분석(Analyze) → 기술통계량(Descriptive Statistics) → 교차분석(Crosstabs)을 순서대로 선택한다.

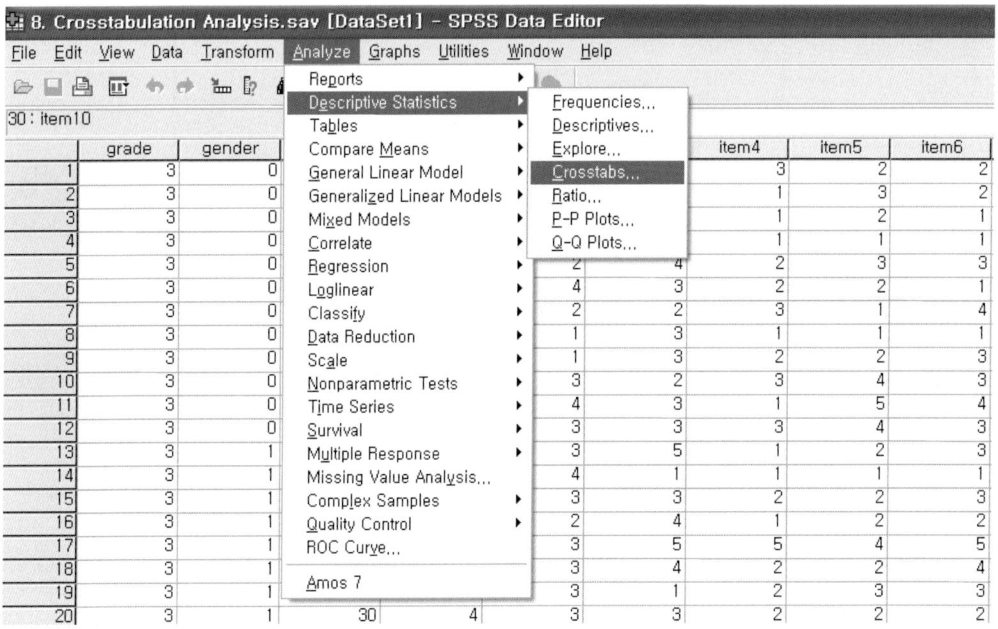

2) 변수(Variable) 선택: 교차분석(Crosstabs) 대화상자에서 분석하고자하는 변수(variable)를 선택하여 오른쪽 변수(variable)상자로 이동시킨다. 여기서 학년에 따라 선호하는 영어 학습법의 분포적 특성을 알아보자. 행(Row) 변수 상자에 독립 변수인 학년(grade)을 입력하고, 열(Column) 변수 상자에 종속변수인 문항 1(method)을 입력한다.

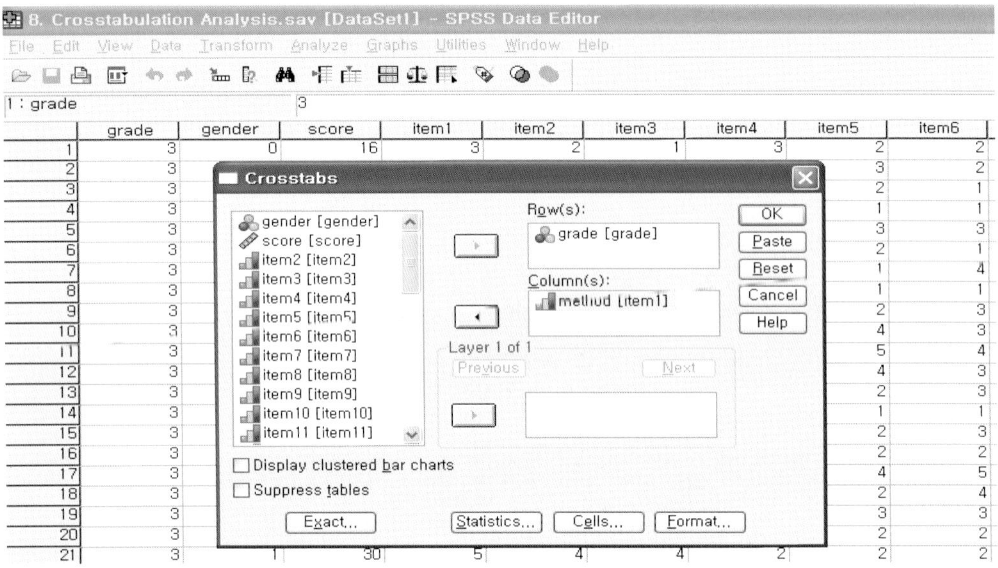

변수보기(Variable View)에서 보는 것처럼 문항 1 '학년에 따라 선호하는 영어 학습법의 차이가 있는가?'에 다섯 가지의 학습법이 있는 것을 알 수 있다.

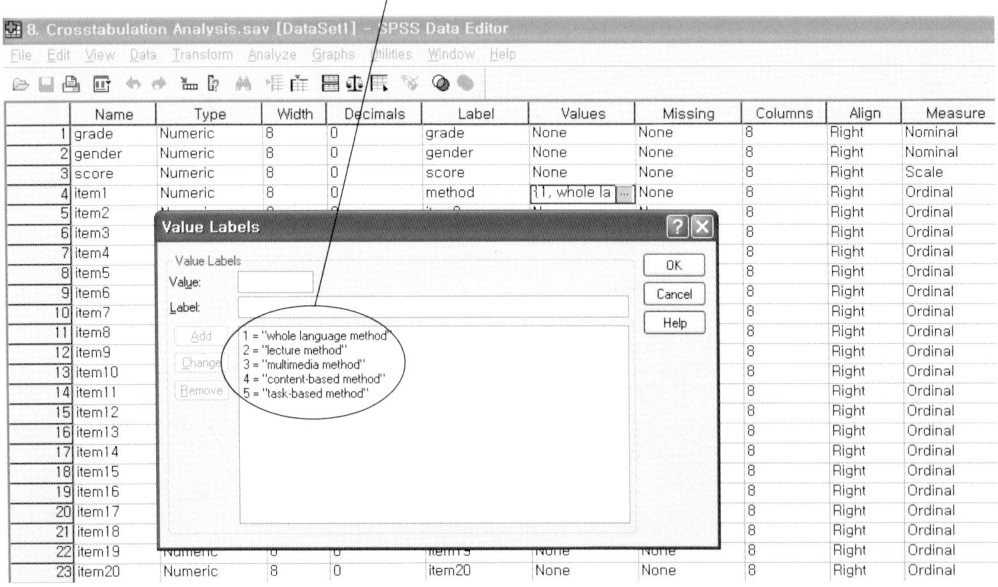

3) 셀(Cell) 선택: 교차분석: 셀 출력(Cell Display) 대화상자에서 구하고자하는 항목(item)들을 체크한 후 계속(Continue)을 선택한다.

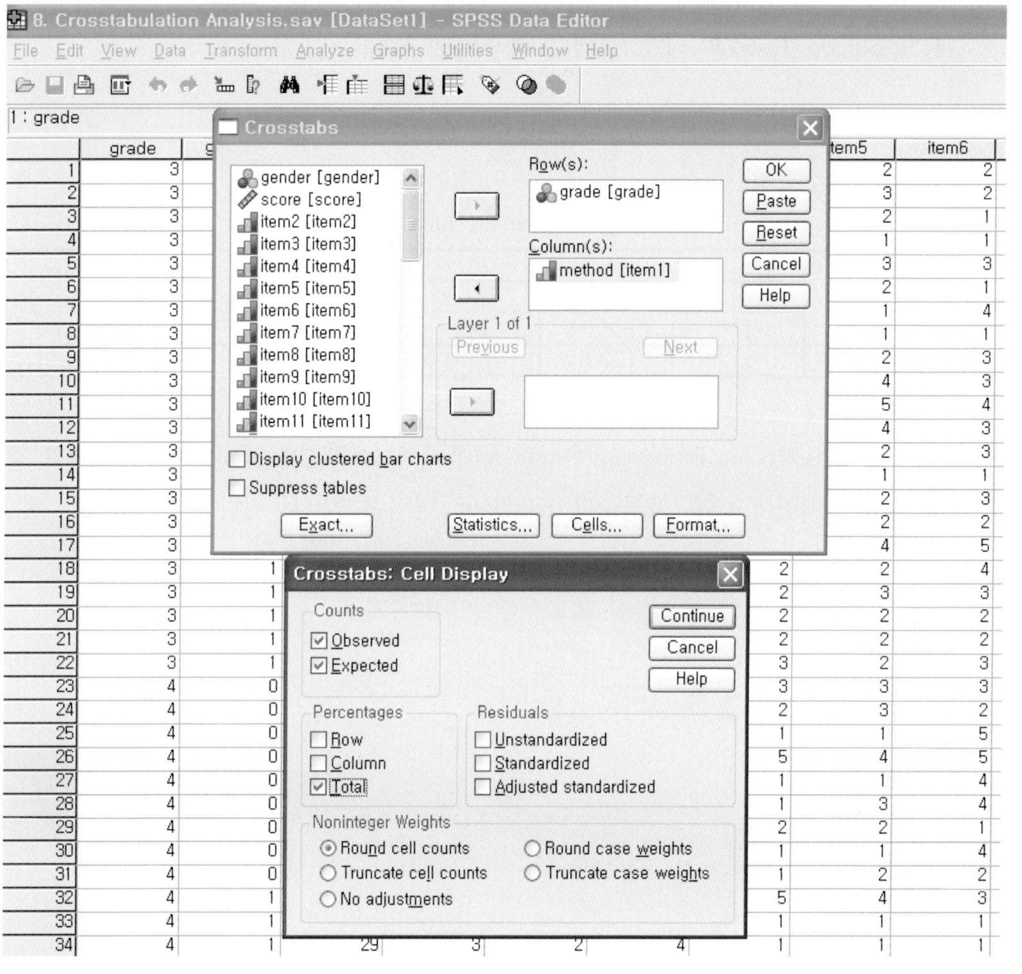

4) 분석 결과(Result): 교차분석(Crosstab) 대화상자가 나타나면 확인(OK)을 선택한다. 교차분석은 보통 케이스 처리 요약(Case Processing Summary)과 교차표(Crosstab), 카이제곱 검정(Chi-Square Tests)의 표가 생성되는데 카이제곱 검정(Chi-Square Tests)은 다음 장에서 다루기로 한다.

Crosstabs

Case Processing Summary

	Cases					
	Valid		Missing		Total	
	N	Percent	N	Percent	N	Percent
grade * method	98	100.0%	0	.0%	98	100.0%

케이스 처리 요약(Case Processing Summary)을 통하여 표본수(Valid)는 98 명이고 결측값(Missing)은 0명이고 총 표본수(Total)가 98 명임을 알 수 있다.

grade * method

grade * method Crosstabulation

			method					Total
			whole language method	lecture method	multimedia method	content-based method	task-based method	
grade	3	Count	0	4	10	5	4	23
		Expected Count	.5	2.8	8.7	6.8	4.2	23.0
		% of Total	.0%	4.1%	10.2%	5.1%	4.1%	23.5%
	4	Count	0	4	7	5	5	21
		Expected Count	.4	2.6	7.9	6.2	3.9	21.0
		% of Total	.0%	4.1%	7.1%	5.1%	5.1%	21.4%
	5	Count	2	3	11	10	6	32
		Expected Count	.7	3.9	12.1	9.5	5.9	32.0
		% of Total	2.0%	3.1%	11.2%	10.2%	6.1%	32.7%
	6	Count	0	1	9	9	3	22
		Expected Count	.4	2.7	8.3	6.5	4.0	22.0
		% of Total	.0%	1.0%	9.2%	9.2%	3.1%	22.4%
Total		Count	2	12	37	29	18	98
		Expected Count	2.0	12.0	37.0	29.0	18.0	98.0
		% of Total	2.0%	12.2%	37.8%	29.6%	18.4%	100.0%

학년에 따라 선호하는 영어 학습법의 분석 결과는 3학년의 경우 'whole language method'가 0명(0%), 'lecture method'가 4명(4.1%), 'multimedia method'가 10명(10.2%), 'content-based method'가 5명(5.1%), 'task-based method'가 4명(4.1%)인 것을 알 수 있다. 4학년의 경우 'whole language method'가 0명, 'lecture method'가 4명, 'multimedia method'가 7명, 'content-based method'가 5명, 'task-based method'가 5명인 것을 알 수 있다. 5학년의 경우 'whole language method'가 2명, 'lecture method'가 3명, 'multimedia method'가 11명, 'content-based method'가 10명, 'task-based method'가 6명인 것을 알 수 있다. 6학년의 경우 'whole language method'가 0명, 'lecture method'가 1명, 'multimedia method'가 9명, 'content-based method'가 9명, 'task-based method'가 3명인 것을 알 수 있다. 요약하면 학년별 선호하는 영어 학습법은 3학년과 4학년 그리고 5학년은 은 'multimedia method' 학습법을, 6학년은 'multimedia method'과 'content-based method' 학습법을 각각 가장 많이 선호하였다.

* 교차분석(crosstabs) 검정통계량 (위의 문항1을 예로 들면 다음과 같은 관찰빈도와 기대빈도를 구할 수 있다.)

1) 관찰빈도(observed counts)

표 8.1

	method					
	1	2	3	4	5	합계
3학년	0	4	10	5	4	23
4학년	0	4	7	5	5	21
5학년	2	3	11	10	6	32
6학년	0	1	9	9	3	22
합계	2	12	37	29	18	98

2) 기대빈도(expected counts)

표 8.2

	method					
	1	2	3	4	5	합계
3학년	0.5	2.8	8.7	6.8	4.2	23
4학년	0.4	2.6	7.7	6.2	3.9	21
5학년	0.7	3.9	12.1	9.5	5.9	32
6학년	0.4	2.7	8.3	6.5	4.0	22
합계	2	12	37	29	18	98

1문항에서 1번에 대한 학년별 기대빈도는 다음과 같이 구할 수 있다.

$$\text{기대빈도}(E_{ij}) = O_{..} \times \frac{O_i}{O_{..}} \times \frac{O_j}{O_{..}} = \frac{O_i \times O_j}{O_{..}}$$

$O_{..}$ = 전체합계, $O_i = i$번째행의 합, $O_j = j$번째열의 합

$$0.5 = \frac{2 \times 23}{98},\quad 0.4 = \frac{2 \times 21}{98},\quad 0.7 = \frac{2 \times 32}{98},\quad 0.4 = \frac{2 \times 22}{98}$$

9. 카이제곱 검정(Chi-Square Test)

관찰빈도와 기대빈도 사이의 적합도 검정에 쓰이는 카이제곱 통계량에 근거하여 유의성을 검정하는 방법이다. 즉, 독립표본간의 분포의 차이를 검정하는 것이다 (Field, 2005). 카이제곱 검정은 첫째, 검정하고자 하는 변수들이 상호 독립적이어야 한다. 둘째, 관측빈도가 0 또는 1인 셀이 많은 경우에는 사용할 수 없다. 셋째, 전체 사례수가 30이상이며 기대빈도(expected counts)가 5이하의 셀이 전체의 20%이하일 때 사용할 수 있다. 위의 세 가지 기본가정을 충족할 때 카이제곱 검정을 한다.

표 9.1

검정 종류	설 명
카이제곱 검정 (chi-square test)	범주형 변수에 대해 관측빈도와 기대빈도의 차이를 검정한다.
독립 2-표본 검정 (two-independent -samples test)	독립표본 T-검정에 대응되는 비모수적 검정이다.
독립 K-표본 검정 (tests for several independent samples)	일원배치 분산분석에 대응되는 비모수적 검정이다.
대응 2-표본 검정 (tests for several related samples)	대응표본 T-검정에 대응되는 비모수적 검정이다.

카이제곱 검정(Chi-Square Test) 절차

1) 교차분석(Crosstabs) 선택: 분석(Analyze) → 기술통계량(Descriptive Statistics) → 교차분석(Crosstabs)을 순서대로 선택한다.

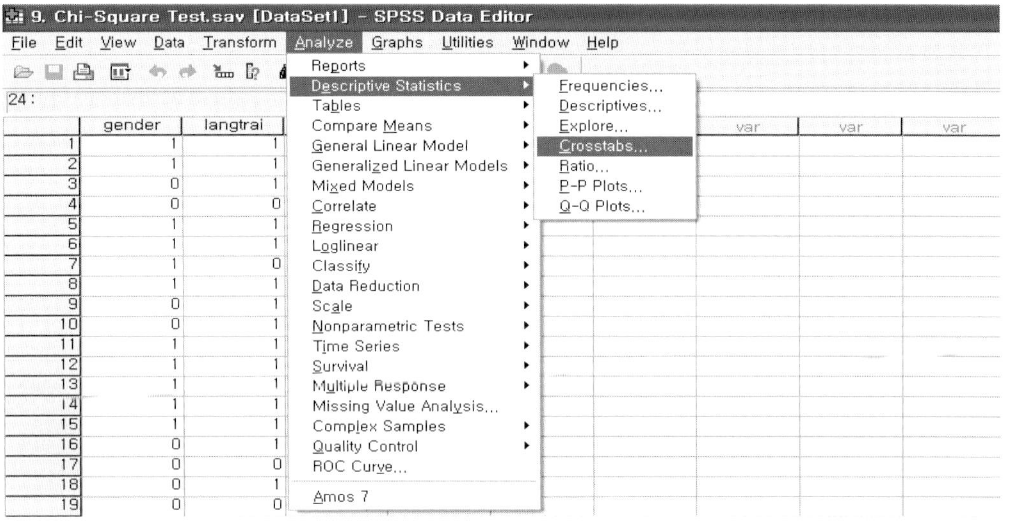

2) 변수(Variable) 선택: 카이제곱 검정(chi-square test) 대화상자에서 분석하고 자하는 변수(variable)를 선택하여 오른쪽 검정변수(test variable list)상자로 이동시킨다. 성별에 따른 언어 프로그램의 만족도의 차이를 알아보기 위해 성별(gender)을 행(Row)에 언어 프로그램 만족도를 열(Column)에 이동한다.

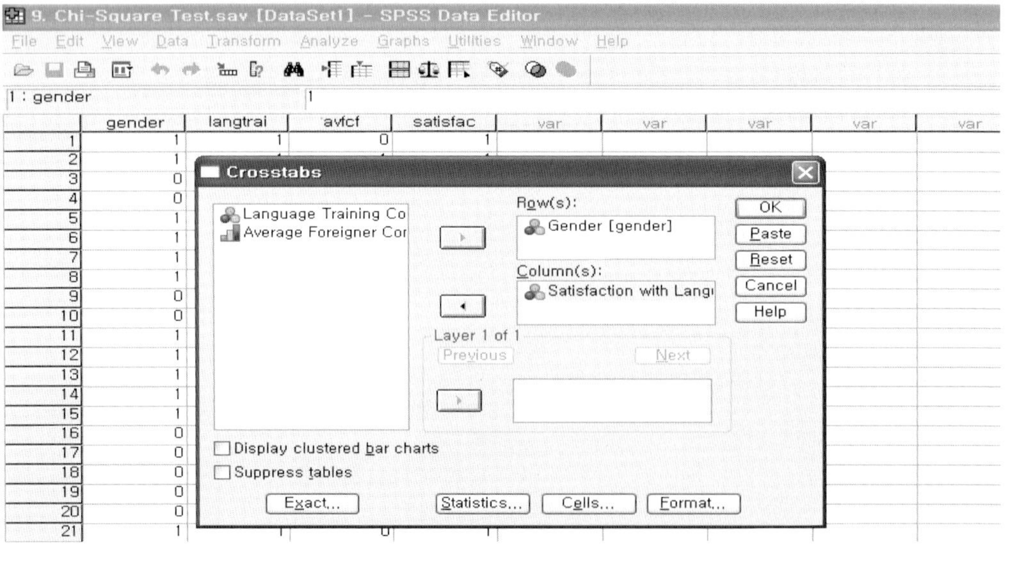

3) 통계량(Statistics) 선택: 통계량(Statistics) 대화상자에서 카이제곱(Chi-square)을 선택하고 검정하고자 하는 것을 선택한 후 계속(Continue)을 선택한다. 분석하고자 하는 변수가 명목척도 (성별, 언어 프로그램 만족도)이므로 명목척도(Nominal)를 선택하고, 연구자가 분석하고자 하는 변수들간의 관계의 강도를 나타내는 Phi and Cramer's V를 선택한다.

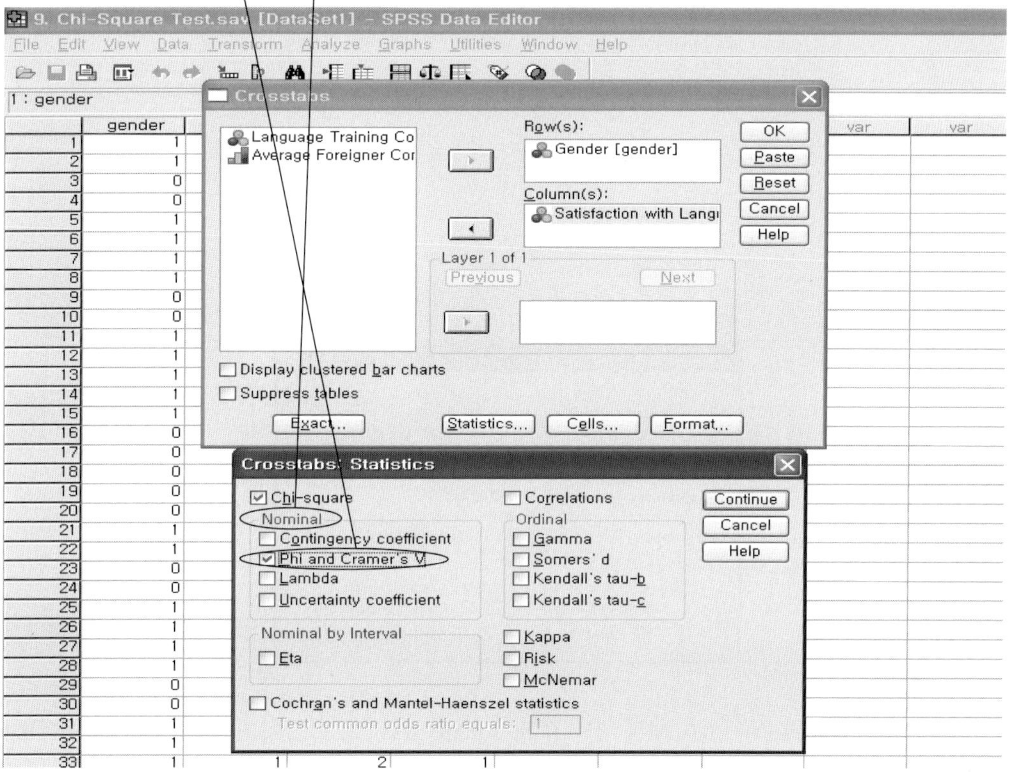

4) 셀(Cell) 선택: 셀 출력(Cell Display) 대화상자에서 관측빈도(Observed)와 기대빈도(Expected)를 선택한 후 구하고자하는 항목(item)들을 체크한 후 계속(Continue)을 선택한다.

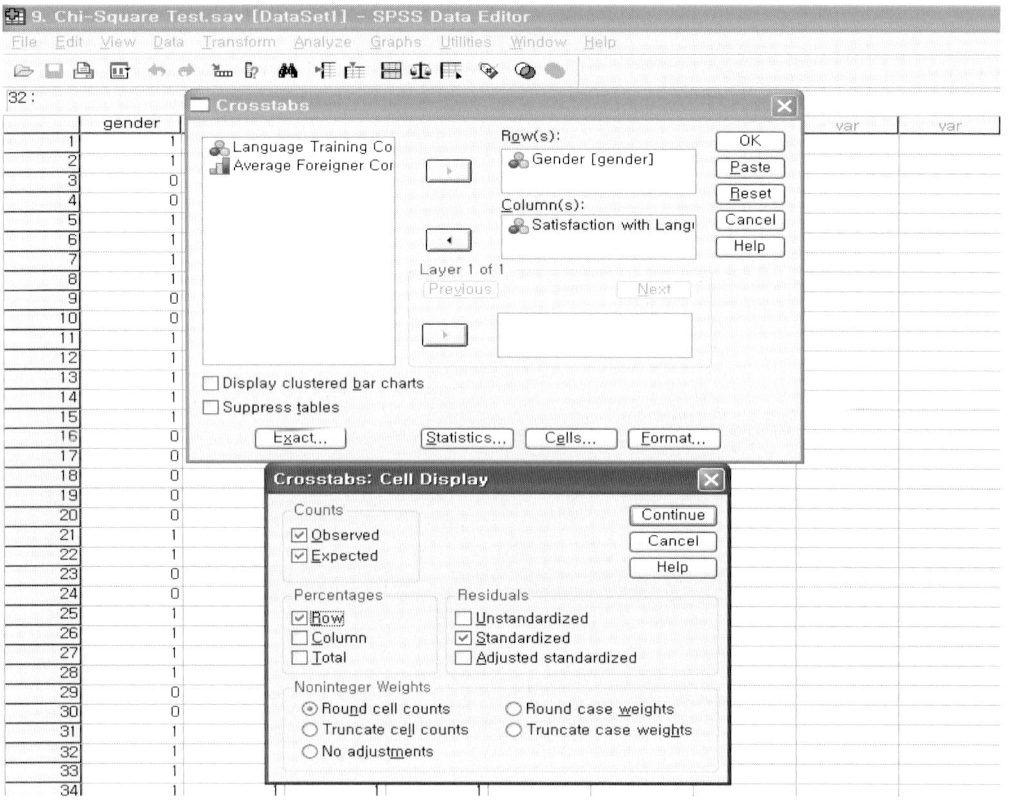

5) 분석 결과(Result): 카이제곱 검정(Chi-square test) 대화상자가 나타나면 확인(OK)을 선택한다. 다음과 같은 결과(output)가 출력된다.

Crosstabs

Case Processing Summary

	Cases					
	Valid		Missing		Total	
	N	Percent	N	Percent	N	Percent
Gender * Satisfaction with Language Program	73	100.0%	0	.0%	73	100.0%

케이스 요약 처리(Case Processing Summary)을 통하여 응답자가 73명, 무응답자는 없다는 것을 알 수 있다.

Gender * Satisfaction with Language Program Crosstabulation

			Satisfaction with Language Program			Total
			Yes	No	Not sure	
Gender	female	Count	20	12	12	44
		Expected Count	17.5	16.9	9.6	44.0
		% within Gender	45.5%	27.3%	27.3%	100.0%
		Std. Residual	.6	-1.2	.8	
	male	Count	9	16	4	29
		Expected Count	11.5	11.1	6.4	29.0
		% within Gender	31.0%	55.2%	13.8%	100.0%
		Std. Residual	-.7	1.5	-.9	
Total		Count	29	28	16	73
		Expected Count	29.0	28.0	16.0	73.0
		% within Gender	39.7%	38.4%	21.9%	100.0%

변수간 교차표(crosstabulation)를 성별에 따른 언어 프로그램 만족도를 설명한다. 즉, 응답자중 여학생은 44명이고, 남학생은 29명인 것을 알 수 있다. 또한 여학생 중에 '만족한다'라고 응답한 경우는 20명(17.5%)이고, '만족하지 않는다'라고 응답한 경우는 12명(16.9%)이고, '보통이다'라고 응답한 경우는 12명(9.6%)인 것을 알 수 있다. 남학생중에 '만족한다'라고 응답한 경우는 9명(11.5%)이고, '만족하지 않는다'라고 응답한 경우는 16명(11.1%)이고, '보통이다'라고 응답한 경우는 4명(6.4%)인 것을 알 수 있다. 그리고 전체적으로 '만족한다'라고 응답한 경우는 29명(29%)이고, '만족하지 않는다'라고 응답한 경우는 28명(38.4%)이고, '보통이다'라고 응답한 경우는 16명(16%)인 것을 알 수 있다.

통계적으로 표준잔차가 -2.0이하일 때 관찰빈도는 기대빈도보다 상당히 낮은 것을 의미하고, 표준잔차가 +2.0이상일 때는 관찰빈도가 기대빈도보다 상당히 높다는 것을 의미한다(Tabachnick & Fidell, 2001). 본 연구 분석 결과 남학생 중에서 '만족하지 않는다'의 관찰빈도 '16'은 기대빈도 '11.1' 보다 높다는 것을 표준잔차 '1.5'를 통해 알 수 있다.

Chi-Square Tests

	Value	df	Asymp. Sig. (2-sided)
Pearson Chi-Square	5.911[a]	2	.052
Likelihood Ratio	5.934	2	.051
Linear-by-Linear Association	.003	1	.959
N of Valid Cases	73		

a. 0 cells (.0%) have expected count less than 5. The minimum expected count is 6.36.

카이제곱 검정을 통해서 카이제곱 검정통계량과 유의확률을 알 수 있다. 피어슨 카이스퀘어(Pearson Chi-Square)값은 5.911이고 자유도는 2일 때 유의수준이 .052이므로 유의수준 .05보다 크므로 성별에 따른 프로그램 만족도의 차이가 없는 것으로 나타났다. 다시 말해 언어 프로그램의 만족도에 있어서 남학생과 여학생의 사이에 차이가 없는 것으로 나타났다. 또한 최소 기대빈도(minimum expected count)가 6.36인 것을 알 수 있다. 'a. 0 cells (.0%) have expected count less than 5' 이것은 기대빈도가 5보다 작은 셀이 하나도 없다는 것을 의미하며, 카이제곱 검정을 사용하기에는 적합했다는 것을 알 수 있다.

Symmetric Measures

		Value	Approx. Sig.
Nominal by Nominal	Phi	.285	.052
	Cramer's V	.285	.052
N of Valid Cases		73	

a. Not assuming the null hypothesis.

b. Using the asymptotic standard error assuming the null hypothesis.

대칭적 측도(Symmetric Measures)는 성별과 언어 프로그램 만족도에 대한 관계를 나타낸다(Mackey & Silver, 2005). 카이스퀘어(Chi-Square) 검정 결과 Cramer's V 값이 .285일 때 유의 확률이 .052이므로 연구가설이 기각되고 영가설이 채택된다. 즉 성별과 언어 프로그램 만족도에 대한 관계는 유의미하지 않은 것을 알 수 있다.

* 카이제곱 검정 통계량을 위의 자료를 예로 들어 구하면 다음과 같다

1. 카이제곱 통계값

$$X^2 = \sum_{i=1}\sum_{j=1} \frac{(O_{ij} - E_{ij})^2}{E_{ij}}$$

X^2 = 카이자승 값
O_{ij} = r개의 행과 c개의 열의 교차표에서 i째 행과 j째 열이 교차하는 셀의 관찰빈도
E_{ij} = r개의 행과 c개의 열의 교차표에서 i째 행과 j째 열이 교차하는 셀의 기대빈도
$\sum_{i=1}\sum_{j=1}$ = 모든 칸의 빈도합
i = 집단
j = 범주

위의 예를 들어 통계량을 구하면

$$X^2 = \frac{(20-17.5)^2}{17.5} + \frac{(12-16.9)^2}{16.9} + \frac{(12-9.6)^2}{9.6} + \frac{(9-11.5)^2}{11.5} + \frac{(16-11.1)^2}{11.1} + \frac{(4-6.4)^2}{6.4} = 5.911$$

2. 자유도

자유도$(df) = (r-1) \times (c-1)$
r = 행(성별), c = 열(언어프로그램만족도)

위의 예를 들어 자유도를 구하면
자유도$(df) = (2-1) \times (3-1) = 2$

10. T 검정(T-Test)

독립된 두 개의 집단간 평균의 차이를 검증하는 방법으로 모집단과 표본추출집단의 평균(mean) 비교 또는 두 개의 표본 집단의 평균(mean)을 비교・분석한다 (Lazaraton, 2005). T 검정에는 단일표본 T 검정(One-Sample T-Test), 독립표본 T 검정(Independent-Samples T-Test), 대응표본 T 검정(Paired-Samples T-Test)이 있다.

10.1. 단일표본 T 검정(One-Sample T-Test)

기존의 절대 평균(mean)과 특정 단일 표본 집단의 평균(mean)을 비교・분석한다 (Larson-Hall, 2010). 예를 들면 우리나라 대학생의 토익 평균 점수가 600점이고 어느 특정 표본 집단의 토익 평균 점수가 574.75점일 때, 한국 학생들의 토익 평균 점수와 이 표본 집단의 평균 점수를 비교할 때 사용된다. 그리고 일반적으로 T 검정에 사용되는 변수(variable)는 구간 척도(interval scale)로서 위의 경우는 토익 평균 점수가 종속변수가 된다.

1) 단일표본 T 검정(One-Sample T-Test) 선택: 분석(Analyze) → 평균비교(Compare Means) → 단일표본 T 검정(One-Sample T-Test)을 순서대로 선택한다.

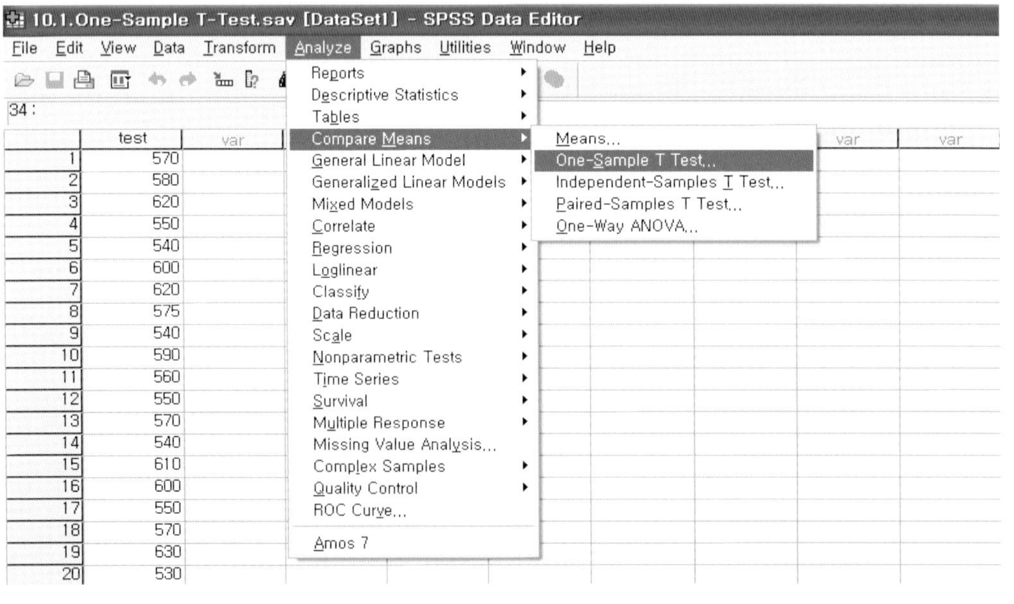

2) 변수 선택: 단일표본 T 검정(One-Sample T-Test) 대화상자에 분석하고자 변수를 오른쪽 검정 변수(Test Variable)란으로 이동시킨다. 그리고 아래의 검정값(Test Value)에 검증하고자 하는 평균값을 입력한다. 검정값(Test Value)은 모집단의 영가설 값을 입력하는데 본 분석의 경우는 우리나라 대학생의 토익 평균 점수 '600' 점이 영가설의 값이기 때문에 '600'을 입력한다.

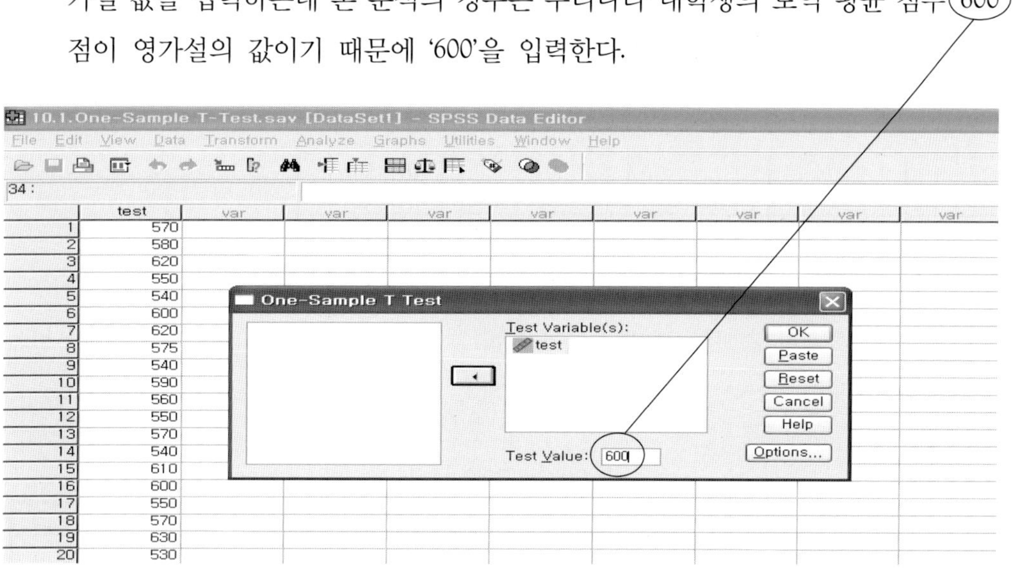

3) 신뢰구간 설정: 옵션(Options)을 선택하면 신뢰구간 (Confidence Interval)이 나타난다. 디폴트(Default)는 95%로 설정되어 있는데, 신뢰수준을 임의로 입력할 수도 있다.

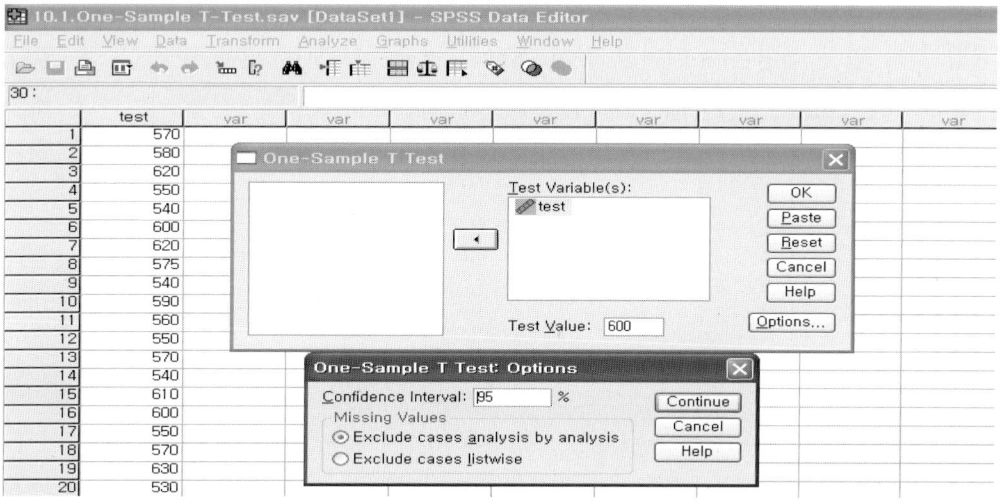

4) 분석결과(Result): 단일 표본 통계량(One-Sample Statistics)은 검정하고자하는 변수에 대한 기본적인 통계 정보를 나타내며, 단일 표본 검정 (One-Sample Test)은 가설을 검정하는 통계치를 나타낸다.

T-Test

One-Sample Statistics

	N	Mean	Std. Deviation	Std. Error Mean
test	20	574.75	30.499	6.820

단일 표본 통계량 결과를 통해서 사례수(N)는 20명, 평균(Mean)은 574.75, 표준편차(Std. Deviation)는 30.50, 평균의 표준오차(Std. Error Mean)는 6.82을 알 수 있다.

One-Sample Test

	Test Value = 600					
					95% Confidence Interval of the Difference	
	t	df	Sig. (2-tailed)	Mean Difference	Lower	Upper
test	-3.702	19	.002	-25.250	-39.52	-10.98

단일 표본 검정 결과를 통해서 검정값(Test Value)=600, T값은 -3.70, 자유도(df)는 19, 유의확률은 .002인 것을 알 수 있다. 유의확률이 .05보다 작으므로 본 연구의 표본 집단 평균 점수(574.75)는 검정값 600점과 차이가 있다고 할 수 있다. 즉, 단일표본 T 검정 결과 연구 집단은 우리나라 전체 집단의 평균 점수보다 낮은 것을 알 수 있다. t 값 -3.70은 표본 집단의 점수가 기존의 절대 평균보다 낮다는 것을 의미한다. 하지만 t 값 +3.70이었다면 표본 집단의 점수가 기존의 절대 평균보다 높다는 것을 의미한다.

* 단일표본 T-검정의 검정통계량(One-Sample T-test T-value)

One-Sample Test

	Test Value = 600					
					95% Confidence Interval of the Difference	
	t	df	Sig. (2-tailed)	Mean Difference	Lower	Upper
test	-3.702	19	.002	-25.250	-39.52	-10.98

1. 통계값(T-value)

$$통계값(t) = \frac{\overline{X} - \mu}{\frac{S_D}{\sqrt{n}}}$$

$\overline{X}$= 평균, μ = 모집단평균, S_D = 표준편차, n = 사례수

위의 사례를 예로 들어 통계값을 구하면

$$t = \frac{574.75 - 600}{\frac{30.49}{\sqrt{20}}} = -3.702$$

2. 자유도

자유도$(df) = n - 1$
n = 사례수

위의 사례를 예로 들어 자유도를 구하면

$$df = 20 - 1 = 19$$

One-Sample Statistics

	N	Mean	Std. Deviation	Std. Error Mean
test	20	574.75	30.499	6.820

3. 평균의 표준오차(Std. Error Mean)

$$평균의\ 표준오차(SEM) = \frac{S_D}{\sqrt{n}}$$

$SEM = Std.Error\,Mean,\ S_D =$ 표준편차, $n =$ 사례수

위의 사례를 예로 들어 평균의 표준오차를 구하면

$$SEM = \frac{30.49914}{\sqrt{20}} = 6.81981$$

One-Sample Test

	Test Value = 600					
					95% Confidence Interval of the Difference	
	t	df	Sig. (2-tailed)	Mean Difference	Lower	Upper
test	-3.702	19	.002	-25.250	-39.52	-10.98

4. 차이의 95% 신뢰구간(95% Confidence Interval of the Difference)

$$C{\cdot}I = M{\cdot}D \pm T_{crit} \times SEM$$

$C{\cdot}I =$ 신뢰구간$(Confidence\,Interval)$
$M{\cdot}D =$ 평균차$(Mean\,Difference)$
$SEM = Std.Error\,Mean$

$$Upper = M{\cdot}D + T_{crit} \times SEM$$
$$Lower = M{\cdot}D - T_{crit} \times SEM$$

$$M{\cdot}D = M_0 - M_t = 574.7500 - 600 = -25.2500$$

T_{crit} : 2.09 $(df = 19,\ p = .05)$

$$Upper = M{\cdot}D + T_{crit} \times SEM = -25.2500 + 2.09 \times 6.81981 = -10.9760$$

$$Lower = M{\cdot}D - T_{crit} \times SEM = -25.2500 - 2.09 \times 6.81981 = -39.5240$$

10.2. 독립표본 T 검정(Independent-Samples T-Test)

독립된 두 집단의 평균(mean)을 비교 · 분석한다. 이때 사용되는 독립변수(independent variable)는 일반적으로 명목척도(nominal scale)이고, 종속변수(dependent variable)는 구간척도(interval scale)이다 (Porte, 2002). 예를 들면 ESL언어 환경과 EFL언어 환경에 따라 영어 점수의 차이가 있는지를 검정하거나, 토익 점수 '650'점 이상의 상위 집단과 토익 점수 '650'점 미만의 하위 집단의 문법 점수의 차이가 있는지를 검정하는 경우 독립표본 T 검정을 사용한다.

1) 독립표본 T 검정(Independent-Samples T-Test) 선택: 분석(Analyze) → 평균비교(Compare Means) → 독립표본 T 검정(Independent-Samples T Test)을 순서대로 선택한다.

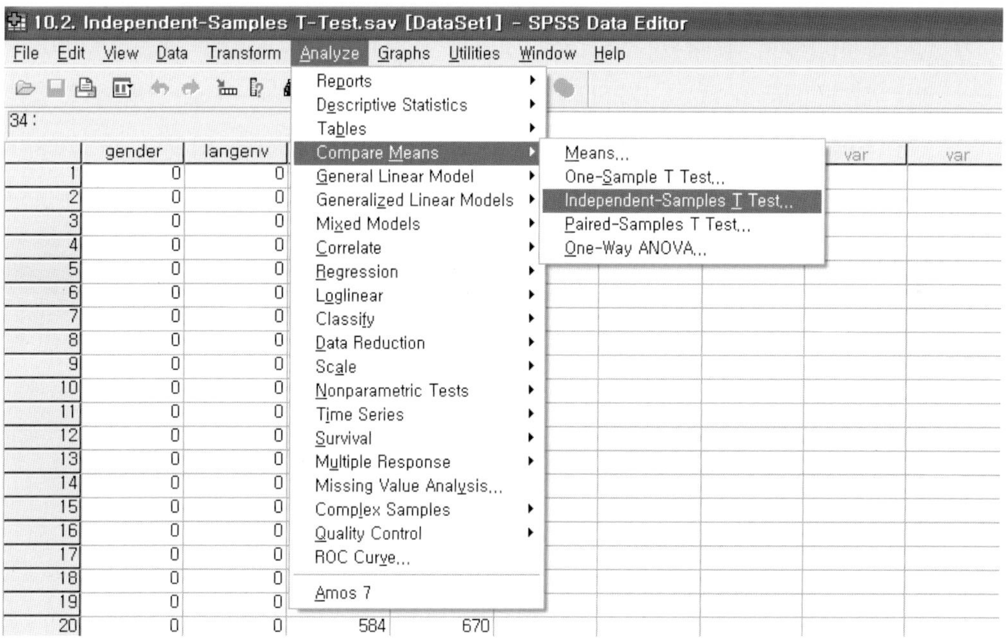

2) 변수 선택: 독립표본 T 검정(Independent-Samples T-Test) 대화상자에 분석하고자 변수를 오른쪽 검정변수(Test Variable)란으로 이동시킨다. 그리고 분석의 기준이 되는 변수를 아래의 집단변수(Grouping Variable)로 이동시킨다.

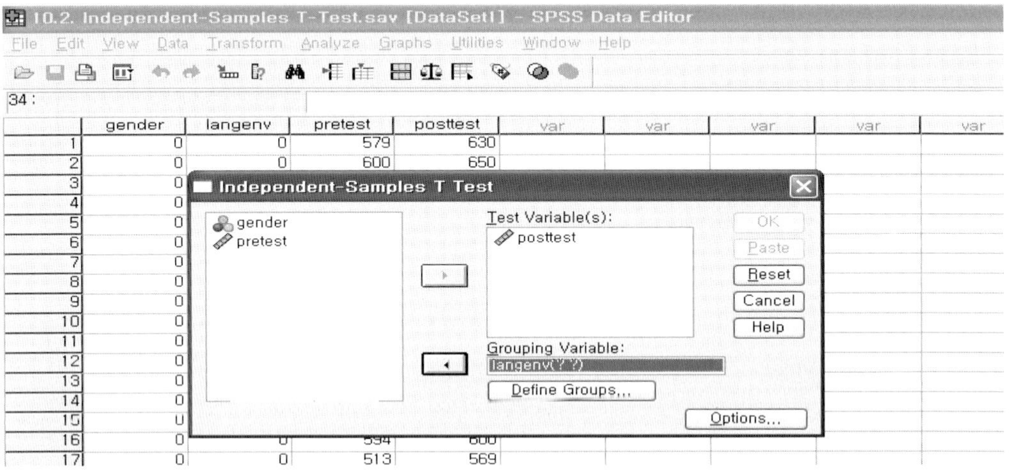

3) 집단정의(Define Groups): 집단정의 대화상자에서 '집단 1(Group 1)'은 '0'(EFL 환경), '집단2'(Group 2)는 '1'(ESL환경)을 입력한다. 집단 '0'과 '1'로 코딩되어 있는 것은 변수 보기(Variable View)에서 변수값(Variable Value)을 입력할 때 '0'과 '1'로 정의했기 때문이다.

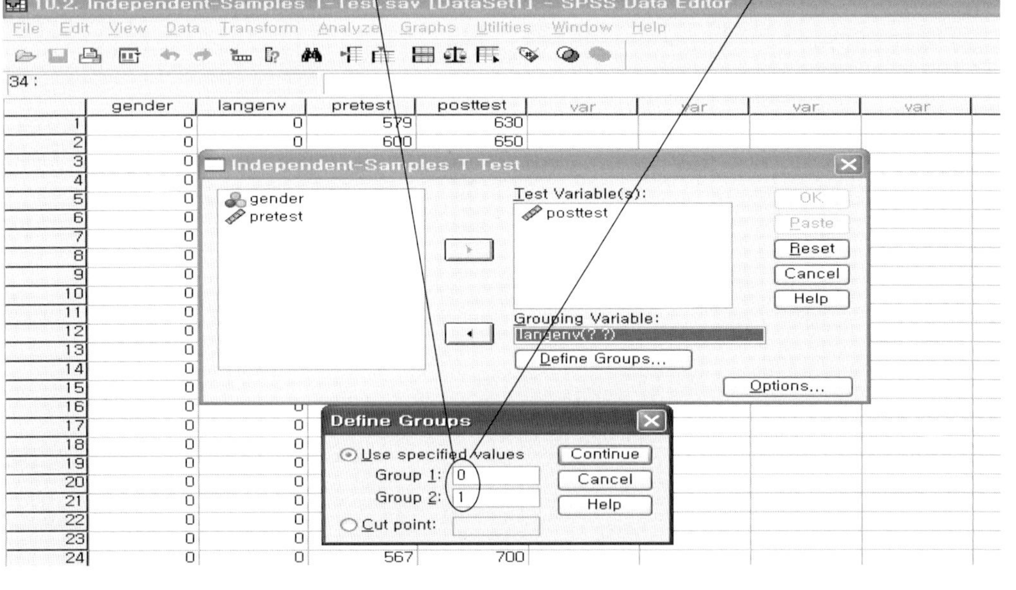

4) 신뢰구간 설정: 집단 정의를 한 후 옵션(Options)을 선택하면 신뢰구간(Confidence Interval)이 나타난다. 디폴트(Default)는 95%로 설정되어 있는데, 신뢰수준을 임의로 입력할 수도 있다.

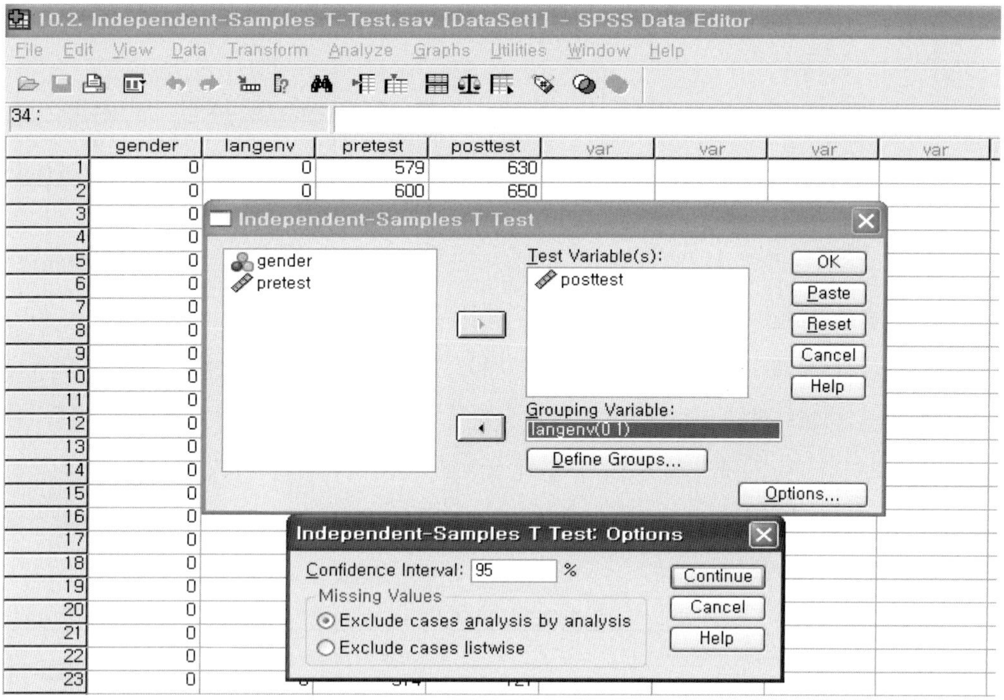

5) 분석결과(Result): 집단 통계량(Group Statistics)은 간단한 통계 정보를 나타내며, 독립표본 검정(Independent Samples Test)은 통계적인 설명을 나타낸다.

T-Test

Group Statistics

	Language Environment	N	Mean	Std. Deviation	Std. Error Mean
posttest	EFL	30	650.03	38.106	6.957
	ESL	30	660.40	35.947	6.563

집단 통계량 결과를 통해서는 EFL집단(group)의 사례수(N)는 30명, 평균(Mean)은 650.03, 표준편차(Std. Deviation)는 38.11, 평균의 표준오차(Std. Error Mean)는 6.96이고, ESL집단의 사례수는 30명, 평균은 660.40, 표준편차는 35.94, 평균의 표준오차는 6.56인 것을 알 수 있다. 즉, ESL집단의 평균이 EFL집단의 평균보다 높다는 것을 알 수 있다. 그러나 두 집단간의 차이가 통계적으로 유의미한지는 아래의 독립표본 검정표를 통해서 알 수 있다.

Independent Samples Test

		Levene's Test for Equality of Variances		t-test for Equality of Means						
									95% Confidence Interval of the Difference	
		F	Sig.	t	df	Sig. (2-tailed)	Mean Difference	Std. Error Difference	Lower	Upper
posttest	Equal variances assumed	.126	.724	-1.084	58	.283	-10.367	9.564	-29.511	8.778
	Equal variances not assumed			-1.084	57.804	.283	-10.367	9.564	-29.513	8.780

먼저, Levene의 등분산검정(Levene Test for Equality of Variances)을 통해서 두 집단의 분산의 동질성 가정을 검정한다. F값이 .126이고 유의확률이 .724로 .05보다 크므로 등분산이 가정됨(Equal variances assumed)으로 독립표본 T검정을 하게 된다. 즉, T값이 -1.084이고 유의확률이 .283로서 .05보다 크므로 두 집단간의 평균에 차이가 없다. 다시 말해서, 사후 영어 점수 결과 두 집단의 영어 능력의 차이가 없음을 알 수 있다. 하지만 Levene의 등분산검정(Levene Test for Equality of Variances)결과 유의확률(Significance)이 .05보다 작으면 등분산이 이루어지지 않았다고 추정되어(Equal variances not assumed) 독립표본 T검정(.283)을 하게 된다. Levene F 검정을 하는 이유는 두 집단의 분산이 동일한지, 다른지에 따라서 T 검정 방법이 달라지기 때문이다(Wilcox, 2003).

* 독립표본 T-검정의 검정통계량(Independent-Samples T-test T-value)

Independent Samples Test

		Levene's Test for Equality of Variances		t-test for Equality of Means						
									95% Confidence Interval of the Difference	
		F	Sig.	t	df	Sig. (2-tailed)	Mean Difference	Std. Error Difference	Lower	Upper
posttest	Equal variances assumed	.126	.724	-1.084	58	.283	-10.367	9.564	-29.511	8.778
	Equal variances not assumed			-1.084	57.804	.283	-10.367	9.564	-29.513	8.780

1. 검정통계량(T)

$$T = \frac{\overline{X} - \overline{Y}}{\sqrt{\frac{(n_1-1)S_1^2 + (n_2-1)S_2^2}{n_1+n_2-2}\left(\frac{1}{n_1}+\frac{1}{n_2}\right)}}$$

$\overline{X}$= 표본1의 평균, $\overline{Y}$= 표본2의 평균, n_1 = 표본1의 사례수, n_2 = 표본2의 사례수

S_1^2 = 표본1의 표본분산, S_2^2 = 표본2의 표본분산

위의 예를 통해 통계량을 구하면

$n_1 = 30,\ n_2 = 30,\ S_1^2 = 38.106^2,\ S_2^2 = 35.947^2$

$$T = \frac{650.03 - 660.40}{\sqrt{\frac{(30-1)(38.106)^2 + (30-1)(35.947)^2}{30+30-2}\left(\frac{1}{30}+\frac{1}{30}\right)}}$$

$$= \frac{-10.37}{\sqrt{91.475}} = \frac{-10.37}{9.56425}$$

$$= -1.084$$

2. 자유도(Degree of Freedom)

자유도$(df) = N_1 + N_2 - 2$

위의 예를 통해 자유도를 구하면

자유도$(df) = 30 + 30 - 2 = 58$

Group Statistics

	Language Environment	N	Mean	Std. Deviation	Std. Error Mean
posttest	EFL	30	650.03	38.106	6.957
	ESL	30	660.40	35.947	6.563

3. 평균의 표준오차(Std. Error Mean)

$$평균의 표준오차(SEM) = \frac{S_D}{\sqrt{n}}$$

$SEM = Std.ErrorMean,\ S_D =$ 표준편차, $n =$ 사례수

위의 사례를 예로 들어 평균의 표준오차를 구하면

$$EFL : SEM = \frac{38.106}{\sqrt{30}} = 6.957$$

$$ESL : SEM = \frac{35.947}{\sqrt{30}} = 6.563$$

Independent Samples Test

		Levene's Test for Equality of Variances		t-test for Equality of Means						
									95% Confidence Interval of the Difference	
		F	Sig.	t	df	Sig. (2-tailed)	Mean Difference	Std. Error Difference	Lower	Upper
posttest	Equal variances assumed	.126	.724	-1.084	58	.283	-10.367	9.564	-29.511	8.778
	Equal variances not assumed			-1.084	57.804	.283	-10.367	9.564	-29.513	8.780

4. 차이의 표준오차(Std. Error Difference)

$$SED = \sqrt{\frac{(S_{D_1})^2}{N_1} + \frac{(S_{D_2})^2}{N_2}}$$

$SED = Std.\,Error\,Difference$ (차이의 표준오차)

위의 사례를 예로 들어 $Std.\,Error\,Difference$를 구하면

$$SED = \sqrt{\frac{(38.106)^2}{30} + \frac{(35.947)^2}{30}} = 9.564$$

5. 차이의 95% 신뢰구간(95% Confidence Interval of the Difference)

$$C{\cdot}I = M{\cdot}D \pm T_{crit} \times SED$$

$C{\cdot}I = Confidence\,Interval$
$M{\cdot}D = Mean\,Difference$
$SED = Std.\,Error\,Difference$

$Upper = M{\cdot}D + T_{crit} \times SED$
$Lower = M{\cdot}D - T_{crit} \times SED$

$$M{\cdot}D = M_1 - M_2 = 650.03 - 660.40 = -10.367$$

$T_{crit} = 2.00\,(df : 58,\ p = .05)$

$$SED = \sqrt{\frac{(S_{D_1})^2}{N_1} + \frac{(S_{D_2})^2}{N_2}} = \sqrt{\frac{(38.106)^2}{30} + \frac{(35.106)^2}{30}} = 9.564$$

$Upper = M{\cdot}D + T_{crit} \times SED = -10.37 + 2.00 \times 9.564 = 8.778$
$Lower = M{\cdot}D - T_{crit} \times SED = -10.37 - 2.00 \times 9.564 = -29.511$

10.3. 대응표본 T 검정(Paired-Samples T-Test)

모집단에 추출한 동일한 표본 집단을 대상으로 실험 전과 실험 후에 측정된 두 변수(variable)의 평균을 비교·분석하는 것이다. 이때 독립변수(independent variable)는 일반적으로 명목척도(nominal scale)가 사용되어지고, 종속변수(dependent variable)는 구간척도(interval scale)가 사용되어진다 (Larson-Hall & Connell, 2005). 예를 들면 하나의 표본 집단을 대상으로 실험(treatment)을 한 후, 실험 전 영어 점수 (pretest score)와 실험 후 영어 점수(posttest score)를 비교·분석할 경우 대응표본 T 검정을 사용한다.

1) 대응표본 T 검정(Paired-Samples T-Test) 선택: 분석(Analyze) → 평균비교(Compare Means) → 대응표본 T 검정(Paired-Samples T-Test)을 순서대로 선택한다.

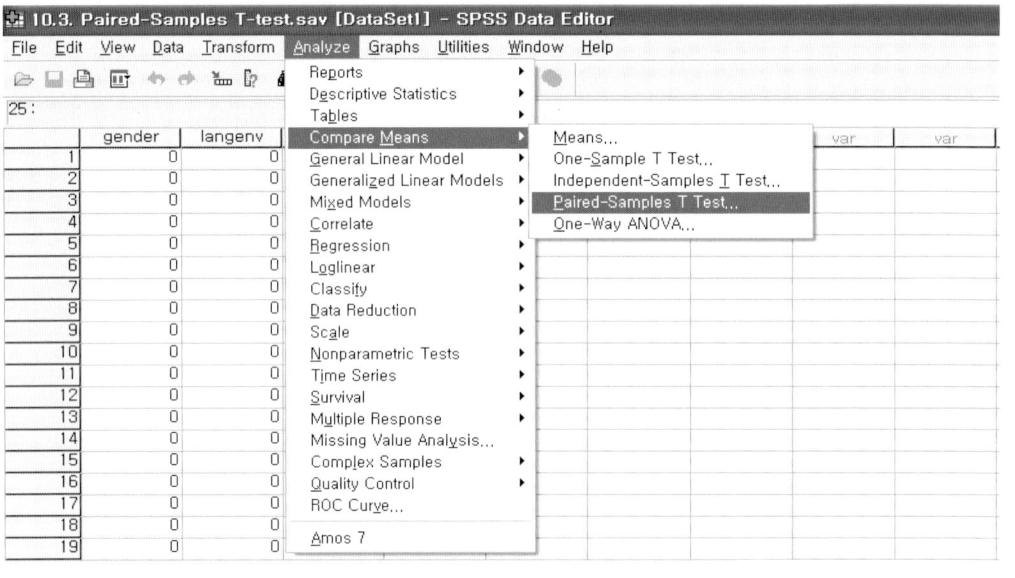

2) 변수 선택: 대응표본 T 검정(Paired-Samples T-Test) 대화상자에 차이를 검정하고자 하는 변수를 대응 변수(Paired Variables)란으로 이동시킨 후 확인(OK)을 선택한다.

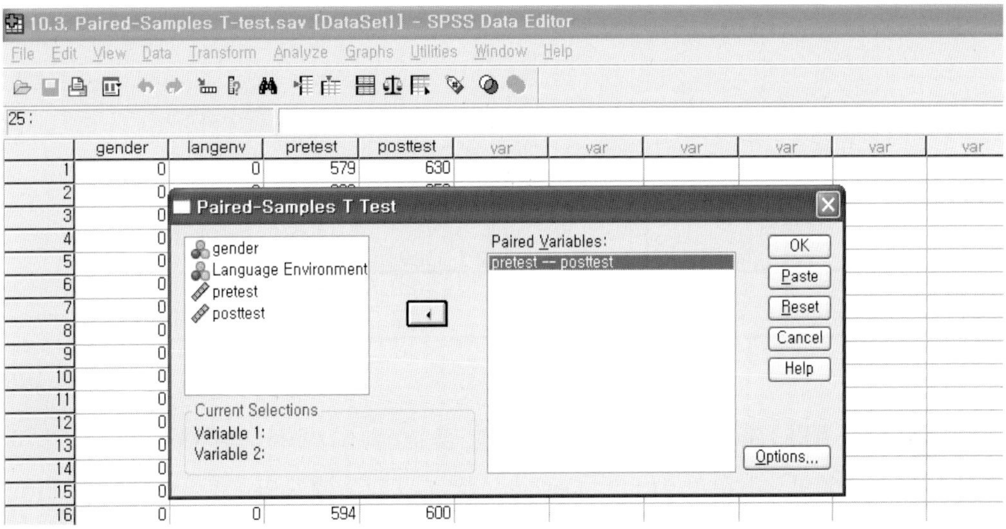

3) 신뢰구간 설정: 집단 정의를 한 후 옵션(Options)을 선택하면 신뢰구간(Confidence Interval)이 나타난다. 디폴트(Default)는 95%로 설정되어 있는데, 신뢰수준을 임의로 입력할 수도 있다.

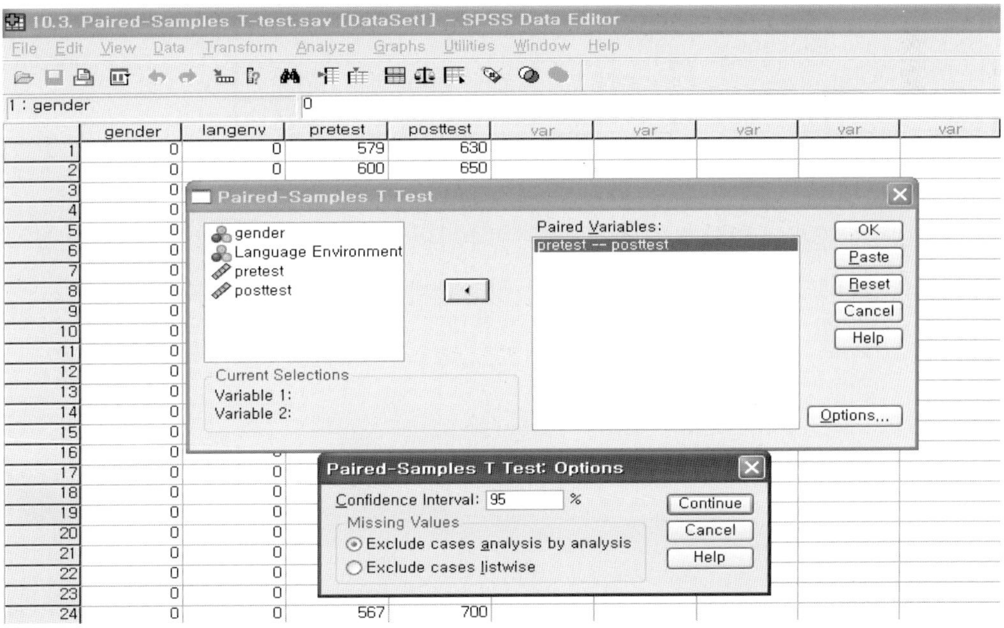

4) 분석결과(Result): 대응표본 통계량(Paired Samples Statistics)은 간단한 통계 정보를 보여주며, 대응표본 상관계수(Paired Samples Correlations)는 두 대응 표본의 연관성을 검증하며, 대응표본 검정(Paired Samples Test)은 통계적인 차이를 설명한다.

T-Test

Paired Samples Statistics

		Mean	N	Std. Deviation	Std. Error Mean
Pair 1	pretest	559.70	60	29.724	3.837
	posttest	655.22	60	37.097	4.789

대응표본 통계량 결과를 통해서는 실험 전 점수(pretest)에서 평균(Mean)은 559.70, 사례수(N)는 60명, 표준편차(Std. Deviation)는 29.72, 평균의 표준오차(Std. Error Mean)는 3.84이고, 실험 후 점수(posttest)에서는 평균은 655.22, 사례수는 60명, 표준편차는 37.09, 평균의 표준오차는 4.78 인 것을 알 수 있다. 즉, 실험 전 평균 점수는 559.70이고, 실험 후 평균 점수는 655.22인 것을 알 수 있다.

Paired Samples Correlations

	N	Correlation	Sig.
Pair 1 pretest & posttes	60	.056	.671

대응표본 상관계수 결과를 통해서는 두 변수간의 상관 계수가 .056이고, 유의확률이 .671로 .05보다 크므로 2개의 변수사이의 상관관계가 높다라고 할 수 없다.

Paired Samples Test

	Paired Differences					t	df	ig. (2-tailed
				95% Confidence Interval of the Difference				
	Mean	td. Deviatio	Std. Error Mean	Lower	Upper			
Pair 1 pretest - pos	95.517	46.219	5.967	107.456	-83.577	16.008	59	.000

대응표본 검정 결과를 통해서는 평균 -95.52는 두 개의 표본 간의 차이를 나타낸다. T값이 -16.008이고, 유의확률이 .000이므로 통계적으로 유의미한 차이가 있다고 할 수 있다. 즉, 실험 전의 평균 점수와 실험 후의 평균 점수는 유의미한 차이가 있었다. 다시 말해서, 실험 후 영어 능력이 향상된 것을 알 수 있다. 평균에서 -95.52값은 사전평균 점수에서 사후 평균 점수를 뺀 것으로 사전 평균 점수보다 사후 평균 점수가 더 크다는 것을 의미하며 '+, -'는 방향성을 나타낸다. 그렇지만 평균값이 +95.52일 경우는 사후 평균 점수에서 사전 평균 점수를 뺀 것으로 사후 평균 점수보다 사전 평균 점수가 더 크다는 것을 나타낸다.

* 대응표본 T-검정의 검정통계량(Paired-Samples T-test T-value)

Paired Samples Test

	Paired Differences					t	df	Sig. (2-tailed)
				95% Confidence Interval of the Difference				
	Mean	Std. Deviation	Std. Error Mean	Lower	Upper			
Pair 1 pretest - posttest	-95.517	46.219	5.967	-107.456	-83.577	-16.008	59	.000

1. 검정통계량

$$T = \frac{M \cdot D}{\frac{S_D}{\sqrt{n}}}$$

$M \cdot D =$ 평균의 차이, $S_D =$ 대응표본차이의 표준편차, $n =$ 사례수

대응표본 차이의 표준편차(S_D)

$$S_D = (S_{D1})^2 + (S_{D2})^2 - 2r(S_{D1})(S_{D2})$$

$$S_D = (29.724)^2 + (37.077)^2 - 2 \times 0.056 \times 29.724 \times 37.077 = 46.219$$

위의 예를 통해 검정통계량을 구하면

$$T = \frac{-95.52}{\frac{46.219}{\sqrt{60}}} = -16.008$$

2. 자유도(Degree of Freedom) : 자유도$(df) = N - 1$

위의 예를 통해 자유도를 구하면

자유도$(df) = 60 - 1 = 59$

Paired Samples Test

		Paired Differences					t	df	Sig. (2-tailed)
					95% Confidence Interval of the Difference				
		Mean	Std. Deviation	Std. Error Mean	Lower	Upper			
Pair 1	pretest - posttest	-95.517	46.219	5.967	-107.456	-83.577	-16.008	59	.000

3. 평균의 표준오차(Std. Error Mean)

$$\text{평균의 표준오차}(SEM) = \frac{S_D}{\sqrt{n}}$$

위의 사례를 예로 들어 평균의 표준오차를 구하면

$$Pretest-Posttest\ :\ SEM = \frac{46.219}{\sqrt{60}} = 5.967$$

4. 차이의 95% 신뢰구간(95% Confidence Interval of the Difference)

$$C{\cdot}I = M{\cdot}D \pm T_{crit} \times SEM$$

$$C{\cdot}I = Confidence\,Interval$$
$$M{\cdot}D = Mean\,Difference$$
$$SEM = Std.\,Error\,Mean$$

$$Upper = M{\cdot}D + T_{crit} \times SEM$$
$$Lower = M{\cdot}D - T_{crit} \times SEM$$

$$M{\cdot}D = M_1 - M_2 = 559.70 - 655.22 = -95.52$$

$$T_{crit} = 2.00\,(df : 59,\ p = .05)$$

$$Upper = M{\cdot}D + T_{crit} \times SEM = -95.52 + 2.00 \times 5.967 = -107.46$$
$$Lower = M{\cdot}D - T_{crit} \times SEM = -95.52 - 2.00 \times 5.967 = -83.58$$

11. 분산분석(ANOVA: Analysis of Variance)

2개 이상의 집단의 평균을 비교·분석하고자 할 때 집단 내의 분산, 총 평균과 각 집단의 평균의 차이에 의해 생긴 집단 간 분산의 비교를 통해 만들어진 F분포를 이용하여 가설검정을 하는 방법이다(Kline, 2004). 즉, 2개 이상의 집단의 평균을 관찰된 F값(observed F value)과 기각 F값(critical F value)을 비교하여 검정하는 것이다. 이때 사용되는 독립 변수(independent variable)는 일반적으로 명목척도(nominal scale)이고, 종속 변수(dependent variable)는 구간 척도(interval scale)이다. 예를 들면 세 종류의 영어 교수법(lecture, multimedia, group discussion)에 따른 영어 점수(English proficiency score)를 비교·분석할 때 분산 분석을 사용한다.

11.1. 일원배치 분산분석(One-way ANOVA)

일원배치 분산분석은 일반적으로 집단을 나누는 독립변수가 하나이고, 독립변수안에서 나누어진 집단이 2개 이상일 때 종속변수의 평균의 차이를 분석하는 것이다(Crawley, 2002). 예를 들어 독립변수가 영어 교수법이고 영어 교수법(lecture, multimedia, group discussion)에 의해 나누어진 집단이 세 종류의 집단일 때 영어 점수 평균의 차이를 비교·분석한다. 분석결과 영어 점수의 평균의 차이가 있을 때 사후분석-다중비교(Post Hoc Multiple Comparisons)를 할 수 있다. 한편 2개 집단의 평균에 대한 비교는 T-검정(T-test)뿐만 아니라 일원배치 분산분석을 사용할 수도 있다.

1) 일원배치 분산분석(One-way ANOVA) 선택: 분석(Analyze) → 평균비교(Compare Means) → 일원배치 분산분석(One-way ANOVA)을 순서대로 선택한다.

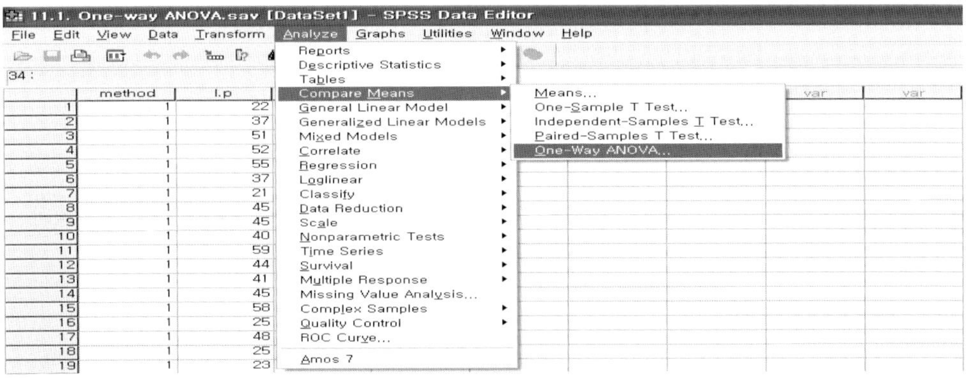

2) 변수 선택: 일원배치 분산분석(One-way ANOVA) 대화상자에 분석하고자 변수를 오른쪽 종속변수(Dependent List)란으로 이동시킨다. 그리고 분석의 기준이 되는 변수(독립변수)를 아래의 요인(Factor)로 이동시킨 후 확인(OK)을 선택한다.

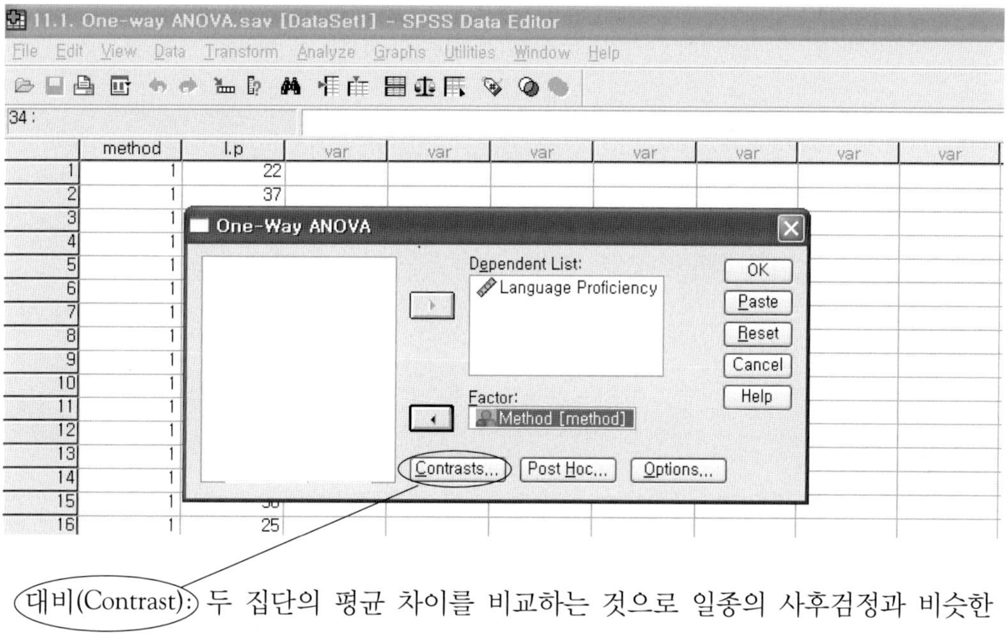

대비(Contrast): 두 집단의 평균 차이를 비교하는 것으로 일종의 사후검정과 비슷한 방법이지만 전체분석을 하면서 특정 평균치들에 대하여 사전에 계획한 비교를 실행한다는 점에서 사후검정과 차이가 있다.

3) 사후분석(Post Hoc...) 선택: 분산분석(One-way ANOVA)대화상자에서 사후분석(Post Hoc...)을 선택한 후, 사후분석-다중비교(Post Hoc Multiple Comparisons) 대화상자에서 이용하고자 하는 방법에 선택을 한 후 계속(Continue)을 선택한다. 사후분석-다중비교(Post Hoc Multiple Comparisons)는 각 집단 간의 차이가 있을 때 어느 집단 간에 차이가 있는지를 알아보기 위해 시행한다.

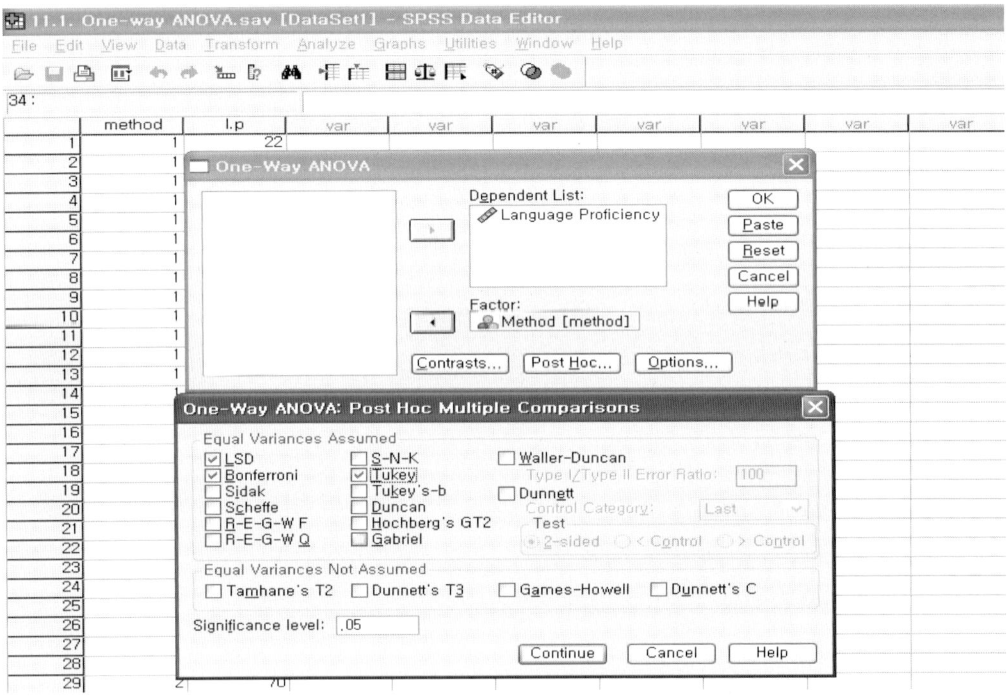

항 목	사용 시기 및 특징
LSD	비교집단이 3개 이하일 때 pairwise 검정에 유용하다.
Bonferroni	계획된 비교 검정으로 비교집단이 적을 때 각 표본의 크기가 다르더라도 사용할 수 있다.
Sidak	계획된 비교 검정으로 Bonferroni 보다 검정력이 약간 높다.
Scheffe	계획된 비교 검정이 아닌 사후 비교 검정으로 다중비교에 유용하다.
Tukey	각 표본의 크기가 동일하고 1대 1 짝비교에 사용한다.
Dunnett	기준 집단의 평균과 각 집단의 평균을 비교할 때 사용한다.

4) 옵션(Option) 선택: 분산분석(One-way ANOVA) 대화상자에서 옵션(Option)을 선택한 후, 기술통계(Descriptive)와 분산 동질성 검정(Homogeneity of Variance Test)을 선택한 후 계속(Continue)을 선택한다.

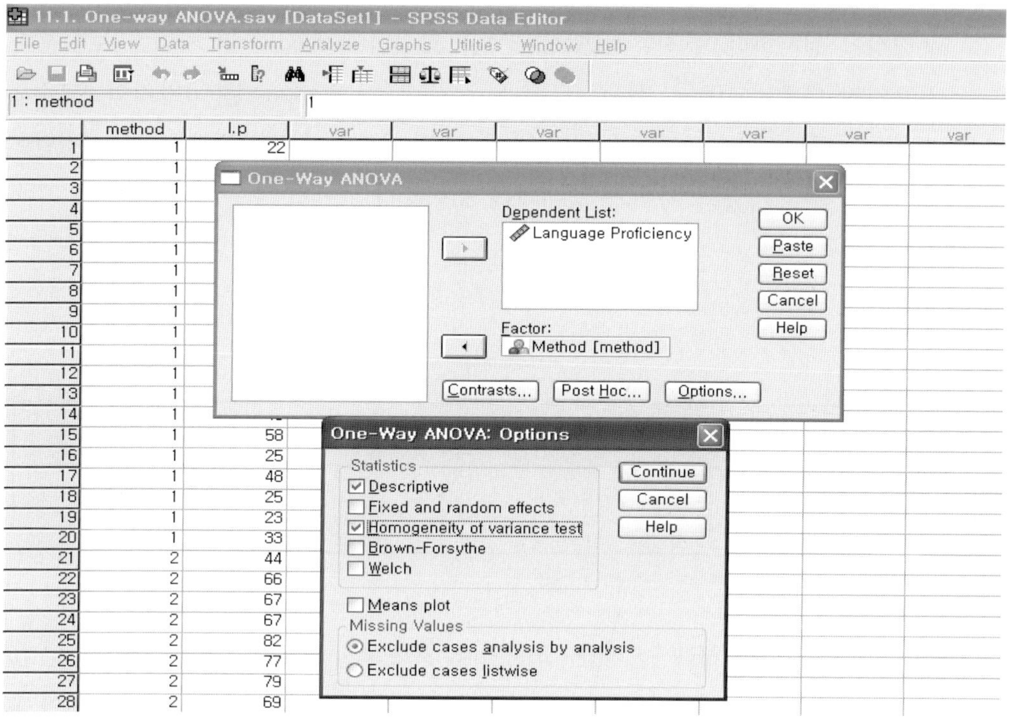

5) 분석 결과: 기술통계량(Descriptives)은 독립변수의 집단에 대한 사례수(N), 평균(Mean), 표준편차(Std. Deviation), 표준오차(Std. Error), 평균에 대한 95% 신뢰구간(95% Confidence Interval for Mean), 최소값(Minimum), 최대값(Maximum)을 나타낸다. 분산의 동질성에 대한 검정(Test of Homogeneity of Variances)은 변수의 동질성을 검사한다. 분산분석(ANOVA)은 교수법(method)간의 차이를 보여준다. 사후검정-다중비교(Post Hoc Tests-Multiple Comparisons)는 3가지의 교수법(lecture, multimedia, group discussion)에 의해 나누어진 집단중에서 어느 집단에서 영어 점수 평균의 차이가 있는지를 보여준다.

Oneway

Descriptives

Language Proficiency

	N	Mean	Std. Deviation	Std. Error	95% Confidence Interval for Mean		Minimum	Maximum
					Lower Bound	Upper Bound		
Lecture	20	40.30	12.183	2.724	34.60	46.00	21	59
Multimedia	20	64.35	9.292	2.078	60.00	68.70	44	82
Group Discussion	20	76.25	10.513	2.351	71.33	81.17	45	90
Total	60	60.30	18.401	2.376	55.55	65.05	21	90

기술통계량에 의하면 사례수, 평균, 표준편차, 표준오차, 최소값, 최대값을 알 수 있다. 토론식 교수법(group discussion)에 의한 영어 점수가 76.25로 가장 높고, 강의식 교수법(lecture)에 의한 영어 점수가 40.30으로 가장 낮은 것을 알 수 있다.

Test of Homogeneity of Variances

Language Proficiency

Levene Statistic	df1	df2	Sig.
1.209	2	57	.306

분산의 동질성에 대한 검정(Test of Homogeneity of Variances)은 유의확률이 .306으로 기각값 .05보다 크므로 등분산이 이루어졌다고 할 수 있다.

ANOVA

Language Proficiency

	Sum of Squares	df	Mean Square	F	Sig.
Between Groups	13416.100	2	6708.050	58.282	.000
Within Groups	6560.500	57	115.096		
Total	19976.600	59			

독립변수의 각 교수법에 의한 평균의 차이가 유의미한지를 F-검정을 통해 분석한다. 검정통계량 F값의 유의확률이 .000으로 기각값 .05보다 작으므로 각 교수법에 따른 영어 점수의 차이가 있다. 세 개 집단의 차이가 어느 집단에서 일어나는지 알아보기 위해 사후검정(Post-Hoc Test)을 한다.

Post Hoc Tests

Multiple Comparisons

Dependent Variable: Language Proficiency

	(I) Method	(J) Method	Mean Difference (I-J)	Std. Error	Sig.	95% Confidence Interval Lower Bound	Upper Bound
Tukey HSD	Lecture	Multimedia	-24.050*	3.393	.000	-32.21	-15.89
		Group Discussion	-35.950*	3.393	.000	-44.11	-27.79
	Multimedia	Lecture	24.050*	3.393	.000	15.89	32.21
		Group Discussion	-11.900*	3.393	.003	-20.06	-3.74
	Group Discussion	Lecture	35.950*	3.393	.000	27.79	44.11
		Multimedia	11.900*	3.393	.003	3.74	20.06
LSD	Lecture	Multimedia	-24.050*	3.393	.000	-30.84	-17.26
		Group Discussion	-35.950*	3.393	.000	-42.74	-29.16
	Multimedia	Lecture	24.050*	3.393	.000	17.26	30.84
		Group Discussion	-11.900*	3.393	.001	-18.69	-5.11
	Group Discussion	Lecture	35.950*	3.393	.000	29.16	42.74
		Multimedia	11.900*	3.393	.001	5.11	18.69
Bonferroni	Lecture	Multimedia	-24.050*	3.393	.000	-32.42	-15.68
		Group Discussion	-35.950*	3.393	.000	-44.32	-27.58
	Multimedia	Lecture	24.050*	3.393	.000	15.68	32.42
		Group Discussion	-11.900*	3.393	.003	-20.27	-3.53
	Group Discussion	Lecture	35.950*	3.393	.000	27.58	44.32
		Multimedia	11.900*	3.393	.003	3.53	20.27

*. The mean difference is significant at the .05 level.

강의식 교수법(lecture)과 멀티미디어 교수법(multimedia)의 영어 점수의 차이는 -24.05이고, 유의확률이 .000이므로 차이가 있고, 강의식 교수법과 그룹 토론식 교수법(group discussion)의 영어 점수의 차이는 -35.95이고, 유의확률이 .000이므로 차이가 있으며, 멀티미디어 교수법과 그룹 토론식 교수법의 영어 점수의 차이는 -11.90이고, 유의확률이 .003이므로 차이가 있는 것으로 나타났다. 즉, 각각의 영어 교수법별로 학습 효과의 차이가 있는 것을 알 수 있다. 다시 말해서, 영어 능력에 향상에 있어서 강의식 교수법보다는 멀티미디어 교수법이 효과적이며, 멀티미디어 교수법보다는 그룹 토론식 교수법이 효과적이라는 것을 알 수 있다. 강의식교수법과 멀티미디어 교수법간의 평균 점수의 차이 -24.05는 강의식 수업 점수에서 멀티미디어 수업 점수를 뺀 것으로 '+', '-'는 방향성을 나타낸다.

* 일원배치 분산분석 검정통계량(One-way ANOVA)

표 11.1

Treatment Group				
	Lecture	Multimedia	Group Discussion	
	50	70	85	
	60	80	90	
	55	75	95	
	60	70	90	
	65	80	85	
n_j	5	5	5	N=15
$\overline{Y_j}$	58	75	89	$\overline{Y_{..}}=74$

위 자료의 내용을 절차에 따라서 SPSS 분산분석을 실시하면 아래와 같은 결과가 산출된다.

Descriptives

Language Proficiency

	N	Mean	Std. Deviation	Std. Error	95% Confidence Interval for Mean		Minimum	Maximum
					Lower Bound	Upper Bound		
Lecture	5	58.0000	5.70088	2.54951	50.9214	65.0786	50.00	65.00
Multimedia	5	75.0000	5.00000	2.23607	68.7917	81.2083	70.00	80.00
Group Discussion	5	89.0000	4.18330	1.87083	83.8057	94.1943	85.00	95.00
Total	15	74.0000	13.91299	3.59232	66.2952	81.7048	50.00	95.00

기술통계량에 의하면 그룹 토론식 교수법에 의한 영어 점수가 가장 높고, 강의식 교수법에 의한 영어 점수가 가장 낮다. (Std. Deviation, Std. Error, 95% Confidence Interval for Mean은 Ch. 10 T-test 참조)

Test of Homogeneity of Variances

Language Proficiency

Levene Statistic	df1	df2	Sig.
.311	2	12	.738

분산의 동질성에 대한 검정(Test of Homogeneity of Variances)은 유의확률이 .738로 .05보다 크므로 등분산이 이루어졌다고 할 수 있다.

ANOVA

Language Proficiency

	Sum of Squares	df	Mean Square	F	Sig.
Between Groups	2410.000	2	1205.000	48.200	.000
Within Groups	300.000	12	25.000		
Total	2710.000	14			

* 제곱합(Sum of Squares)

1. 집단간 제곱합($SS_{Between}$): 각 집단의 평균이 전체 평균에서 얼마나 떨어져 있는가를 나타낸다.

$$SS_B = \sum_j^t n_j(\overline{X_j} - \overline{X_{..}})^2$$

SS_B = 집단간 분산 n_j = j집단의 관찰치 수 $\overline{X_{..}}$ = 전체 평균

$$\text{집단간제곱합}(SS_{Between}) = 5(58-74)^2 + 5(75-74)^2 + 5(89-74)^2 = 2410.000$$

2. 집단내 제곱합(SS_{Within}): 각 집단의 평균값을 중심으로 집단 요소들의 측정값이 얼마나 떨어져 있는가를 나타낸다.

$$SS_W = \sum_i^m \sum_j^t (X_{ij} - \overline{X})^2$$

SS_W = 집단내 분산 X_{ij} = 각 요소 측정값 $\overline{X_j}$ = j집단의 평균값

$i = l, \cdots, m$ $j = l, \cdots, t$

$$\begin{aligned}\text{집단내제곱합}(SS_{within}) = &\ [(50-58)^2 + (60-58)^2 + (55-58)^2 + (60-58)^2 + (65-58)^2] \\ &+ [(70-75)^2 + (80-75)^2 + (75-75)^2 + (70-75)^2 + (80-75)^2] \\ &+ [(85-89)^2 + (90-89)^2 + (95-89)^2 + (90-89)^2 + (85-89)^2] \\ &= 300.000\end{aligned}$$

3. 전체 제곱합: 각 요소들의 개별 측정값이 전체 평균에서 얼마나 떨어져 있는가를 나타낸다.

$$SS_T = \sum_i^m \sum_j^t (X_{ij} - \overline{X_{..}})^2 \qquad SS_T = \text{전체 분산}$$

$$\begin{aligned}\text{전체 제곱합} &= [(50-74)^2 + (60-74)^2 + (55-74)^2 + (60-74)^2 + (65-74)^2] \\ &+ [(70-74)^2 + (80-74)^2 + (75-74)^2 + (70-74)^2 + (80-74)^2] \\ &+ [(85-74)^2 + (90-74)^2 + (95-74)^2 + (90-74)^2 + (85-74)^2] \\ &= 2710.000\end{aligned}$$

* 자유도(Degree of Freedom)

1. 집단간 자유도($df_{Between}$): J-1=3-1=2

2. 집단내 자유도(df_{Within}): N-J=15-3=12

3. 전체 자유도(Total): N-1=15-1=14

N: 사례수, J: 영어 교수법

* 평균제곱(Mean Square): 제곱합을 각각의 해당 자유도로 나눈 값이다.

1. 집단간 평균제곱($MS_{Between}$) = 집단간 제곱합($SS_{Between}$)/집단간 자유도($df_{Between}$)

$$\text{집단간 평균제곱} = \frac{SS_{between}}{df_{between}} = \frac{2410.000}{2} = 1205.000$$

2. 집단내 평균제곱(MS_{within}) = 집단내 제곱합(SS_{Within})/집단내 자유도(df_{Within})

$$\text{집단내 평균제곱}(MS_{within}) = \frac{SS_{within}}{df_{within}} = \frac{300.000}{12} = 25.000$$

* 검정통계량(F): 집단내평균제곱합($MS_{Between}$)을 집단간평균제곱합(MS_{within})으로 나눈 값이다.

$$검정통계량(F) = \frac{MS_{between}}{MS_{within}} = \frac{1205.000}{25.000} = 48.200$$

$$\alpha = .05,\ df_{between} = 3-1 = 2,\quad df_{within} = 15-3 = 12$$

$$F의\ 기각값(Critical\ Value)은\ _{(.95)}F_{(2,12)} = 3.89$$

F분포표의 분자 자유도(df 1)가 2이고 분모 자유도(df 2)가 12일 때 검정통계량의 관찰값(observed value) 48.200은 F분포표의 기각값(critical value) 3.89보다 크므로 유의미한 것을 알 수 있다.

11.2. 독립 표본 T 검정(Independent-Samples T test)과 분산분석(ANOVA)의 공통점과 차이점

1. 공통점: 사례수(N), 평균(Mean), 표준편차(Std. Deviation), 표준오차(Std. Error Mean), 신뢰구간(Confidence Interval), 유의확률(Significance)등을 알 수 있다.

2. 차이점: 각 집단간의 차이를 사후검정을 통해 알 수 있다. 다시 말해, 독립 표본 T 검정(Independent-Samples T test)은 세 개의 집단의 차이를 알기 위해서는 각각 독립 표본 T 검정(Independent-Samples T test)을 해야 하나 (A와 B집단, B와 C집단, A와 C집단), 분산분석은 사후검정을 통해 한 번에 알 수 있으므로 효율적이다.

3. 독립된 두 집단의 영가설을 검정하는데 독립표본 T 검정보다는 일원배치 분산분석이 선호되어 이유는 다음과 같다.
   1) 일원배치 분산분석이 통계 검정력이 높다: 연구가설이 잘못되었을 때 연구가설을 기각할 수 있는 확률이 높다 (1-β값이 높아진다).
   2) 1종 오류의 확률이 낮다: 영가설이 참인데 영가설을 기각할 확률이 낮다는 것이다 (1종 오류 α값이 낮아진다).

표 11.2. 독립 표본 T 검정(Independent-Samples T test)과 분산분석(ANOVA)의 공통점과 차이점

	독립 표본 T 검정 (Independent-Samples T test)	분산분석 (ANOVA)
사례수(N)	○	○
평균(Mean)	○	○
표준편차(Std. Deviation)	○	○
표준오차(Std. Error Mean)	○	○
신뢰구간(Confidence Interval)	○	○
유의확률(Significance)	○	○
최소값(Minimum)	×	○
최대값(Maximum)	×	○
제곱합(Sum of Squares)	×	○
자유도(Degree of Freedom)	○	○
분산의 동질성에 대한 검정 (Test of Homogeneity of Variances)	○	○
사후검정(Post Hoc Tests)	×	○

* 일원배치 분산분석(One-way ANOVA)과 독립표본 T 검정(Independent-Samples T-Test)의 비교

표 11.3.

	실험 집단(treatment group)		
	강의식 교수법(lecture)	멀티미디어 교수법(multimedia)	
	4	1	
	7	5	
	4	2	
	6	4	
	4	3	
n_j	5	5	N=10
$\overline{Y_j}$	5.0	3.0	$\overline{Y_{..}}$=4.111

위의 자료를 T-검정(T-test)으로 분석한 결과는 다음과 같다.

T-Test

Group Statistics

	METHOD	N	Mean	Std. Deviation	Std. Error Mean
LANGPROF	lecture	5	5.00	1.414	.632
	multimedia	5	3.00	1.581	.707

Independent Samples Test

		Levene's Test for Equality of Variances		t-test for Equality of Means					95% Confidence Interval of the Difference	
		F	Sig.	t	df	Sig. (2-tailed)	Mean Difference	Std. Error Difference	Lower	Upper
LANGPROF	Equal variances assumed	.000	1.000	2.108	8	.068	2.00	.949	-.188	4.188
	Equal variances not assumed			2.108	7.902	.068	2.00	.949	-.192	4.192

$$T = \frac{\overline{X} - \overline{Y}}{\sqrt{\frac{(n_1-1)S_1^2 + (n_2-1)S_2^2}{n_1+n_2-2}\left(\frac{1}{n_1}+\frac{1}{n_2}\right)}} = \frac{5-3}{\sqrt{\frac{(4)(1.414)^2+4(1.581)^2}{5+5-2}\left(\frac{1}{5}+\frac{1}{5}\right)}} = 2.108$$

$\alpha = .05,\ df = 8$

T의 기각값($Critical\ Value$)은 ${}_{(.95)}T_{(8)} = 2.306$

p값이 .05이고 T분포표의 자유도가 8일 때 T분포의 기각값(critical value)은 2.306이다. 이때 관찰된 T값이 2.108로 기각값인 2.306보다 작으므로 유의하지 않다. 즉, 영가설을 기각하지 않으므로 교수법에 따른 영어 점수의 차이가 없다는 것을 의미한다.

위의 제시된 똑같은 자료를 일원배치 분산분석(One-Way ANOVA)으로 검정한 결과는 다음과 같다.

ANOVA

LANGPROF

	Sum of Squares	df	Mean Square	F	Sig.
Between Groups	10.000	1	10.000	4.444	.068
Within Groups	18.000	8	2.250		
Total	28.000	9			

* $\alpha = .05,\ df_{between} = 2 - 1 = 1,\quad df_{within} = 10 - 2 = 8$

F의 기각값$(Critical\ Value)$은 $_{(.95)}F_{(1,8)} = 5.32$

p값이 .05이고 F분포표의 분자 자유도(df 1)가 1이고 분모 자유도(df 2)가 8일 때 F분포의 기각값(critical value)은 5.32이다. 이때 F값이 4.444로 기각값인 5.32보다 작으므로 유의하지 않다. 즉, 영가설을 기각하지 않는다. 다시 말해서 교수법에 따른 영어점수의 차이가 없다는 것을 의미한다. 이때 중요한 것은 앞서 제시된 관찰된 T값 2.108을 제곱하면 관찰된 F값은 4.444이 되고, T값의 기각값 ±2.306을 제곱하면 F값은 5.32가 된다는 것을 알 수 있다.

11.3. 이원배치 분산분석(Two-way ANOVA)

이원배치 분산분석은 일반적으로 2개의 독립변수가 종속변수에 나타난 평균의 차이를 검증한다. 그리고 2개의 독립변수가 종속변수에 각각 영향을 미치는 주효과(main effect)와 2개의 독립변수가 동시에 종속변수에 영향을 미치는 상호작용효과(interaction effect)로 나누어진다. 이원배치 분산분석은 주효과와 상호작용효과를 통하여 분석하는 것이 가장 큰 특징이다(Takimoto, 2006). 예를 들어 독립변수가 두 종류의 영어 교수법(lecture, multimedia)과 두 종류의 언어 환경(ESL, EFL)이고, 종속변수가 영어 점수(English proficiency score)일 때, 영어 교수법과 언어 환경에 따른 영어 점수의 차이를 분석한다. 이때 주효과가 2개의 독립변수인 영어 교수법(a)과 언어 환경(b)이고 이 두 개의 주효과가 동시에 영향을 나타내는 것이 상호작용[영어교수법(a)×언어환경(b)]효과가 된다.

1) 일변량(Univariate) 선택: 분석(Analyze) → 일반선형모형(General Linear Model) → 일변량(Univariate)을 순서대로 선택한다.

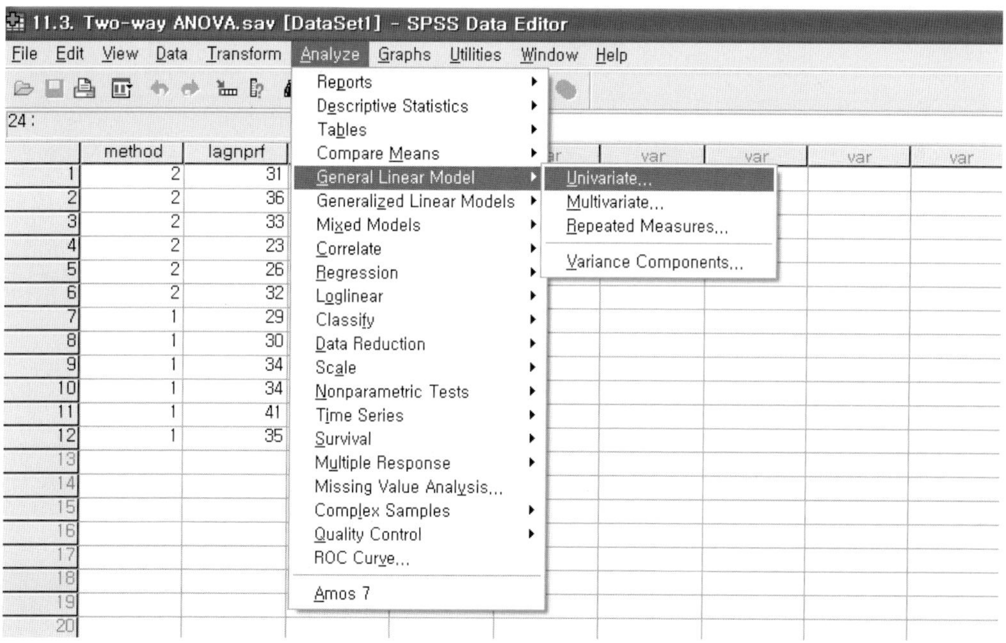

2) 변수 선택: 일변량(Univariate) 대화상자에서 분석하고자 변수를 오른쪽 변수상자로 이동시킨다. 종속변수(Dependent Variable) 상자에 '영어점수'를 이동시키고, 모수요인(Fixed Factor) 상자에 영어 교수법과 언어 환경을 이동시킨 후 확인(OK)을 선택한다.

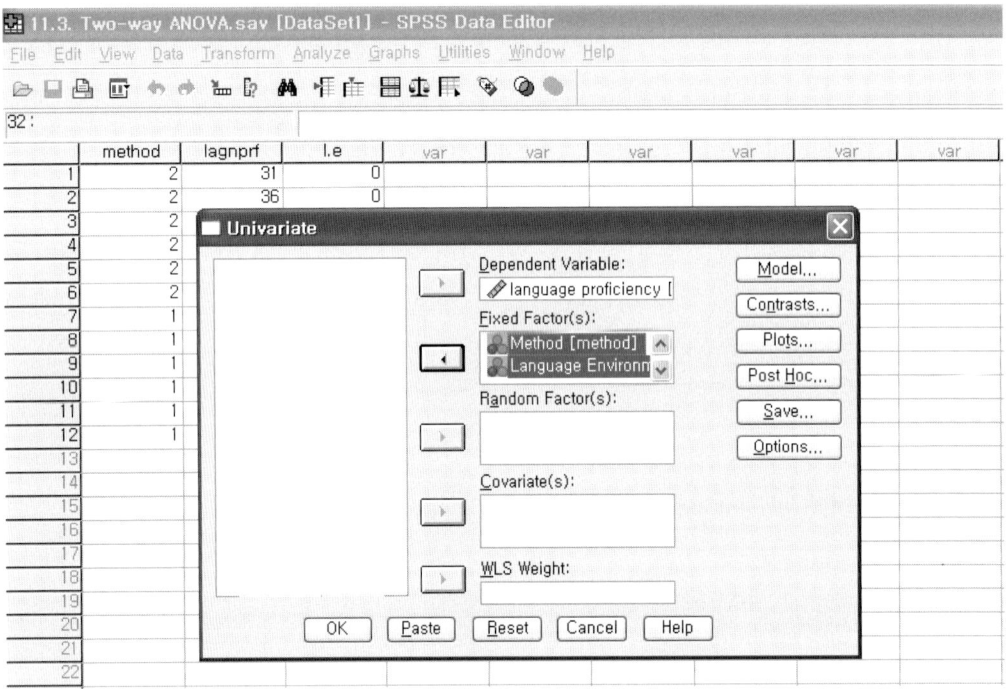

3) 도표(Plots) 선택: 일변량(Univariate) 대화상자에서 대화상자에 도표(Plots)를 선택한다. 요인(Factors) 대화상자에서 변수를 선택한 후 수평축 변수(Horizontal Axis)로 옮긴 후 추가(Add)를 선택하면 도표(Plots) 대화상자로 이동한다. 도표는 주효과와 상호작용효과를 시각적으로 알 수 있다.

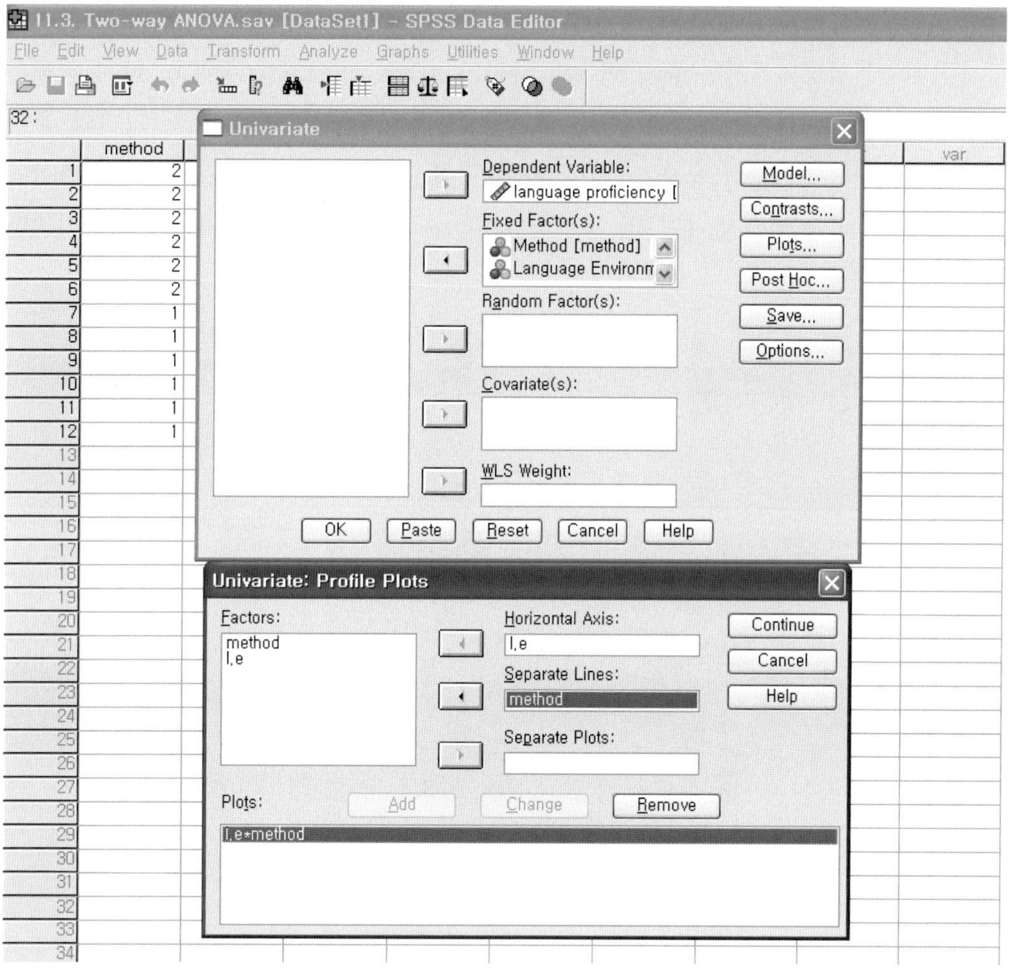

4) 옵션(Options) 선택: 옵션 대화상자에서 검정하고자 하는 것을 선택한 후 계속(Continue)을 선택한다. 주효과(교수법, 언어 환경)를 알아보기 위해 오른쪽 '평균 출력 기준(Display Means for)' 변수상자로 옮긴 후 주효과를 비교하기 위하여 '주효과 비교(Compare main effects)'를 선택한 후 '신뢰구간 조절(Confidence interval adjustment)'에서 'Bonferroni'를 선택한다. 그리고 '출력(Display)'에서 평균, 표준편차, 사례수를 나타내는 '기술통계량(Descriptive statistics)'과 독립 변수에 의해서 설명되어지는 종속 변수의 분산의 비율(Clark-Carter, 2005), 다시 말해서 교수법 효과에 관한 언어 환경 효과의 크기를 알 수 있는 '효과 크기의 추정(Estimates of effect size)'과 연구 가설이 참일 때의 검정력을 나타내는 '관찰력(Observed power)'과 분산의 동질성을 알 수 있는 (Homogeneity tests)을 선택한 후 계속(Continue)을 선택한다.

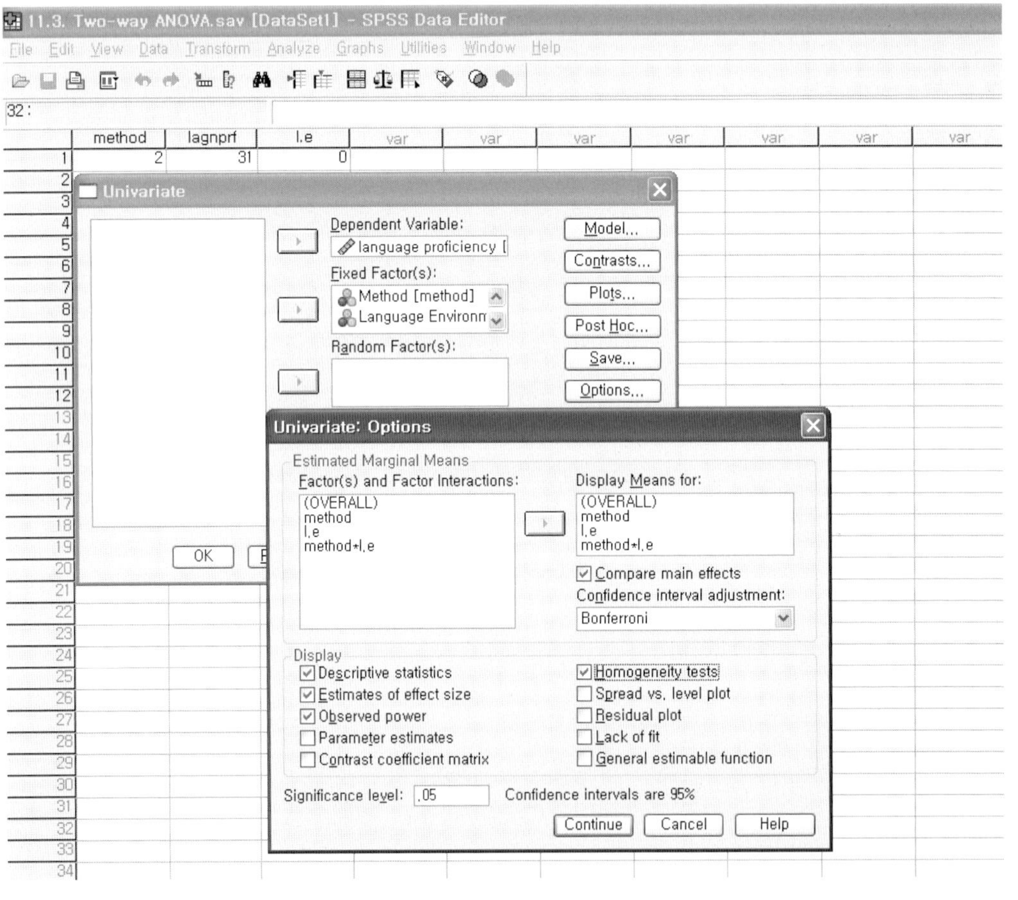

5) 분석 결과: 일변량(Univariate) 대화상자 나타나면 확인(OK)을 선택한다. 개체-간 요인(Between-Subjects Factors), 기술통계량(Descriptive Statistics), 오차 분산의 동일성에 대한 Levene의 검정(Levene's Test of Equality of Error Variances), 개체-간 효과 검정(Tests of Between-Subjects Effects). 분석 과정 중에서 무엇을 선택하느냐에 따라서 생성되는 표들은 달라질 수 있다.

Univariate Analysis of Variance

Between-Subjects Factors

		Value Label	N
Method	1	Lecture	6
	2	Multimedia	6
Language Environment	0	ESL	6
	1	EFL	6

개체-간 요인(Between-Subject Factors)을 통하여 교수법과 언어환경에 따른 사례수를 알 수 있다. 즉, 각각의 교수법의 사례수가 6명, 언어 환경에 대한 사례수가 6명씩인 것을 알 수 있다.

Descriptive Statistics

Dependent Variable: language proficiency

Method	Language Environment	Mean	Std. Deviation	N
Lecture	ESL	31.00	2.646	3
	EFL	36.67	3.786	3
	Total	33.83	4.262	6
Multimedia	ESL	33.33	2.517	3
	EFL	27.00	4.583	3
	Total	30.17	4.792	6
Total	ESL	32.17	2.639	6
	EFL	31.83	6.494	6
	Total	32.00	4.729	12

기술통계량을 통하여 평균(Mean), 표준편차(Std. Deviation), 사례수(N)를 알 수 있다. 예를 들어, ESL환경에서 강의식 교수법(lecture) 수업을 받은 학생의 평균은 31점, 표준편차는 2.646, 사례수는 3명인 것을 알 수 있다.

Levene's Test of Equality of Error Variances[a]

Dependent Variable: language proficiency

F	df1	df2	Sig.
.740	3	8	.557

Tests the null hypothesis that the error variance of the dependent variable is equal across groups.

a. Design: Intercept+method+l.e+method * l.e

오차 분산의 동일성에 대한 Levene's 검정(Levene's Test of Equality of Error Variances)을 통하여 유의수준이 .557이므로 오차분산이 동일하다는 것을 알 수 있다.

Tests of Between-Subjects Effects

Dependent Variable: language proficiency

Source	Type III Sum of Squares	df	Mean Square	F	Sig.	Partial Eta Squared	Noncent. Parameter	Observed Power[a]
Corrected Model	148.667[b]	3	49.556	4.073	.050	.604	12.219	.624
Intercept	12288.000	1	12288.000	1009.973	.000	.992	1009.973	1.000
method	40.333	1	40.333	3.315	.106	.293	3.315	.361
l.e	.333	1	.333	.027	.873	.003	.027	.052
method * l.e	108.000	1	108.000	8.877	.018	.526	8.877	.742
Error	97.333	8	12.167					
Total	12534.000	12						
Corrected Total	246.000	11						

a. Computed using alpha = .05

b. R Squared = .604 (Adjusted R Squared = .456)

분산분석표(개체-간 효과 검정)을 통하여 두 개의 독립변수(교수법, 언어 환경)에 따른 종속변수(영어점수)의 차이를 F-검정을 통해 분석하며, 또한 주효과와 상호작용 효과를 알 수 있다. 교수법에 대한 유의확률이 .106이므로 교수법에 따라 영어 점수의 차이는 없다는 것을 알 수 있다. 언어 환경에 대한 유의확률이 .873이므로 언어 환경에 따른 영어 점수의 차이도 없는 것으로 나타났다. 상호작용(method*L · E)에 대한 유의확률이 .018이므로 교수법과 언어 환경에 대한 상호 작용(interaction)이 있는 것을 알 수 있다. 또한 Partial Eta Squared값(η^2) .526은 효과크기의 추정값(Estimates of effect size)을 의미한다. 상호작용효과가 나타났을 때 일원배치 분산분석(One-way ANOVA)을 통해 어디에서 상호작용이 있는지를 알 수 있다.

Profile Plots

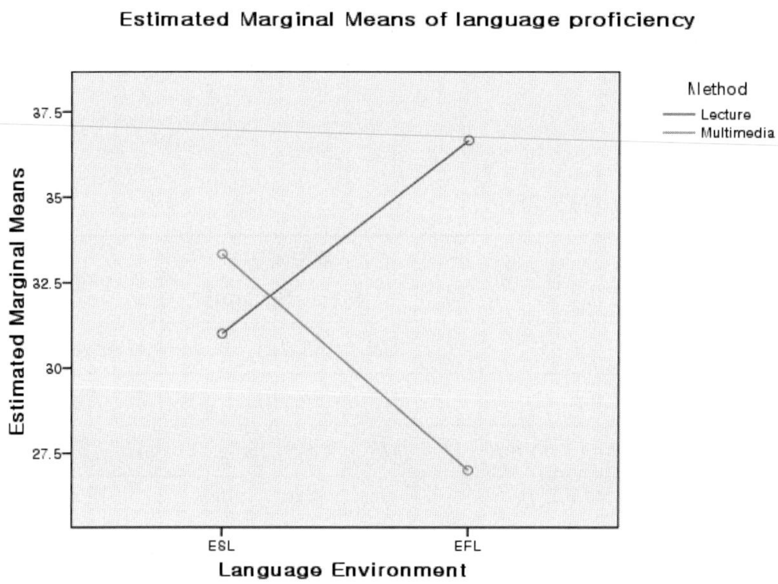

위의 프로파일 도표에서 EFL환경내에서의 교수법(lecture/multimedia)의 차이와 ESL 환경내에서의 교수법의 차이를 시각적으로 보여주고 강의식 교수법내에서의 언어환경(EFL/ESL)의 차이와 멀티미디어 교수법내에서의 언어환경(EFL/ESL)의 차이를 시각적으로 볼 수 있다.

* 이원배치 분산분석 검정통계량

다음은 이원배치 분산분석에서 사용한 자료를 바탕으로 개체-간 효과 검정(Between-Subjects Effects)의 제곱합(Sum of Square), 자유도(df), 평균제곱(Mean Squares), F값을 구하는 공식과 과정이다.

표 11.11. 이원배치분석표(Two-Way ANOVA)

변량원 (Source)	제곱합 (Sum of Squares)	자유도(df)	평균제곱 (Mean Squares)	비(F)
행간	SS_A	$df_1 = J-1$	$MS_A = SS_A/df_1$	MS_A/MS_{with}
열간	SS_B	$df_2 = K-1$	$MS_B = SS_B/df_2$	MS_B/MS_{with}
상호작용	SS_{AB}	$df_3 = (J-1)(K\quad 1)$	$MS_{AB} = SS_{AB}/df_3$	MS_{AB}/MS_{with}
집단내	SS_{with}	$df_4 = N-JK$	$MS_{with} = SS_{with}/df_4$	
(오차)				
전체	SS_{total}	$df_5 = N-1$		

Tests of Between-Subjects Effects

Dependent Variable: language proficiency

Source	Type III Sum of Squares	df	Mean Square	F	Sig.	Partial Eta Squared	Noncent. Parameter	Observed Power[a]
Corrected Model	148.667[b]	3	49.556	4.073	.050	.604	12.219	.624
Intercept	12288.000	1	12288.000	1009.973	.000	.992	1009.973	1.000
method	40.333	1	40.333	3.315	.106	.293	3.315	.361
l.e	.333	1	.333	.027	.873	.003	.027	.052
method * l.e	108.000	1	108.000	8.877	.018	.526	8.877	.742
Error	97.333	8	12.167					
Total	12534.000	12						
Corrected Total	246.000	11						

a. Computed using alpha = .05

b. R Squared = .604 (Adjusted R Squared = .456)

$$SS_A = \sum_{j=1}^{J} n_j (\overline{Y_j} - \overline{Y_{..}})^2$$
$$= 6(32.17 - 32.00)^2 + 6(31.83 - 32.00)^2 = 0.333$$

$$SS_B = \sum_{k=1}^{K} n_{.k} (\overline{Y_k} - \overline{Y_{..}})^2$$
$$= 6(33.83 - 32.00)^2 + 6(30.17 - 32.00)^2 = 40.333$$

$$SS_{AB} = \sum_{k=1}^{K} \sum_{j=1}^{J} \sum_{j=1}^{J} n_{jk} (\overline{Y_{jk}} - \overline{Y_{j.}} - \overline{Y_{.k}} + \overline{Y_{..}})^2$$
$$= 3(31.00 - 32.17 - 33.83 + 32.00)^2 + 3(36.67 - 31.83 - 33.83 + 32.00)^2$$
$$+ 3(33.33 - 32.17 - 30.17 + 32.00)^2 + 3(27.00 - 31.83 - 30.17 + 32.00)^2$$
$$= 108.000$$

$$SS_A = \sum_{j=1}^{J} n_{j.} (\overline{Y_{j.}} - \overline{Y_{..}})^2$$

$$SS_B = \sum_{k=1}^{K} n_{k.} (\overline{Y_{k.}} - \overline{Y_{..}})^2$$

$$SS_{AB} = \sum_{k=1}^{K} \sum_{j=1}^{J} n_{jk} (\overline{Y_{jk}} - \overline{Y_{j.}} - \overline{Y_{.k}} + \overline{Y_{..}})^2$$

$$SS_{with} = \sum_{k=1}^{K} \sum_{j=1}^{J} \sum_{i=1}^{n_{jk}} (Y_{ijk} - \overline{Y_{jk}})^2$$

$$SS_{total} = \sum_{k=1}^{K} \sum_{j=1}^{J} \sum_{i=1}^{n_{jk}} (Y_{ijk} - \overline{Y_{..}})^2$$

$$SS_{with} = \sum_{k=1}^{K}\sum_{j=1}^{J}\sum_{i=1}^{n_{jk}}(Y_{ijk} - \overline{Y_{jk}})^2$$
$$= (29.00-31.00)^2 + (30.00-31.00)^2 + (34.00-31.00)^2$$
$$= (34.00-36.67)^2 + (41.00-36.67)^2 + (35.00-36.67)^2$$
$$= (31.00-33.33)^2 + (36.00-33.33)^2 + (33.00-33.33)^2$$
$$= (23.00-27.00)^2 + (26.00-27.00)^2 + (32.00-27.00)^2$$
$$= 97.333$$

$$SS_{total} = \sum_{k=1}^{K}\sum_{j=1}^{J}\sum_{i=1}^{n_{jk}}(Y_{ijk} - \overline{Y_{..}})^2$$
$$= (29.00-32.00)^2 + (30.00-32.00)^2 + (34.00-32.00)^2$$
$$= (34.00-32.00)^2 + (41.00-32.00)^2 + (35.00-32.00)^2$$
$$= (31.00-32.00)^2 + (36.00-32.00)^2 + (33.00-32.00)^2$$
$$= (23.00-32.00)^2 + (26.00-32.00)^2 + (32.00-32.00)^2$$
$$= 246.000$$

$$df_A = J-1 = 2-1-1$$
$$df_B = K-1 = 2-1 = 1$$
$$df_{AB} = (J-1)(K-1) = (2-1)(2-1) = 1$$
$$df_{with} = N-JK = 12-2\times 2 = 8$$
$$df_{corrected\ total} = N-1 = 12-1 = 11$$

J: 학습방법($Method$)
K: 언어환경($Language\ Environment$)
N: 사례수($Case$)

* 다음은 위의 자료에서 상호작용이 어디에서 일어나는지를 One-way ANOVA 분석을 통해 알아본다.

1. ESL언어 환경에서의 강의식 교수법(lecture)과 멀티미디어 교수법(multimedia)에 대한 평균의 차이에 관한 분석

표 11.4. 교수법과 언어 환경(독립변수)×영어점수(종속변수)

		교수법		횡렬 (Marginal Mean)
		Lecture	Multimedia	
언어환경	ESL	31.00	33.33	32.17
	EFL	36.67	27.00	31.83
종렬 (Marginal Mean)		33.83	30.17	32.00(Grand Mean)

1) 케이스 선택(Select Cases): 데이터(Data) → 케이스선택(Select Cases)을 순서대로 선택한다. 케이스 선택은 자료의 분석 과정에서 전체 케이스를 사용하지 않고 일부분의 케이스를 사용할 때 케이스 선택(Select Cases)을 사용한다.

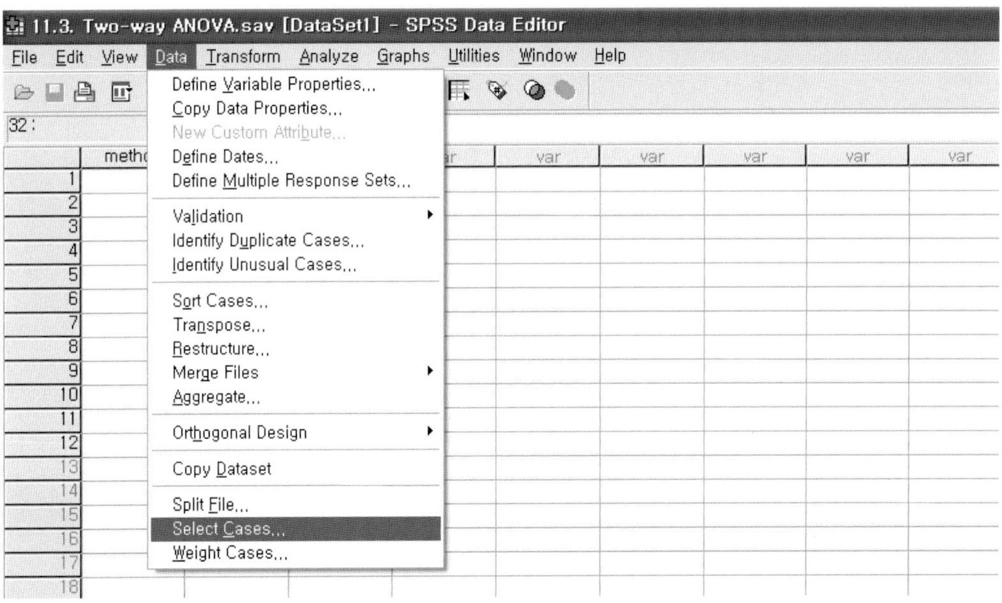

2) 선택(Select): 디폴트(Defaults) 상태인 전체 케이스(All cases)에서 조건을 만족하는 케이스(If condition is satisfied)를 선택한 후 조건(If)을 선택한다.

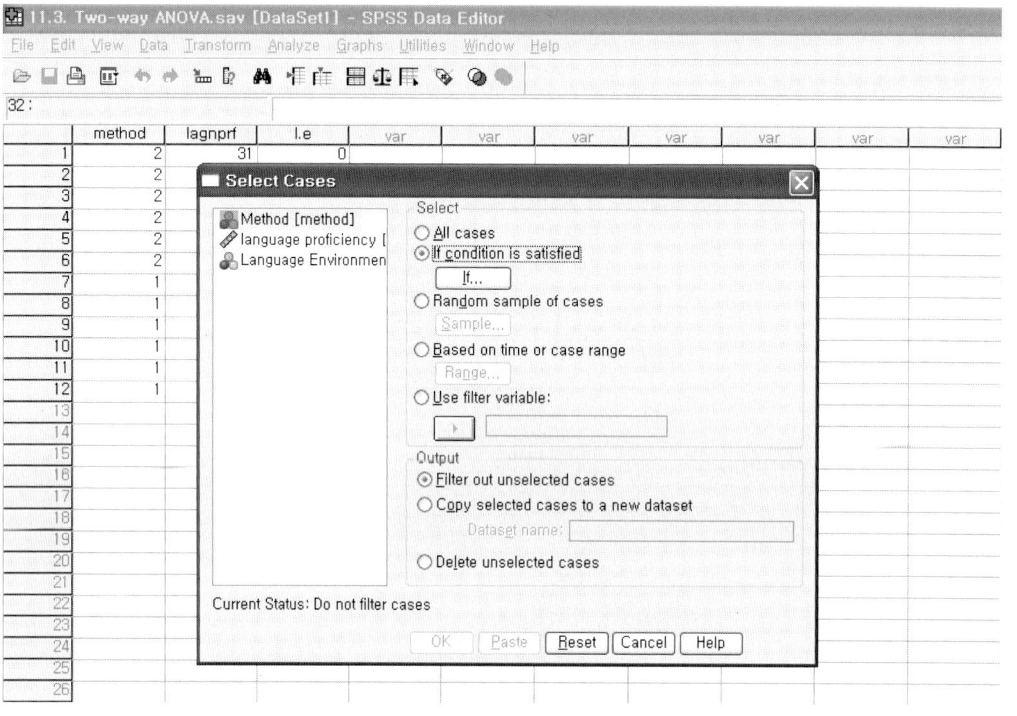

3) 조건(If): 선택하고자하는 케이스를 선택하여 오른쪽으로 옮긴 후 조건 표현식을 입력한다. 여기서는 언어 환경(language environment)을 선택한 후 ESL은 '0', EFL은 '1'로 코딩이 되었기 때문에 '0'을 선택하여 입력하면 ESL환경이 선택된 것을 알 수 있다.

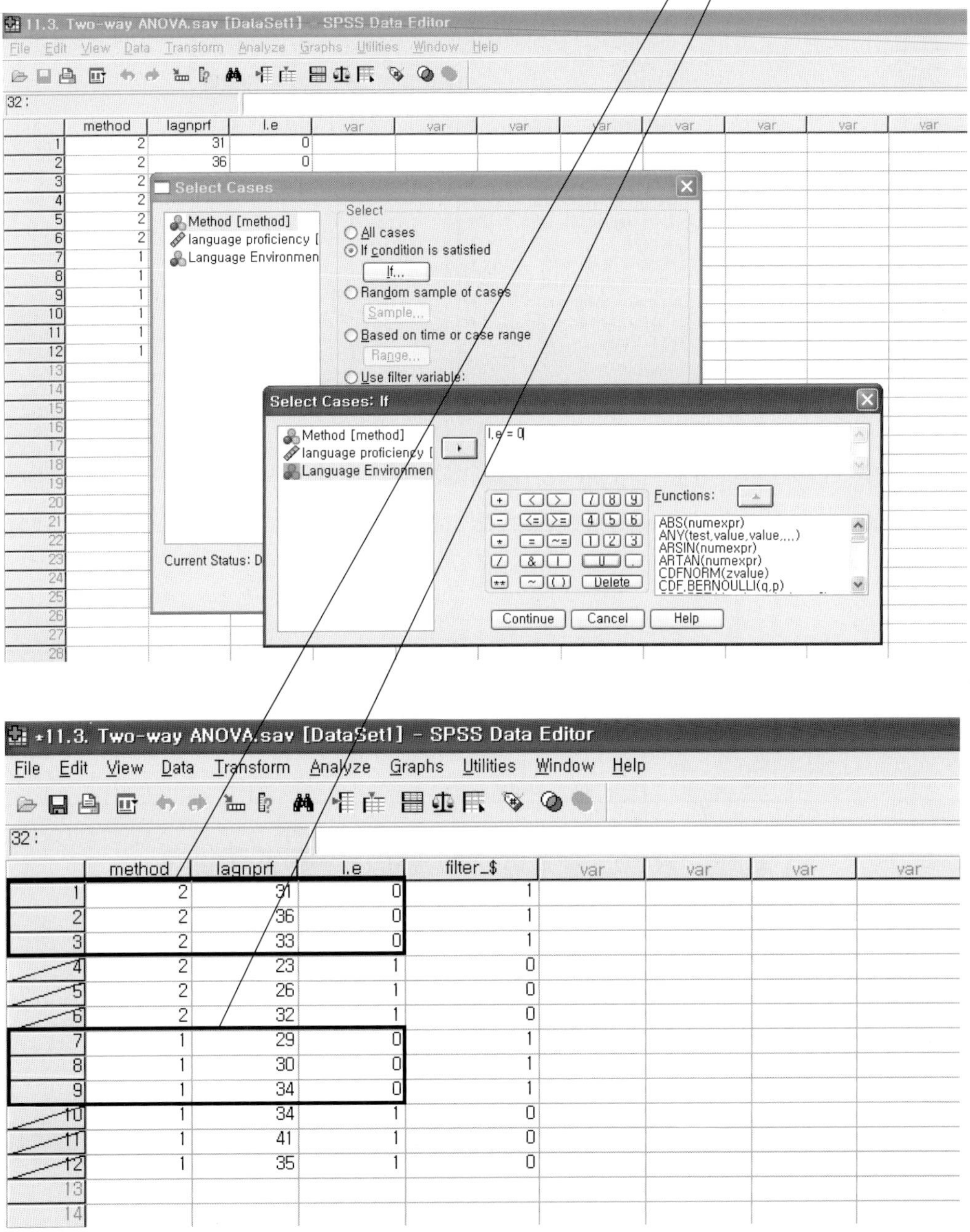

4) 일원배치 분산분석(One-way ANOVA) 선택: 분석(Analyze) → 평균 비교(Compare Means) → 일원배치 분산분석(One-way ANOVA)을 순서대로 선택한다.

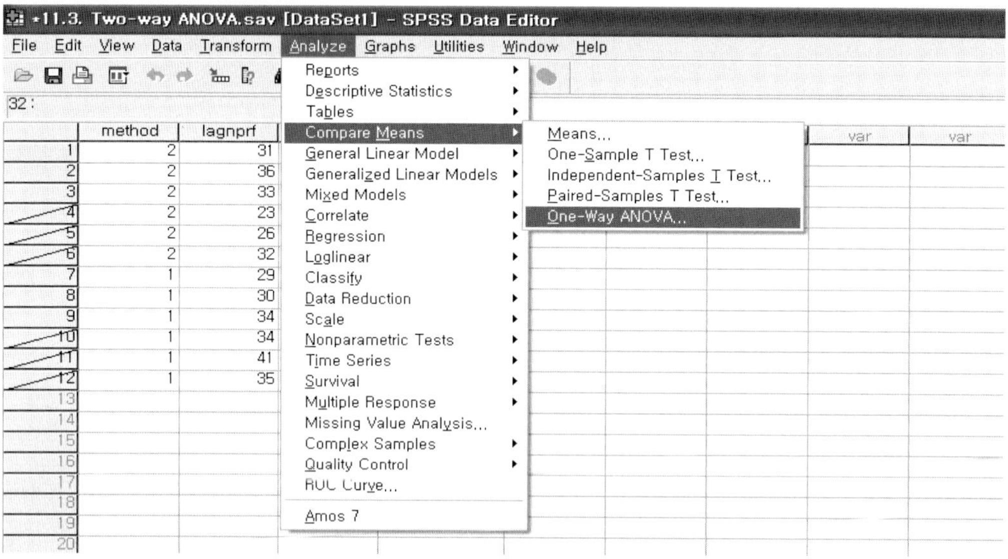

5) 변수 (Variables) 선택: 오른쪽 종속변수(Dependent List)란에 영어 점수(language proficiency)를, 요인(Factor)란에 교수법(method)을 옮긴 후 확인(OK)을 선택한다.

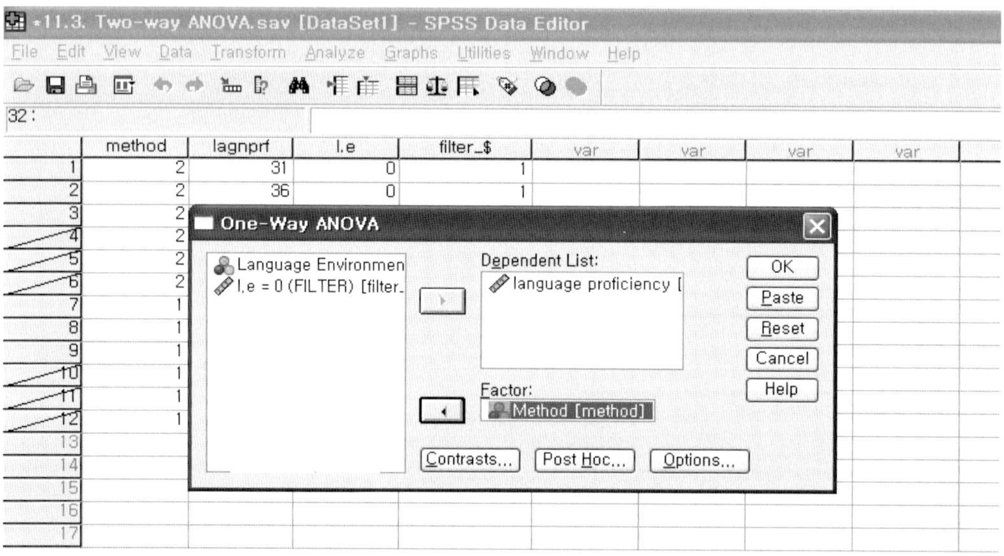

6) 분석 결과: 아래의 분산분석표는 ESL 언어 환경에서 강의식 교수법(lecture)과 멀티미디어 교수법(multimedia)에 대한 평균의 차이에 관한 분석이다. 유의확률이 .330이므로 이 조건에서 평균의 차이가 없는 것으로 분석된다.

Oneway

ANOVA

language proficiency

	Sum of Squares	df	Mean Square	F	Sig.
Between Groups	8.167	1	8.167	1.225	.330
Within Groups	26.667	4	6.667		
Total	34.833	5			

2. EFL언어 환경에서의 강의식 교수법(lecture)과 멀티미디어 교수법(multimedia)에 대한 평균의 차이에 관한 분석

표 11.5. 교수법과 언어 환경(독립변수)×영어점수(종속변수)

		학습방법		횡렬 (Marginal Mean)
		Lecture	Multimedia	
언어 환경	ESL	31.00	33.33	32.17
	EFL	36.67	27.00	31.83
종렬 (Marginal Mean)		33.83	30.17	32.00(Grand Mean)

1)과 2)는 ESL언어 환경에서의 강의식 교수법(lecture)과 멀티미디어 교수법(multimedia)에 대한 평균의 차이에 관한 분석과정과 동일하기 때문에 생략한다.

3) 조건(If): 선택하고자하는 케이스를 선택하여 오른쪽으로 옮긴 후 조건 표현식을 입력한다. 여기서는 언어 환경(language environment)을 선택한 후 ESL은 '0', EFL은 '1'로 코딩이 되었기 때문에 '1'을 선택하여 입력하면 EFL환경이 선택된 것을 알 수 있다.

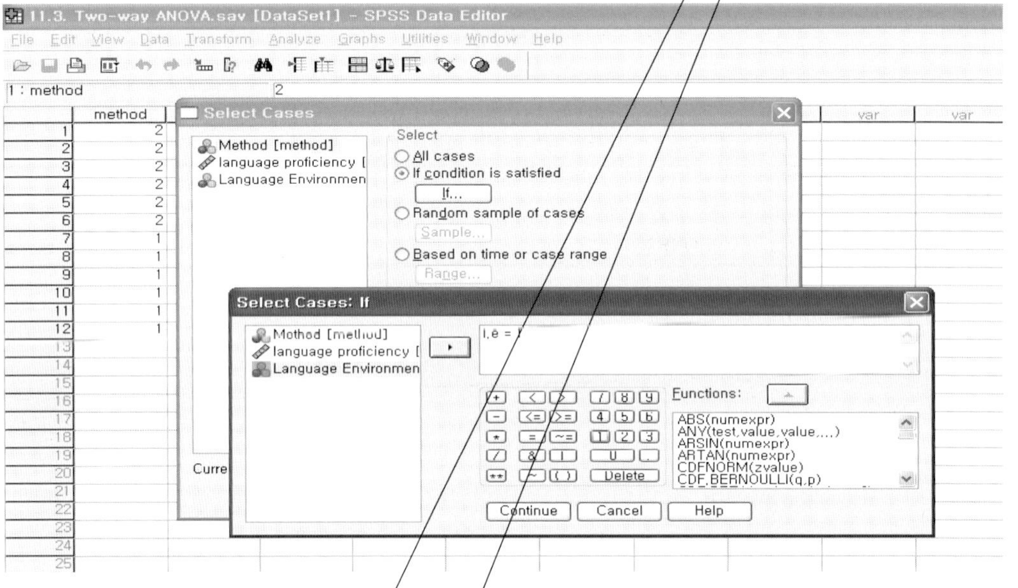

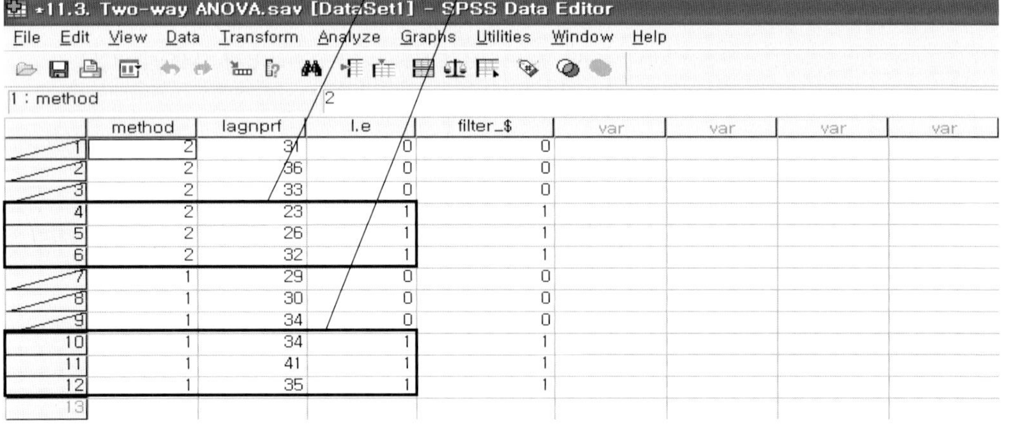

4) 일원배치 분산분석(One-way ANOVA) 선택: 분석(Analyze) → 평균 비교(Compare Means) → 일원배치 분산분석(One-way ANOVA)을 순서대로 선택한다.

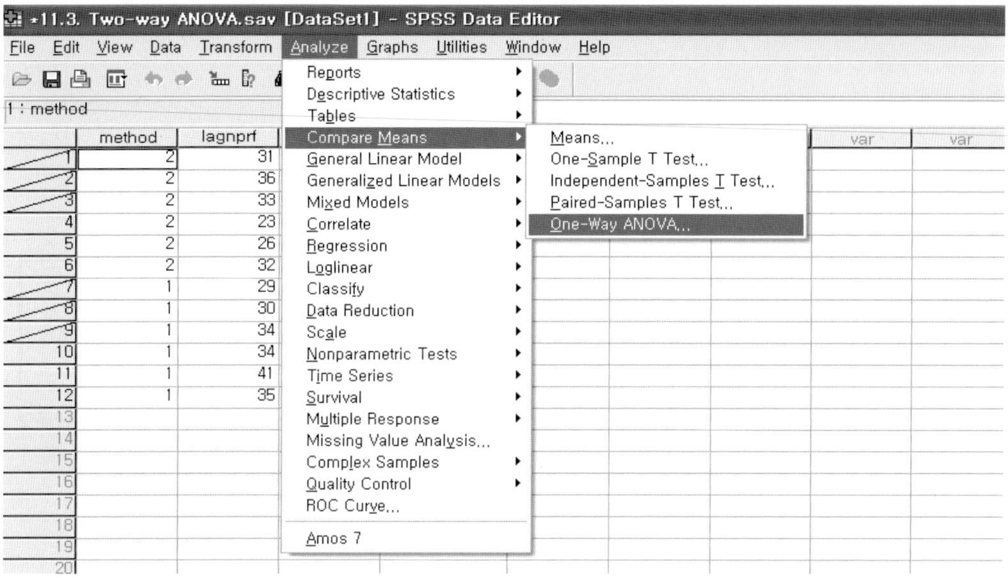

5) 변수 (Variables) 선택: 오른쪽 종속변수(Dependent List)란에 영어 점수(language proficiency)를, 요인(Factor)란에 교수법(method)을 옮긴 후 확인(OK)을 선택한다.

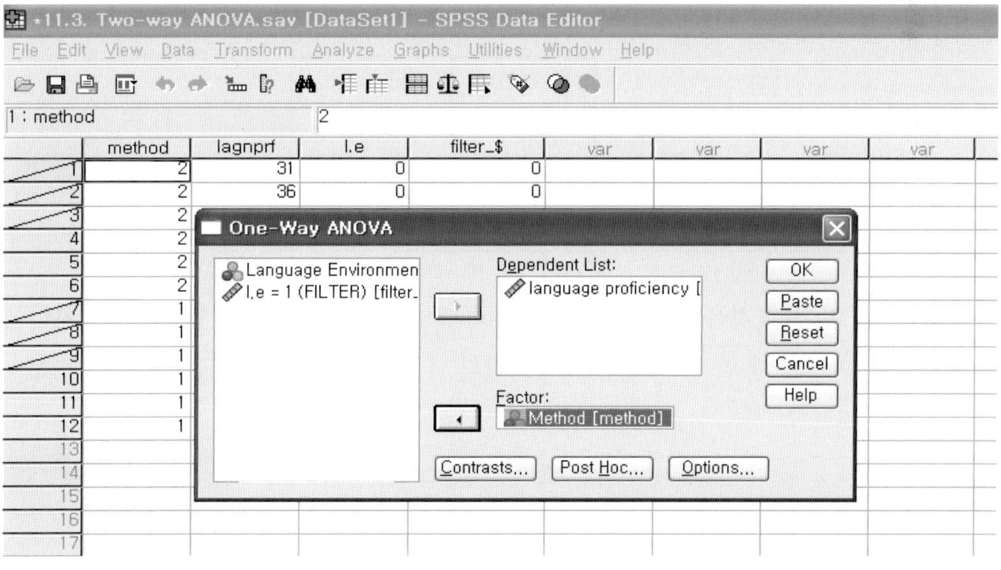

6) 분석 결과: 아래의 분산분석표는 EFL 언어 환경에서 강의식 교수법(lecture)과 멀티미디어(multimedia)에 대한 평균의 차이에 관한 분석이다. 유의확률이 .048이므로 이 조건에서 평균의 차이가 있는 것으로 분석된다. 따라서 이 조건에서 상호작용이 일어났다고 확인할 수 있다.

Oneway

ANOVA

language proficiency

	Sum of Squares	df	Mean Square	F	Sig.
Between Groups	140.167	1	140.167	7.934	.048
Within Groups	70.667	4	17.667		
Total	210.833	5			

3. 교수법 Lecture에서 언어 환경(ESL, EFL)에 대한 평균의 차이에 관한 분석

표 11.6. 교수법과 언어 환경(독립변수)×영어점수(종속변수)

		교수법		횡렬 (Marginal Mean)
		Lecture	Multimedia	
언어 환경	ESL	31.00	33.33	32.17
	EFL	36.67	27.00	31.83
종렬 (Marginal Mean)		33.83	30.17	32.00(Grand Mean)

1)과 2)는 언어 환경에서의 Lecture와 Multimedia의 교수법에 대한 평균의 차이에 관한 분석과정과 동일하기 때문에 생략한다.

3) 조건(If): 선택하고자하는 케이스를 선택하여 오른쪽으로 옮긴 후 조건 표현식을 입력한다. 여기서는 교수법(method)을 선택한 후 lecture는 '1', multimedia는 '2'로 코딩이 되었기 때문에 '1'을 선택하여 입력하면 lecture는 선택되고 multimedia는 선택되지 않은 것을 알 수 있다.

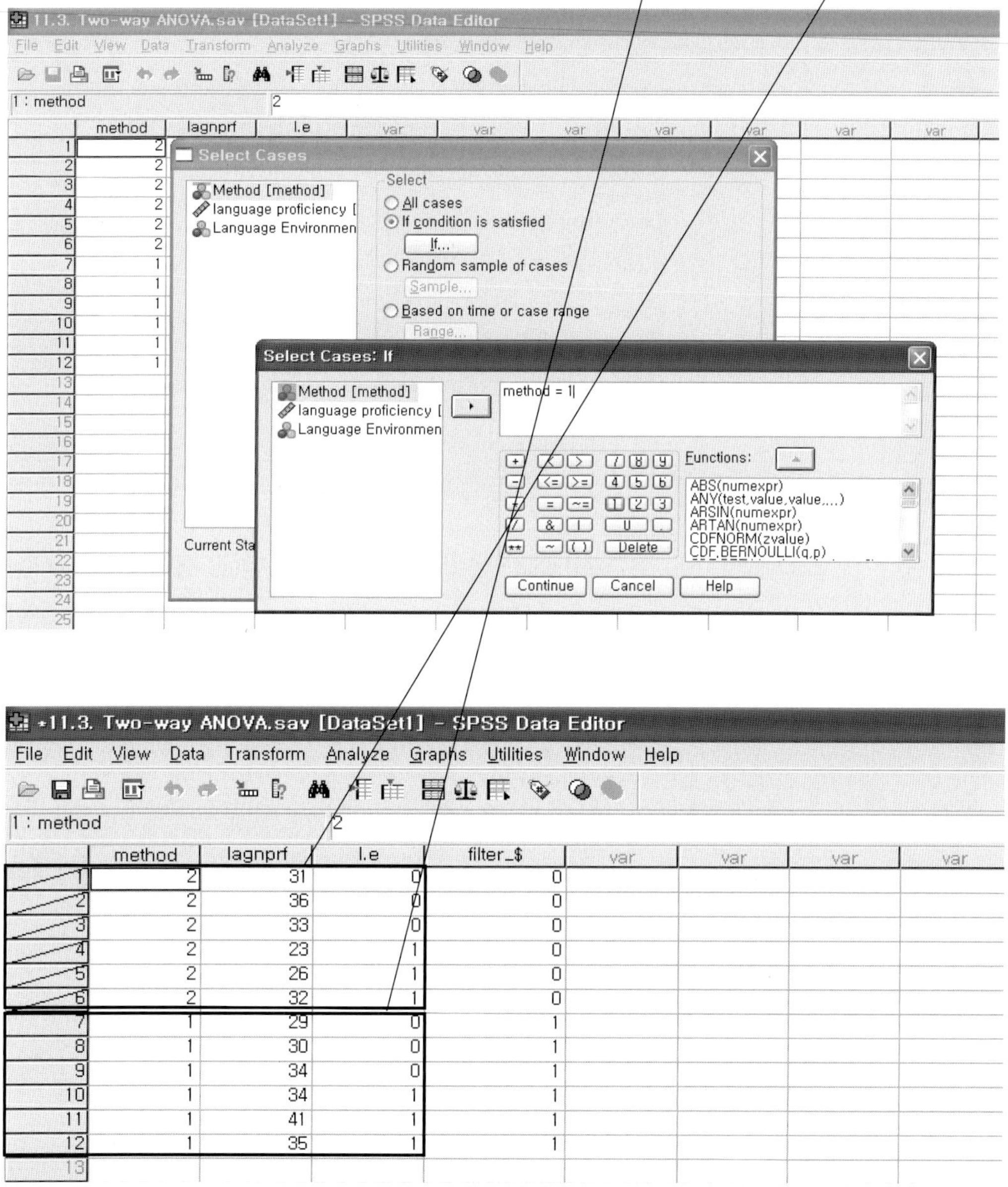

4) 일원배치 분산분석(One-way ANOVA) 선택: 분석(Analyze) → 평균 비교(Compare Means) → 일원배치 분산분석(One-way ANOVA)을 순서대로 선택한다.

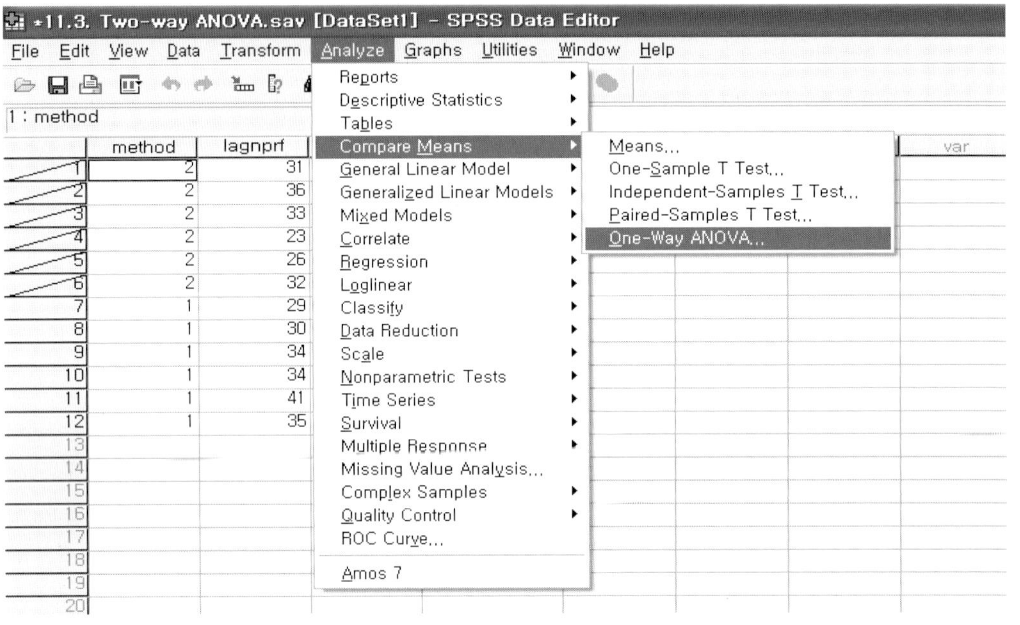

5) 변수 (Variables) 선택: 오른쪽 종속변수(Dependent List)란에 영어 점(language proficiency)를, 요인(Factor)란에 언어 환경(language environment)을 옮긴 후 확인(OK)을 선택한다.

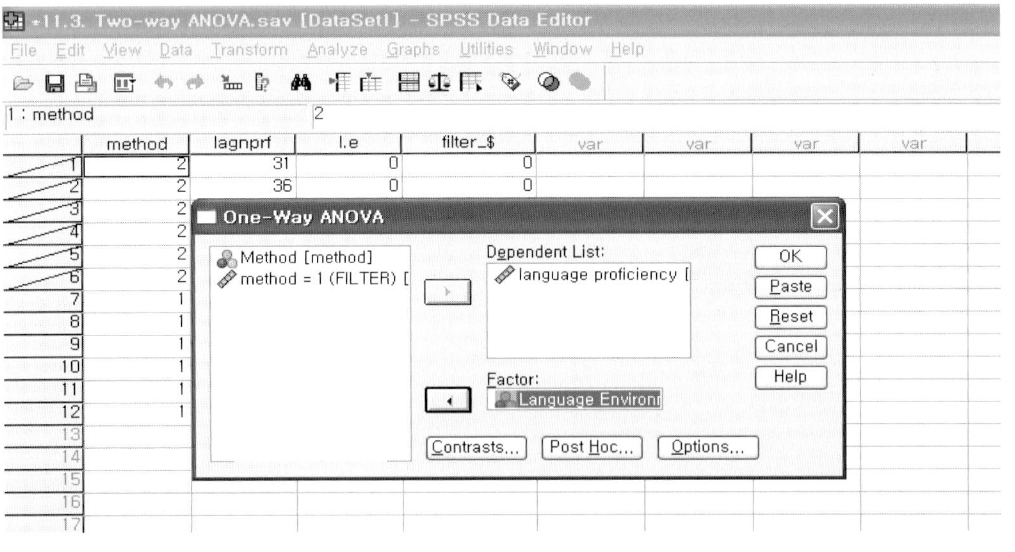

6) 분석 결과: 아래의 분산분석표는 교수법 Lecture에서 언어 환경(ESL, EFL)에 대한 평균의 차이에 관한 분석이다. 유의확률이 .101이므로 이 조건에서 평균의 차이가 없는 것으로 분석된다.

Oneway

ANOVA

language proficiency

	Sum of Squares	df	Mean Square	F	Sig.
Between Groups	48.167	1	48.167	4.516	.101
Within Groups	42.667	4	10.667		
Total	90.833	5			

4. 교수법 Multimedia에서 언어 환경(ESL, EFL)에 대한 평균의 차이에 관한 분석

표 11.7. 교수법과 언어 환경(독립변수)×영어점수(종속변수)

		교수법		횡렬 (Marginal Mean)
		Lecture	Multimedia	
언어 환경	ESL	31.00	33.33	32.17
	EFL	36.67	27.00	31.83
종렬 (Marginal Mean)		33.83	30.17	32.00(Grand Mean)

1)과 2)는 언어 환경에서의 강의식 교수법(lecture)과 멀티미디어 교수법(multimedia)에 대한 평균의 차이에 관한 분석과정과 동일하기 때문에 생략한다.

3) 조건(If): 선택하고자 하는 케이스를 선택하여 오른쪽으로 옮긴 후 조건 표현식을 입력한다. 여기서는 교수법(method)을 선택한 후 lecture는 '1', multimedia는 '2'로 코딩이 되었기 때문에 '2'를 선택하여 입력하면 multimedia는 선택되고 lecture는 선택되지 않은 것을 알 수 있다.

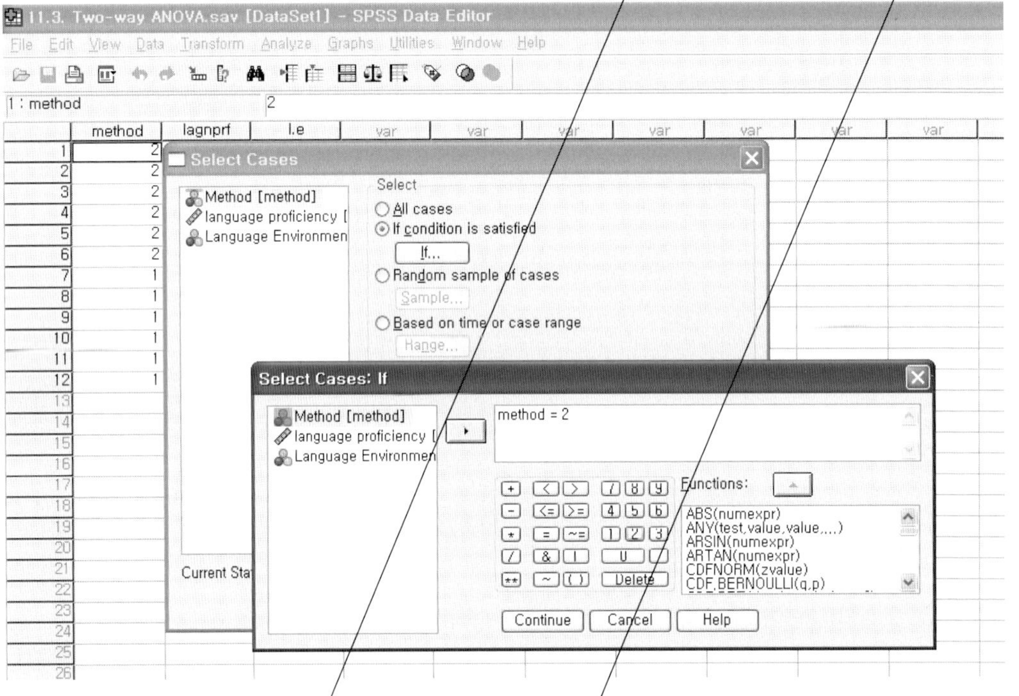

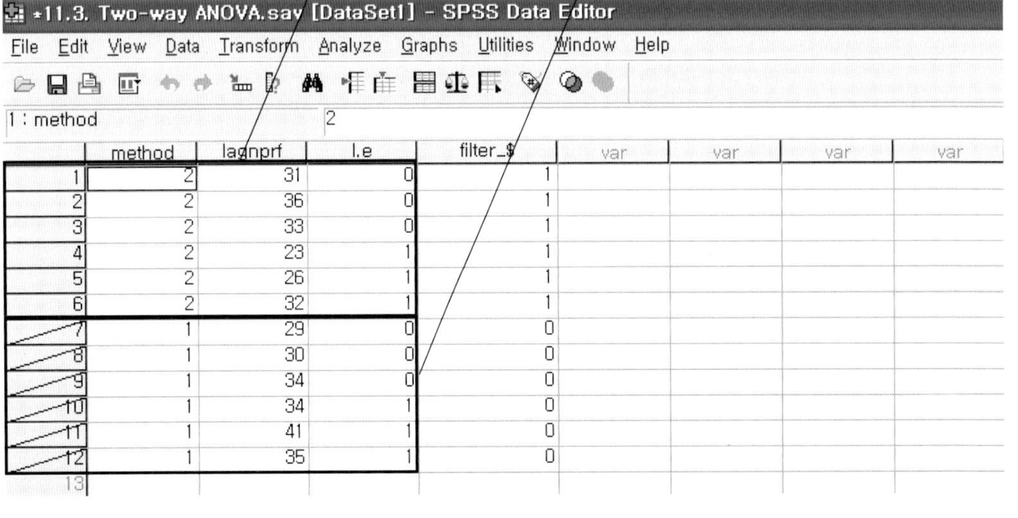

4) 일원배치 분산분석(One-way ANOVA) 선택: 분석(Analyze) → 평균비교(Compare Means) → 일원배치 분산분석(One-way ANOVA)을 순서대로 선택한다.

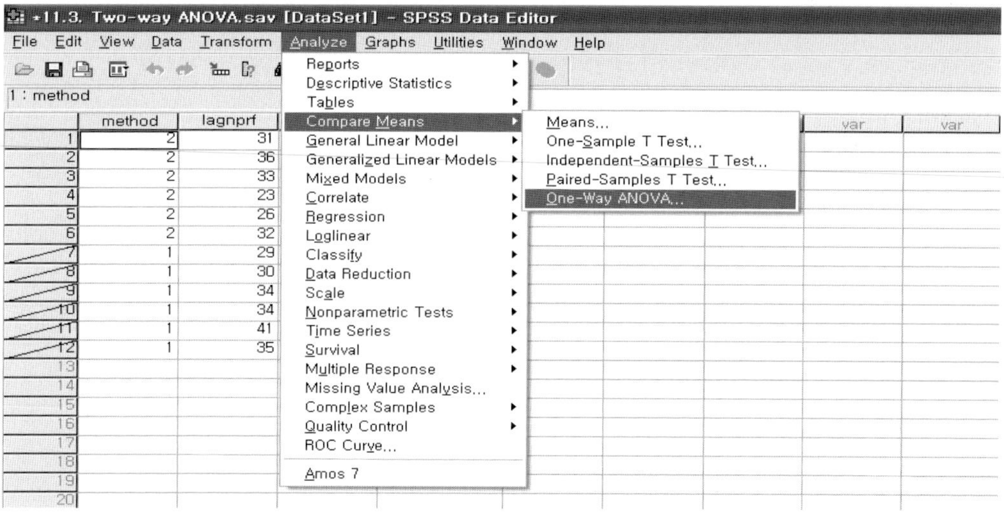

5) 변수 (Variables) 선택: 오른쪽 종속변수(Dependent List)란에 영어 점수(language proficiency)를, 요인(Factor)란에 언어 환경(language environment)을 옮긴 후 확인(OK)을 선택한다.

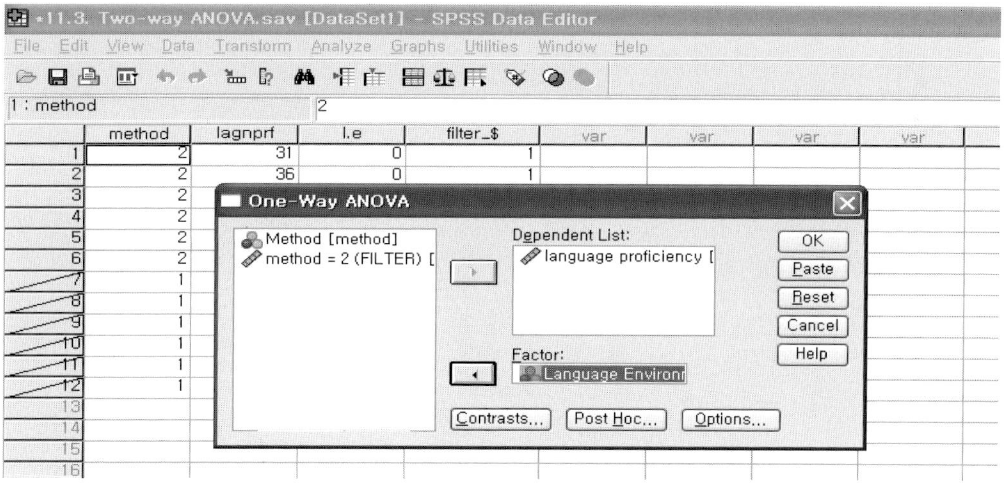

6) 분석 결과: 아래의 분산분석표는 멀티미디어 교수법(multimedia)에서 언어 환경(ESL, EFL)에 대한 평균의 차이에 관한 분석이다. 유의확률이 .104이므로 이 조건에서 평균의 차이가 없는 것으로 분석된다.

Oneway

ANOVA

language proficiency

	Sum of Squares	df	Mean Square	F	Sig.
Between Groups	60.167	1	60.167	4.402	.104
Within Groups	54.667	4	13.667		
Total	114.833	5			

위의 결과를 종합하면 다음과 같다. 네 번의 일원배치 분산분석(One-way ANOVA)을 통하여 EFL 언어환경에서 강의식 교수법(lecture)과 멀티미디어 교수법(multimedia)에서 상호작용이 일어났다. 다시 말해서 EFL 언어환경에서 멀티미디어 교수법(M=27.00)보다 강의식 교수법(M=36.67)이 효과적인 것을 알 수 있다. 연구자는 위의 결과가 어떻게 나타났는지에 대한 원인을 이론적 배경 및 선행 연구를 바탕으로 설명해야 한다.

* 상호작용의 개념

상호작용 영가설(interaction null hypothesis)은 독립변수 각 행과 열(subjoint level)의 cell mean에서 각 행과 열에 해당되는 marginal mean을 뺀 후 grand mean을 더한 값이 '0'이다는 것이다. 즉 '0'이면 상호작용이 일어나지 않고 '0'이 아니면 상호작용이 일어난다. 이것을 수식으로 나타내면 다음과 같이 나타낼 수 있다.

$$H_0 : \mu_{jk} - \mu_{j.} - \mu_{.k} + \mu_{..} = 0 \; (\mu_{jk} = \mu_{j.} + \mu_{.k} - \mu_{..})$$

표 11.5에 나타난 1열 1행의 cell mean(μ_{11})을 적용하여 수식으로 나타내면 다음과 같이 정리할 수 있다.

$$\mu_{11} - \mu_{.1} - \mu_{1.} + \mu_{..} = 0 \; (\mu_{11} = \mu_{.1} + \mu_{1.} - \mu_{..})$$

표 11.5.

		B: 1	B: 2	Margin Means of A
A	1	μ_{11}	μ_{12}	$\mu_{1\cdot}$
	2	μ_{21}	μ_{22}	$\mu_{2\cdot}$
Margin Means of B		$\mu_{\cdot 1}$	$\mu_{\cdot 2}$	$\mu_{\cdot\cdot}$

Note: μ_{11}(ESL/lecture), μ_{12}(ESL/multimedia), μ_{21}(EFL/lecture), μ_{22}(EFL/multimedia)

독립변수 A: 언어환경(ESL, EFL); 독립변수 B: 영어교수법(lecture, multimedia)

(A=1, B=1) ESL/lecture

(A=1, B=2) ESL/multimedia

(A=2, B=1) EFL/lecture

(A=2, B=2) EFL/multimedia

1. 상호작용(interaction effects)

상호작용 효과(interaction effects)는 종속변수에 영향을 미치는 각 독립변수 행과 열의 cell mean의 차이가 있을 때 일어난다 $(\mu_{11}-\mu_{21}\neq\mu_{12}-\mu_{22})$. 결과적으로 각 독립변수 행과 열의 cell mean의 차이와 행과 열의 marginal mean의 차이가 있을 때 상호작용 효과가 발생한다$(\mu_{11}-\mu_{21}\neq\mu_{12}-\mu_{22}\neq\mu_{1.}-\mu_{2.})$. 아래의 표를 통해 상호작용 효과 예시를 살펴보도록 한다.

표 11.8.

		B		
		1	2	Margin Means of A
A	1	5	7	6
	2	3	11	7
	Margin Means of B	4	9	6.5

영어 교수법(독립변수 B)을 기준으로 1열 1행과 1열 2행에 해당되는 cell mean의 차이(5-3=2)와 2열 1행과 2열 2행에 해당되는 cell mean의 차이(7-11=-4)가 다르므로 상호작용 효과가 일어나는 것을 알 수 있고 또한 1열과 2열에 걸쳐있는 1행의 marginal mean과 1열과 2열에 걸쳐있는 2행의 marginal mean의 차이(6-7=-1)가 다르므로 상호작용 효과가 있다는 것을 알 수 있다.

한편 언어 환경(독립변수 A)을 기준으로 1열 1행과 1열 2행에 해당되는 cell mean의 차이(5-7=-2)와 2열 1행과 2열 2행에 해당되는 cell mean의 차이(3-11=-8)가 다르므로 상호작용 효과가 일어나는 것을 알 수 있고 또한 1열과 2열에 걸쳐있는 1행의 marginal mean과 1열과 2열에 걸쳐있는 2행의 marginal mean의 차이(4-9=-5)가 다르므로 상호작용 효과가 있다는 것을 알 수 있다.

즉 위에서 설명한 것처럼 각 독립변수 행과 열의 cell mean의 차이와 행과 열의 marginal mean의 차이가 있을 때 상호작용 효과가 발생한다.

$(\mu_{11}-\mu_{21}\neq\mu_{12}-\mu_{22}\neq\mu_{1.}-\mu_{2.}:5-3\neq7-11\neq6-7)$

결론적으로 상호작용 연구가설$(H_1=\mu_{jk}-\mu_{j.}-\mu_{.k}+\mu_{..}\neq0)$이 채택되므로 상호작용 효과가 있다는 것을 알 수 있다 (예시 : $5-4-6+6.5=1.5$).

표 11.9.

		B: 1	B: 2	Margin Means of A
A	1	10	2	6
	2	11	3	7
Margin Means of B		10.5	2.5	6.5

영어 교수법(독립변수 B)을 기준으로 1열 1행과 1열 2행에 해당되는 cell mean의 차이(10-11=-1)와 2열 1행과 2열 2행에 해당되는 cell mean의 차이(2-3=-1)가 같으므로 상호작용 효과가 일어나지 않은 것을 알 수 있고 또한 1열과 2열에 걸쳐있는 1행의 marginal mean과 1열과 2열에 걸쳐있는 2행의 marginal mean의 차이(6-7=-1)가 같으므로 상호작용 효과가 없다는 것을 알 수 있다.

한편 언어 환경(독립변수 A)을 기준으로 1열과 1행과 1열 2행에 해당되는 cell mean의 차이(10-2=8)와 2열 1행과 2열 2행에 해당되는 cell mean의 차이(11-3=8)가 같으므로 상호작용 효과가 일어나는지 않은 것을 알 수 있고 또한 1열과 2열에 걸쳐있는 1행의 marginal mean과 1열과 2열에 걸쳐있는 2행의 marginal mean의 차이(10.5-2.5=8)가 같으므로 상호작용 효과가 없다는 것을 알 수 있다.

즉 위에서 설명한 것처럼 각 독립변수 행과 열의 cell mean의 차이와 행과 열의 marginal mean의 차이가 없으면 상호작용 효과가 발생하지 않는다.

$(\mu_{11}-\mu_{21}=\mu_{12}-\mu_{22}=\mu_{1.}-\mu_{2.}:10-11=2-3=6-7)$

결론적으로 상호작용 영가설$(H_0:\mu_{jk}-\mu_{j.}-\mu_{.k}+\mu_{..}=0)$이 기각되지 않으므로 상호작용 효과가 없다는 것을 알 수 있다. (예시 : $10-10.5-6+6.5=0$)

2. 상호작용의 형태(Types of Interaction)

2.1 순차적 상호작용(ordinal interactions): 첫 번째 독립변수(언어 환경: A) 평균 크기의 순서와 두 번째 독립변수(영어 교수법: B) 평균 크기의 순서가 교차하지 않는다.

표 11.10.

		B		
		1	2	3
A	1	10	30	5
	2	30	90	25

독립변수 A: 언어환경(ESL, EFL); 독립변수 B: 영어교수법(lecture, multimedia, discussion)

(A=1, B=1) ESL/lecture, (A=1, B=2) ESL/multimedia

(A=1, B=3) ESL/discussion, (A=2, B=1) EFL/lecture

(A=2, B=2) EFL/multimedia, (A=2, B=3) EFL/discussion

ESL언어 환경의 영어 교수법 cell mean(A1B1: 10, A1B2: 30, A1B3: 5)이 EFL언어 환경의 영어 교수법 cell mean(A2B1: 30, A2B2: 90, A2B3: 25)의 크기보다 각각 작게 나타났다. 이때 각각의 cell mean의 차이의 배열의 방향이 일정하면 순차적 상호작용(ordinal interactions)이 일어났다고 하며 아래의 그래프를 통해 평균이 교차되지 않는 것을 시각적으로 알 수 있다 (10<30, 30<90, 5<25). 앞서 언급한 상호작용 효과의 통계적 개념을 적용해 볼 때 ESL언어 환경의 영어 교수법 cell mean과 EFL언어 환경의 영어 교수법 cell mean과의 차이가 있으므로 상호작용이 일어나는 것을 확인할 수 있다 (10-30=-20, 30-90=-60, 5-25=-20).

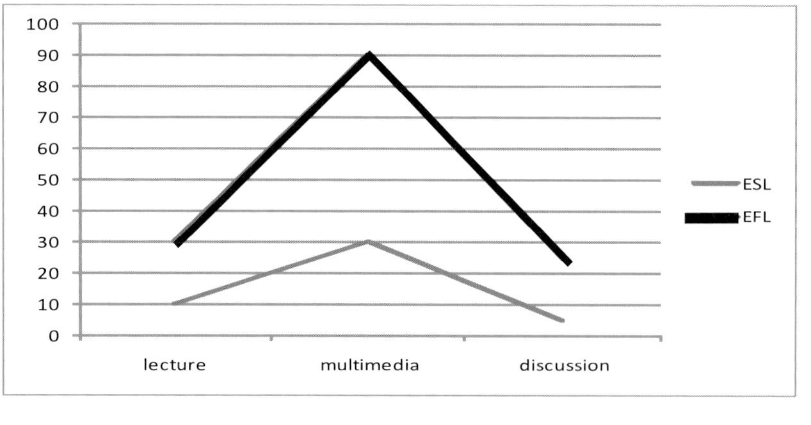

2.2 교차적 상호작용(disordinal interaction): 첫 번째 독립변수(언어 환경: A) 평균 크기의 순서와 두 번째 독립변수(영어 교수법: B) 평균 크기의 순서가 교차한다.

표 11.11.

		B		
		1	2	3
A	1	10	70	20
	2	30	50	40

ESL언어 환경의 영어 교수법 cell mean(A1B1: 10, A1B2: 70, A1B3: 20)이 EFL언어 환경의 영어 교수법 cell mean(A2B1: 30, A2B2: 50, A2B3: 40)의 크기가 각각 다르게 나타났다. 이때 각각의 cell mean의 차이의 크기는 같지만 배열의 방향이 일정하지 않으므로 교차적 상호작용(disordinal interactions)이 일어났다고 하며 아래의 그래프를 통해 평균이 교차되는 것을 시각적으로 알 수 있다 (10<30, 70>50, 20<40). 앞서 언급한 상호작용 효과의 통계적 개념을 적용해 볼 때 ESL언어 환경의 영어 교수법 cell mean과 EFL언어 환경의 영어 교수법 cell mean 과의 차이는 없지만 배열의 방향이 다르므로 상호작용이 일어나는 것을 확인할 수 있다 (10-30=-20, 70-50=20, 20-40=-20).

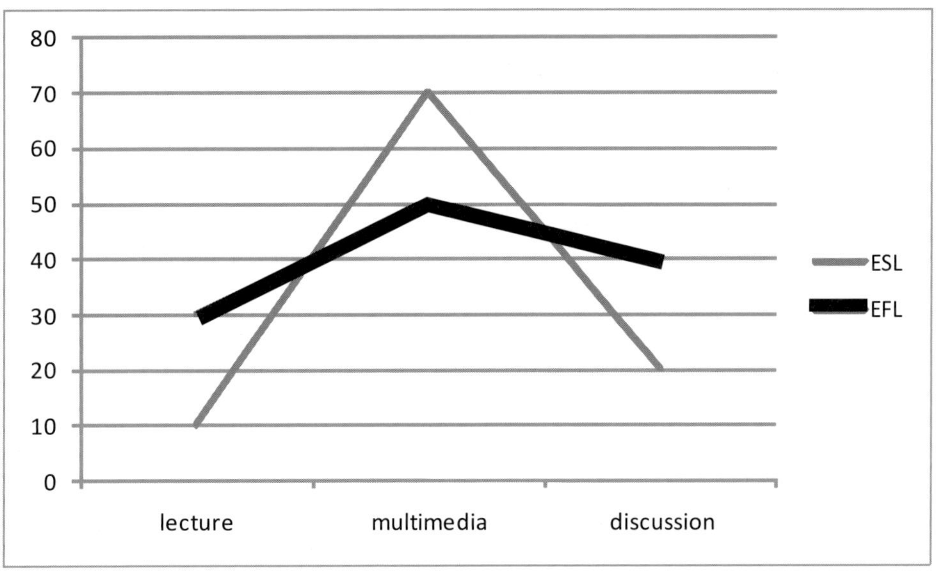

2.3 No Interaction

표 11.12.

		B			
					Margin Means of A
		1	2	3	
A	1	40	20	60	40
	2	70	50	90	70
	Margin Means of B	55	35	75	55

ESL언어 환경의 영어 교수법 cell mean(A1B1: 40, A1B2: 20, A1B3: 60)이 EFL언어 환경의 영어 교수법 cell mean(A2B1: 70, A2B2: 50, A2B3: 90)의 크기보다 각각 작게 나타났다. 이때 각각의 cell mean의 차이의 크기가 같고 배열의 방향이 일정하므로 상호작용이 일어나지 않은 것을 알 수 있으며(no interactions) 또한 아래의 그래프를 통해 평균이 교차되지 않는 것을 시각적으로 알 수 있다 (40<70, 20<50, 60<90). 앞서 언급한 상호작용 효과의 통계적 개념을 적용해 볼 때 ESL언어 환경의 영어 교수법 cell mean과 EFL언어 환경의 영어 교수법 cell mean 과의 차이가 없으므로 상호작용이 일어나지 않은 것을 확인할 수 있다 (40-70=-30, 20-50=-30, 60-90=-30).

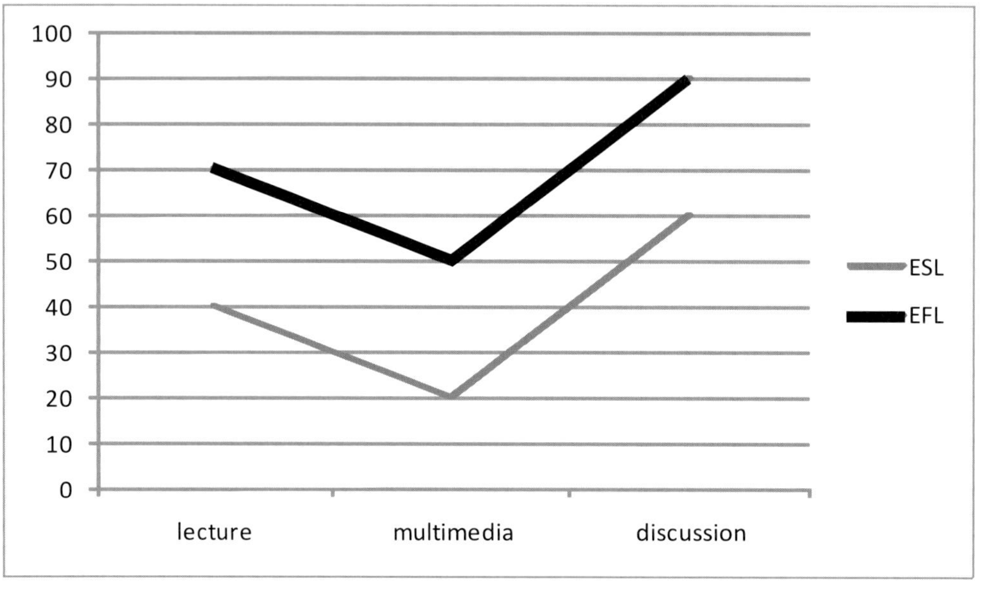

* 이원배치 분산분석의 특징 및 장점

1. 이원배치 분산분석의 가장 큰 특징은 두 개의 독립변수가 종속변수에 동시에 영향을 줄 수 있는 상호작용효과를 검정할 수 있다. 또한 분석결과 상호작용이 일어났을 때는 상호작용이 어디에서 일어났는지를 알아보기 위하여 각각 분리된 일원배치 분산분석을 실행한다. 그러나 처음부터 각각의 분리된 일원배치 분산분석을 하지 않는 이유는 일원배치 분산분석은 주효과만을 분석할 수 있으며 상호작용효과는 분석할 수 없기 때문이다.
2. 독립변수가 두 개인 이원배치 분산분석은 일원배치 분산분석에 비해서 효율적이다. 즉 일원배치 분산분석은 주효과를 알아보기 위해서는 독립변수가 두 개이므로 두 번의 분석과정이 필요하지만 이원배치 분산분석은 주효과를 알아보기 위해서는 한 번의 분석과정으로 알 수 있다.
3. 이원배치 분산분석은 분산의 오류(error variance)를 줄임으로 검정력을 높일 수 있다.

표 11.13. 일원배치 분산분석(One-way ANOVA)과 이원배치 분산분석(Two-way ANOVA)의 비교

	일원배치 분산분석 (One-way ANOVA)	이원배치 분산분석 (Two-way ANOVA)
주효과 (main effect)	○	○
상호작용효과 (interaction effect)	×	○
독립변수의 수 (number of independent variable)	1개	2개

12. 반복측정 분산분석(Repeated-Measures ANOVA)

동일한 집단 또는 두 개 이상의 집단에서 서로 다른 처치(treatment)에 대하여 시간의 간격을 두고 반복 측정하여 F분포(분산분석)를 통해 평균을 비교 · 분석하는 것이다 (Murphy, 2004). 또한 반복측정은 독립변수와 연구대상간의 매개변수(예시: 언어환경, 교수법, 언어노출시기, 언어학습시기)가 많아 실험의 통제가 불가능할 때 동일 연구대상으로 실험설계가 이루어진다. 한편 반복측정은 사전 처치의 잔존효과와 기억효과의 의해서 발생할 수 있는 왜곡된 결과를 예방하기 위하여 처치의 순서를 다르게 하는 교차균형화(counter balancing) 방법을 사용하거나 처치간 충분한 시간 간격을 주어야 한다.

12.1. 일원배치 반복측정 분산분석(One-way Repeated-Measures ANOVA)

동일한 피실험자에게 실험 처치 전 · 후로 하나의 속성을 반복 측정하여 실험전의 평균과 실험후의 평균을 비교 · 분석한다(Howell, 2002). 예를 들어, 멀티미디어 영어 교수법에 대한 효과를 알아보기 위해 동일한 표본으로부터 교수법에 대한 사전 · 사후 반복 측정하여 (pre-/post-test) 얻은 영어 점수를 비교 · 분석한다.

1) 반복측정 (Repeated Measures) 선택: 분석(Analyze) → 일반선형모형(General Linear Model) → 반복측정 (Repeated Measures)을 순서대로 선택한다.

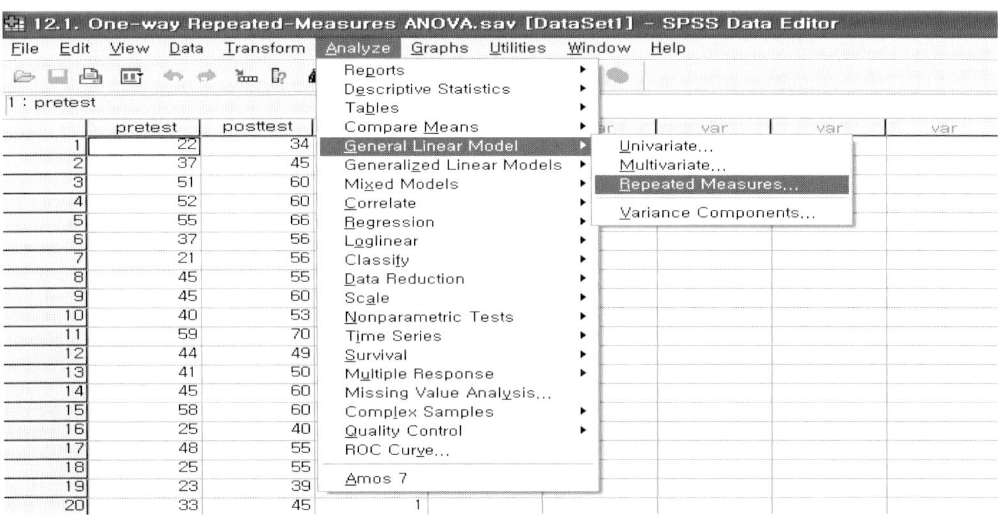

2) 반복측정 요인정의(Repeated Measures Define Factors): 개체-내 요인이름(Within-Subject Factor Name)에 'test'를 입력한 후 수준의 수(Number of Levels)에 '2'를 입력하고 추가(Add)를 선택한 후 정의(Define)를 선택한다. 평가 결과이기 때문에 test를 입력하고 두 번의 측정이기 때문에 '2'를 입력한다.

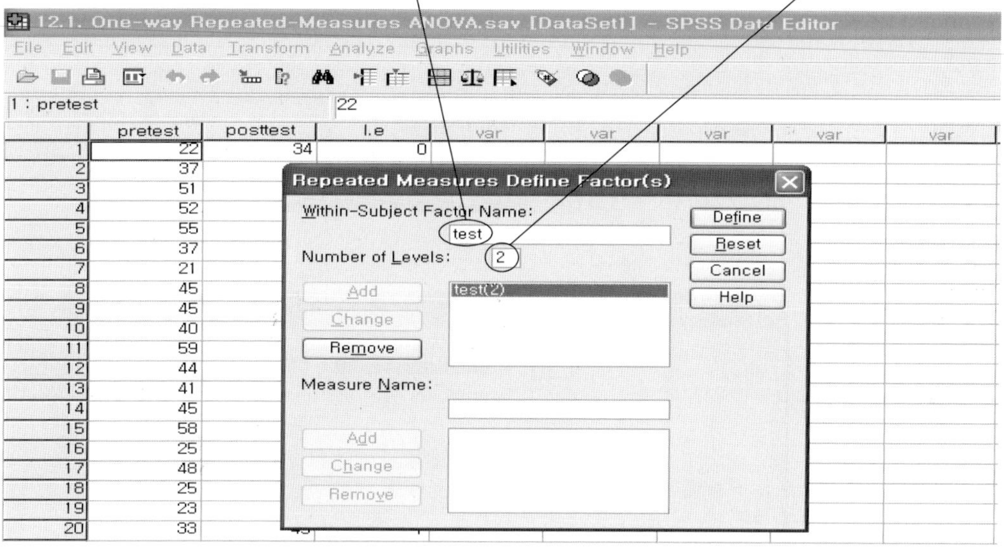

3) 반복측정(Repeated Measures): pretest를 개체-내 변수(Within-Subjects Variables)(1)로 옮긴다. 마찬가지로 posttest를 개체-내 변수(2)로 옮긴다.

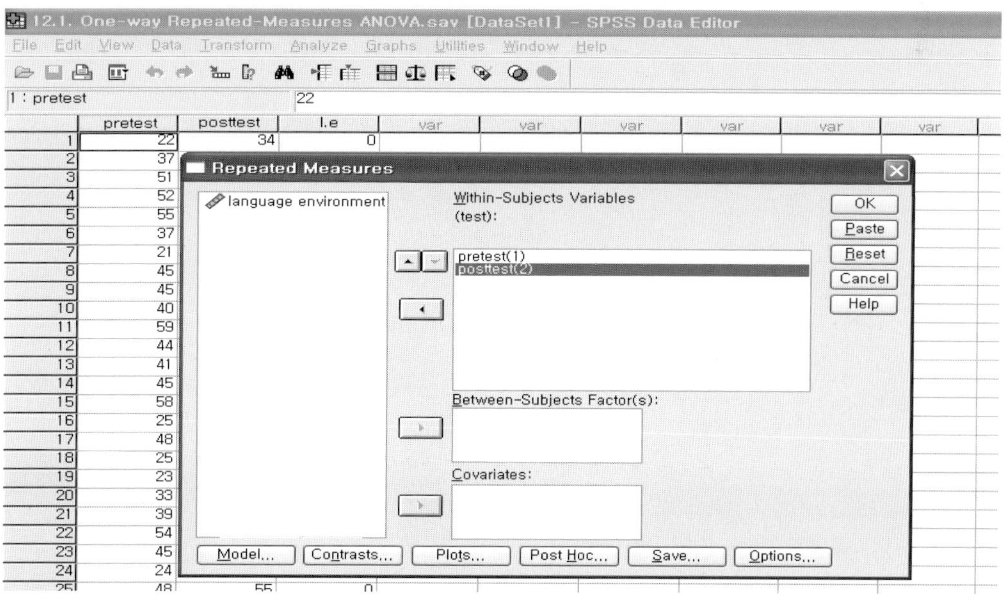

4) 도표(Plots): 검사(test)를 수평축 변수(Horizontal Axis)로 이동한 후 추가(Add)를 선택하고 계속(Continue)을 선택한다.

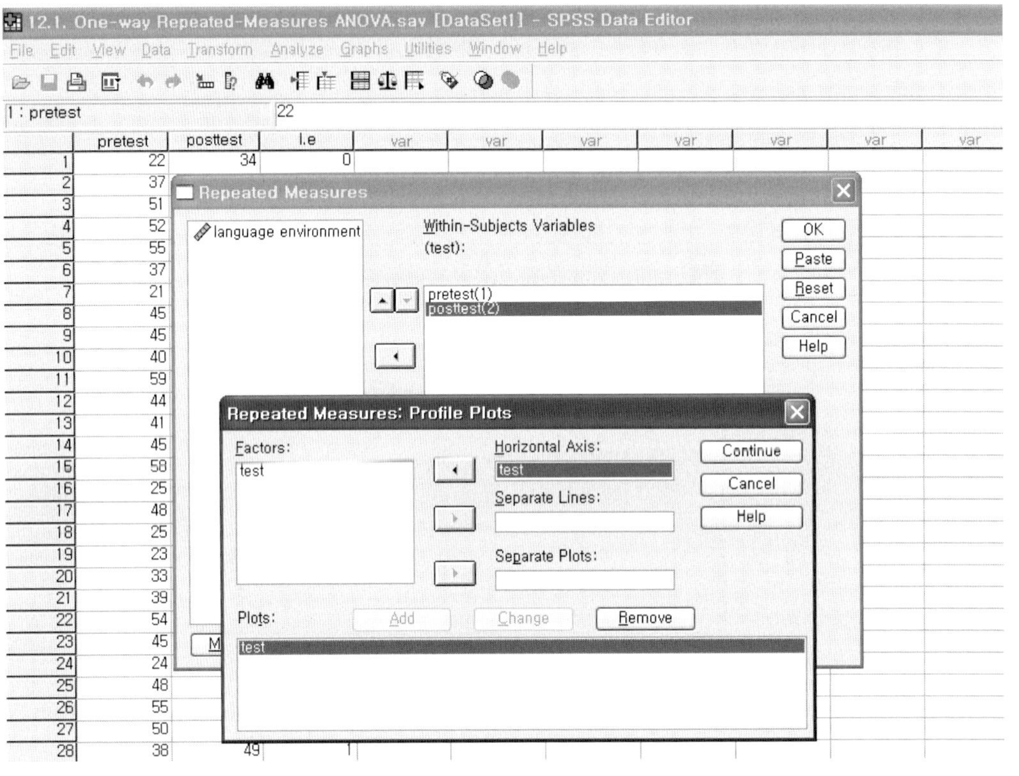

5) 옵션(Options) 선택: 옵션 대화상자에서 검정하고자 하는 것을 선택한 후 계속(Continue)을 선택한다. 교수법 주효과(시간효과: time effect)를 알아보기 위해 오른쪽 '평균 출력 기준(Display Means for)' 변수상자로 옮긴 후 주효과를 비교하기 위하여 '주효과 비교(Compare main effects)'를 선택한 후 '신뢰구간 조절(Confidence interval adjustment)'에서 'Bonferroni'를 선택한다. 그리고 '출력(Display)'에서 평균, 표준편차, 사례수를 나타내는 '기술통계량(Descriptive statistics)'과 독립 변수에 의해서 설명되어지는 종속 변수의 분산의 비율(Clark-Carter, 2005), 다시 말해서 사전/사후 검사를 통한 멀티미디어 교수법 효과에 관한 시간의 효과(time effect) 크기를 알 수 있는 '효과 크기의 추정(Estimates of effect size)'과 연구 가설이 참일 때의 검정력을 나타내는 '관찰력(Observed power)'을 선택한 후 계속(Continue)을 선택한다.

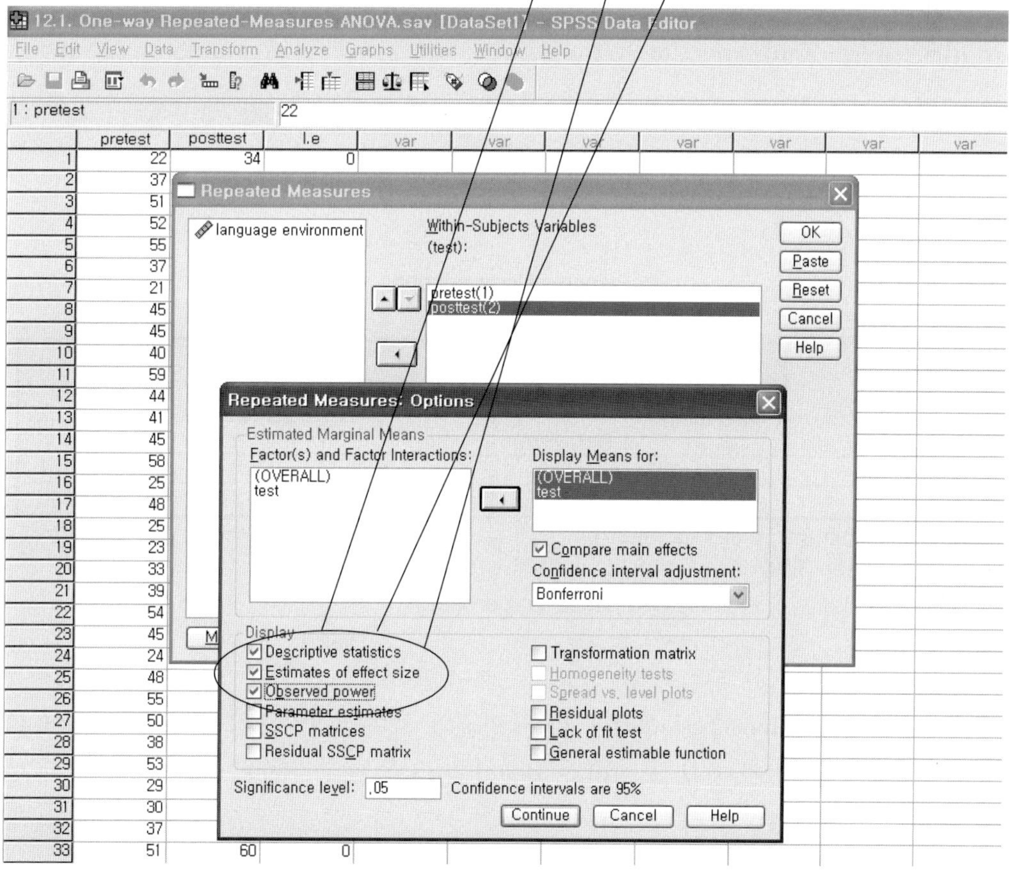

6) 분석 결과: 일원배치 반복측정 (One-way Repeated-Measures ANOVA)의 결과는 다음과 같다.

General Linear Model

Descriptive Statistics

	Mean	Std. Deviation	N
pretest	44.87	10.202	60
posttest	56.35	8.445	60

기술통계분석을 통하여 언어 환경에 따른 사전·사후 검사(pre-/post-test)의 평균과 표준편차와 사례수를 알 수 있다. 즉, 사전검사(pretest)의 평균은 44.87, 표준편차는 10.20, 사례수는 60명이고, 사후검사(posttest)의 평균은 56.35, 표준편차는 8.44, 사례수는 60명인 것을 알 수 있다. 사전/사후 검사의 사례수 60명이 같다는 것은 동일한 사례수를 대상으로 반복 측정한 것을 의미한다.

Pairwise Comparisons

Measure: MEASURE_1

(I) test	(J) test	Mean Difference (I-J)	Std. Error	Sig.[a]	95% Confidence Interval for Difference[a] Lower Bound	Upper Bound
1	2	-11.483*	1.056	.000	-13.596	-9.371
2	1	11.483*	1.056	.000	9.371	13.596

Based on estimated marginal means

*. The mean difference is significant at the .05 level.

a. Adjustment for multiple comparisons: Bonferroni.

사전·사후 검사(pre-/post-test)에 따른 평균의 차이(56.35-44.87=11.48)는 유의 확률이 .000이므로 통계적으로 유의미한 차이가 있다고 할 수 있다. 즉, 사후 검사의 영어 점수는 향상되었음을 알 수 있다.

Tests of Within-Subjects Effects

Measure: MEASURE_1

Source		Type III Sum of Squares	df	Mean Square	F	Sig.	Partial Eta Squared	Noncent. Parameter	Observed Power[a]
test	Sphericity Assumed	3956.008	1	3956.008	118.330	.000	.667	118.330	1.000
	Greenhouse-Geisser	3956.008	1.000	3956.008	118.330	.000	.667	118.330	1.000
	Huynh-Feldt	3956.008	1.000	3956.008	118.330	.000	.667	118.330	1.000
	Lower-bound	3956.008	1.000	3956.008	118.330	.000	.667	118.330	1.000
Error(test)	Sphericity Assumed	1972.492	59	33.432					
	Greenhouse-Geisser	1972.492	59.000	33.432					
	Huynh-Feldt	1972.492	59.000	33.432					
	Lower-bound	1972.492	59.000	33.432					

a. Computed using alpha = .05

개체-내 효과 검정(Tests of Within-Subjects Effects)에서 test의 F값이 118.330, 유의확률(Sig.)이 .000이므로 사전・사후 검사(pre-/post-test)의 차이가 유의하다는 것을 알 수 있다. 즉, 영어 교수법 처치후 사후검사(posttest)에 의해서 나타난 영어 점수가 사전 검사에 측정된 영어 점수와 비교해 볼 때 통계적으로 향상된 것을 알 수 있고 이는 영어 교수법의 시간의 효과가 있다는 것을 의미한다.

* 일원배치 반복측정 분산분석 검정통계량(One-Way Repeated Measures ANOVA)

표 12.1. One-way Repeated-Measures ANOVA

student	pretest	posttest	
1	22	34	28
2	37	45	41
:	:	:	:
60	46	63	54.5
	44.87	56.35	50.61

Tests of Within-Subjects Effects

Measure: MEASURE_1

Source		Type III Sum of Squares	df	Mean Square	F	Sig.	Partial Eta Squared	Noncent. Parameter	Observed Power[a]
test	Sphericity Assumed	3956.008	1	3956.008	118.330	.000	.667	118.330	1.000
	Greenhouse-Geisser	3956.008	1.000	3956.008	118.330	.000	.667	118.330	1.000
	Huynh-Feldt	3956.008	1.000	3956.008	118.330	.000	.667	118.330	1.000
	Lower-bound	3956.008	1.000	3956.008	118.330	.000	.667	118.330	1.000
Error(test)	Sphericity Assumed	1972.492	59	33.432					
	Greenhouse-Geisser	1972.492	59.000	33.432					
	Huynh-Feldt	1972.492	59.000	33.432					
	Lower-bound	1972.492	59.000	33.432					

a. Computed using alpha = .05

$$SS_A = n\sum_{j=1}^{J}(\overline{Y_{\cdot j}} - \overline{Y_{\cdot\cdot}})^2$$
$$= 60[(44.87-50.61)^2 + (56.35-50.61)^2] = 3956.008$$

$$SS_{SA} = \sum_{j=1}^{J}\sum_{i=1}^{n}(Y_{ij} - \overline{Y_{i\cdot}} - \overline{Y_{\cdot j}} + \overline{Y_{\cdot\cdot}})^2$$
$$= (22-28-44.87+50.61)^2 + (34-28-56.35+50.61)^2$$
$$+ (37-41-44.87+50.61)^2 + (45-41-56.35+50.61)^2$$
$$\vdots$$
$$+ (46-54.5-44.87+50.61)^2 + (63-54.5-56.35+50.61)^2$$
$$= 1972.492$$

$$df_A = J-1 = 2-1 = 1$$
$$df_{SA} = (n-1)(J-1) = (60-1)(2-1) = 59$$

J: $test(pretest, posttest)$

n: 사례수

$$MS_A = \frac{SS_A}{df_A} = \frac{3956.000}{1} = 3956.000 \qquad MS_{SA} = \frac{SS_{SA}}{df_{SA}} = \frac{1972.492}{59} = 33.432$$

$$F = \frac{MS_A}{MS_{SA}} = \frac{3956.000}{33.432} = 118.330$$

Profile Plots

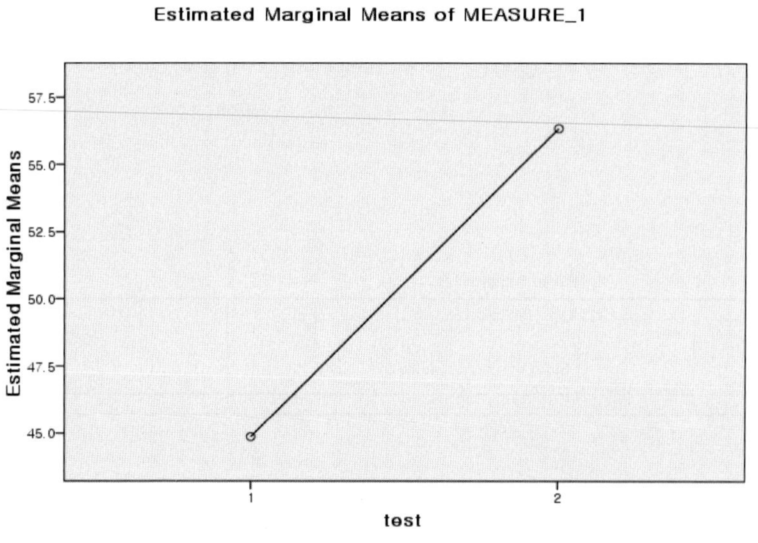

위의 프로파일 도표를 통하여 멀티미디어 교수법의 처치후 사후검사(posttest)에 의해서 나타난 영어 점수가 사전 검사에 측정된 영어 점수와 비교해 볼 때 통계적으로 향상된 것을 알 수 있고 이는 멀티미디어 교수법의 시간의 효과가 있다는 것을 시각적으로 볼 수 있다.

* 반복측정분석(Repeated-Measures ANOVA)과 대응표본 T 검정(Paired-Samples T-Test)의 비교

위의 반복측정분석(Repeated Measures ANOVA)자료를 대응표본 T 검정(Paired-Samples T-Test)으로 분석 했을 때의 결과는 아래 표에서처럼 내용이 같다는 것을 알 수 있다.

T-Test

Paired Samples Test

		Paired Differences					t	df	Sig. (2-tailed)
					95% Confidence Interval of the Difference				
		Mean	Std. Deviation	Std. Error Mean	Lower	Upper			
Pair 1	pretest - posttest	-11.4833	8.17705	1.05565	-13.5957	-9.3710	-10.878	59	.000

General Linear Model(One-way Repeated-Measures ANOVA)

Tests of Within-Subjects Effects

Measure: MEASURE_1

Source		Type III Sum of Squares	df	Mean Square	F	Sig.	Partial Eta Squared	Noncent. Parameter	Observed Power[a]
TEST	Sphericity Assumed	3956.008	1	3956.008	118.330	.000	.667	118.330	1.000
	Greenhouse-Geisser	3956.008	1.000	3956.008	118.330	.000	.667	118.330	1.000
	Huynh-Feldt	3956.008	1.000	3956.008	118.330	.000	.667	118.330	1.000
	Lower-bound	3956.008	1.000	3956.008	118.330	.000	.667	118.330	1.000
Error(TEST)	Sphericity Assumed	1972.492	59	33.432					
	Greenhouse-Geisser	1972.492	59.000	33.432					
	Huynh-Feldt	1972.492	59.000	33.432					
	Lower-bound	1972.492	59.000	33.432					

a. Computed using alpha = .05

위에 제시된 것과 같이 사전/사후 검사의 차이가 통계적으로 유의미하다는 것을 알 수 있다. 한편 T값(-10.878)를 제곱하면 F값은(118.330)이 되는 것을 확인할 수 있다. 11장에서 언급하였듯이, 일원배치 분산분석이 통계검정력이 높고, 1종 오류(α)의 확률이 낮아 독립표본 T 검정보다 선호되어지는 것처럼, 반복측정분석과 대응표본 T 검정의 결과는 같지만 반복측정분석이 통계검정력이 높고, 1종 오류(α)의 확률이 낮아 대응표본 T 검정보다 선호되어진다.

표 12.2. 일원배치 분산분석(One-way ANOVA)과 일원배치 반복측정 분산분석(One-way Repeated-Measures ANOVA)의 비교

일원배치 분산분석 (One-way ANOVA)	일원배치 반복측정 분산분석 (One-way Repeated- Measures ANOVA)
$SS_{between}$	SS_S
SS_{within}	$\begin{Bmatrix} SS_A \\ SS_{SA} \end{Bmatrix}$
$df_{between}(J-1)$	$df_S(N-1)$
$df_{within}(N-J)$	$\begin{Bmatrix} df_A(J-1) \\ df_{SA}(N-1)(J-1) \end{Bmatrix}$
$F=\dfrac{MS_{between}}{MS_{within}}$	$F=\dfrac{MS_A}{MS_{SA}}$
n : 사례수 J: 독립변수	n : 사례수 J: 반복측정의 독립변수

집단내 제곱합(SS_{Within}): 각 집단의 평균값을 중심으로 집단 요소들의 측정값이 얼마나 떨어져 있는가를 나타낸다.

집단간 제곱합($SS_{Between}$): 각 집단의 평균이 전체 평균에서 얼마나 떨어져 있는가를 나타낸다.

검정통계량(F): 집단내평균제곱합($MS_{Between}$)을 집단간평균제곱합(MS_{within})으로 나눈 값이다.

일원배치 분산 분석의 F값과 반복측정 분산 분석의 F값을 구하는 공식을 아래와 같다.

일원배치분산분석의 F값 : $F = \frac{MS_{between}}{MS_{within}} = \frac{SS_{between}/df_{between}}{SS_{within}/df_{within}}$

반복측정분산분석의 F값 : $F = \frac{MS_A}{MS_{SA}} = \frac{SS_A/df_A}{SS_{SA}/df_{SA}}$

$MS_{between} = MS_A$

$SS_{within} \geq SS_{error}$

$df_{with} > df_{SA}$

* 반복측정 분산분석(One-way Repeated-Measures ANOVA)의 장점

피실험자들이 여러 실험 집단에 동일하게 참여하기 때문에 실험 효과의 비교 수준이 높다는 것이 장점이고 시간(time: pretest, posttest)이 독립변수일 때 아주 적합하다. 그러므로 피실험자들이 서로 다른 두 집단의 연구 방법보다 높은 검정력을 보인다.

* 반복측정 분산분석(One-way Repeated-Measures ANOVA)의 단점

모든 실험(treatment)을 동시에 진행하는 것이 항상 가능하지 않기 때문에 동일한 피실험자들이 몇 개의 다른 실험에 사용되었을 때는 일반화가 제한될 수 있다. 즉, 학습과 관련이 있는 독립변수(예시: 영어점수)에 심각한 문제점이 될 수 있는 Carryover Effect(practice effect)과 같은 중다 처리 간섭(multiple treatment interference)로 인해 외적 타당성이 부족해지며, 동시에 treatment history와 maturation로 인해 내적 타당성이 부족할 수 있다.

Carryover Effect 통제하기 위해서 Counter-Balanced와 Latin Square Design이 사용되어진다.

1. Counter-Balanced Design

표 12.3.

Subject Subgroups	Ordering of Treatments 1	2	3
1	Trt. 1	Trt. 2	Trt. 3
2	Trt. 1	Trt. 3	Trt. 2
3	Trt. 2	Trt. 1	Trt. 3
4	Trt. 2	Trt. 3	Trt. 1
5	Trt. 3	Trt. 1	Trt. 2
6	Trt. 3	Trt. 2	Trt. 1

Counter-Balanced Design 연구 방법은 가능한 실험 순서가 많을 때는 부적합할 수 있다.

2. Latin Square Design

표 12.4.

Subject Subgroups	Ordering of Treatments 1	2	3
1	Trt. 2	Trt. 1	Trt. 3
2	Trt. 3	Trt. 2	Trt. 1
3	Trt. 1	Trt. 3	Trt. 2

Latin Square Design 연구 방법은 각각의 피실험자의 임의적인 순서에 의한 실험으로 통제되어질 수 있으나 다양한 실험 순서로 인해 서로 다른 carryover가 있기에 효과적이지 않을 수 있다.

12.2. 이원배치 반복측정 분산분석 (Two-way Repeated-Measures ANOVA)

동일한 속성에 대하여 반복 측정을 통해 집단 내의 피실험자의 평균의 차이를 검증한다(Lyster, 2004). 본 분산분석은 이원배치 분산분석(Two-way Measures ANOVA)처럼 주효과(main effect)와 상호작용효과(interaction effect)를 알 수 있다. 예를 들어 독립 변수가 두 종류의 시험 언어(Korean, English)와 두 종류의 검사(pre-/post test)일 때, 집단 내의 시험 언어와 시간에 따른 영어 점수의 평균의 차이를 분석한다. 이때 주효과가 2개의 독립 변수인 집단 내의 시험 언어(a)와 집단 내의 사전・사후 검사(b)이고 2개의 주효과가 동시에 영향을 나타내는 것이 상호작용[시험언어(a)×시간(b)]효과가 된다.

1) 반복측정 (Repeated Measures) 선택: 분석(Analyze) → 일반선형모형(General Linear Model) → 반복측정(Repeated Measures)을 순서대로 선택한다.

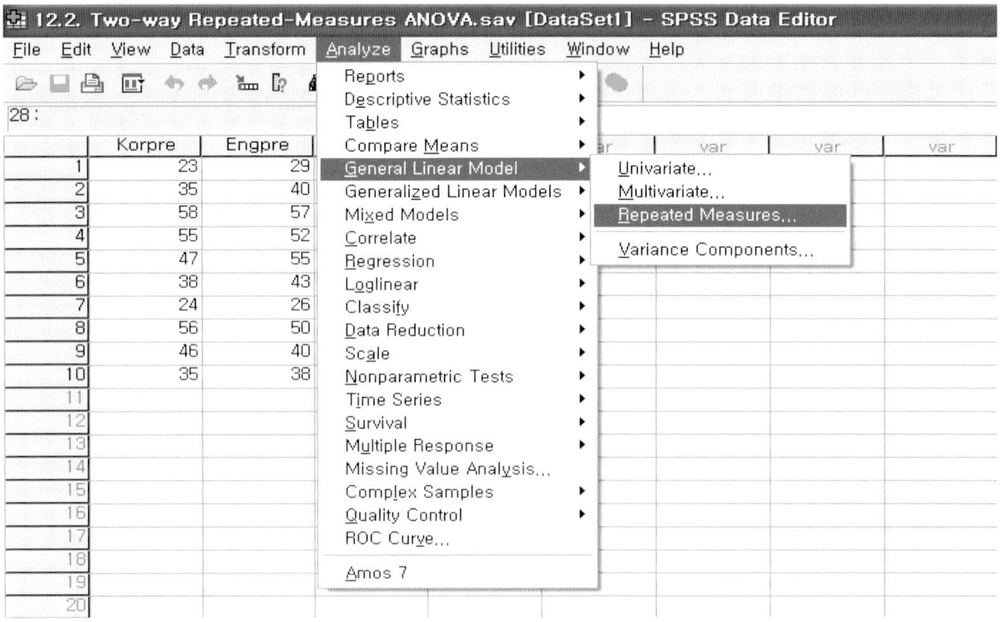

2) 반복측정 요인정의(Repeated Measures Define Factors): 개체-내 요인이름(Within-Subject Factor Name)에 pretest와 posttest 이므로 'test'를 입력한 후 수준의 수(Number of Levels)에 2번의 측정이므로 '2'를 입력하고 추가(Add)를 선택한 후 정의(Define)를 선택한다.

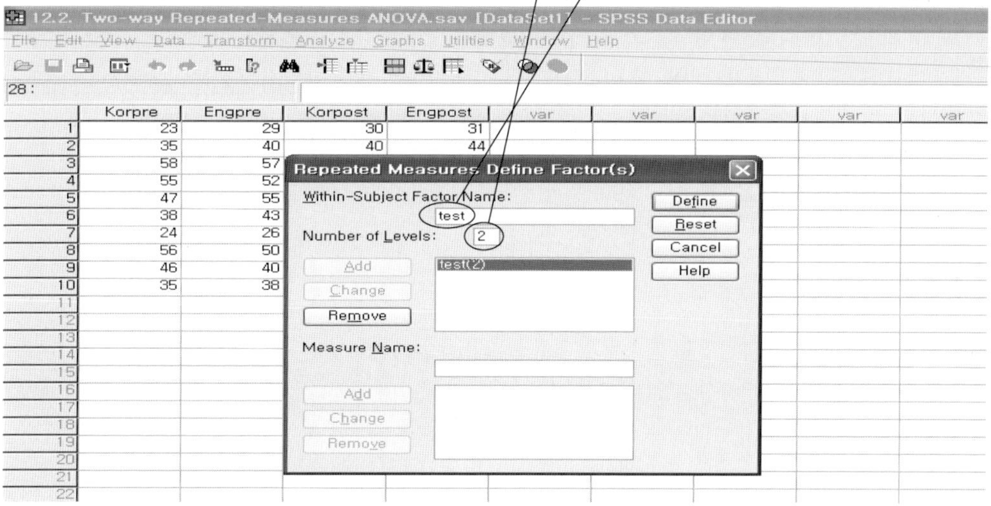

그리고 개체-내 요인이름(Within-Subject Factor Name)에 Korean과 English이므로 'language'를 입력한 후 수준의 수(Number of Levels)에 시험 방법이 두 개이므로 '2'를 입력하고 추가(Add)를 선택한 후 정의(Define)를 선택하면 아래와 같이 된다.

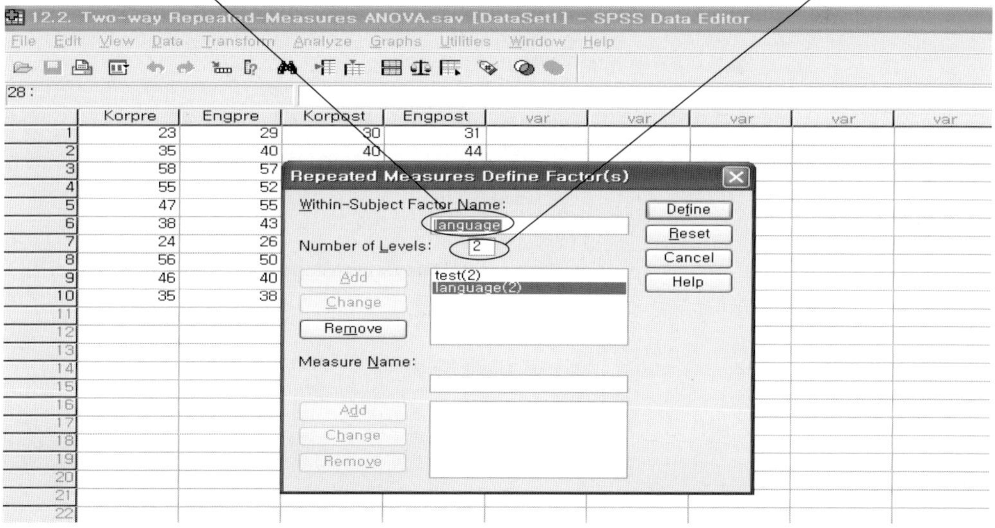

3) 반복측정(Repeated Measures): 개체-내 요인이름(Within-Subject Factor Name)을 명명할 때 'test'에서 'pretest=①, posttest=②'로 입력하였고, 'language'에서 'Korean=①, English=②'로 입력하였기 때문이다.

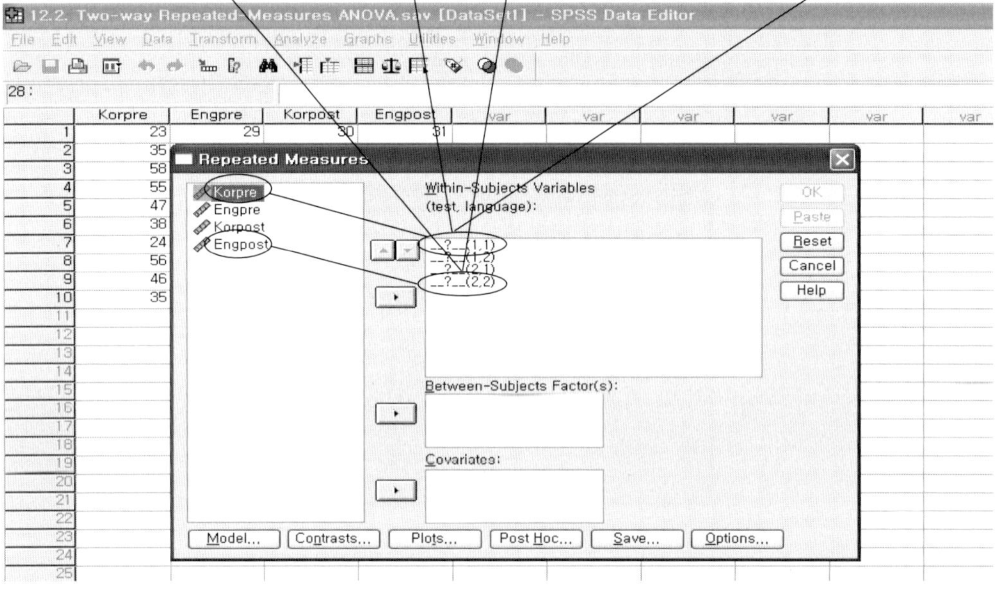

왼쪽 변수 상자에 있는 네 개의 변수를 오른쪽 변수 상자 개체-내 변수(Within-Subjects Variables)로 옮긴 후 확인(OK)을 선택한다.

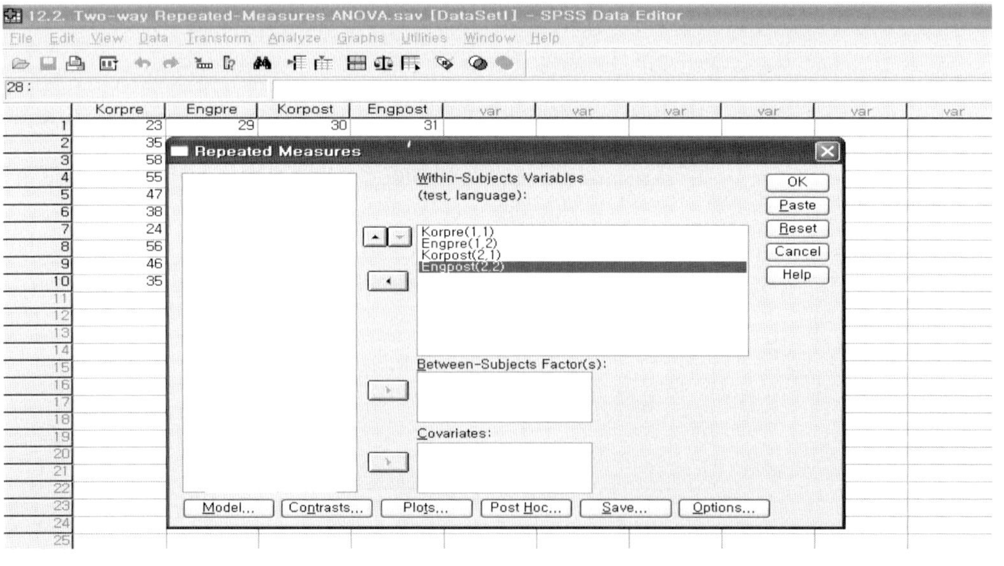

4) 옵션(Options) 선택: 옵션 대화상자에서 검정하고자 하는 것을 선택한 후 계속(Continue)을 선택한다. '주효과 비교(Compare main effects)'에서 'Bonferroni'를 선택하고, '기술통계량(Descriptive statistics)', '효과크기의 추정(Estimates of effect size)'과 '관찰력(Observed power)'를 선택한다.

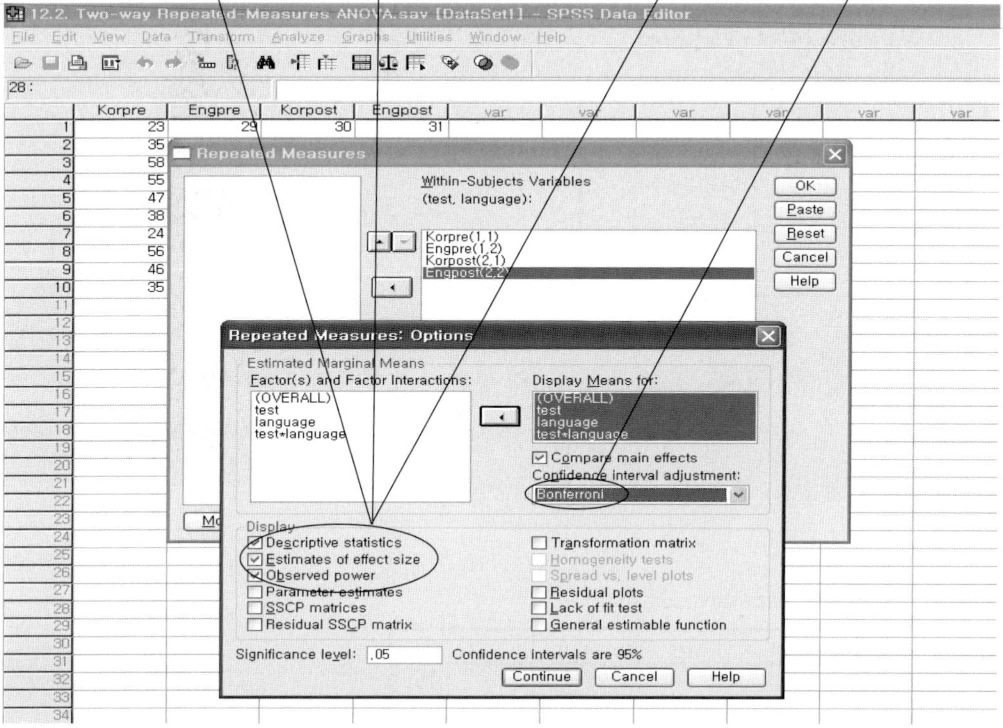

5) 분석 결과: 이원배치 반복측정 분산분석 (Two-way Repeated-Measures ANOVA) 결과는 다음과 같다.

General Linear Model

Within-Subjects Factors

Measure: MEASURE_1

test	language	Dependent Variable
1	1	Korpre
	2	Engpre
2	1	Korpost
	2	Engpost

개체-간 요인(Within-Subjects Factors)을 통하여 요인들과 요인들의 코딩 결과를 알 수 있다. 다시 말해서 사전/사후 검사(pre-/post test)와 각각의 검사에서 한국어 시험과 영어 시험이 실행된 것을 알 수 있다.

Descriptive Statistics

	Mean	Std. Deviation	N
Korpre	41.70	12.737	10
Engpre	43.00	10.530	10
Korpost	45.60	10.013	10
Engpost	46.40	10.319	10

기술통계분석(Descriptive Statistics)을 통하여 시험 언어(Korean, English)에 따른 사전·사후 검사(pre-/post-test)의 각각의 평균, 표준편차, 사례수를 알 수 있다. 즉, 한국어 시험의 사전 한국어 점수(Korpre)의 평균(Mean)은 41.70, 표준편차(Std. Deviation)는 12.74, 사례수(N)는 10명인 것을 알 수 있고, 영어 시험의 사전 영어 점수(Engpre)의 평균은 43.00, 표준편차는 10.53, 사례수는 10명인 것을 알 수 있다. 또한 한국어 시험의 사후 영어 점수(Korpost)의 평균은 45.60, 표준편차는 10.01, 사례수는 10명인 것을 알 수 있고, 한국어 시험의 사후 영어 점수(Engpost)의 평균은 46.40, 표준편차는 10.32, 사례수는 10명인 것을 알 수 있다.

표 12.5.

언어(2)×검사시간(2)				
		언어		횡렬(marginal mean)
		Korean	English	
검사 시간	pretest	41.70	43.00	42.35
	posttest	45.60	46.40	46.00
종렬(marginal mean)		43.65	44.70	44.18(grand mean)

Tests of Within-Subjects Effects

Measure: MEASURE_1

Source		Type III Sum of Squares	df	Mean Square	F	Sig.	Partial Eta Squared	Noncent. Parameter	Observed Power[a]
test	Sphericity Assumed	133.225	1	133.225	13.393	.005	.598	13.393	.901
	Greenhouse-Geisser	133.225	1.000	133.225	13.393	.005	.598	13.393	.901
	Huynh-Feldt	133.225	1.000	133.225	13.393	.005	.598	13.393	.901
	Lower-bound	133.225	1.000	133.225	13.393	.005	.598	13.393	.901
Error(test)	Sphericity Assumed	89.525	9	9.947					
	Greenhouse-Geisser	89.525	9.000	9.947					
	Huynh-Feldt	89.525	9.000	9.947					
	Lower-bound	89.525	9.000	9.947					
language	Sphericity Assumed	11.025	1	11.025	.555	.475	.058	.555	.103
	Greenhouse-Geisser	11.025	1.000	11.025	.555	.475	.058	.555	.103
	Huynh-Feldt	11.025	1.000	11.025	.555	.475	.058	.555	.103
	Lower-bound	11.025	1.000	11.025	.555	.475	.058	.555	.103
Error(language)	Sphericity Assumed	178.725	9	19.858					
	Greenhouse-Geisser	178.725	9.000	19.858					
	Huynh-Feldt	178.725	9.000	19.858					
	Lower-bound	178.725	9.000	19.858					
test * language	Sphericity Assumed	.625	1	.625	.165	.694	.018	.165	.065
	Greenhouse-Geisser	.625	1.000	.625	.165	.694	.018	.165	.065
	Huynh-Feldt	.625	1.000	.625	.165	.694	.018	.165	.065
	Lower-bound	.625	1.000	.625	.165	.694	.018	.165	.065
Error(test*language)	Sphericity Assumed	34.125	9	3.792					
	Greenhouse-Geisser	34.125	9.000	3.792					
	Huynh-Feldt	34.125	9.000	3.792					
	Lower-bound	34.125	9.000	3.792					

a. Computed using alpha = .05

사전/사후 점수(pre-/post-score)차이의 관계를 알아보는 개체-내 효과 검정(Tests of Within-Subjects Effects)에서 test에 대한 효과 검정은 유의 확률(Sig.)이 .005이므로 통계적으로 유의미 하다는 것을 알 수 있다. 즉, 기술통계량표에 나타난 사전 점수의 평균(42.35)과 사후 점수의 평균(46.00)의 차이가 있는 것을 알 수 있다. 그러나 시험 언어에 대한 개체-내 효과 검정은 유의 확률이 .475이므로 통계적으로 유의미 하지 않다는 것을 알 수 있다. 다시 말해서 기술통계량표에 나타난 한국어 시험 점수의 평균(43.65)과 영어 시험 점수의 평균(44.70)의 차이가 없는 것을 알 수 있다. 그리고 상호작용 효과를 알아보는 시간과 시험 언어의 개체-내 효과 검정은 유의 확률이 .694이므로 통계적으로 유의하지 않은 것을 알 수 있다. 위의 결과를 요약하면 시험 언어의 효과와 상호작용의 효과는 나타나지 않았고, 시간의 효과만 나타난 것을 알 수 있다.

Pairwise Comparisons

Measure: MEASURE_1

(I) test	(J) test	Mean Difference (I-J)	Std. Error	Sig.[a]	95% Confidence Interval for Difference[a]	
					Lower Bound	Upper Bound
1	2	-3.650*	.997	.005	-5.906	-1.394
2	1	3.650*	.997	.005	1.394	5.906

Based on estimated marginal means

*. The mean difference is significant at the .05 level.

a. Adjustment for multiple comparisons: Bonferroni.

두 독립 변수(언어, 시간)중 주효과(main effect)를 알아보기 위한 사전 · 사후 검사(pre-/post-test)의 쌍별 비교(Pairwise Comparisons)에서 시간(time)에 따른 평균의 차이(46.00-42.35=3.65)는 유의 확률이 .005이므로 통계적으로 유의미한 차이가 있다고 할 수 있다. 즉, 사후 검사의 점수가 향상되었음을 알 수 있다.

Pairwise Comparisons

Measure: MEASURE_1

(I) language	(J) language	Mean Difference (I-J)	Std. Error	Sig.[a]	95% Confidence Interval for Difference[a]	
					Lower Bound	Upper Bound
1	2	-1.050	1.409	.475	-4.238	2.138
2	1	1.050	1.409	.475	-2.138	4.238

Based on estimated marginal means

a. Adjustment for multiple comparisons: Bonferroni.

두 독립 변수(언어, 시간)중 주효과(main effect)를 알아보기 위한 시험 언어(Korean-/English test)의 쌍별 비교(Pairwise Comparisons)에서 시험 언어에 따른 평균의 차이(44.70-43.65=1.05)는 유의 확률이 .475이므로 통계적으로 유의미한 차이가 있다고 할 수 없다. 즉, 시험 언어에 따른 점수의 차이는 없는 것을 알 수 있다.

결론적으로 주효과(main effect)와 상호작용효과(interaction effect)를 알아보는 이원배치 반복측정 분산분석의 사전 · 사후 검사에서 점수의 차이가 유의미하게 나타났기 때문에 시간의 효과(time effect)가 나타난 것을 알 수 있다.

12.3. 분할 이원배치 반복측정 분산분석 (Split-Plot Two-way Repeated-Measures ANOVA)

12.2에서 설명된 이원배치 반복측정 분산분석은 동일한 속성에 대하여 반복측정을 통해 집단 내의 피실험자의 평균의 차이를 검증한 반면 분할 이원배치 반복측정 분산분석은 집단 간 피실험자의 반복측정한 동일한 속성에 대한 평균의 차이를 검증한다(Murphy, 2004). 또한 본 분산분석은 이원배치 분산분석처럼 주효과(main effect)와 상호작용효과(interaction effect)를 알 수 있으나 이원배치 반복측정 분산분석은 집단 내의 동일한 속성에 대한 주효과인 반면에 분할 이원배치 반복측정 분산분석은 집단 내의 동일한 속성에 대한 주효과 뿐만 아니라 집단 간의 동일한 속성에 대한 주효과를 보여준다는 점에서 차이가 있다. 예를 들어 독립변수가 두 종류의 영어 교수법(lecture, multimedia)과 두 종류의 검사(pre-/post-test)일 때, 서로 다른 영어 교수법 집단 간의 사전/사후 영어 점수의 평균의 차이를 분석한다. 이때 주효과가 2개의 독립변수인 집단 간의 영어 교수법(a)과 집단 내의 사전·사후 검사(b)이고 2개의 주효과가 동시에 영향을 나타내는 것이 상호작용[영어 교수법(a)×시간(b)]효과가 된다.

1) 반복측정 (Repeated Measures) 선택: 분석(Analyze) → 일반선형모형(General Linear Model) → 반복측정 (Repeated Measures)을 순서대로 선택한다.

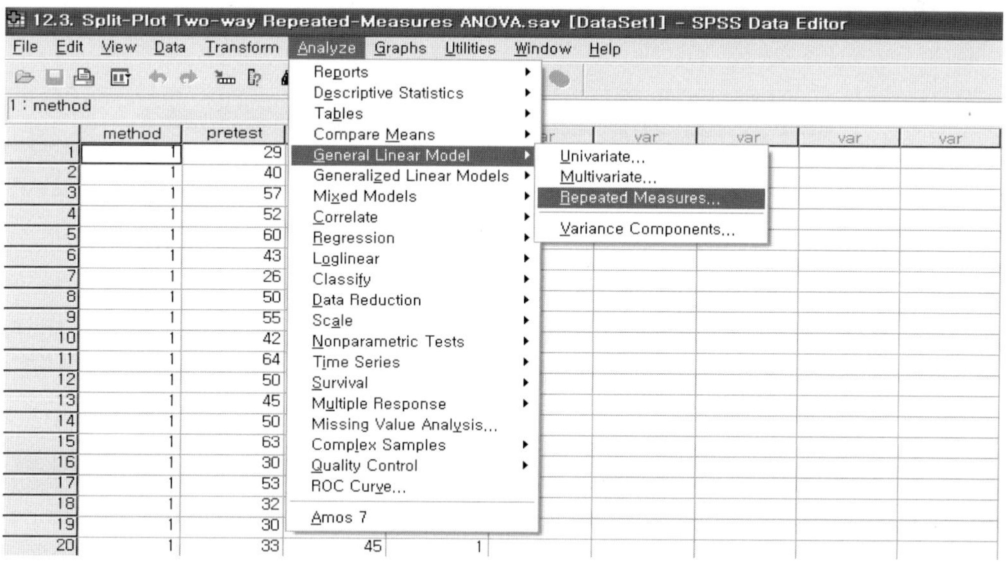

2) 반복측정 요인정의(Repeated Measures Define Factors): 개체-내 요인이름(Within-Subject Factor Name)에 요인명명(factor labeling)이 pretest와 posttest이므로 'test'를 입력한 후 수준의 수(Number of Levels)에 2번의 측정이므로 '2'를 입력하고 추가(Add)를 선택한 후 정의(Define)를 선택한다.

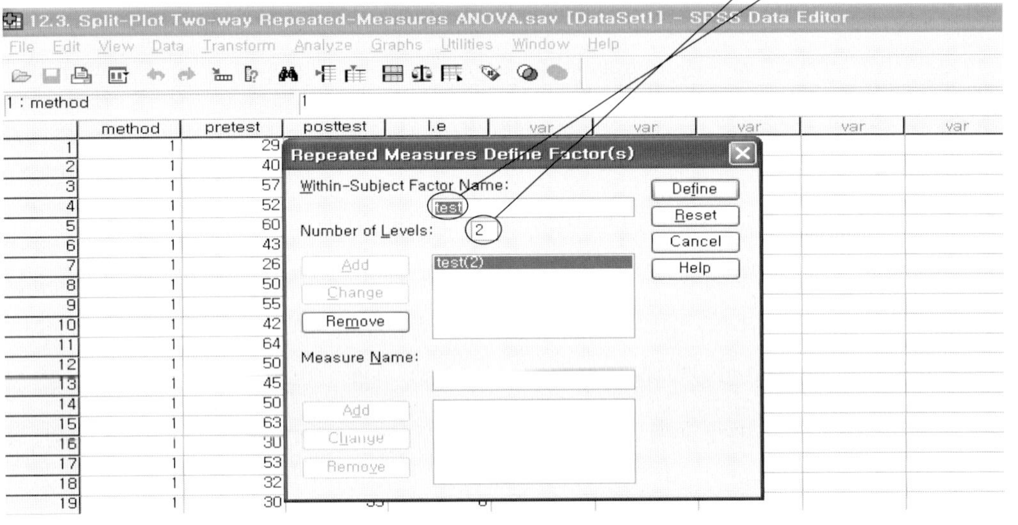

3) 반복측정(Repeated Measures): pretest를 개체-내 변수(Within-Subjects Variables)(1)로, posttest를 개체-내 변수(2)로 아래와 같이 옮긴다.

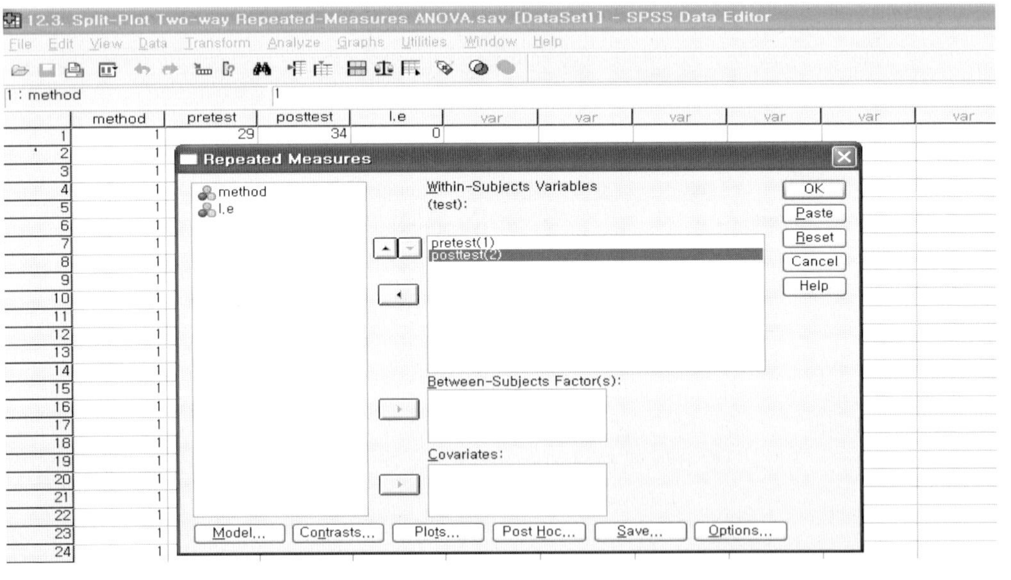

독립변수인 영어 교수법(Method)을 변량요인(Between-Subject Factor)로 옮긴다.

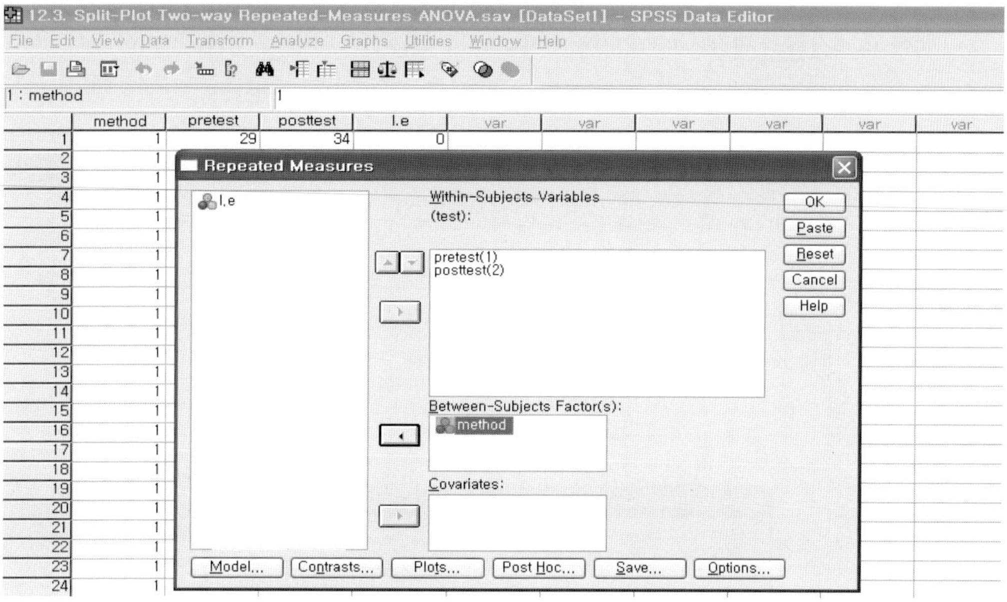

4) 도표(Plots): 교수법(method)을 수평축 변수(Horizontal Axis)로 이동하고 검사(test)를 선구분 변수(Separate Lines)로 이동한 후 추가(Add)를 선택하고 계속(Continue)을 선택한다.

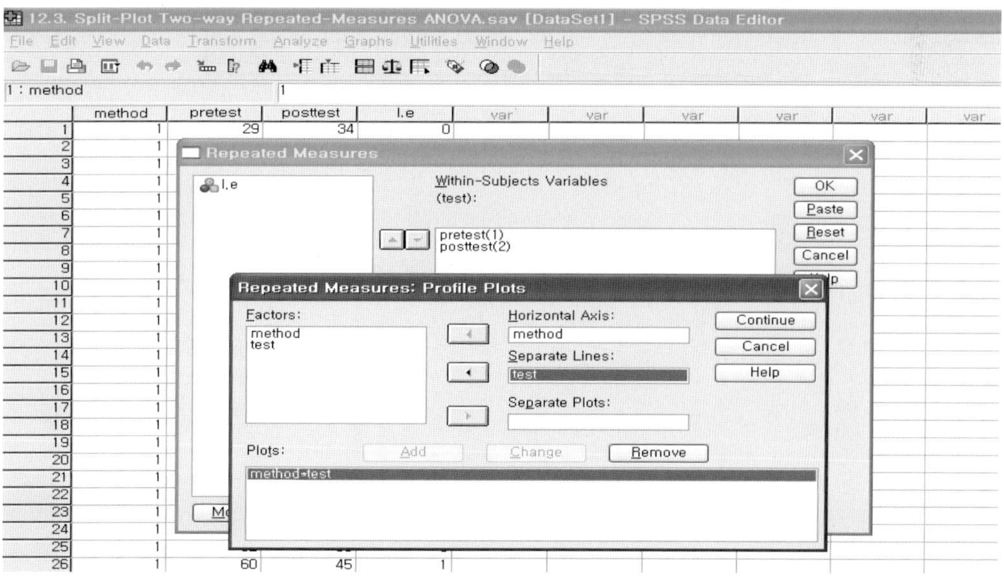

5) 옵션(Options) 선택: 옵션 대화상자에서 검정하고자 하는 것을 선택한 후 계속(Continue)을 선택한다. '주효과 비교(Compare main effects)'에서 'Bonferroni'를 선택하고, '기술통계량(Descriptive statistics)', '효과크기의 추정(Estimates of effect size)'과 '관찰력(Observed power)'를 선택한다.

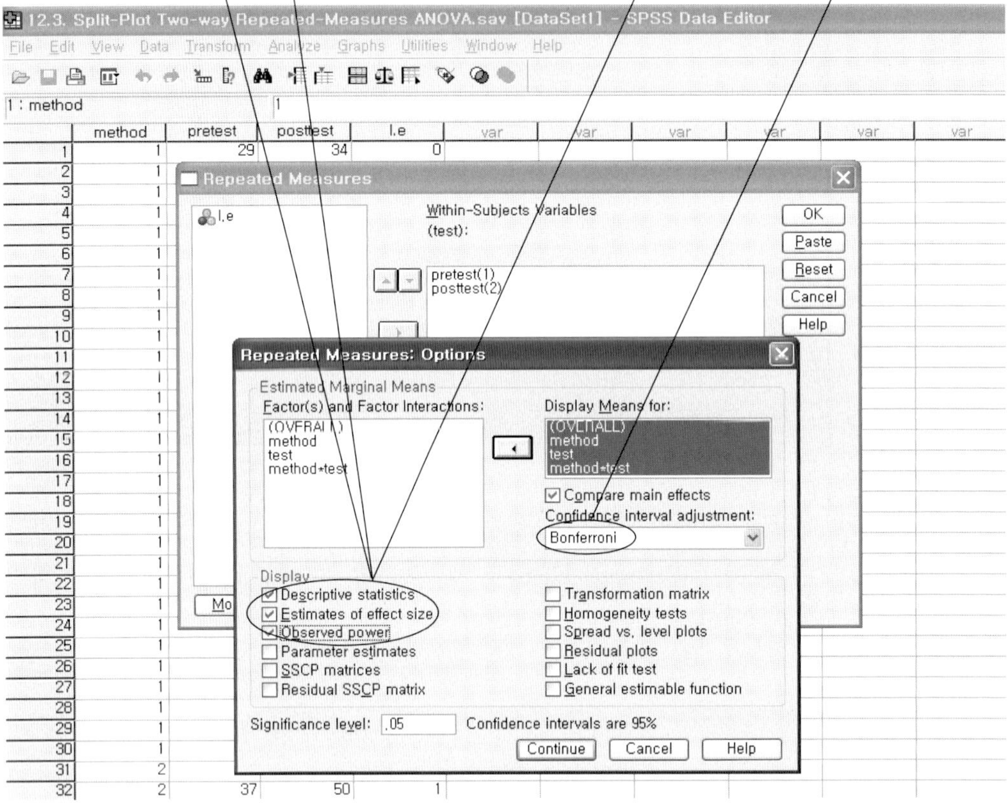

6) 분석 결과: 분할 이원배치 반복측정 분산분석 (Split-Plot Two-way Repeated-Measures ANOVA) 결과는 다음과 같다.

General Linear Model

Descriptive Statistics

	method	Mean	Std. Deviation	N
pretest	lecture	46.10	11.348	30
	multimedia	48.37	7.141	30
	Total	47.23	9.470	60
posttest	lecture	53.50	8.665	30
	multimedia	61.67	6.205	30
	Total	57.58	8.532	60

기술통계분석(Descriptive Statistics)을 통하여 사전・사후 검사(pre-/post-test)의 영어 교수법에 따른 각각의 평균과 표준편차와 사례수를 알 수 있다. 즉, 사전 검사(pretest)의 강의식 교수법(lecture)에 대한 평균(Mean)은 46.10, 표준편차(Std. Deviation)는 11.35, 사례수(N)는 30명인 것을 알 수 있고, 사전 검사(pretest)의 멀티미디어 교수법(multimedia)에 대한 평균은 48.37, 표준편차는 7.14, 사례수는 30명인 것을 알 수 있다. 사후검사(posttest)의 강의식 교수법에 대한 평균은 53.50, 표준편차는 8.67, 사례수는 30명인 것을 알 수 있고, 사후검사(posttest)의 멀티미디어 교수법에 대한 평균은 61.67, 표준편차는 6.21, 사례수는 30명인 것을 알 수 있다.

Tests of Within-Subjects Effects

Measure: MEASURE_1

Source		Type III Sum of Squares	df	Mean Square	F	Sig.	Partial Eta Squared	Noncent. Parameter	Observed Power[a]
test	Sphericity Assumed	3213.675	1	3213.675	123.870	.000	.681	123.870	1.000
	Greenhouse-Geisser	3213.675	1.000	3213.675	123.870	.000	.681	123.870	1.000
	Huynh-Feldt	3213.675	1.000	3213.675	123.870	.000	.681	123.870	1.000
	Lower-bound	3213.675	1.000	3213.675	123.870	.000	.681	123.870	1.000
test * method	Sphericity Assumed	261.075	1	261.075	10.063	.002	.148	10.063	.877
	Greenhouse-Geisser	261.075	1.000	261.075	10.063	.002	.148	10.063	.877
	Huynh-Feldt	261.075	1.000	261.075	10.063	.002	.148	10.063	.877
	Lower-bound	261.075	1.000	261.075	10.063	.002	.148	10.063	.877
Error(test)	Sphericity Assumed	1504.750	58	25.944					
	Greenhouse-Geisser	1504.750	58.000	25.944					
	Huynh-Feldt	1504.750	58.000	25.944					
	Lower-bound	1504.750	58.000	25.944					

a. Computed using alpha = .05

사전/사후 영어 점수(pre-/post-English proficiency score)차이의 관계를 알아보는 개체-내 효과 검정(Tests of Within-Subjects Effects)에서 test에 대한 효과 검정은 유의 확률(Sig.)이 .000이므로 통계적으로 유의한 결과가 나타난 것을 알 수 있다. 즉, 기술통계량표에 나타난 사전 영어 점수 47.23이 사후 영어 점수 57.58로 영어 점수의 향상은 통계적으로 유의미한 향상을 나타낸다. 또한 사전검사와 사후검사의 효과, 즉 시간의 차이의 효과를 알아보는 시간의 효과(time effect)와 영어 교수법 간에는 유의 확률(Sig.)은 .002이므로 상호작용은 있는 것으로 나타났다.

Tests of Between-Subjects Effects

Measure: MEASURE_1
Transformed Variable: Average

Source	Type III Sum of Squares	df	Mean Square	F	Sig.	Partial Eta Squared	Noncent. Parameter	Observed Power[a]
Intercept	329596.008	1	329596.008	2729.736	.000	.979	2729.736	1.000
method	816.408	1	816.408	6.762	.012	.104	6.762	.725
Error	7003.083	58	120.743					

a. Computed using alpha = .05

영어 교수법(method)에 따른 차이를 알아보는 개체-간 효과 검정(Tests of Between-Subjects Effects)은 유의 확률(Sig.)이 .012이므로 영어 교수법에 따른 영어 점수의 효과는 통계적으로 유의한 결과가 나타났다. 즉, 기술통계량표에 나타난 영어 점수의 향상이 있음을 알 수 있다. 두 독립 변수(영어교수법, 사전・사후검사)간에 상호 작용이 나타날 경우는 주효과(method effect, time effect)의 의미가 없어진다.

Pairwise Comparisons

Measure: MEASURE_1

(I) method	(J) method	Mean Difference (I-J)	Std. Error	Sig.[a]	95% Confidence Interval for Difference[a]	
					Lower Bound	Upper Bound
lecture	multimedia	-5.217*	2.006	.012	-9.232	-1.201
multimedia	lecture	5.217*	2.006	.012	1.201	9.232

Based on estimated marginal means

*. The mean difference is significant at the .05 level.

a. Adjustment for multiple comparisons: Bonferroni.

두 독립 변수(영어교수법, 사전・사후검사)중 주효과(main effect)를 알아보기 위한 영어 교수법(lecture/multimedia)에 따른 marginal mean의 차이(55.02-49.80=5.22)는 유의 확률(Sig.)이 .012이므로 통계적으로 유의미한 차이가 있었다. 즉, 영어 교수법에 따른 영어 점수는 강의식 교수법보다 멀티미디어 교수법이 높은 것으로 나타났다.

Pairwise Comparisons

Measure: MEASURE_1

(I) test	(J) test	Mean Difference (I-J)	Std. Error	Sig.[a]	95% Confidence Interval for Difference[a]	
					Lower Bound	Upper Bound
1	2	-10.350*	.930	.000	-12.211	-8.489
2	1	10.350*	.930	.000	8.489	12.211

Based on estimated marginal means

*. The mean difference is significant at the .05 level.

a. Adjustment for multiple comparisons: Bonferroni.

두 독립 변수(영어교수법, 사전・사후검사)중 주효과(main effect)를 알아보기 위한 사전・사후검사(pre-/post-test)에 따른 주변 평균(marginal mean)의 차이 (57.58-47.23=10.35)는 유의 확률(Sig.)이 .000이므로 통계적으로 유의미한 차이가 있었다. 즉, 사전・사후 검사의 시간차에 따른 영어 점수는 사후 검사에서 영어 점수의 향상이 있었음을 나타낸다.

Profile Plots

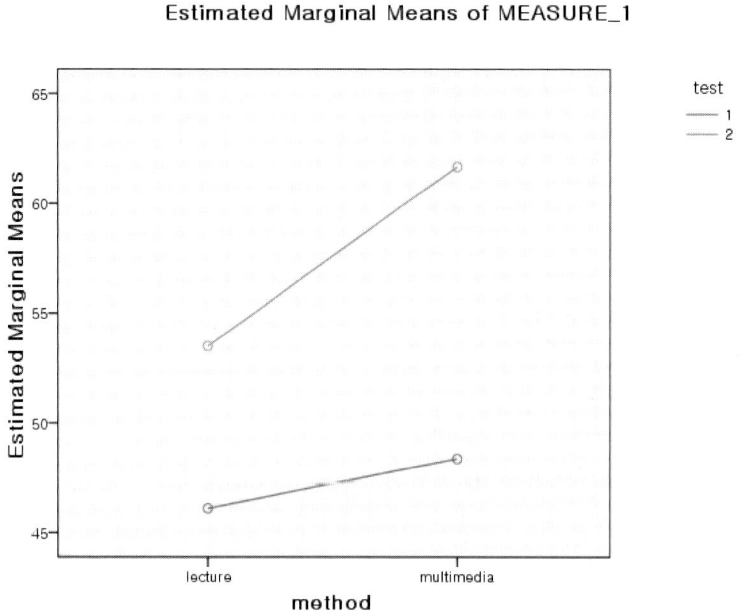

기술통계량에 나타난 시간의 차이와 영어 교수법에 따른 영어 점수의 향상이 있음을 시각적으로 알 수 있다. 다시 말해서 사전검사에서 영어교수법의 차이와 사후검사에서 영어교수법의 차이를 시각적으로 보여주며 또한 강의식 교수법에서 시간의 차이(사전 · 사후 검사의 차이)와 멀티미디어 교수법에서 시간의 차이(사전 · 사후 검사의 차이)를 시각적으로 보여준다.

* 분할 반복측정 분산분석 (Split-Plot Repeated-Measures ANOVA) 검정통계량

Tests of Within-Subjects Effects

Measure: MEASURE_1

Source		Type III Sum of Squares	df	Mean Square	F	Sig.	Partial Eta Squared	Noncent. Parameter	Observed Power[a]
TEST	Sphericity Assumed	3213.675	1	3213.675	123.870	.000	.681	123.870	1.000
	Greenhouse-Geisser	3213.675	1.000	3213.675	123.870	.000	.681	123.870	1.000
	Huynh-Feldt	3213.675	1.000	3213.675	123.870	.000	.681	123.870	1.000
	Lower-bound	3213.675	1.000	3213.675	123.870	.000	.681	123.870	1.000
TEST * METHOD	Sphericity Assumed	261.075	1	261.075	10.063	.002	.148	10.063	.877
	Greenhouse-Geisser	261.075	1.000	261.075	10.063	.002	.148	10.063	.877
	Huynh-Feldt	261.075	1.000	261.075	10.063	.002	.148	10.063	.877
	Lower-bound	261.075	1.000	261.075	10.063	.002	.148	10.063	.877
Error(TEST)	Sphericity Assumed	1504.750	58	25.944					
	Greenhouse-Geisser	1504.750	58.000	25.944					
	Huynh-Feldt	1504.750	58.000	25.944					
	Lower-bound	1504.750	58.000	25.944					

a. Computed using alpha = .05

다음은 개체-내 효과 검정(Tests of Within-Subjects Effects)의 제곱합(Sum of Squares), 자유도(df), 평균제곱(Mean Square), F값을 구하는 공식과 과정이다.

$$SS_A = nk\sum_{j=1}^{J}(\overline{Y_{.j}} - \overline{Y_{..}})^2 = 3213.675$$

$$SS_{AB} = k\sum_{i=1}^{J}\sum_{j=1}^{N}(X_{ij} - \overline{X_{i..}} - \overline{X_{.j.}} + \overline{X})^2 = 261.075$$

$$SS_{A\cdot S(B)} = \sum_{i=1}^{J}\sum_{j=1}^{N}\sum_{k=1}^{K}(Y_{ijk} - \overline{Y_{ij.}})^2 = 1504.750$$

$$df_A = J-1 = 2-1 = 1$$

$$df_{AB} = (J-1)(K-1) = (2-1)(2-1) = 1$$

$$df_{A\cdot S(B)} = (J-1)(N-K) = (2-1)(60-2) = 58$$

J: 개체 – 내 반복측정의 독립변수(사전·사후검사)
K: 개체 – 간의 반복측정(멀티미디어수업, 강의식수업)

$$평균제곱(MS_A) = \frac{SS_A}{df_A} = \frac{3213.675}{1} = 3213.675$$

$$평균제곱(MS_{AB}) = \frac{SS_{AB}}{df_{AB}} = \frac{261.075}{1} = 261.075$$

$$평균제곱(MS_{A\cdot S(B)}) = \frac{SS_{A\cdot S(B)}}{df_{A\cdot S(B)}} = \frac{1504.750}{58} = 25.944$$

$$F_A = \frac{MS_A}{MS_{A\cdot S(B)}} = \frac{MS_A}{MS_E} = \frac{3213.675}{25.944} = 123.870$$

$$F = \frac{MS_{AB}}{MS_{A\cdot S(B)}} = \frac{MS_A}{MS_E} = \frac{261.075}{25.944} = 10.063$$

Tests of Between-Subjects Effects

Measure: MEASURE_1
Transformed Variable: Average

Source	Type III Sum of Squares	df	Mean Square	F	Sig.	Partial Eta Squared	Noncent. Parameter	Observed Power[a]
Intercept	329596.008	1	329596.008	2729.736	.000	.979	2729.736	1.000
method	816.408	1	816.408	6.762	.012	.104	6.762	.725
Error	7003.083	58	120.743					

a. Computed using alpha = .05

다음은 개체-간 효과 검정(Tests of Between-Subjects Effects)의 제곱합(Sum of Squares), 자유도(df), 평균제곱(Mean Square), F값을 구하는 공식과 과정이다.

$$SS_B = nj\sum_{i=1}^{J}(\overline{Y_{\bullet i}} - \overline{Y})^2 = 816.408$$

$$df_B = K - 1 = 2 - 1 = 1$$
$$df_{S(B)} = N - K = 60 - 2 = 58$$

N: 사례수
K: 개체-간의반복측정(멀티미디어수업, 강의식수업)

$$\text{평균제곱}(MS_I) = \frac{SS_I}{df_I} = \frac{329596.008}{1} = 329596.008$$
$$\text{평균제곱}(MS_B) = \frac{SS_B}{df_B} = \frac{816.408}{1} = 816.408$$
$$\text{평균제곱}(MS_{S(B)}) = \frac{SS_{S(B)}}{df_{S(B)}} = \frac{7003.083}{58} = 120.743$$

$$F = \frac{MS_I}{MS_{S(B)}} = \frac{329596.008}{120.743} = 2729.736$$
$$F = \frac{MS_B}{MS_{S(B)}} = \frac{816.408}{120.743} = 6.762$$

* 다음은 위의 분석 결과 중에서 개체-내 효과 검정(Tests of Within-Subjects Effects)에서 시간의 효과(time effect)와 영어 교수법 간에 상호작용은 있는 것으로 나타났기 때문에 일원배치 분산분석(One-way ANOVA)과 일원배치 반복측정 분산분석(One-way Repeated-Measures ANOVA)을 통하여 상호작용이 어디에서 일어났는지를 알아본다.

1. 사전 검사(pretest)에서 강의식 교수법(lecture)과 멀티미디어 교수법(multimedia)에 대한 평균의 차이에 관한 분석

표 12.6. 교수법(2)×검사시간(2)

		교수법		횡렬(marginal mean)
		lecture	multimedia	
검사 시간	pretest	46.10	48.37	47.23
	posttest	53.50	61.67	57.58
종렬(marginal mean)		49.80	55.02	52.41(grand mean)

1) 일원배치 분산분석(One-way ANOVA) 선택: 분석(Analyze) → 평균비교(Compare Means) → 일원배치 분산분석을 순서대로 선택한다.

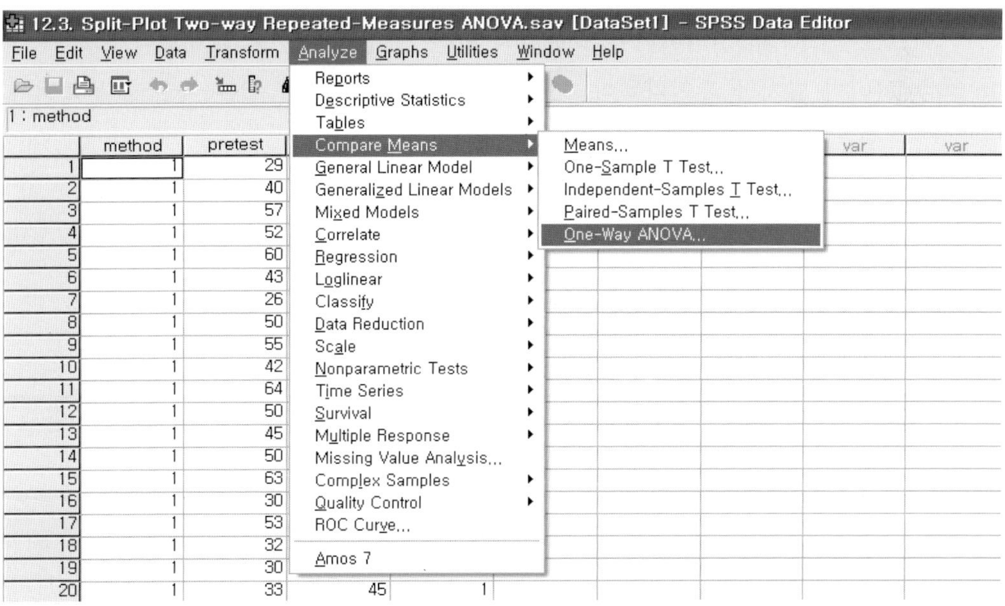

2) 변수 선택: 일원배치 분산분석(One-way ANOVA) 대화상자에 분석하고자 변수를 오른쪽 종속변수(Dependent List)란으로 이동시킨다. 사전검사(pretest)의 강의식교수법과 멀티미디어 교수법에 대한 평균의 차이에 관한 분석이므로 사전검사를 종속변수란으로, 학습방법(method)을 요인(Factor)란으로 이동한 후 확인(OK)을 선택한다.

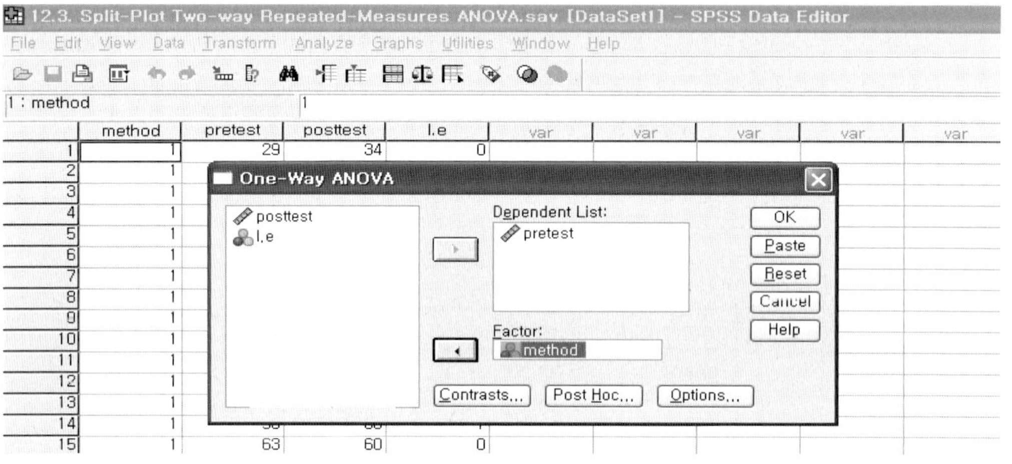

3) 분석 결과: 아래의 분산분석표(ANOVA)는 사전검사에서의 강의식 교수법과 멀티미디어 교수법에 대한 평균의 차이에 관한 분석이다. 강의식 교수법의 사전 영어 점수는 46.10, 멀티미디어 교수법의 사전 영어 점수는 48.37이었다. 2.27의 점수 차이가 났지만 유의확률이 .358이므로 평균의 차이가 없는 것으로 분석된다.

Oneway

ANOVA

pretest

	Sum of Squares	df	Mean Square	F	Sig.
Between Groups	77.067	1	77.067	.857	.358
Within Groups	5213.667	58	89.891		
Total	5290.733	59			

2. 사후 검사(posttest)에서 강의식 교수법(lecture)과 멀티미디어 교수법(multimedia)에 대한 평균의 차이에 관한 분석

표 12.7. 교수법(2)×검사시간(2)

		교수법		횡렬(marginal mean)
		lecture	multimedia	
검사 시간	pretest	46.10	48.37	47.23
	posttest	53.50	61.67	57.58
종렬(marginal mean)		49.80	55.02	52.41(grand mean)

1) 일원배치 분산분석(One-way ANOVA) 선택: 분석(Analyze) → 평균비교(Compare Means) → 일원배치 분산분석을 순서대로 선택한다.

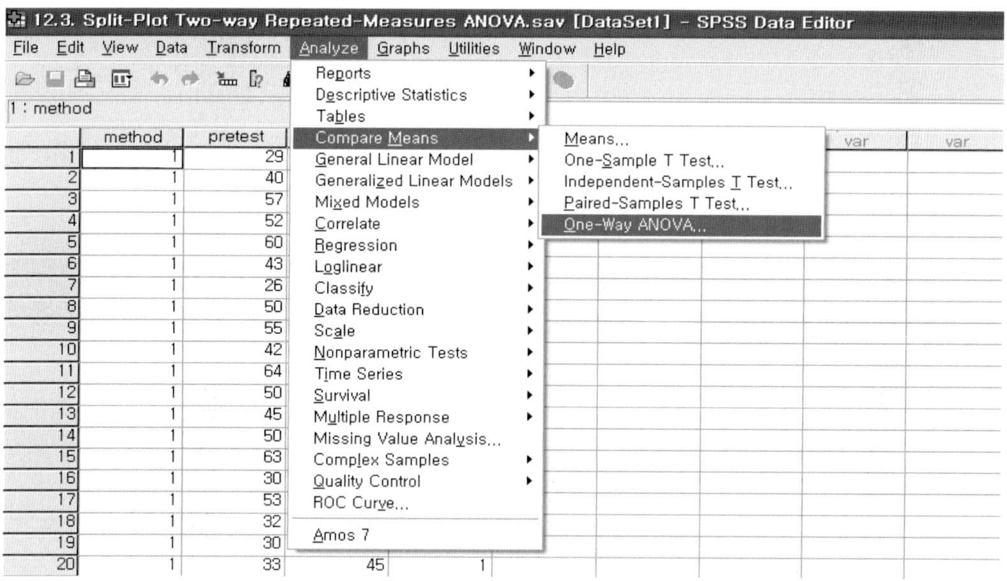

2) 변수 선택: 일원배치 분산분석(One-way ANOVA) 대화상자에 분석하고자 변수를 오른쪽 종속변수(Dependent List)란으로 이동시킨다. 사후검사(posttest)의 강의식 교수법과 멀티미디어 교수법에 대한 평균의 차이에 관한 분석이므로 사전검사를 종속변수란으로, 교수법(method)을 요인(Factor)란으로 이동한 후 확인(OK)을 선택한다.

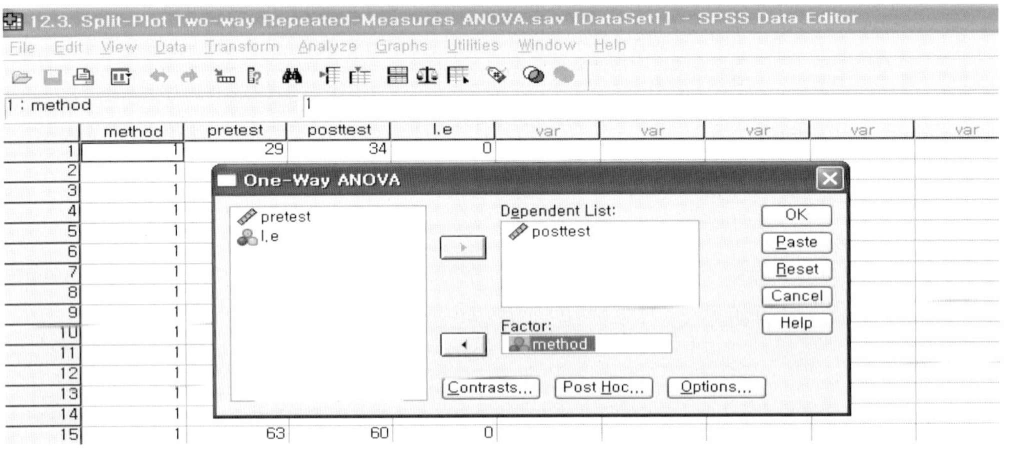

3) 분석 결과: 아래의 분산분석표는 사후검사에서의 강의식 교수법과 멀티미디어 교수법에 대한 평균의 차이에 관한 분석이다. 강의식 교수법의 사후 영어 점수는 53.50, 멀티미디어 교수법의 사후 영어 점수는 61.67이었다. 8.17의 점수 차이는유의확률이 .000이므로 평균의 차이가 있는 것으로 분석된다. 따라서 이 조건에서 상호작용이 일어났다고 추정할 수 있다.

Oneway

ANOVA

posttest

	Sum of Squares	df	Mean Square	F	Sig.
Between Groups	1000.417	1	1000.417	17.614	.000
Within Groups	3294.167	58	56.796		
Total	4294.583	59			

3. 강의식(lecture) 교수법에 대한 사전검사(pretest)와 사후검사(posttest)의 평균의 차이에 관한 분석

표 12.8. 교수법(2)×검사시간(2)

		교수법		횡렬(marginal mean)
		lecture	multimedia	
검사 시간	pretest	46.10	48.37	47.23
	posttest	53.50	61.67	57.58
종렬(marginal mean)		49.80	55.02	52.41(grand mean)

1) 케이스 선택(Select Cases): 데이터(Data) → 케이스선택(Select Cases)을 순서대로 선택한다. 케이스 선택은 자료의 분석 과정에서 전체 케이스를 사용하지 않고 일부분의 케이스를 사용할 때 케이스 선택(Select Cases)을 사용한다.

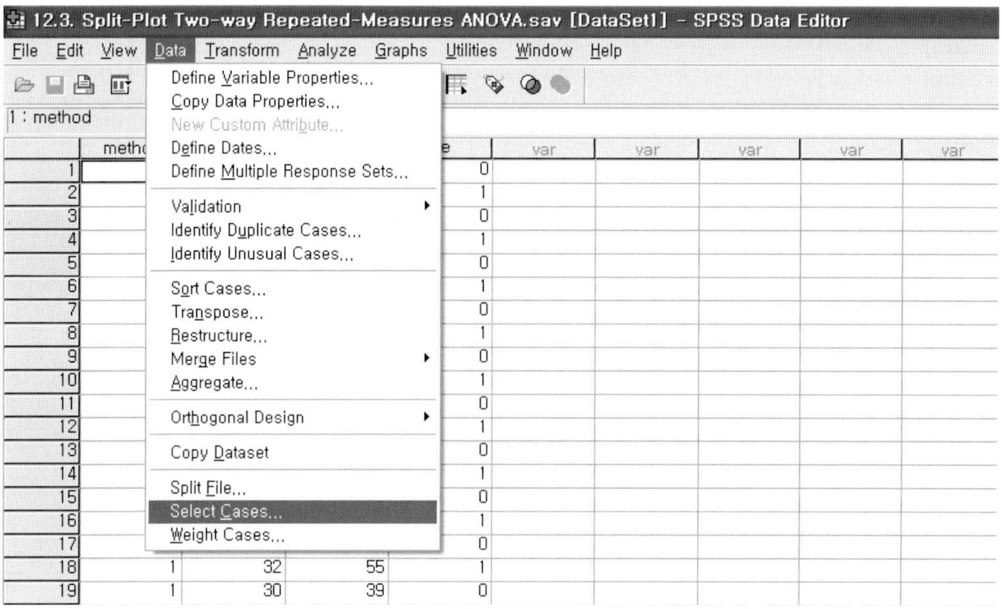

2) 선택(Select): 디폴트(Defaults) 상태인 전체 케이스(All cases)에서 조건을 만족하는 케이스(If condition is satisfied)를 선택한 후 조건(If)을 선택한다.

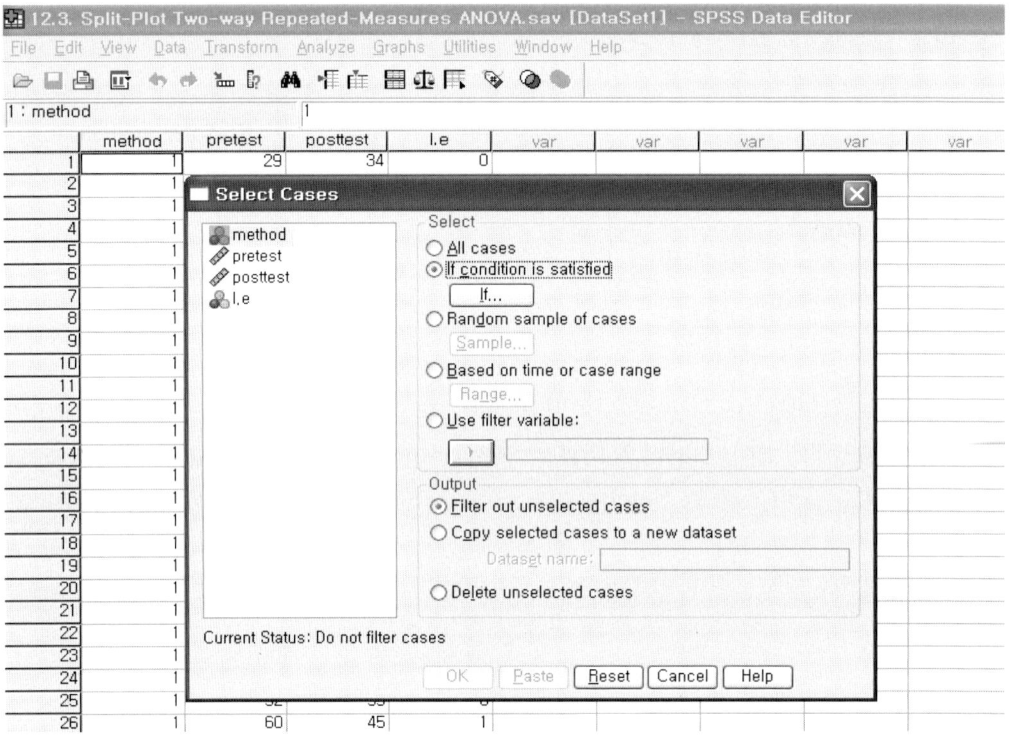

3) 조건(If): 선택하고자하는 케이스를 선택하여 오른쪽으로 옮긴 후 조건 표현식을 입력한다. 여기서는 교수법(method)을 선택한 후 lecture는 '1', multimedia는 '2'로 코딩이 되었기 때문에 '1'을 선택하여 입력하면 'lecture'는 선택되고 'multimedia'는 선택되지 않은 것을 알 수 있다.

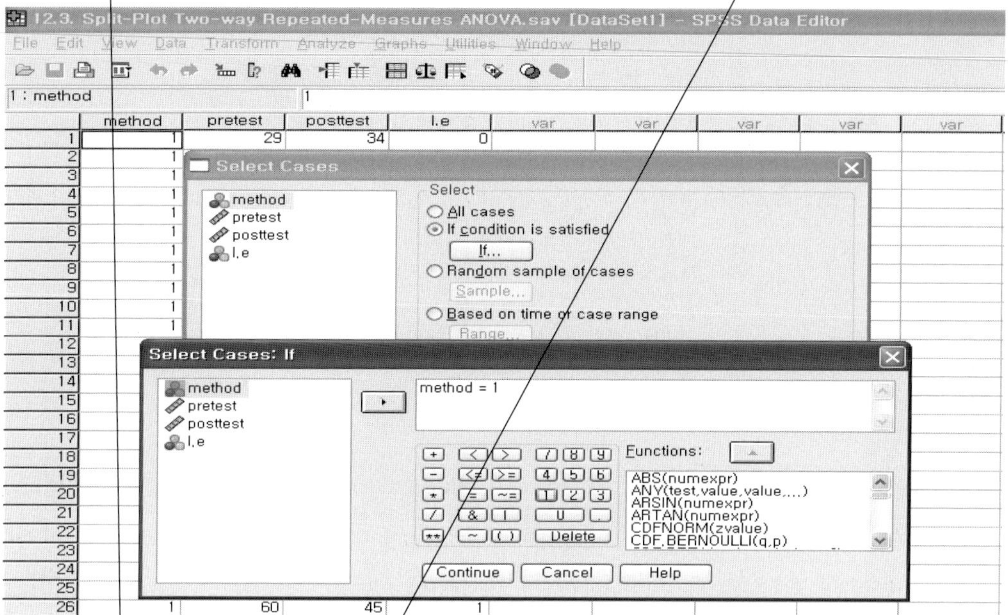

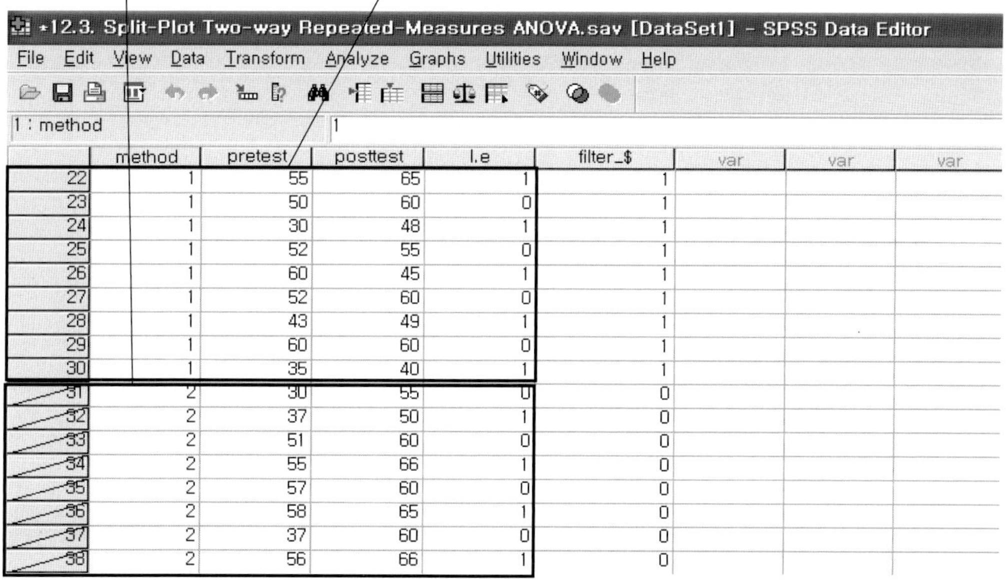

4) 반복측정(Repeated Measures) 선택: 분석(Analyze) → 일반선형모형(General Linear Model) → 반복측정(Repeated Measures)을 순서대로 선택한다.

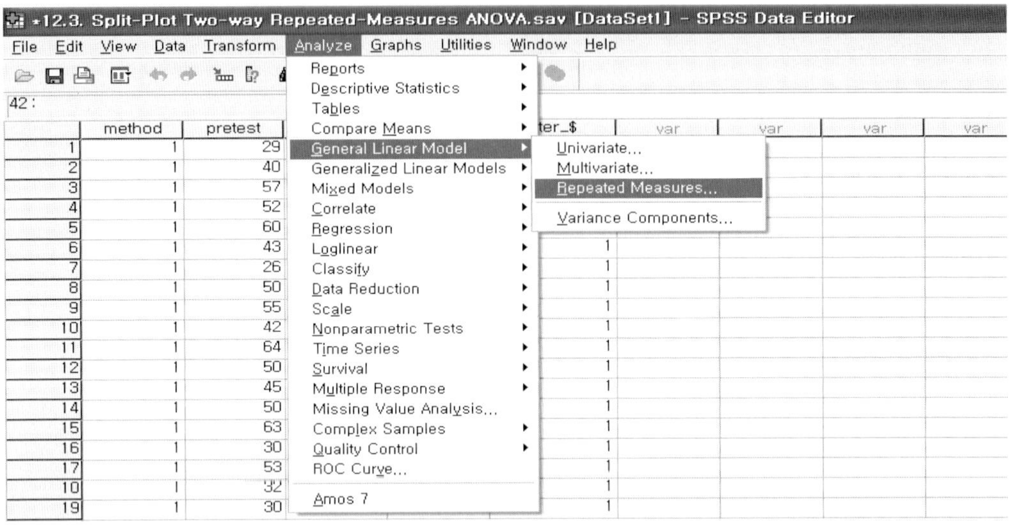

5) 반복측정 요인정의(Repeated Measures Define Factors): 개체-내 요인이름(Within-Subject Factor Name)에 요인명명(factor labeling)이 pretest와 posttest 이므로 'test'를 입력한 후 수준의 수(Number of Levels)에 2번의 측정이므로 '2'를 입력하고 추가(Add)를 선택한 후 정의(Define)를 선택한다.

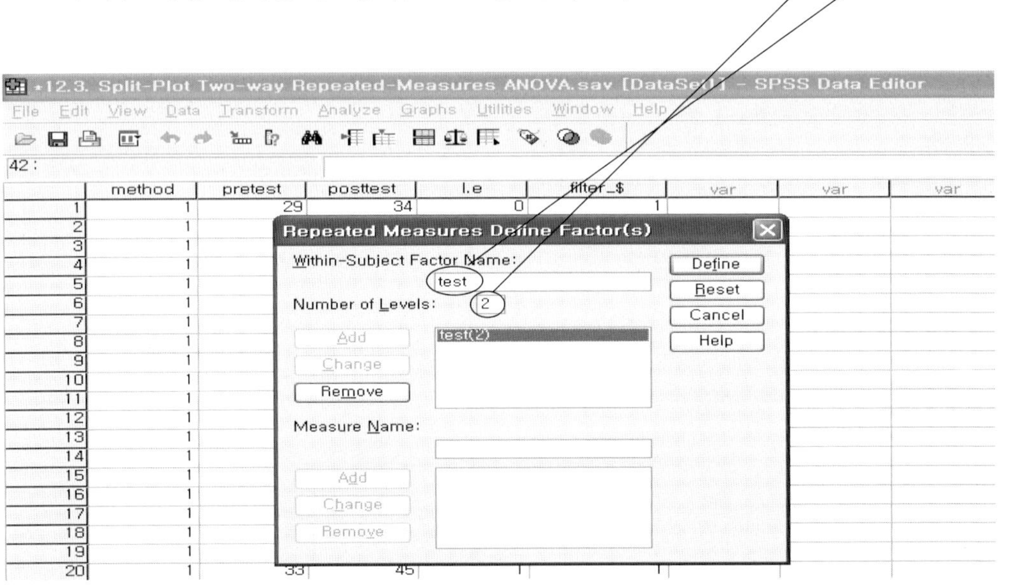

6) 반복측정(Repeated Measures): pretest를 개체-내 변수(Within-Subjects Variables)(1)로, posttest를 개체-내 변수(2)로 옮긴 후 선택(Options)을 선택한다.

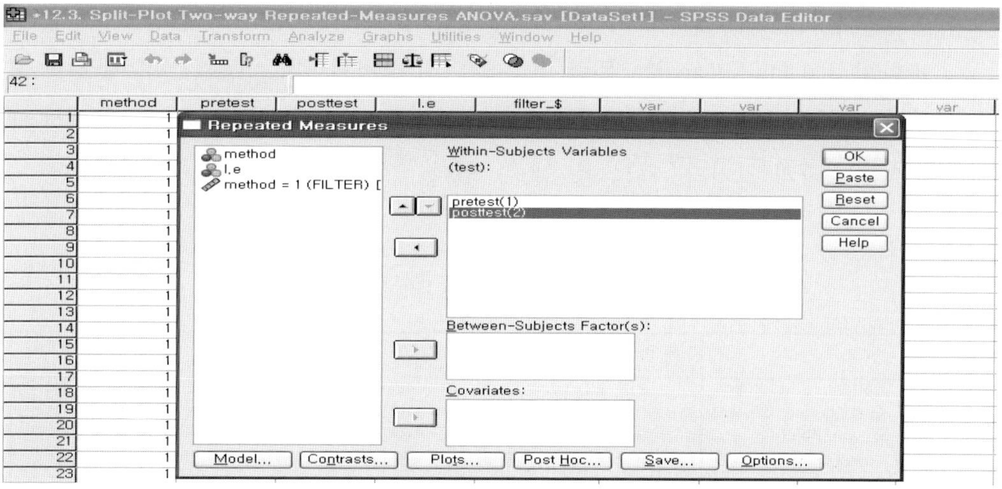

7) 옵션(Options) 선택: 옵션 대화상자에서 효과의 크기(effect size)를 알아보기 위하여 '효과크기의 추정(Estimates of effect size)'를 선택한 후 계속(Continue)을 선택한다.

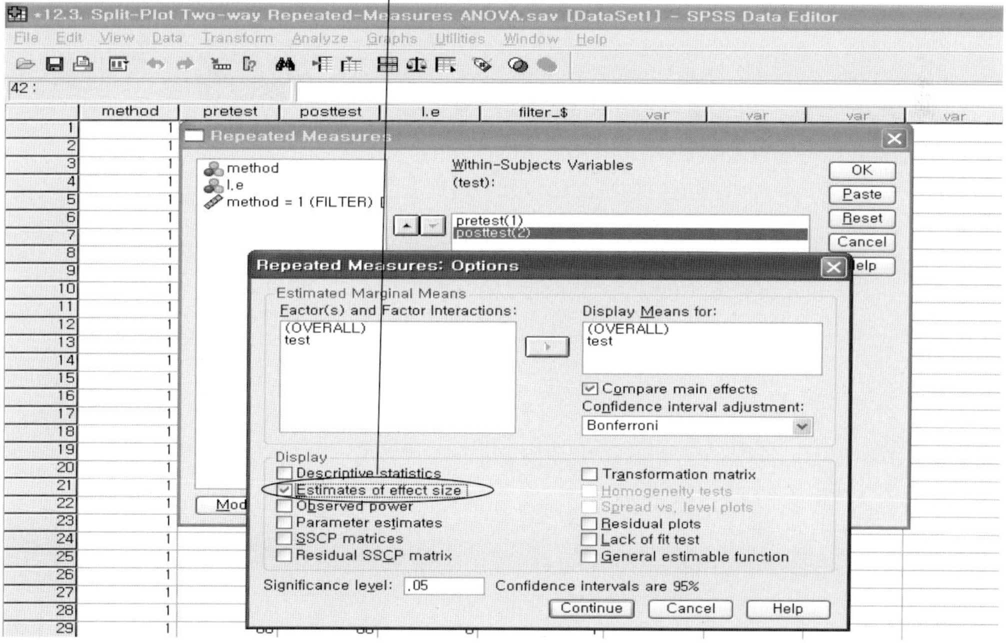

8) 분석 결과: 아래의 표는 강의식 교수법에 대한 사전검사와 사후검사의 평균의 차이에 관한 분석이다. 사전 검사의 영어 점수는 46.10, 사후 검사의 영어 점수는 53.50이었다. 7.4의 점수 차이는 유의확률이 .000이므로 평균의 차이가 있는 것으로 분석된다. 따라서 이 조건에서 상호작용이 일어났다고 추정할 수 있다. 또한 Partial Eta Squared는 독립 변수에 의해 설명되어지는 종속 변수에 대한 효과의 크기를 나타낸다. 다시 말해서 사전검사와 사후검사에서 나타난 강의식 교수법의 효과의 크기가 .472임을 알 수 있다.

Tests of Within-Subjects Effects

Measure: MEASURE_1

Source		Type III Sum of Squares	df	Mean Square	F	Sig.	Partial Eta Squared
test	Sphericity Assumed	821.400	1	821.400	25.931	.000	.472
	Greenhouse-Geisser	821.400	1.000	821.400	25.931	.000	.472
	Huynh-Feldt	821.400	1.000	821.400	25.931	.000	.472
	Lower-bound	821.400	1.000	821.400	25.931	.000	.472
Error(test)	Sphericity Assumed	918.600	29	31.676			
	Greenhouse-Geisser	918.600	29.000	31.676			
	Huynh-Feldt	918.600	29.000	31.676			
	Lower-bound	918.600	29.000	31.676			

4. 멀티미디어(multimedia) 교수법에 대한 사전검사(pretest)와 사후검사(posttest)의 평균의 차이에 관한 분석

표 12.9. 교수법(2)×검사시간(2)

		교수법		횡렬(marginal mean)
		lecture	multimedia	
검사 시간	pretest	46.10	48.37	47.23
	posttest	53.50	61.67	57.58
종렬(marginal mean)		49.80	55.02	52.41(grand mean)

1) 케이스 선택(Select Cases): 데이터(Data) → 케이스선택(Select Cases)을 순서대로 선택한다. 케이스 선택은 자료의 분석 과정에서 전체 케이스를 사용하지 않고 일부분의 케이스를 사용할 때 케이스 선택(Select Cases)을 사용한다.

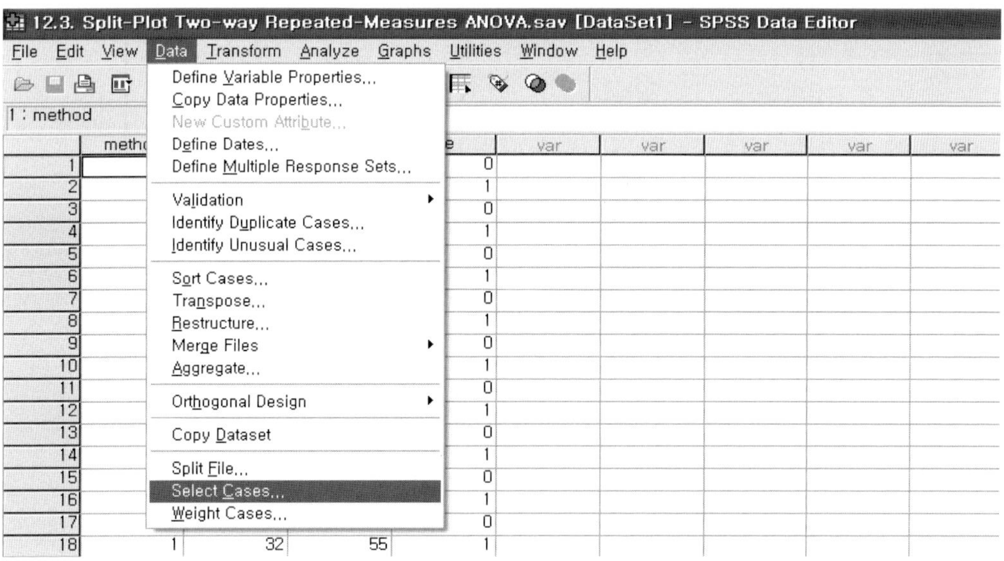

2) 선택(Select): 디폴트(Defaults) 상태인 전체 케이스(All cases)에서 조건을 만족하는 케이스(If condition is satisfied)를 선택한 후 조건(If)을 선택한다.

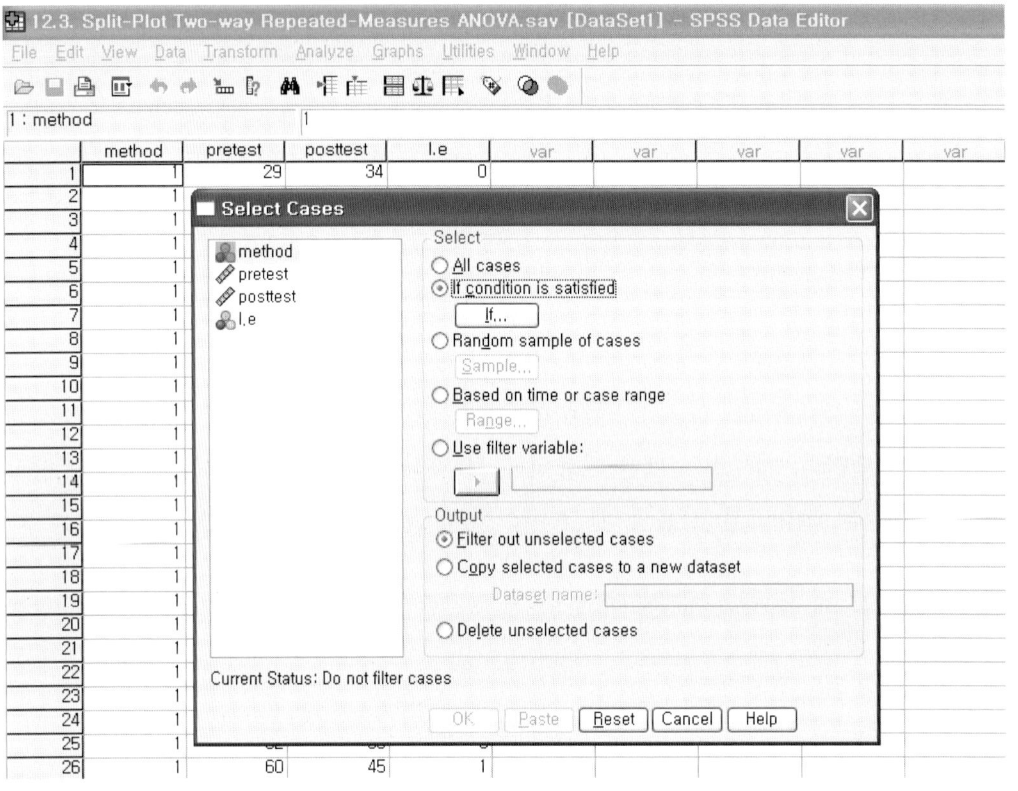

3) 조건(If): 선택하고자하는 케이스를 선택하여 오른쪽으로 옮긴 후 조건 표현식을 입력한다. 여기서는 교수법(method)을 선택한 후 lecture는 '1', multimedia는 '2'로 코딩이 되었기 때문에 '2'를 선택하여 입력하면 multimedia는 선택되고 lecture는 선택되지 않은 것을 알 수 있다.

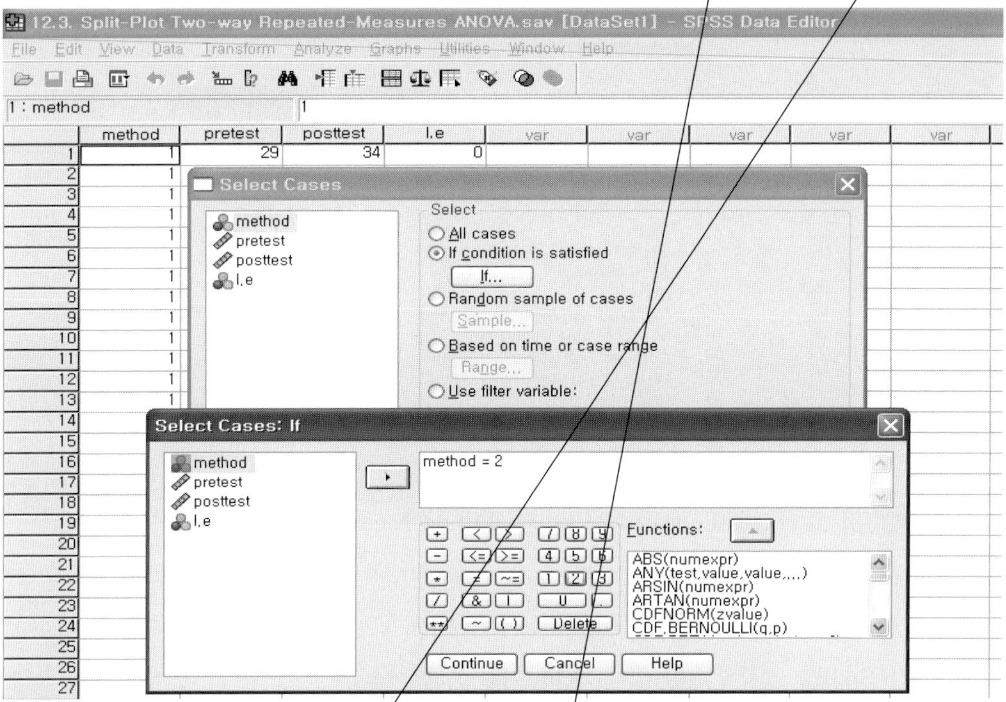

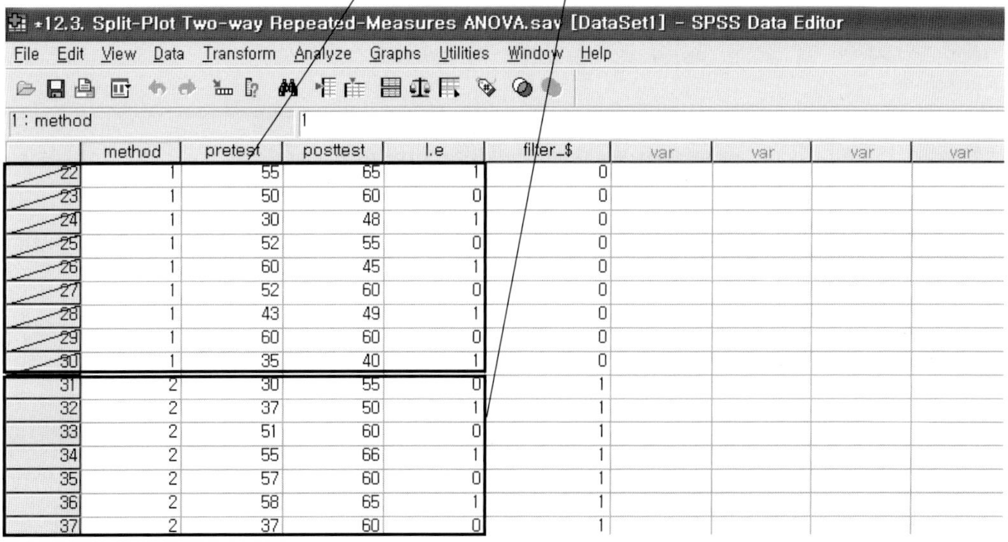

4) 반복측정(Repeated Measures) 선택: 분석(Analyze) → 일반선형모형(General Linear Model) → 반복측정(Repeated Measures)을 순서대로 선택한다.

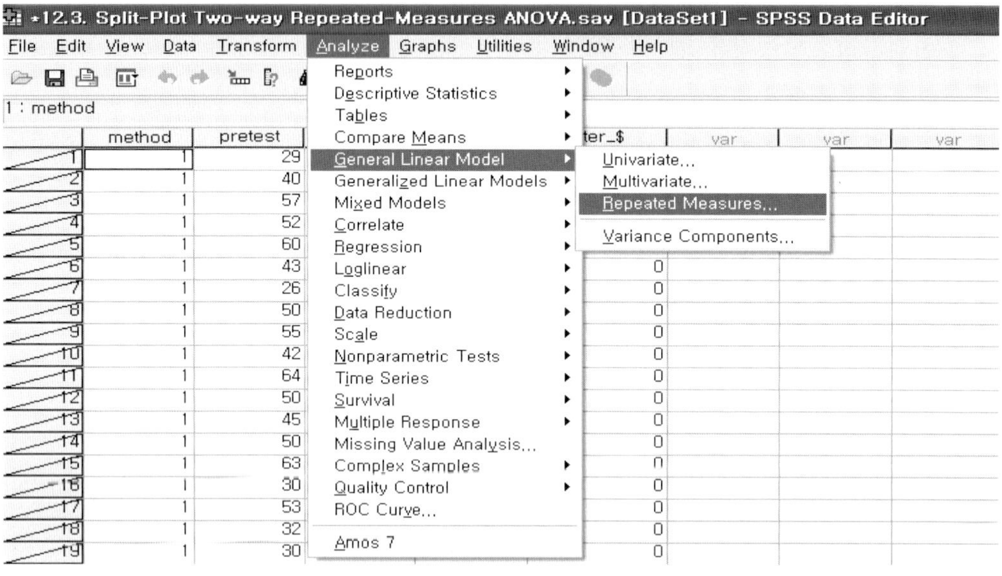

5) 반복측정 요인정의(Repeated Measures Define Factors): 개체-내 요인이름(Within-Subject Factor Name)에 요인명명(factor labeling)이 pretest와 posttest 이므로 'test'를 입력한 후 수준의 수(Number of Levels)에 2번의 측정이므로 '2'를 입력하고 추가(Add)를 선택한 후 정의(Define)를 선택한다.

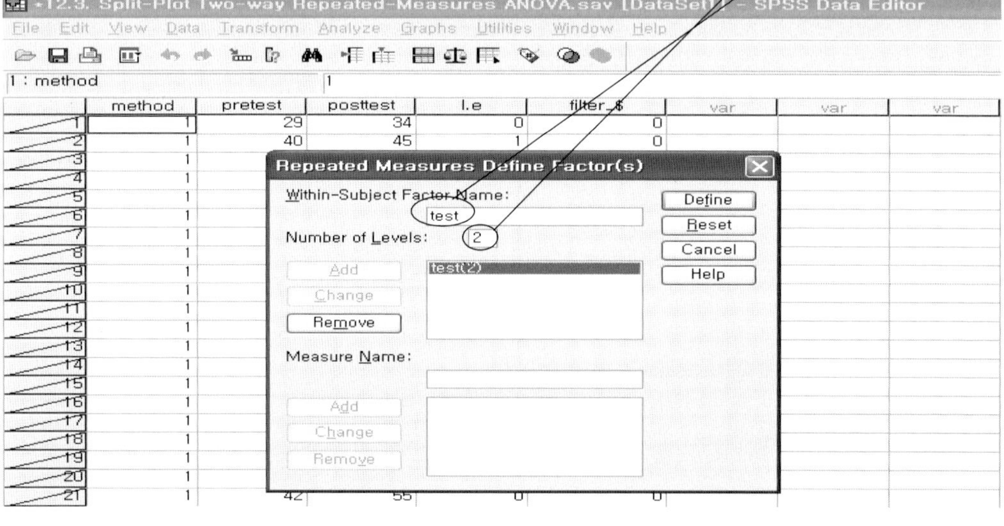

6) 반복측정(Repeated Measures): pretest를 개체-내 변수(Within-Subjects Variables)(1)로, posttest를 개체-내 변수(2)로 옮긴 후 선택(Options)을 선택한다.

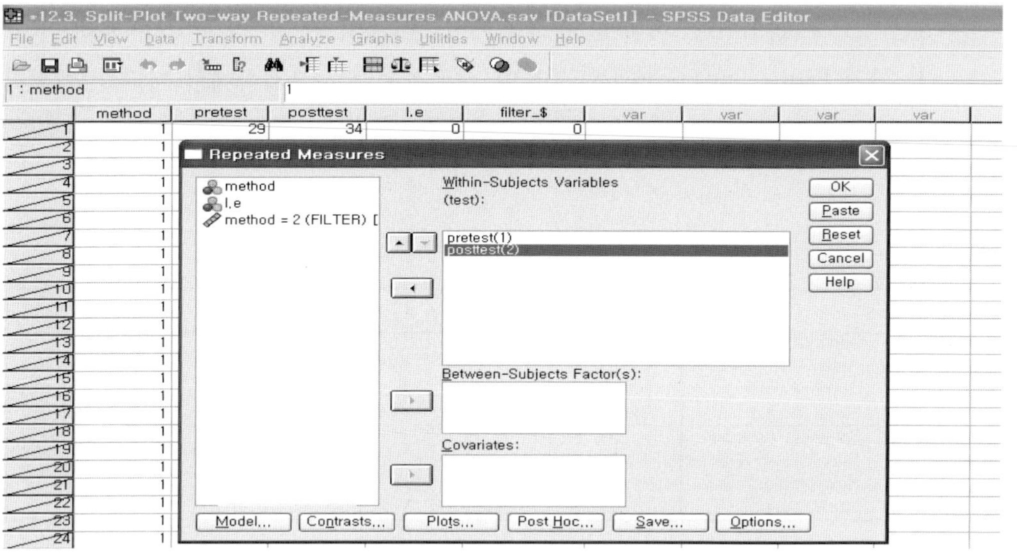

7) 옵션(Options) 선택: 옵션 대화상자에서 효과의 크기(effect size)를 알아보기 위하여 '효과크기의 추정(Estimates of effect size)'를 선택한 후 계속(Continue)을 선택한다.

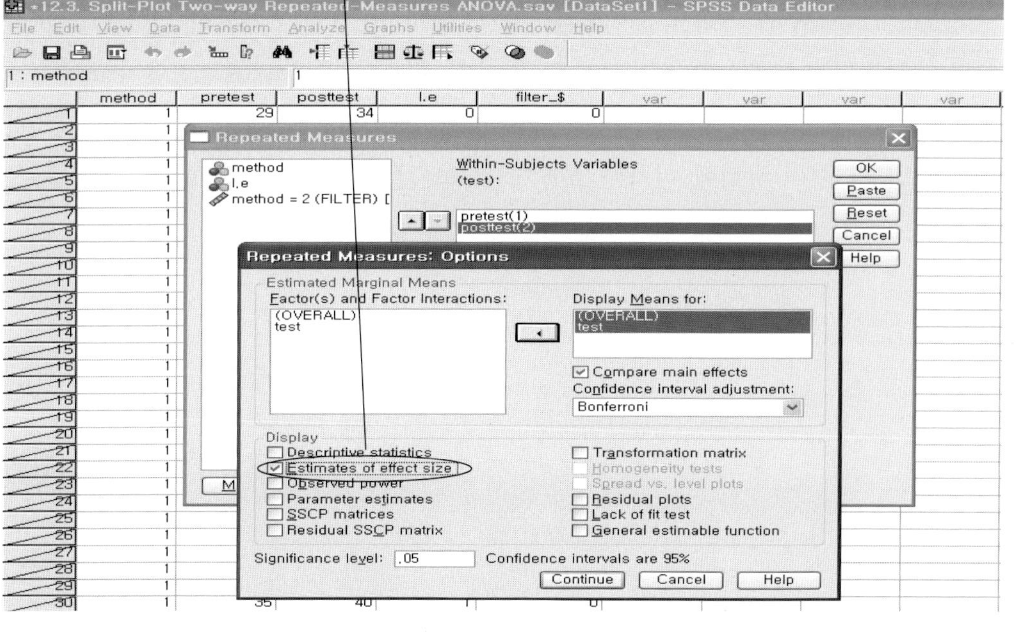

8) 분석 결과: 아래의 결과는 멀티미디어 교수법에 대한 사전검사와 사후검사의 평균의 차이에 관한 분석이다. 사전 검사의 영어 점수는 48.37, 사후 검사의 영어 점수는 61.67이었다. 13.30의 점수 차이는 유의확률이 .000이므로 평균의 차이가 있는 것으로 분석된다. 따라서 이 조건에서 상호작용이 일어났다고 추정할 수 있다. 한편 Partial Eta Squared를 통하여 사전검사와 사후검사에서 나타난 멀티미디어교수법의 효과의 크기가 .819임을 알 수 있다.

Tests of Within-Subjects Effects

Measure: MEASURE_1

Source		Type III Sum of Squares	df	Mean Square	F	Sig.	Partial Eta Squared
test	Sphericity Assumed	2653.350	1	2653.350	131.276	.000	.819
	Greenhouse-Geisser	2653.350	1.000	2653.350	131.276	.000	.819
	Huynh-Feldt	2653.350	1.000	2653.350	131.276	.000	.819
	Lower-bound	2653.350	1.000	2653.350	131.276	.000	.819
Error(test)	Sphericity Assumed	586.150	29	20.212			
	Greenhouse-Geisser	586.150	29.000	20.212			
	Huynh-Feldt	586.150	29.000	20.212			
	Lower-bound	586.150	29.000	20.212			

위의 결과를 종합하면 다음과 같다. 사전・사후 검사(pre-/post-test)에서 강의식 교수법과 멀티미디어 교수법에 대한 평균의 차이에 관한 일원배치 분산분석결과는 상호작용이 일어나지 않았다. 그러나 두 가지 교수법(lecture/multimedia)에 대한 사전・사후 검사(pre-/post-test)의 평균의 차이에 관한 반복측정 분산분석(Repeated Measures ANOVA) 결과는 유의확률이 모두 .000이므로 상호작용이 일어났다. 또한 멀티미디어 교수법의 Partial Eta Squared가 .819로 강의식 교수법의 Partial Eta Squared .472보다 높은 것을 알 수 있다. 다시 말해서 멀티미디어 교수법이 강의식 교수법보다 영어 능력에 미치는 효과가 더 크다는 것을 알 수 있다.

* 이원배치 반복측정과 분할 이원배치 반복측정 분산분석의 공통점과 차이점

이원배치 반복측정과 분할 이원배치 반복측정은 집단내의 표본으로부터 동일한 속성을 반복측정하여 주효과와 상호작용 효과를 검정한다는 공통점을 가지고 있다. 그러나 이원배치 반복측정은 집단내 두 개의 독립 변수를 측정하여 개체-내 효과 검정(Within-Subjects Effects)을 알 수 있지만 분할 이원배치 반복측정은 집단내 한 개의 독립 변수를 측정하여 개체-내 효과 검정과 아울러 집단간 한 개의 독립 변수를 측정하여 개체-간 효과 검정(Between-Subjects Effects)을 알 수 있다. 따라서 상호작용 효과에서는 이원배치 반복측정은 두 가지의 개체-내 주효과 사이의 상호작용이고, 반면에 분할 이원배치 반복측정은 한 가지의 개체-내 주효과와 또 다른 한 가지의 개체-간 주효과 사이의 상호작용을 보여준다.

위의 개념을 다음의 사례에 적용해 보자. 이원배치 반복 측정시 개체-내 반복측정의 독립 변수가 시간(사전 · 사후 검사)과 언어(한국어, 영어)일 때 개체-내 효과검정을 통해 시간의 효과와 언어의 효과를 알 수 있으며 개체-내 시간과 언어의 상호작용 효과(시간×언어)도 알 수 있다. 그러나 분할 이원배치 반복측정은 개체-내 반복측정의 독립변수가 시간(사전 · 사후 영어 검사)과 개체-간 독립변수 교수법(강의식, 멀티미디어)일 때 개체-내 효과검정을 통해 시간의 효과를 알 수 있으며 개체-간 효과검정을 통해 교수법의 효과를 알 수 있다. 또한 개체-내 독립 변수(시간)와 개체-간 독립 변수(교수법)의 상호작용 효과(시간×교수법)를 알 수 있다.

표 12.10. 이원배치 반복측정과 분할 이원배치 반복측정의 공통점과 차이점

	이원배치 반복측정	분할이원배치 반복측정
집단의 수(number of group)	1개 집단	2개 집단
독립변수의 수 (number of independent variable)	2개	2개
개체-내 주효과 (Within-Subjects Main Effect)	○	○
개체-간 주효과 (Between-Subjects Main Effect)	×	○
개체-내 상호작용 효과 (Within-Subjects Interaction Effect)	○	×
개체-내 · 개체-간 상호작용 효과 (Within- · Between-Subjects Interaction Effect)	×	○

13. 공분산분석(ANCOVA: Analysis of Covariance)

독립 변수가 종속변수에 동일하게 영향을 미치는지 검정하고자 할 때, 검정하고자 하는 독립 변수이외의 다른 매개 변수(제3의 변수)가 종속변수에 영향을 미칠 수 있으므로 매개 변수(제3의 변수)를 통제함으로써 독립 변수의 효과를 정확하게 검정할 수 있다. 이때 통제 변수(제3의 변수)는 반드시 구간·비율척도이어야 한다(Baayen, 2008). 예를 들어, 영어권 국가의 거주기간이고 영어 교수법에 따른 영어 점수의 차이를 분석할 때, 각 집단에 속해 있는 피실험자의 영어권 국가 거주기간이 영어 노출의 양에 영향을 미칠 수 있다. 따라서 이 매개 변수(거주 기간)를 공변량(covariate: 종속변수와 선형적 관계(linear relationship)가 있고 이미 존재하는 집단간의 차이에 영향을 미치는 변수)으로 통제하지 않고 분석하였을 경우 독립변수인 영어 교수법이 종속변수인 영어 점수에 정확하게 영향을 미치는지 검정하기 어렵다. 그러므로 매개 변수인 거주기간을 공변량으로 통제하여 이미 존재하는 언어 능력에 관한 집단간의 차이를 조정한 후 영어 교수법의 효과의 검정력을 높일 수 있다.

공분산분석(ANCOVA) 절차

1) 공분산분석(ANCOVA) 선택: 분석(Analyze) → 일반선형모형(General Linear Model) → 일변량(Univariate)을 순서대로 선택한다.

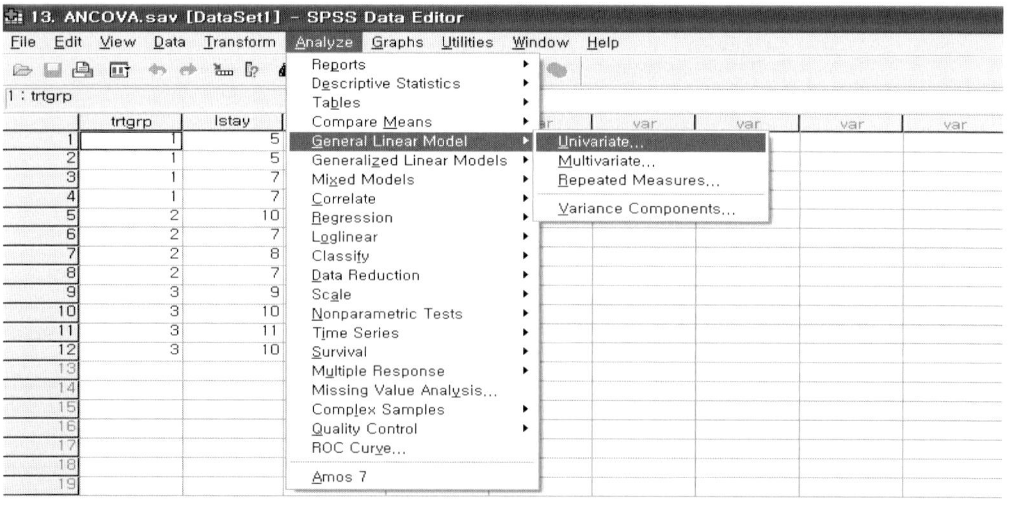

아래의 변수 보기(Variable View)에서 보듯이 영어 교수법이 세 가지인 것을 알 수 있다.

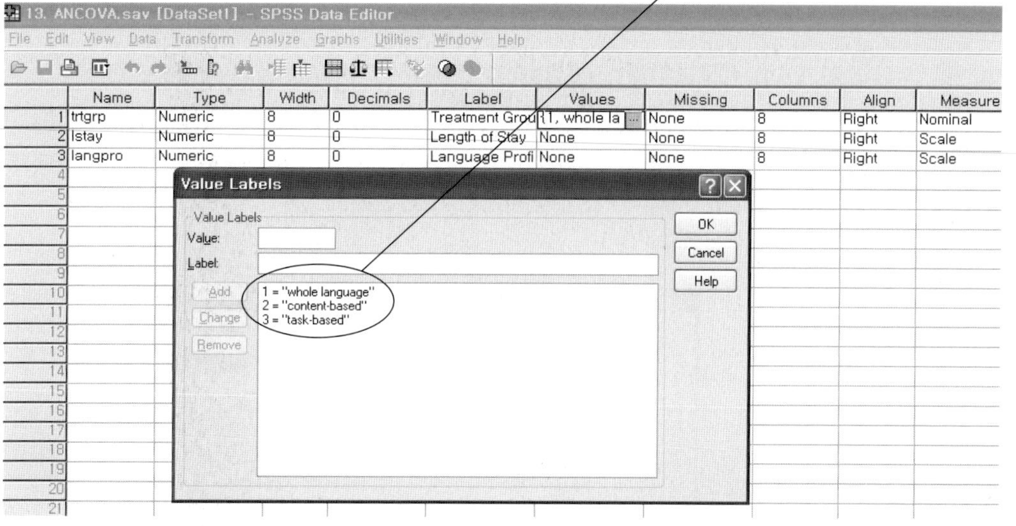

2) 변수(Variable) 선택: 일변량(Univariate) 대화상자에서 분석하고자하는 변수(Variable)를 선택하여 오른쪽 종속변수(Dependent Variable), 모수요인(Fixed Factor), 공변량(Covariate)상자로 이동시킨다.

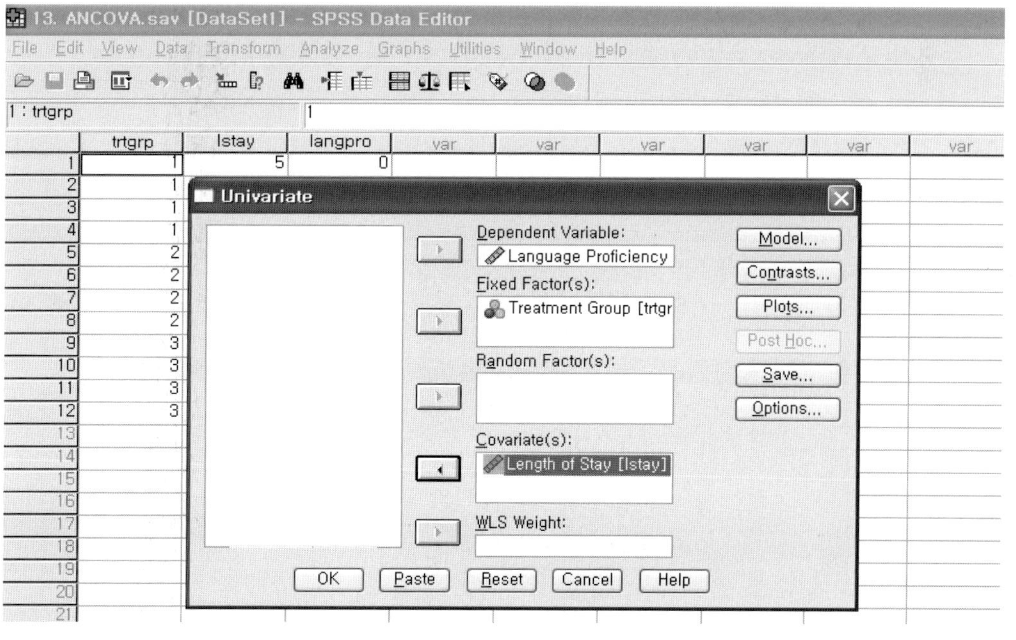

3) 옵션(Options) 선택: 일변량(Univariate) 대화상자에서 옵션(Options)을 클릭한다. 주효과 비교(Compare main effects), 기술통계분석등 검정하고자 하는 것을 선택한 후 계속(Continue)을 선택한다.

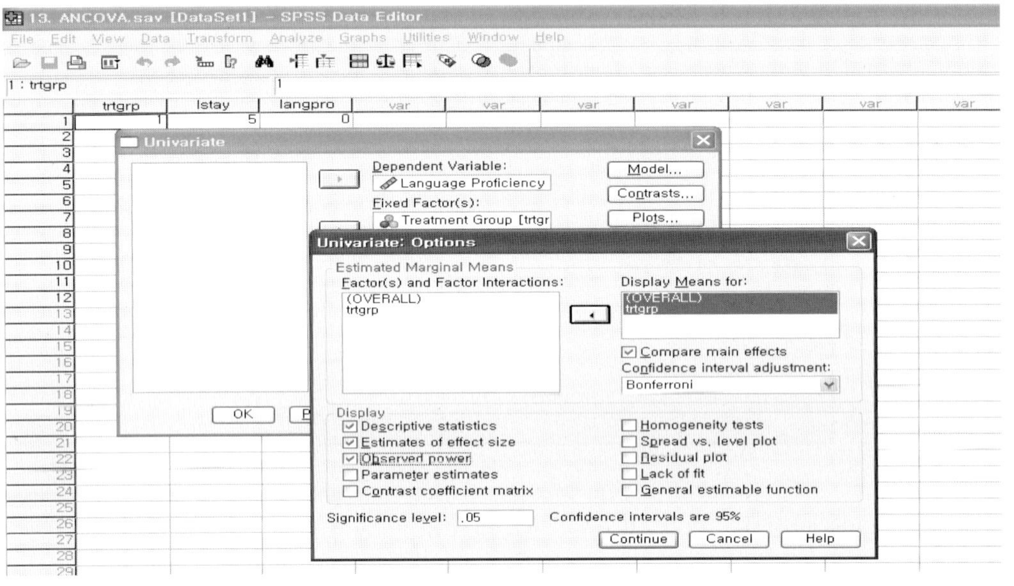

4) 모델(Model): 모델을 선택한 후 제곱합(Sum of Square)에서 독립 변수의 표본의크기가 같고 독립 변수가 분류적(classificatory)이며 동시에 공변량이 종속변수와 선형적 관계(linear relationship)가 있기에 'Type I'을 선택한다.

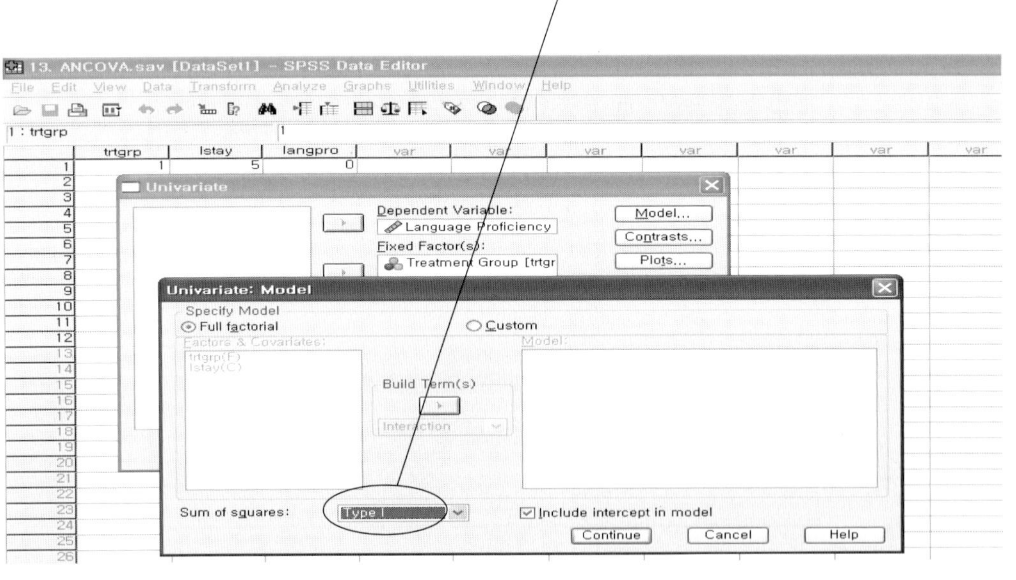

5) 분석 결과(Result): 일변량(Univariate) 대화상자가 나타나면 확인(OK)을 선택한다. 개체-간 요인(Between-Subjects Factors), 기술통계량(Descriptive Statistics), 오차 분산의 동일성에 대한 Levene의 검정(Levene's Test of Equality of Error Variances), 개체-간 효과 검정(Tests of Between-Subjects Effects)등의 결과(Output)가 출력된다. 분석 과정 중에서 무엇을 선택하느냐에 따라서 생성되는 표들은 달라질 수 있다.

Univariate Analysis of Variance

Between-Subjects Factors

		Value Label	N
Treatment Group	1	whole language	4
	2	content-based	4
	3	task-based	4

각각의 영어 교수법에 따른 사례수를 나타낸다. 즉, 총체적 언어 교수법(whole language) 4명, 내용중심 교수법(content-based) 4명, 과업중심 교수법(task-based) 4명임을 알 수 있다.

Descriptive Statistics

Dependent Variable: Language Proficiency

Treatment Group	Mean	Std. Deviation	N
whole language	1.00	.816	4
content-based	1.50	.577	4
task-based	3.50	.577	4
Total	2.00	1.279	12

기술통계량은 평균, 표준편차, 사례수를 알 수 있다. 결과에 의하면 과업 중심 교수법(task-based)이 다른 교수법에 비해 언어 능력에 향상에 도움을 주었다.

Levene's Test of Equality of Error Variances [a]

Dependent Variable: Language Proficiency

F	df1	df2	Sig.
1.979	2	9	.194

Tests the null hypothesis that the error variance of the dependent variable is equal across groups.

a. Design: Intercept+lstay+trtgrp

오차 분산의 동일성에 대한 Levene의 검정에 의하면 유의확률이 .194이다. 즉, 오차 분산이 동일하다는 것이다. 언어 교수법에 따라 언어 능력의 오차분산이 동일하다.

Tests of Between-Subjects Effects

Dependent Variable: Language Proficiency

Source	Type I Sum of Squares	df	Mean Square	F	Sig.	Partial Eta Squared	Noncent. Parameter	Observed Power[a]
Corrected Model	16.083[b]	3	5.361	22.377	.000	.894	67.130	1.000
Intercept	48.000	1	48.000	200.348	.000	.962	200.348	1.000
lstay	14.205	1	14.205	59.289	.000	.881	59.289	1.000
trtgrp	1.879	2	.939	3.921	.065	.495	7.842	.532
Error	1.917	8	.240					
Total	66.000	12						
Corrected Total	18.000	11						

a. Computed using alpha = .05

b. R Squared = .894 (Adjusted R Squared = .854)

분산분석표(개체-간 효과 검정)에 의하면 공변량인 체류기간의 유의확률이 .000이므로 언어 능력에 영향을 준다고 할 수 있으며 공변량으로서의 의미가 있다고 할 수 있다. 공변량의 효과를 통제한 상태에서의 언어 교수법에 대한 유의확률이 .065이다. 따라서 언어교수법에 따른 언어능력의 차이가 있다고 할 수 없다.

* 공분산분석(ANCOVA) 검정통계량

표 13.1.

whole language		content-based		task-based	
체류기간(X)	영어점수(Y)	체류기간(X)	영어점수(Y)	체류기간(X)	영어점수(Y)
5	0	10	2	9	3
5	1	7	1	10	4
7	2	8	2	11	4
7	1	7	1	10	3
n_j:	4	4		4	
mean:6.0	1.0	8.0	1.5	10.0	3.5
$\overline{X}_{..}=8.0,\ \overline{Y}_{..}=2.0 \qquad N=12$					

1. $SS_{betw(adj)} = SS_{Y\,betw} + \dfrac{(SP_{XY\,with})^2}{SS_{X\,with}} - \dfrac{(SP_{XY\,Total})^2}{SS_{X\,Total}}$

2. $SS_{Cov} = \dfrac{(SP_{XY\,Total})^2}{SS_{X\,Total}}$

3. $SS_{with(adj)} = SS_{Y\,with} - \dfrac{(SP_{XY\,with})^2}{SS_{X\,with}}$

4. $SS_{Total} = \sum_{j=1}^{J}\sum_{i=1}^{n_j}(\overline{Y}_{ij} - \overline{Y}_{..})^2$

Tests of Between-Subjects Effects

Dependent Variable: Language Proficiency

Source	Type I Sum of Squares	df	Mean Square	F	Sig.
Corrected Model	16.083[a]	3	5.361	22.377	.000
Intercept	48.000	1	48.000	200.348	.000
LSTAY	14.205	1	14.205	59.289	.000
TRTGRP	1.879	2	.939	3.921	.065
Error	1.917	8	.240		
Total	66.000	12			
Corrected Total	18.000	11			

a. R Squared = .894 (Adjusted R Squared = .854)

$$1.\ SS_{betw(adj)} = SS_{Y\,betw} + \frac{(SP_{XY\,with})^2}{SS_{X\,with}} - \frac{(SP_{XY\,Total})^2}{SS_{X\,Total}} = 14 + \frac{(5)^2}{12} - \frac{(25)^2}{44} = 1.879$$

$$2.\ SS_{Cov} = \frac{(SP_{XY\,Total})^2}{SS_{X\,Total}} \frac{(25)^2}{44} = 14.205$$

$$3.\ SS_{with} = SS_{Y\,with} - \frac{(SP_{XY\,with})^2}{SS_{X\,with}} = 4 - \frac{(5)^2}{12} = 1.917$$

$$4.\ SS_{Total} = \sum_{j=1}^{J}\sum_{i=1}^{n_j}(\overline{Y_{ij}} - \overline{Y}..)^2 = 18.00$$

$$df_{betw(adj)} = J - 1 = 3 - 1 = 2 \quad df_{cov} = 1$$

$$df_{with(adj)} = N - J - 1 = 12 - 3 - 1 = 8$$

$$df_{Total} = N - 1 = 12 - 1 = 11$$

J: 체류기간
N: 사례수$(Case)$

p값이 .05이고 F분포표의 자유도가 $df_1 = 1$과 $df_2 = 8$일 때 F분포의 기각값(Critical Value)은 5.32이다. 이때 공변량은 체류기간에 대한 F값이 59.289로 기각값인 5.32보다 크므로 유의하다. 즉, 체류기간이 영어 능력에 영향을 미치는 것을 알 수 있다. 그러나 학습 방법에 대한 F분포표의 자유도가 $df_1 = 2$와 $df_2 = 8$일 때 F분포의 기각값은 4.46으로 학습 방법의 F값이 3.921로 기각값인 4.46보다 작으므로 유의하지 않다. 다시 말해서, 체류 기간을 통제한 후 학습 방법의 차이는 영어 능력에 영향을 미치지 않는다는 것을 알 수 있다.

* 일원배치 분산분석(One-way ANOVA)와 공분산분석(ANCOVA)의 비교

위의 공분산분석(ANCOVA) 자료를 일원배치 분산분석(One-way ANOVA)으로 분석하면 다음과 같다.

ANOVA

Language Proficiency

	Sum of Squares	df	Mean Square	F	Sig.
Between Groups	14.000	2	7.000	15.750	.001
Within Groups	4.000	9	.444		
Total	18.000	11			

ANCOVA

Tests of Between-Subjects Effects

Dependent Variable: Language Proficiency

Source	Type I Sum of Squares	df	Mean Square	F	Sig.
Corrected Model	16.083[a]	3	5.361	22.377	.000
Intercept	48.000	1	48.000	200.348	.000
LSTAY	14.205	1	14.205	59.289	.000
TRTGRP	1.879	2	.939	3.921	.065
Error	1.917	8	.240		
Total	66.000	12			
Corrected Total	18.000	11			

a. R Squared = .894 (Adjusted R Squared = .854)

검정통계량 F값의 유의확률(Sig.)이 .001로 각 교수법에 따른 영어 점수의 차이가 있다. 위의 결과를 토대로 일원배치 분산분석의 결과와 공분산분석의 결과를 비교하면 일원배치 분산분석은 각각의 교수법에 대한 영어 점수에 유의미한 결과가 나왔다. 즉, 각 교수법에 따른 영어점수의 차이가 있었지만, 공분산분석에서는 영어권 국가 거주기간을 공변량(covariate)으로 통제하였을 때 각각의 교수법에 대한 영어 점수에 유의미한 결과가 없었다 (p=.065). 즉, 각 교수법에 따른 영어점수의 차이가 없었다. 다시 말해서 거주기간의 차이가 교수법에 따른 영어점수의 차이를 검정하는데 중요한 통제 변수로 고려해야한다는 것을 추정 할 수 있다.

14. 상관분석(Correlation Analysis)

두 변수간의 연관성(relationship or association)을 알아보는 분석으로 변수간의 관계 정도 (relationship degree)를 측정한다(Maxwell & Delaney, 2004). 한 변수값이 증가할 때 다른 변수값이 증가하면 두 변수는 양적 (+: positive) 상관관계가 있다고 하고, 이와는 반대로 한 변수값이 증가할 때 다른 변수값이 감소하면 두 변수는 부적(-: negative) 상관관계가 있다고 한다. 상관분석은 변수들간의 방향과 관계 정도만을 나타내고 인과관계(causal relationship)를 나타내는 것은 아니다. 예를 들어, 토플 점수와 듣기 점수와의 관계, 또는 토플 점수와 듣기, 말하기 점수와의 관계, 또는 토플 점수와 듣기 점수, 말하기 점수 및 읽기 점수와의 관계 정도를 분석하는 것이다. 상관분석의 종류에는 일반적으로 단순상관관계(Simple Correlation), 다중상관관계(Multiple Correlation), 편상관관계(Partial Correlation)가 있다. 사용되는 변수는 순서적도, 구간척도 및 비율척도이다.

14.1. 상관분석(Correlation Analysis)

1) 상관분석(Correlation Analysis) 선택: 분석(Analyze) → 상관분석(Correlate) → 이변량상관계수 (Bivariate)를 순서대로 선택한다.

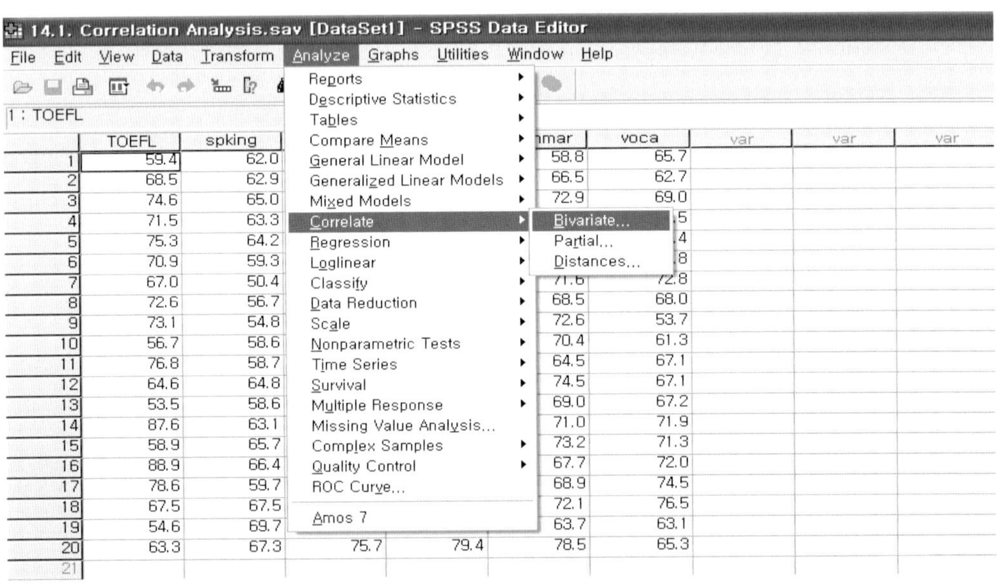

2) 변수(Variable) 선택: 이변량 상관계수(Bivariate) 대화상자에서 분석하고자하는 변수(Variable)를 선택하여 오른쪽 변수(Variable) 상자로 이동시킨다.

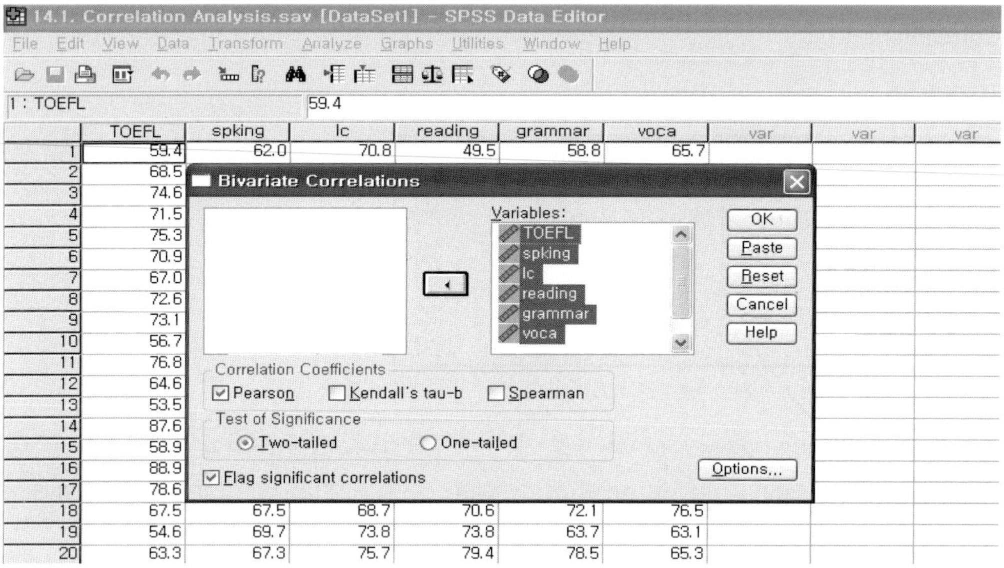

3) 옵션(Options) 선택: 이변량 상관계수(Bivariate) 대화상자에서 옵션을 선택한다. 검정하고자 하는 것을 체크한 후 계속(Continue)을 선택한다.

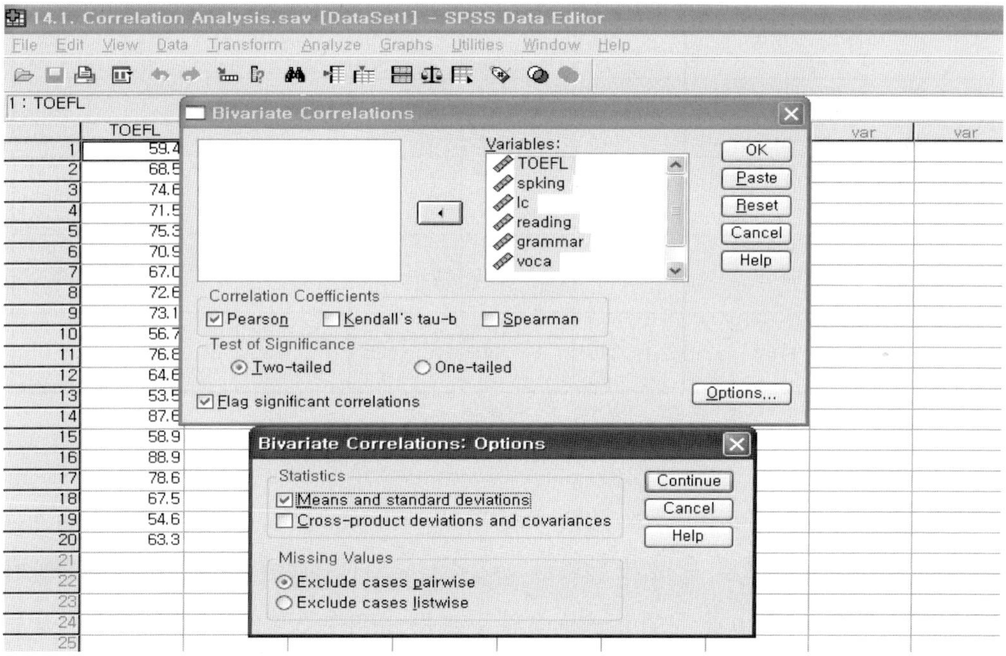

4) 분석 결과(Result): 이변량 상관계수(Bivariate) 대화상자가 나타나면 확인(OK)을 선택하면 다음과 같은 결과(Output)가 출력된다.

Correlations

Descriptive Statistics

	Mean	Std. Deviation	N
TOEFL	69.195	9.8844	20
spking	61.935	4.7962	20
lc	72.430	4.6994	20
reading	70.980	6.4320	20
grammar	69.925	4.2853	20
voca	67.195	5.8004	20

기술통계량(Descriptive Statistics)을 통하여 각각의 평균(Mean)과 표준편차(Std. Deviation), 사례수(N)를 알 수 있다. 예를 들면, 토플(TOEFL)의 평균은 69.19, 표준편차는 9.88, 사례수는 20명인 것을 알 수 있다.

Correlations

		TOEFL	spking	lc	reading	grammar	voca
TOEFL	Pearson Correlation	1	-.046	.147	.321	.074	.273
	Sig. (2-tailed)		.848	.537	.167	.758	.245
	N	20	20	20	20	20	20
spking	Pearson Correlation	-.046	1	.467*	.194	.060	.230
	Sig. (2-tailed)	.848		.038	.412	.803	.330
	N	20	20	20	20	20	20
lc	Pearson Correlation	.147	.467*	1	.249	.085	-.126
	Sig. (2-tailed)	.537	.038		.289	.721	.598
	N	20	20	20	20	20	20
reading	Pearson Correlation	.321	.194	.249	1	.613**	.130
	Sig. (2-tailed)	.167	.412	.289		.004	.585
	N	20	20	20	20	20	20
grammar	Pearson Correlation	.074	.060	.085	.613**	1	.056
	Sig. (2-tailed)	.758	.803	.721	.004		.815
	N	20	20	20	20	20	20
voca	Pearson Correlation	.273	.230	-.126	.130	.056	1
	Sig. (2-tailed)	.245	.330	.598	.585	.815	
	N	20	20	20	20	20	20

*. Correlation is significant at the 0.05 level (2-tailed).

**. Correlation is significant at the 0.01 level (2-tailed).

상관관계 분석을 통하여 말하기(speaking)와 듣기(listening comprehension)의 관계는 유의수준 .05에서 .467로 말하기 능력이 높을수록 듣기 능력이 높아지는 상관관계가 나타났다. 읽기(reading)와 문법(grammar)의 관계는 유의수준 .01에서 .613으로 문법능력이 높을수록 읽기능력이 높아지는 상관관계가 있는 것으로 나타났다.

* Pearson의 상관계수 r (Pearson's Correlation r)

다음은 이변량 상관계수에서 나타난 듣기와 말하기의 Pearson r (.467)의 값을 구하는 공식과 과정이다. (X: 듣기, Y: 말하기)

$$r = \frac{S_{xy}}{S_x S_y} = \frac{\sum(X-\overline{X})(Y-\overline{Y})}{\sqrt{\sum(X-\overline{X})^2}\sqrt{\sum(Y-\overline{Y})^2}} \quad S_{xy} = X\text{와 } Y\text{의 공분산} = \frac{\sum(X-\overline{X})(Y-\overline{Y})}{n}$$

$$S_x = X\text{의 표준편차} = \sqrt{\frac{\sum(X-\overline{X})^2}{n}} \qquad S_y = Y\text{의 표준편차} = \sqrt{\frac{\sum(Y-\overline{Y})^2}{n}}$$

r = 상관계수
X = 변수 X의 값 $\overline{X}$ = 변수 X의 평균 Y = 변수 Y의 값 $\overline{Y}$ = 변수 Y의 평균
S_{xy} = 변수 X와 Y의 표본공분산 S_x = 변수 X의 모집단 표준편차
S_y = 변수 Y의 모집단 표준편차

$$\begin{aligned} S_{xy} = & \frac{(0.065)(-1.63)+(0.965)(3.67)+(3.065)(6.57)+(1.365)(2.27)}{20} \\ & + \frac{(2.265)(6.17)+(-2.635)(-0.63)+(-11.535)(-8.13)+(-5.235)(4.37)}{20} \\ & + \frac{(-7.135)(0.57)+(-3.335)(-3.43)+(-3.235)(-3.53)+(2.865)(-4.53)}{20} \\ & + \frac{(-3.335)(-4.33)+(1.165)(-5.23)+(3.765)(5.57)+(4.465)(7.07)}{20} \\ & + \frac{(-2.235)(-5.73)+(5.565)(-3.73)+(7.765)(1.37)+(5.365)(3.27)}{20} = 9.71629 \end{aligned}$$

$$r = \frac{S_{xy}}{S_x S_y} = \frac{9.71629}{(4.7962)(4.6994)} = .467$$

$$\sum(X-\overline{X}):\ 0.065 = 62.0 - 61.935 \qquad \sum(Y-\overline{Y}):\ -1.63 = 70.8 - 72.430$$
$$0.965 = 62.9 - 61.935 \qquad 3.67 = 76.1 - 72.430$$
$$3.065 = 65.0 - 61.935 \qquad 6.57 = 79.0 - 72.430$$

Descriptive Statistics

	Mean	Std. Deviation	N
TOEFL	69.195	9.8844	20
spking	61.935	4.7962	20
lc	72.430	4.6994	20
reading	70.980	6.4320	20
grammar	69.925	4.2853	20
voca	67.195	5.8004	20

14.2. 편상관분석(Partial Correlation Analysis)

변수들간의 관계에 영향을 주는 외생변수(extraneous variables)가 있다는 가정하에서 그 외적변수의 영향을 제거하기 위하여 통제하였을 때, 다른 두 변수가 가지는 상관관계를 구하는 것을 편상관분석이라고 한다(Larson-Hall, 2006). 이때 그 외생 변수를 통제변수라고 한다. 예를 들면, 토플 말하기 점수와 듣기 점수와의 상관 관계를 분석할 때 어휘능력이 토플 말하기 점수와 듣기 점수에 영향을 미칠 수 있는 제3의 변수라고 전제된다면 이 어휘능력을 통제한 상태에서 토플 말하기 점수와 듣기 점수의 관계를 분석하는 것이다.

1) 편상관분석(Partial Correlation Analysis) 선택: 분석(Analyze) → 상관분석(Correlate) → 편상관계수(Partial)를 순서대로 선택한다.

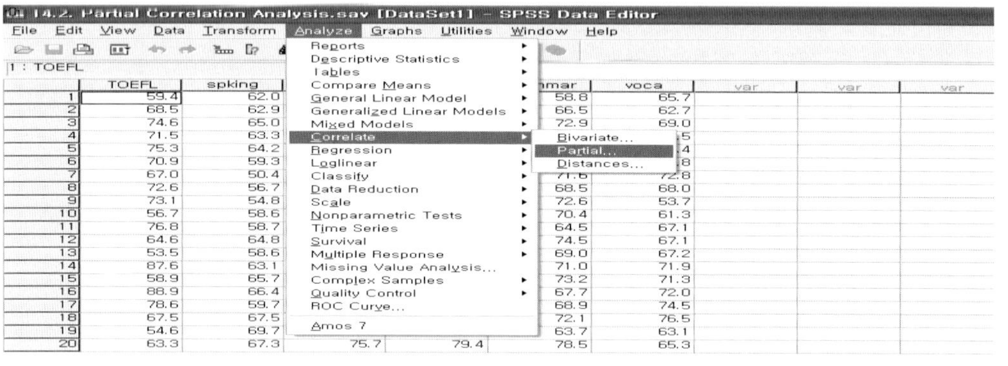

2) 변수(Variable) 선택: 이변량 상관계수(Bivariate) 대화상자에서 분석하고자 하는 변수(Variable)를 선택하여 오른쪽 변수(Variable) 상자로 이동시킨다.

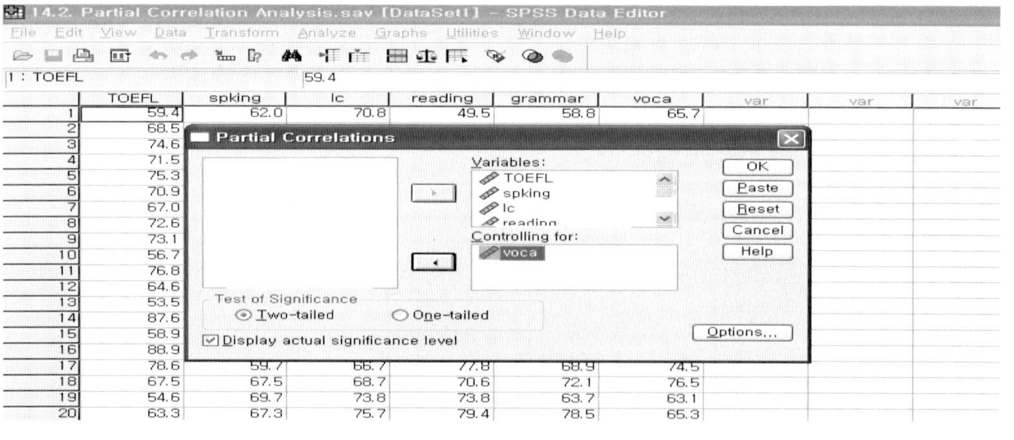

3) 옵션(Options) 선택: 이변량 상관계수(Bivariate) 대화상자에서 옵션을 선택한다.

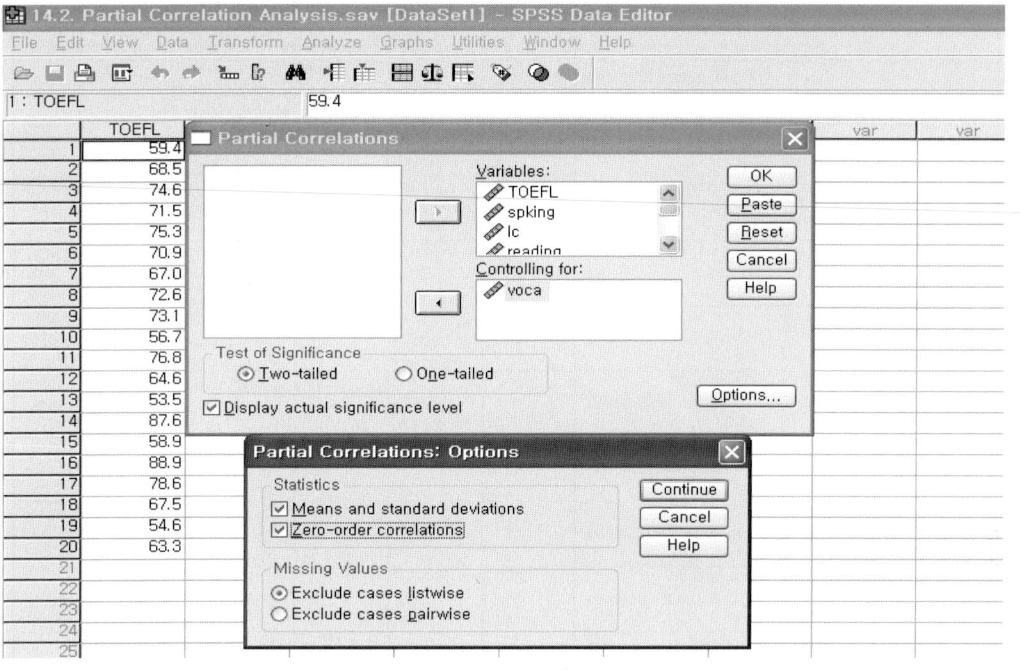

4) 분석 결과(Result): 편상관분석(Partial Correlation Analysis) 대화상자가 나타나면 확인(OK)을 클릭한다. 다음과 같은 결과(Output)가 출력된다.

Partial Correlations

Descriptive Statistics

	Mean	Std. Deviation	N
TOEFL	69.195	9.8844	20
spking	61.935	4.7962	20
lc	72.430	4.6994	20
reading	70.980	6.4320	20
grammar	69.925	4.2853	20
voca	67.195	5.8004	20

각각의 변수에 대한 평균(Mean), 표준편차(Std. Deviation), 사례수(Cases)를 알 수 있다. 예를 들면, 토플(TOEFL)의 평균은 69.19, 표준편차는 9.88, 사례수는 20명인 것을 알 수 있다.

Correlations

Control Variables			TOEFL	spking	lc	reading	grammar	voca
-none-[a]	TOEFL	Correlation	1.000	-.046	.147	.321	.074	.273
		Significance (2-tailed)	.	.848	.537	.167	.758	.245
		df	0	18	18	18	18	18
	spking	Correlation	-.046	1.000	.467	.194	.060	.230
		Significance (2-tailed)	.848	.	.038	.412	.803	.330
		df	18	0	18	18	18	18
	lc	Correlation	.147	.467	1.000	.249	.085	-.126
		Significance (2-tailed)	.537	.038	.	.289	.721	.598
		df	18	18	0	18	18	18
	reading	Correlation	.321	.194	.249	1.000	.613	.130
		Significance (2-tailed)	.167	.412	.289	.	.004	.585
		df	18	18	18	0	18	18
	grammar	Correlation	.074	.060	.085	.613	1.000	.056
		Significance (2-tailed)	.758	.803	.721	.004	.	.815
		df	18	18	18	18	0	18
	voca	Correlation	.273	.230	-.126	.130	.056	1.000
		Significance (2-tailed)	.245	.330	.598	.585	.815	.
		df	18	18	18	18	18	0
voca	TOEFL	Correlation	1.000	-.116	.189	.300	.061	
		Significance (2-tailed)	.	.637	.437	.212	.805	
		df	0	17	17	17	17	
	spking	Correlation	-.116	1.000	.514	.170	.048	
		Significance (2-tailed)	.637	.	.024	.486	.845	
		df	17	0	17	17	17	
	lc	Correlation	.189	.514	1.000	.270	.093	
		Significance (2-tailed)	.437	.024	.	.263	.704	
		df	17	17	0	17	17	
	reading	Correlation	.300	.170	.270	1.000	.612	
		Significance (2-tailed)	.212	.486	.263	.	.005	
		df	17	17	17	0	17	
	grammar	Correlation	.061	.048	.093	.612	1.000	
		Significance (2-tailed)	.805	.845	.704	.005	.	
		df	17	17	17	17	0	

a. Cells contain zero-order (Pearson) correlations.

통제변수(제3의 변수)가 어휘능력이라는 것을 상기하면서 결과를 분석해보자. 어휘능력을 통제한 상태에서 말하기(speaking)와 듣기(listening comprehension)의 상관관계는 .514로 나타났다. 그러나 앞서 보여진 말하기와 듣기의 단순상관계수가 .467로 나타났다. 즉, 단순상관계수(Zero-Order Correlation)의 유의확률(Significance)이 .05보다 작은 .038이고, 부분상관계수(Partial Correlation)의 유의확률이 .024이므로 두 개의 상관계수는 유의하다고 할 수 있다. 이 부분에서 더욱 중요한 것은 말하기와 듣기의 상관관계가 어휘능력을 통제하였을 때 상관계수가 더 높아졌기 때문에($r = .467 < .514$) 말하기와 듣기와의 상관관계에 어휘능력이 영향을 줄 수 있다는 것을 간접적으로 알 수 있다. 단순상관계수(Zero-Order Correlation), 부분상관계수(Partial Correlation), 준부분상관계수(Part Correlation : Semi Partial Correlation)의 자세한 내용은 회귀분석(Regression)에서 알아보기로 한다.

15. 회귀분석(Regression)

독립변수(X)와 종속변수(Y)간의 관련성을 규명할 수 있는 수학적 모형인 선형식(linear equation: Y= aX+b)을 이용하여 측정된 독립 변수들로부터 종속 변수의 값을 추정하는 통계적 방법이다(Lafrance & Gottardo, 2005). 즉, 하나 또는 그 이상의 독립변수간의 함수 관계를 이용하여 그 독립 변수가 종속변수와 어떠한 관계가 있는지를 규명함으로서 종속 변수의 값을 예측하는 분석하는 방법이다.

15.1. 단순회귀분석(Simple Linear Regression)

독립변수(X)와 종속변수(Y)간의 관계를 검정하여 하나의 독립변수가 종속변수에 미치는 영향력(예측값)을 분석하는 것이다(Cohen, Cohen, West & Aiken, 2003). 예를 들면 해외 어학 연수 기간이 토익 점수를 얼마나 추정·예측할 수 있는지 알아보는 것이다.

1) 선형(Linear) 선택: 분석(Analyze) → 회귀분석(Regression) → 선형(Linear)을 순서대로 선택한다.

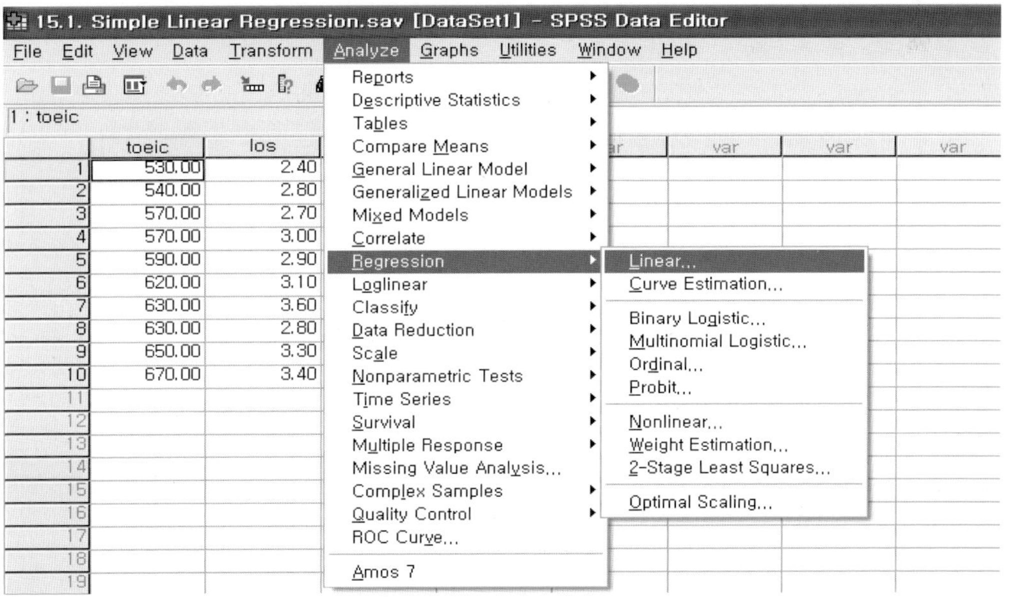

2) 변수 선택: 선형 회귀분석(Linear Regression) 대화상자에 분석하고자 변수를 오른쪽 검정 변수란으로 이동시킨다. 토익점수를 종속 변수(Dependent)란으로, 해외어학 연수 기간을 독립 변수(Independents)란으로 옮긴다.

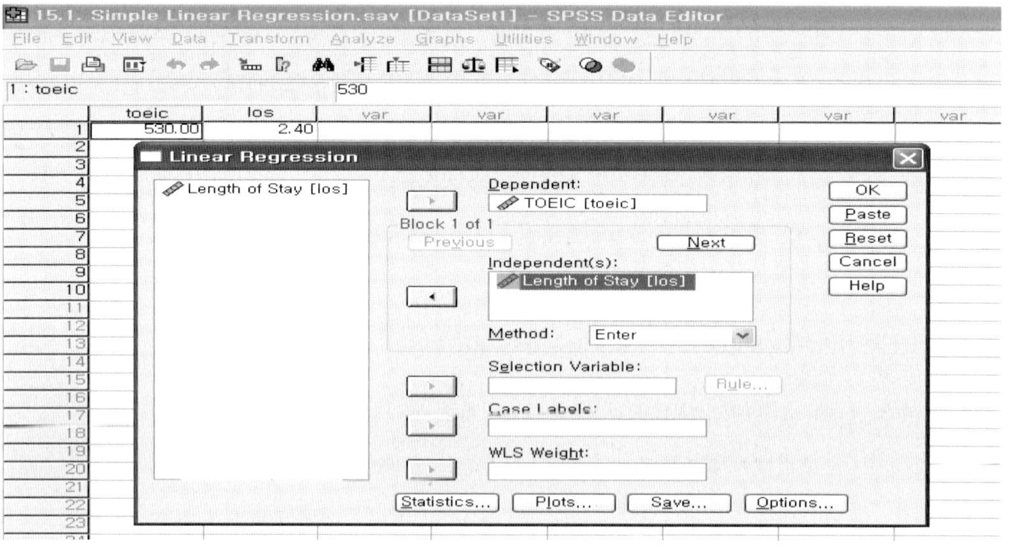

3) 통계량(Statistics) 선택: 옵션(Options)을 선택하면 회귀계수(Regression Coefficients), 잔차(Residuals)등이 나타나는데 검정하고자 하는 것을 선택한 후 계속(Continue)을 선택한다.

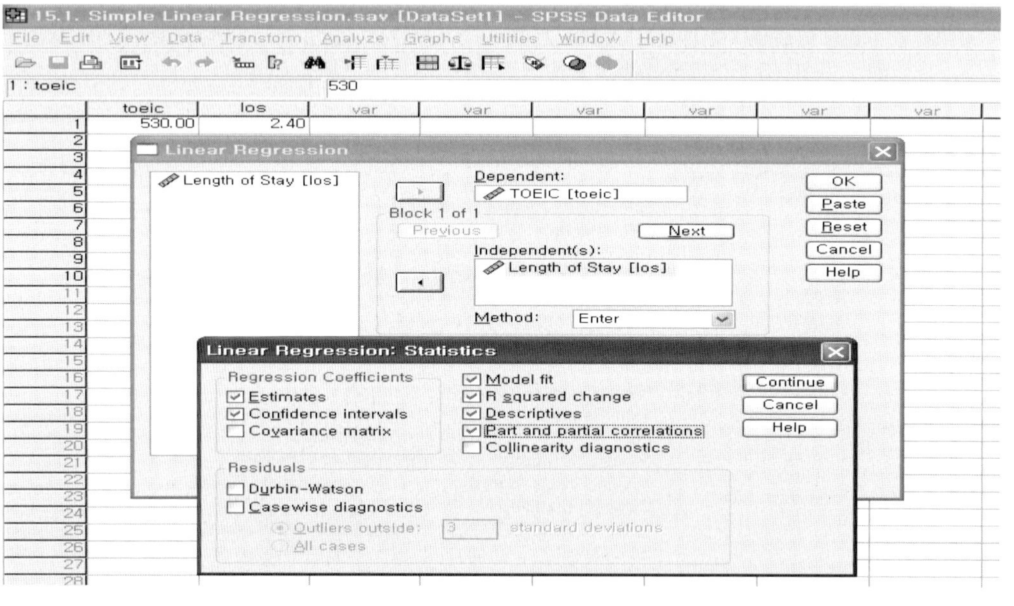

4) 분석결과(Result): 다음과 같은 분석결과를 얻을 수 있다.

Regression

Descriptive Statistics

	Mean	Std. Deviation	N
TOEIC	600.0000	47.14045	10
Length of Stay	3.0000	.35901	10

기술통계량(Descriptive Statistics)을 통해서 평균(Mean), 표준편차(Std. Deviation), 사례수(N)를 알 수 있다. 즉, 토익 점수의 평균은 600점, 표준 편차는 47.14, 사례수는 10명인 것을 알 수 있고, 해외 어학 연수 기간의 평균은 3년, 표준 편차는 .35901, 사례수는 10명인 것을 알 수 있다.

Correlations

		TOEIC	Length of Stay
Pearson Correlation	TOEIC	1.000	.794
	Length of Stay	.794	1.000
Sig. (1-tailed)	TOEIC	.	.003
	Length of Stay	.003	.
N	TOEIC	10	10
	Length of Stay	10	10

상관계수(Correlations)를 통해서 토익 점수와 해외 어학연수 기간의 상관관계는 .794인 것을 알 수 있다.

Variables Entered/Removed [b]

Model	Variables Entered	Variables Removed	Method
1	Length of Stay [a]	.	Enter

a. All requested variables entered.

b. Dependent Variable: TOEIC

진입된 변수 (Variables Entered(a))는 독립변수를 나타내며, 방법(Method)은 입력(Enter)방식으로 모든 독립변수를 동시에 입력하는 것을 의미한다. Dependent Variable은 TOEIC 종속변수를 나타낸다.

Model Summary

Model	R	R Square	Adjusted R Square	Std. Error of the Estimate	Change Statistics				
					R Square Change	F Change	df1	df2	Sig. F Change
1	.794[a]	.631	.585	30.36949	.631	13.685	1	8	.006

a. Predictors: (Constant), Length of Stay

모형 요약(Model Summary)을 통해서 R은 두 변수간의 적률 상관관계(Pearson r)로 .794로 높은 상관관계가 있음을 나타낸다. R Square는 독립변수(해외어학연수기간)에 의해서 설명되어지는 종속변수(토익점수)의 비율을 나타낸다. R Square값이 1에 가까울수록 완벽한 관계를 나타낸다. 수정된 R 제곱(Adjusted R Square)값은 표본의 크기와 독립 변수의 수를 고려한 값이다. R Square Change값이 .631만큼 종속변수인 토익점수를 설명하고 있는 것을 알 수 있다. 즉, 토익점수의 분산의 63.1%가 해외 어학 연수 기간에 의해 설명되어지는 것을 나타낸다.

ANOVA[b]

Model		Sum of Squares	df	Mean Square	F	Sig.
1	Regression	12621.552	1	12621.552	13.685	.006[a]
	Residual	7378.448	8	922.306		
	Total	20000.000	9			

a. Predictors: (Constant), Length of Stay

b. Dependent Variable: TOEIC

분산분석(ANOVA)을 통하여 제곱합(Sum of Squares), 자유도(df), 평균제곱(Mean Square), F값, 유의확률(Significance)을 알 수 있다. F분석은 모집단의 회귀선의 기울기가 '0'이라는 영가설에 대한 검정을 나타낸다. 즉 회귀식의 통계적 유의성을 나타내는 것으로 F값이 13.685이고, 유의확률이 .006이므로 회귀선의 모형은 적합하다고 할 수 있다.

Coefficients[a]

Model		Unstandardized Coefficients		Standardized Coefficients	t	Sig.	95% Confidence Interval for B		Correlations		
		B	Std. Error	Beta			Lower Bound	Upper Bound	Zero-order	Partial	Part
1	(Constant)	287.069	85.135		3.372	.010	90.746	483.392			
	Length of Stay	104.310	28.197	.794	3.699	.006	39.287	169.334	.794	.794	.794

a. Dependent Variable: TOEIC

위의 결과는 토익점수에 관한 해외연수기간의 회계계수(ß: slope of length of stay)와 상수값(intercept)을 표시하고 있다. 상수와 회계계수가 통계적으로 t검정을 통해 통계적으로 유의미한지를 알 수 있다. 즉, t값이 3.372이고 유의확률이 .010이므로 상수값은 통계적으로 유의하다. 해외 어학 연수 기간과 토익점수와의 관계는 회계계수 .794의 t값이 3.699, 유의확률이 .006이므로 통계적으로 유의하다. 즉, 해외 어학 연수 기간이 토익 점수를 예상·설명할 수 있는 중요한 변수라고 할 수 있고 다음과 같은 일차 방정식이 성립된다.

Y = aX+b = β(기울기)X +intercept(절편)

Y = 104.310 (β: slope of length of stay)X + 287.069 (intercept)

Y: 토익점수 (TOEIC Score), X: 해외연수기간(Length of Stay)

표준화 계수(Standardized Coefficients)는 독립 변수의 효과를 검정하는 것이다. 다시 말해서 종속변수의 값을 예측하는 두 개 이상의 독립변수가 있을 때 독립변수의 척도가 다르므로 독립변수의 상대적 기여도를 산출하기 위하여 Z점수로 표준화한 값이다.

* 회귀분석(Regression)의 검정통계량

표 15.1.

N	TOEIC (Y)	Year of Language Training in U.S.A(X)	$y=(Y-\overline{Y})$	$x=(X-\overline{X})$	xy	y^2	x^2
1	530	2.4	-70	-0.6	42	4,900	0.36
2	570	2.7	-30	-0.3	9	900	0.09
3	590	2.9	-10	-0.1	1	100	0.01
4	630	3.6	30	0.6	18	900	0.36
5	650	3.3	50	0.3	15	2,500	0.09
6	540	2.8	-60	-0.2	12	3,600	0.04
7	570	3.0	-30	0	0	900	0
8	620	3.1	20	0.1	2	400	0.01
9	630	2.8	30	-0.2	-6	900	0.04
10	670	3.4	70	0.4	28	4,900	0.16
합계	6,000	30.0	0	0	121	20,000	1.16

Descriptive Statistics

	Mean	Std. Deviation	N
TOEIC	600.0000	47.14045	10
Length of Stay	3.0000	.35901	10

위의 표에 의하여 $\overline{Y}=\frac{6,000}{10}=600$, $\overline{X}=\frac{30}{10}=3$이다.

Model Summary

Model	R	R Square	Adjusted R Square	Std. Error of the Estimate	Change Statistics				
					R Square Change	F Change	df1	df2	Sig. F Change
1	.794[a]	.631	.585	30.36949	.631	13.685	1	8	.006

a. Predictors: (Constant), Length of Stay

$$r=\frac{\sum(X-\overline{X})(Y-\overline{Y})}{\sqrt{\sum(X-\overline{X})^2(Y-\overline{Y})^2}}=\frac{121}{\sqrt{1.16}\sqrt{20,000}}$$

$$=\frac{121}{\sqrt{1.16}\sqrt{20,000}}=0.794$$

Y: 토익점수, X: 해외연수기간, n: 사례수, k: 독립변수의 수

$$R\text{제곱}(Rsquare)=\frac{SSregression}{SStotal}=\frac{12621.552}{20000}=.631(=.794^2)$$

$$\text{수정된 } R\text{제곱}(Adjusted\,Rsquare)=1-(1-R^2)\frac{(n-1)}{(n-k-1)}$$

$$=1-(1-0.631)\frac{(10-1)}{(10-1-1)}$$

$$=0.585$$

추정값의 표준편차$(Std.\,Error\,of\,the\,Estimate)$

$$=\sqrt{\frac{\sum(Y-\overline{Y})^2-\frac{[\sum(X-\overline{X})(Y-\overline{Y})]^2}{\sum(X-\overline{X})^2}}{N-2}}=\sqrt{\frac{7378,448}{10-2}}=\sqrt{922,306}=30.36949$$

ANOVA[b]

Model		Sum of Squares	df	Mean Square	F	Sig.
1	Regression	12621.552	1	12621.552	13.685	.006[a]
	Residual	7378.448	8	922.306		
	Total	20000.000	9			

a. Predictors: (Constant), Length of Stay

b. Dependent Variable: TOEIC

Coefficients[a]

Model		Unstandardized Coefficients B	Unstandardized Coefficients Std. Error	Standardized Coefficients Beta	t	Sig.	95% Confidence Interval for B Lower Bound	95% Confidence Interval for B Upper Bound	Correlations Zero-order	Correlations Partial	Correlations Part
1	(Constant)	287.069	85.135		3.372	.010	90.746	483.392			
	Length of Stay	104.310	28.197	.794	3.699	.006	39.287	169.334	.794	.794	.794

a. Dependent Variable: TOEIC

$$\beta = r = \frac{\sum(X-\overline{X})(Y-\overline{Y})}{\sum(X-\overline{X})^2} = \frac{121}{1.16} = 104.310$$

$$\alpha = \overline{Y} - \beta\overline{X} = 600 - 104.310 \times 3 = 287.069$$

$\overline{Y}$: 토익점수의 평균, $\overline{X}$: 평균해외연수기간

α와 β값에 의한 회귀선은

$$Y = \alpha + \beta X = 287.069 + 104.310X$$

$$t = \frac{b}{s(b_k)},\quad t_1 = \frac{b_1}{s(b_1)} = \frac{287.069}{85.135} = 3.372,\quad t_2 = \frac{b_2}{s(b_2)} = \frac{104.310}{28.197} = 3.699$$

$$CI(b_k) = b_k \pm {}_{(\alpha/2)}t_{(n-2)}s(b_k)$$

$$CI(b_2) = b_2 \pm {}_{(\alpha/2)}t_{(n-2)}s(b_2)$$

$$Lower\ Bound:\ b - ({}_{0.05/2}t_{10-2})(sb) = b - ({}_{0.02}t_8)(sb) = 104.310 - (.2306)(28.197) = 39.287$$
$$Upper\ Bound:\ b + ({}_{0.05/2}t_{10-2})(sb) = b + ({}_{0.02}t_8)(sb) = 104.310 + (.2306)(28.197) = 169.334$$

15.2. 다중회귀분석(Multiple Linear Regression)

여러 개의 독립변수(independent variable)와 하나의 종속변수(dependent variable)간의 관계를 검정하여 여러 개의 독립변수들 중에서 어떠한 변수가 종속변수에 중요한 영향력을 미치는지를 분석하는 것이다(Tabachnick & Fidell, 2001). 예를 들어 언어능력(language proficiency)에서 독립변수인 듣기, 읽기, 문법 및 어휘점수가 종속변수인 언어능력에 유의미한 변수가 무엇인지 알아내고 그 영향력의 크기를 분석하는 것이다.

1) 선형(Linear) 선택: 분석(Analyze) → 회귀분석(Regression) → 선형(Linear)을 순서대로 선택한다.

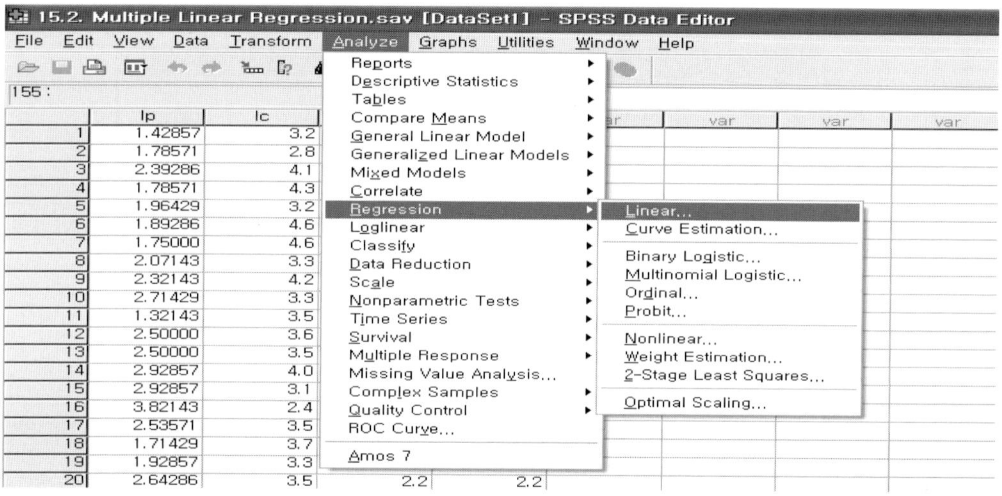

2) 변수 선택: 선형 회귀분석(Linear Regression) 대화상자에 분석하고자 변수를 오른쪽 검정 변수란으로 이동시킨다. 언어 능력을 종속 변수(Dependent)란으로, 듣기, 읽기, 문법 및 어휘 능력을 독립 변수(Independents)란으로 옮긴다. 변수 선택방법(Method)에서는 독립변수를 동시에 투입하는 입력방법(Enter)을 선택한다. 변수 선택방법 입력방법(Enter)은 종속변수에 대하여 각각의 독립변수들이 독립적으로 설명하는 부분만을 나타내며 공통적으로 설명하는 부분은 제외한 것을 나타낸다.

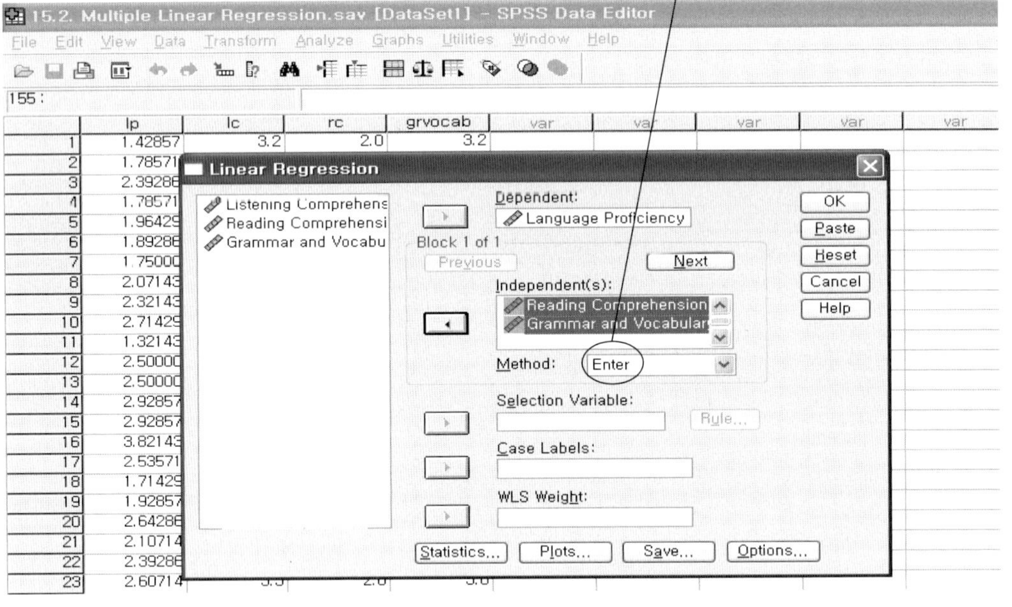

3) 통계량(Statistics) 선택: 옵션(Options)을 클릭하면 회귀계수(Regression Coefficients), 잔차(Residuals)등이 나타나는데 검정하고자 하는 것을 선택한 후 계속(Continue)을 선택한다.

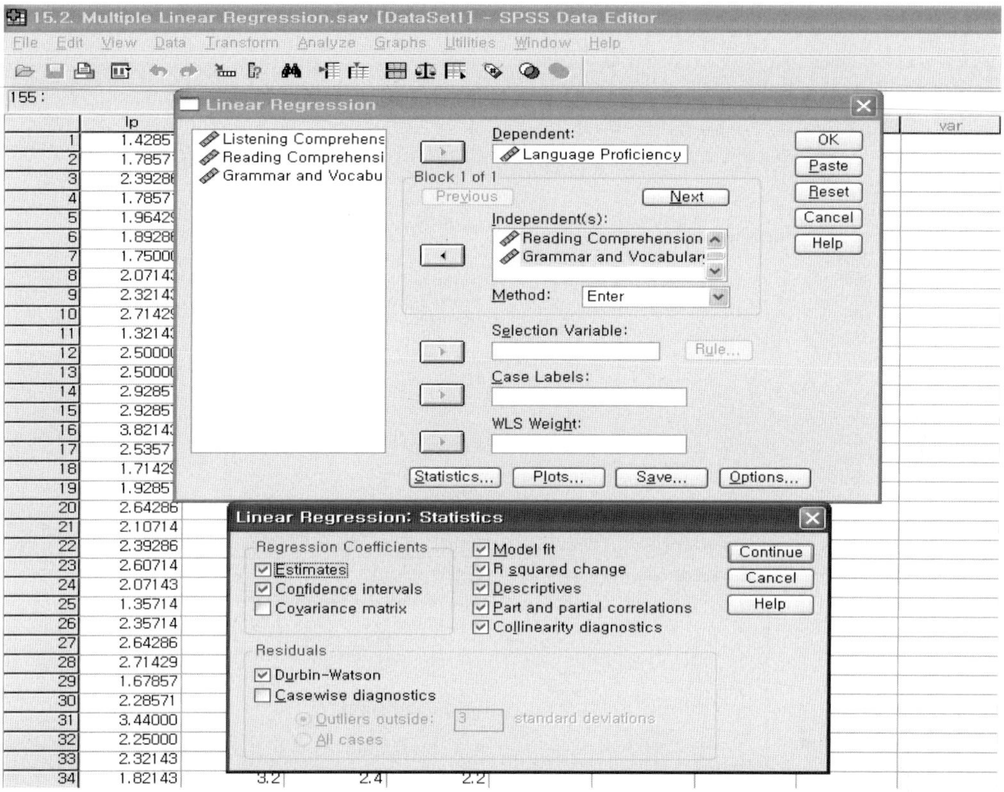

4) 도표(Plot) 선택: 도표(Plot)을 선택하면 Y:란에는 종속변수(DEPENDNT), X:란에는 표준화된 잔차(*ZRESID)를 옮긴다. Standardized Residual Plots에서 막대그림표(Histogram)와 정규분포 산포도(Normal probability plot)를 선택한 후, 계속(Continue)을 선택한다.

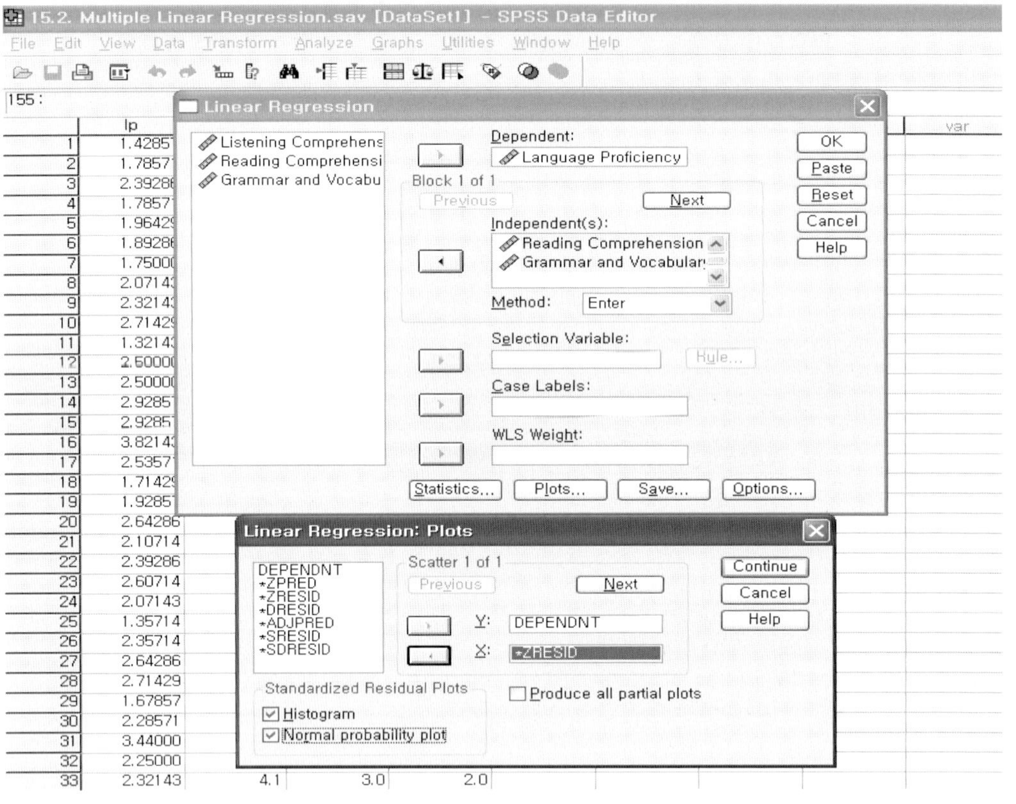

5) 분석결과(Result): 다음과 같은 분석결과(output)를 얻을 수 있다.

Regression

Descriptive Statistics

	Mean	Std. Deviation	N
Language Proficiency	2.3796863	.53501252	154
Listening Comprehension	3.650	.5328	154
Reading Comprehension	2.321	.6735	154
Grammar and Vocabulary	2.829	.8756	154

기술통계(Descriptive Statistics) 분석을 통하여 독립변수와 종속변수 각각에 대한 평균(Mean), 표준편차(Std. Deviation), 사례수(N)을 알 수 있다. 언어 능력(language proficiency)의 평균은 2.38, 표준편차는 .54, 사례수는 154명이다. 듣기(listening comprehension) 점수의 평균은 3.65, 표준편차는 .53이다. 읽기(reading comprehension) 점수의 평균은 2.32, 표준편차는 .67이다. 문법 및 어휘(grammar and vocabulary)의 평균은 2.83, 표준편차는 .86이다.

Correlations

		Language Proficiency	Listening Comprehension	Reading Comprehension	Grammar and Vocabulary
Pearson Correlation	Language Proficiency	1.000	.053	.221	-.136
	Listening Comprehension	.053	1.000	-.140	-.010
	Reading Comprehension	.221	-.140	1.000	-.062
	Grammar and Vocabulary	-.136	-.010	-.062	1.000
Sig. (1-tailed)	Language Proficiency	.	.256	.003	.047
	Listening Comprehension	.256	.	.042	.452
	Reading Comprehension	.003	.042	.	.222
	Grammar and Vocabulary	.047	.452	.222	.
N	Language Proficiency	154	154	154	154
	Listening Comprehension	154	154	154	154
	Reading Comprehension	154	154	154	154
	Grammar and Vocabulary	154	154	154	154

상관계수(Correlations) 분석을 통하여 독립변수와 종속변수간의 상관관계를 볼 수 있다. 위의 표에서는 읽기 점수와 언어 능력과의 상관관계가 .221이고, 유의확률이 .003이므로 가장 높은 것으로 나타났다.

Variables Entered/Removed [b]

Model	Variables Entered	Variables Removed	Method
1	Grammar and Vocabulary, Listening Comprehension, Reading Comprehension [a]	.	Enter

a. All requested variables entered.

b. Dependent Variable: Language Proficiency

진입/제거된 변수(b)(Variables Entered/Removed b)를 통하여 독립변수의 입력이 동시에 진입되었다는 것과 제거된 변수는 없다는 것을 알 수 있다. 종속변수는 언어 능력(language proficiency)이다.

Model Summary [b]

Model	R	R Square	Adjusted R Square	Std. Error of the Estimate	Change Statistics					Durbin-Watson
					R Square Change	F Change	df1	df2	Sig. F Change	
1	.265[a]	.070	.052	.52095738	.070	3.789	3	150	.012	1.818

a. Predictors: (Constant), Grammar and Vocabulary, Listening Comprehension, Reading Comprehension

b. Dependent Variable: Language Proficiency

모형요약(Model Summary)은 독립변수가 종속변수에 어느 정도의 영향을 미치는지 R Square의 값을 통해서 알 수 있는데 일반적으로 R Square의 값이 1에 가까우면 회귀모형이 표본을 설명하는데 용이하다고 판단한다. 위의 사례는 R Square이 .070이므로 듣기, 읽기, 문법 및 어휘가 동시에 언어 능력의 7%를 설명한다고 할 수 있다. 또한 잔차의 독립성에 대한 검정은 위의 모형요약의 Durbin-Watson 값을 이용한다(Tabachnick & Fidell, 2001). 일반적으로 Durbin-Watson 통계량 값은 $0 \leq d \leq 4$의 값을 지닌다. 여기서 독립변수 3(k=3), 관찰치(N)는 154이므로 Durbin-Watson의 임계치는 $\alpha=0.05$에서 $1.584 \leq d \leq 1.665$의 값을 지닌다. 위의 표에 의하면 Durbin-Watson의 값이 1.818이므로 신뢰도 구간(C · I)보다 크므로(1.665<1.818) 영가설(Null Hypothesis, H_0)을 채택할 수 있다. 따라서 잔차는 독립적이다. 잔차(residuals)란 독립변수에 의해서 설명되지 않는 나머지 부분을 나타낸다. 즉 독립변수가 종속변수의 모든 부분을 설명할 수 없기 때문에 독립변수가 종속변수를 설명되지 못하는 부분을 잔차 또는 오차(errors)라고 한다.

ANOVA[b]

Model		Sum of Squares	df	Mean Square	F	Sig.
1	Regression	3.085	3	1.028	3.789	.012[a]
	Residual	40.709	150	.271		
	Total	43.794	153			

a. Predictors: (Constant), Grammar and Vocabulary, Listening Comprehension, Reading Comprehension

b. Dependent Variable: Language Proficiency

분산분석표는 회귀모형이 통계적으로 유의한지를 검정한다. F값이 3.789이고 유의확률이 .012로 회귀모형이 유의하다라고 할 수 있다.

Coefficients[a]

Model		Unstandardized Coefficients		Standardized Coefficients	t	Sig.	Collinearity Statistics	
		B	Std. Error	Beta			Tolerance	VIF
1	(Constant)	1.869	.378		4.942	.000		
	Listening Comprehension	.084	.080	.083	1.048	.296	.980	1.020
	Reading Comprehension	.179	.063	.225	2.821	.005	.976	1.024
	Grammar and Vocabulary	-.074	.048	-.121	-1.533	.127	.996	1.004

a. Dependent Variable: Language Proficiency

위의 결과는 언어 능력에 관한 듣기, 읽기, 문법 및 어휘능력의 회계계수(ß: slope of L/C, R/C, grammar and vocabulary)와 상수값(intercpet)을 표시하고 있다. 상수와 회계계수가 통계적으로 t검정을 통해 통계적으로 유의미한지를 알 수 있다. 회계식의 상수값 1.869의 값이 통계적으로 유의한가는 t값과 유의확률을 통하여 알 수 있다. 즉, t값이 4.942이고 유의확률이 .000이므로 상수값은 통계적으로 유의하다. 듣기와 언어 능력과의 관계는 회계계수 .084의 t값이 1.048, 유의확률이 .296이므로 통계적으로 유의하지 않다. 즉, 듣기능력은 언어 능력을 예상・설명할 수 있는 중요한 변수라고 볼 수 없다. 한편 읽기와 언어 능력과의 관계는 회계계수 .179의 t값이 2.821, 유의확률이 .005이므로 통계적으로 유의하다. 즉, 읽기는 언어 능력을 예상・설명할 수 있는 중요한 변수이다. 그러나 문법과 어휘의 언어 능력과의 관계는 회계계수 -.074의 t값이 -1.533, 유의확률이 .127이므로 통계적으로 유의하지 않다. 즉, 문법과 어휘는 언어 능력을 예상・설명할 수 있는 중요한 변수라고 볼 수 없다. 결론적으로 다음과 같은 방정식이 성립된다.

$Y = 1.869(\text{intercept}) + .084(\text{slope of L/C})X_1 + .179(\text{slope of R/C})X_2 - .074(\text{slope of Grammar/Vocab})X_3$

Y: 언어능력, X_1: 듣기능력, X_2: 읽기능력, X_3: 문법 및 어휘능력

위의 회귀계수(Coefficients) 표에 나타난 다중공선성(Collinearity Statistics)은 독립변수간의 관련성이 존재하는 것을 나타낸다(Heiberger & Holland, 2004). 다중공전성의 존재를 알기 위해서 공차한계(Tolerance)를 이용한다. R_i^2(i는 각각의 변수)값이 크다는 것은 i번째 독립변수가 투입되었을 때 회귀식의 설명력이 크다는 것이다. 즉 $1-R_i^2$을 공차한계라 한다. 그러므로 공차한계의 값은 최대가 1이다. 하지만 R_i^2가 커지면 커질수록 공차한계가 0에 가까워져 회계 계수의 표준 오차(Standard Error of B)가 커지기 때문에 다중공선성의 문제가 생긴다. 결론적으로 결정계수(R^2)가 높아지면 회계 계수의 표준 오차(S_b)가 높아지는 문제가 보이는 것이 다중공선성의 존재의 유무를 확인하는 것이다. 다시 말해서 공차한계값이 1에 가까이 나타나면 다중공선성이 낮아져서 문제가 없지만 반대로 공차한계값이 0에 가깝게 나타나면 다중공선성에 문제가 발생하는 것으로 보인다. 그리고 VIF(Variance Inflation Factor)는 분산확대지수로 공차한계의 역수이다. (VIF=1/Tolerance($1-R_i^2$)) 위 도표의 공차한계는 듣기가 .980, 읽기가 .976, 문법과 어휘능력이 .996이므로 상당히 높게 나타났다. 즉 공차한계가 1에 접근하기 때문에 다중공전성이 낮아져 문제가 없다는 것이다. 한편 위 표의 VIF값은 듣기가 1.020, 읽기가 1.024, 문법과 어휘능력이 1.004이므로 다중회귀분석에서 세 개의 변수들 간의 VIF가 10을 넘지 않기 때문에 다중공선성은 없는 것으로 해석한다.

Coefficients[a]

Model		Unstandardized Coefficients B	Std. Error	Standardized Coefficients Beta	t	Sig.	Correlations Zero-order	Partial	Part	Collinearity Statistics Tolerance	VIF
1	(Constant)	1.869	.378		4.942	.000					
	Listening Comprehension	.084	.080	.083	1.048	.296	.053	.085	.083	.980	1.020
	Reading Comprehension	.179	.063	.225	2.821	.005	.221	.224	.222	.976	1.024
	Grammar and Vocabulary	-.074	.048	-.121	-1.533	.127	-.136	-.124	-.121	.996	1.004

a. Dependent Variable: Language Proficiency

$$\frac{0.084}{0.080}=1.048 \qquad \frac{0.980}{1}=1.020$$

위의 회귀계수(Coefficients) 결과에 두 변수 사이의 관계를 측정하는 상관계수(Correlations)란을 보면 Zero-order, Partial, Part등의 통계량이 있는 것을 알 수 있다. Zero-order는 분석하고자 하는 두변수 사이에 끼어있는 변수를 제거하지 않고 상관관계를 구하는 방법이다. 예를 들면 독립변수인 듣기와 종속변수인 언어 능력사이에 또 다른 독립변수인 읽기와 문법과 어휘능력의 변수를 제거하지 않고 구한 상관계수이다. 즉, 단순상관관계(Pearson R)계수를 나타낸다(Zero-Order: .053). 한편 부분상관계수(Partial Correlation)는 검정하고자 하는 독립 변수와 종속 변수에 영향을 미치는 다른 독립 변수들을 통제한 후 순수하게 두 변수간의 상관관계를 구하는 방법이다. 예를 들어 독립변수인 듣기와 종속변수인 언어 능력사이에 또 다른 독립변수인 읽기와 문법 및 어휘능력이 독립 변수인 듣기 능력과 종속 변수인 언어 능력에 미치는 영향을 제거한 후 듣기와 언어 능력사이에 상관관계를 구한 계수를 의미한다(Partial: .085). 반면에 준부분상관계수(Part Correlation: Semi Partial Correlation)는 연구자가 분석하고자 하는 독립변수 이외의 독립변수(들)이 분석하고자 하는 독립변수에 미치는 영향을 제거한 부분과 종속변수와의 상관관계를 구한 계수이다. 예를 들어 독립변수인 듣기와 종속변수인 언어 능력과의 상관관계에서 듣기는 읽기와 문법 및 어휘 능력으로부터도 영향을 받을 수 있다. 이때 읽기와 문법 및 어휘능력이 듣기에 미치는 영향을 제거한 후 듣기와 언어 능력과의 상관관계를 구한 계수를 의미한다(Part: .083). 이때 읽기와 문법 및 어휘 능력이 언어 능력에 미치는 영향은 통제하지 않는다.

개념의 이해를 돕기 위해 다음과 같은 그림을 제시한다.

부분상관관계(Partial Correlation)는 아래의 그림에서 보는 바와 같이 다른 변수들의 상관관계를 통제하고 두 변수간의 상관관계를 파악하는 방법이다. 예를 들어 X1(듣기)과 Y(언어능력)의 관계를 알아보기 위하여 X_1(듣기)과 X_2(말하기), 그리고 Y(언어능력)와 X_2(말하기)간의 영향을 제거한 후 순수하게 X_1(듣기)과 Y(언어능력)만의 관계를 알아보는 것이다. 수식으로 표현하면 다음과 같다.

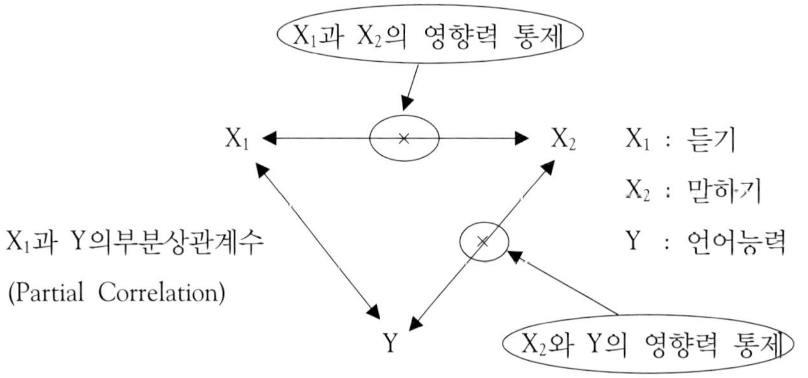

$$r_{y1.2} = \frac{r_{y1} - r_{y2}r_{12}}{\sqrt{1-r_{y2}^2}\sqrt{1-r_{12}^2}}$$

r = 부분상관관계

y = 종속변수

1 = 독립변수 1, 2 = 독립변수 2

준부분상관관계(Part Correlation)는 아래의 그림에서 보는 바와 같이 다른 변수들의 상관관계를 부분적으로 통제하고 두 변수간의 상관관계를 파악하는 방법이다. 예를 들어 X_1(듣기)과 Y(언어능력)의 관계를 알아보고자 한다. 이때 X_1(듣기)과 X_2(말하기)에 관계를 통제하고, 동시에 X_2(말하기)와 Y(언어능력)의 관계는 통제하지 않은 상태에서 X_1(듣기)과 Y(언어능력)의 상관관계만을 알아보는 것이다. 그리고 수식으로 나타내면 다음과 같다.

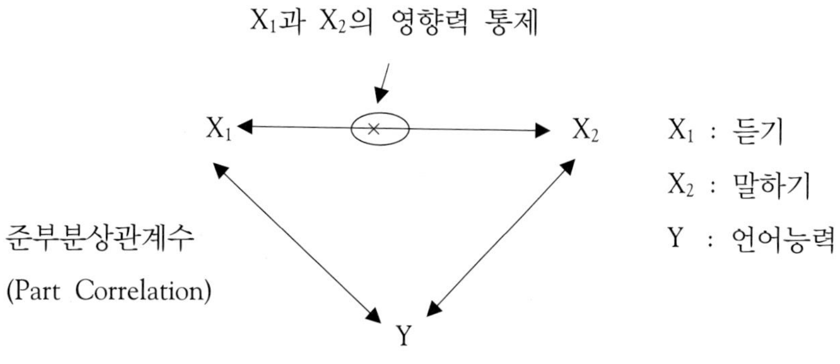

r = 준부분상관관계

y = 종속변수

1 = 독립변수 1, 2 = 독립변수 2

아래의 수식과 그림은 다중관계(Multiple Correlation)를 통해서 나타내지는 부분상관계수(Partial Correlation)와 준부분상관계수(Semi-Partial Correlation)의 관계이다

부분상관계수 $r^2_{y1.2} = \frac{r^2_{y(1.2)}}{1-R^2_{y.12}} = \frac{R^2_{y.12}-R^2_{y.2}}{1-R^2_{y.2}}$

준부분상관계수 $r^2_{y(1.2)} = R^2_{y.12} - R^2_{y.2}$

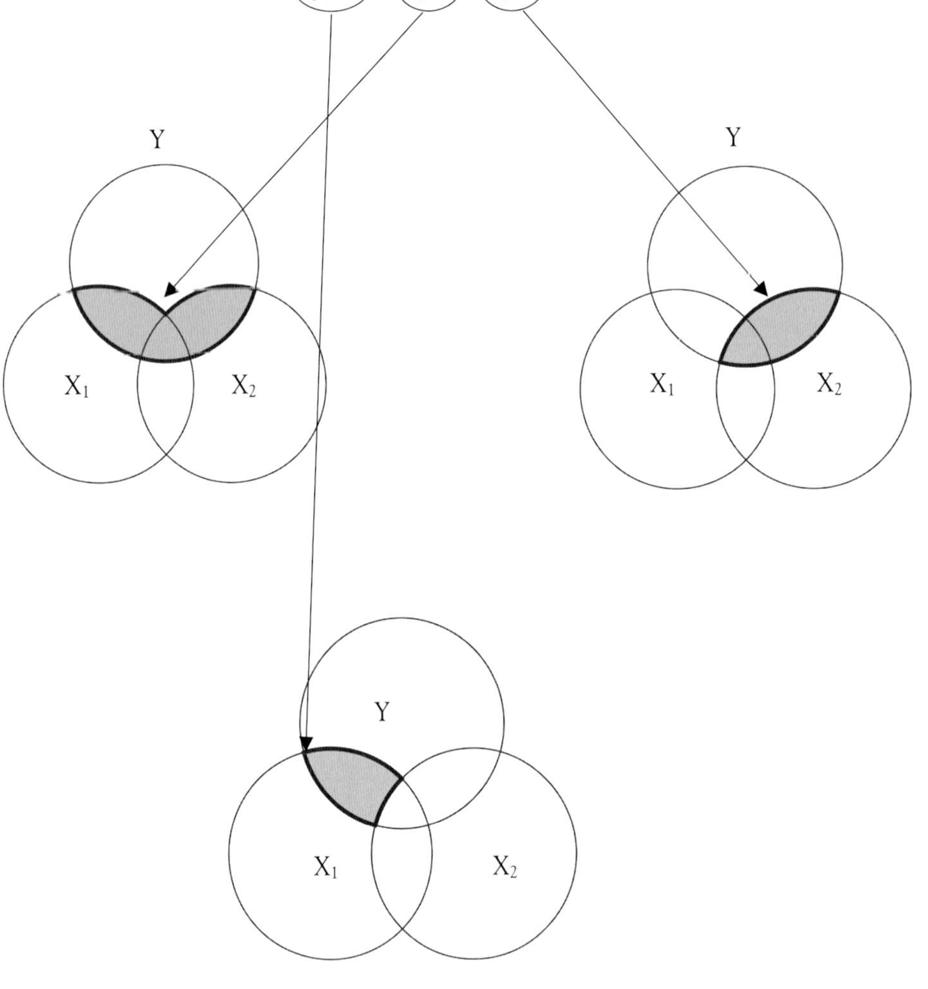

* 준부분상관관계(Part Correlation)와 부분상관관계(Partial Correlation)의 관계

표 15.2.

준부분상관관계 (Part Correlation)		부분상관관계 (Partial Correlation)
$r_{y(1.2)} = \dfrac{r_{y1} - r_{y2}r_{12}}{\sqrt{1-r_{12}^2}}$	≦	$r_{y1.2} = \dfrac{r_{y1} - r_{y2}r_{12}}{\sqrt{1-r_{y2}^2}\sqrt{1-r_{12}^2}}$

부분상관관계의 값이 준부분상관관계의 값보다 이론적으로 같거나 클 수 있다. 예를 들어 아래의 표에서처럼 대부분은 부분상관관계의 값이 크게 나타난다. 하지만 부분상관관계의 수식에서처럼 $\sqrt{1-r_{y2}^2}$의 값이 이론적으로 1이 될 때 부분상관관계의 값과 준부분상관관계의 값은 같다.

Coefficients[a]

Model		Unstandardized Coefficients B	Unstandardized Coefficients Std. Error	Standardized Coefficients Beta	t	Sig.	Correlations Zero-order	Correlations Partial	Correlations Part
1	(Constant)	1.869	.378		4.942	.000			
	Listening Comprehension	.084	.080	.083	1.048	.296	.053	.085	.083
	Reading Comprehension	.179	.063	.225	2.821	.005	.221	.224	.222
	Grammar and Vocabulary	-.074	.048	-.121	-1.533	.127	-.136	-.124	-.121

a. Dependent Variable: Language Proficiency

히스토그램은 정규분포(실선부분)를 나타낸다. 그러나 히스토그램만으로는 잔차의 정규분포를 알기 어려우므로 잔차의 정규분포성 가정을 검정하기 위하여 산포도를 보면 알 수 있는데 잔차의 형태가 대각선의 형태를 지니고 있으므로 잔차가 정규분포를 한다고 할 수 있다.

아래의 그림들은 세 개의 독립변수(predictor)가 종속변수인 언어능력에 미치는 영향을 시각적으로 볼 수 있다.

Charts

Histogram

Dependent Variable: Language Proficiency

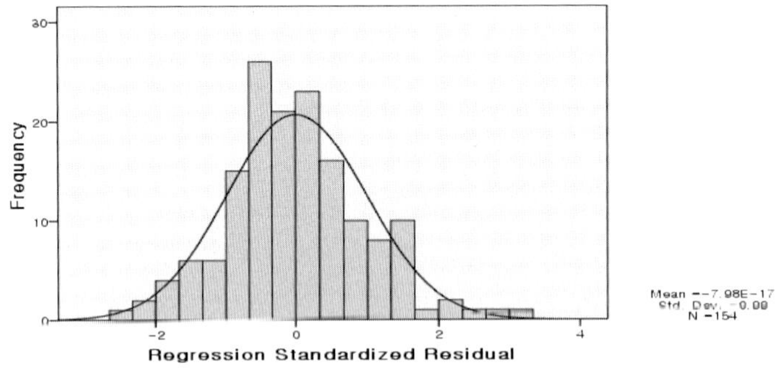

Normal P-P Plot of Regression Standardized Residual

Dependent Variable: Language Proficiency

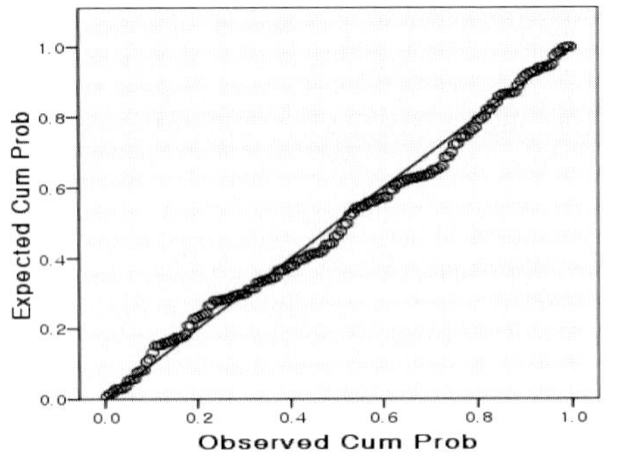

Scatterplot

Dependent Variable: Language Proficiency

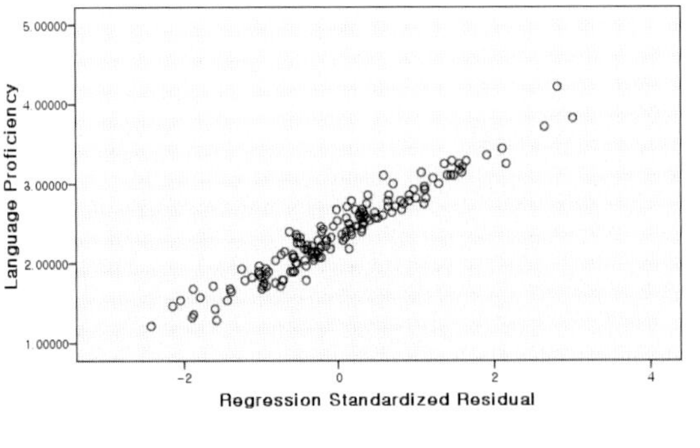

15.3. 단계선택회귀분석(Multiple Ordered Linear Regression)

여러 개의 독립변수(independent variables)와 하나의 종속변수(dependent variable)간의 관계를 검정하여 여러 개의 독립변수들 중에서 유의미한 변수들이 종속변수에 미치는 순수한 영향력의 크기, 또는 연구자가 조사하고 싶은 변수의 영향력의 크기를 분석하는 것이다(Lafrance & Gottardo, 2005). 예를 들어 독립변수인 듣기(listening comprehension)와 문법 및 어휘 능력(grammar and vocabulary)을 제외하고 읽기(reading comprehension)가 종속변수인 언어 능력(language proficiency)에 미치는 순수한 영향의 크기를 알아보는 것이다. 단계선택회귀분석은 다중회귀분석시 종속변수에 영향을 미치는 독립변수 중에서 유의미한 변수가 있을 때 실시한다. 즉, 유의미한 변수가 어느 정도를 설명하는지를 알고자 할 때 실시하므로 유의미한 변수를 가장 나중에 선택한다. 아래의 예는 다중회귀분석 결과 세 개의 독립 변수중 읽기가 유의미한 결과이기 때문에 가장 나중에 선택하여 입력하였다.

1) 선형(Linear) 선택: 분석(Analyze) → 회귀분석(Regression) → 선형(Linear)을 순서대로 선택한다.

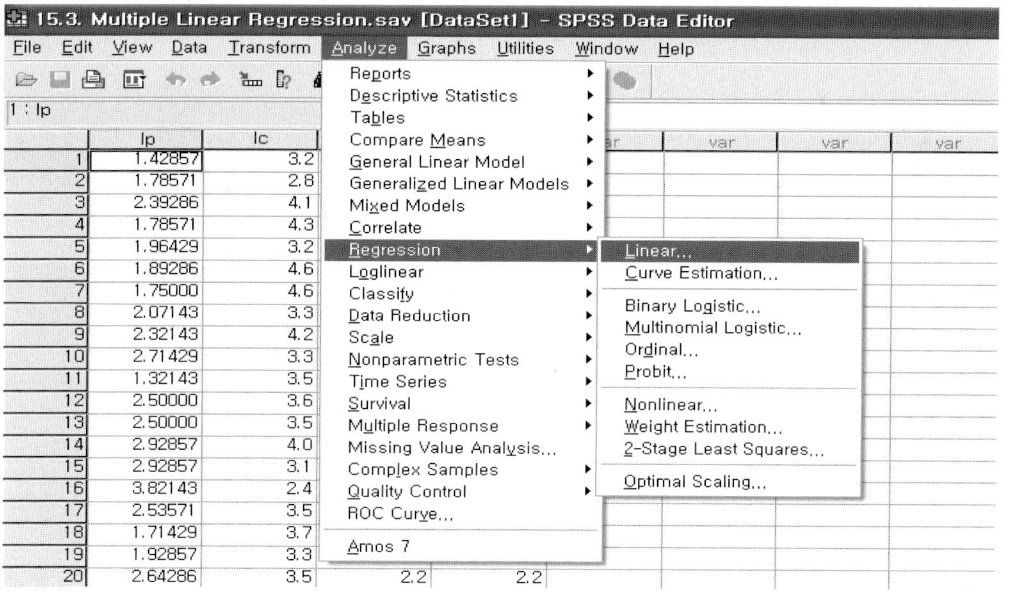

2) 변수 선택: 선형 회귀분석(Linear Regression) 대화상자에 분석하고자 변수를 오른쪽 검정 변수란으로 이동시킨다. 언어 능력을 종속 변수(Dependent)란으로 옮긴다. 첫 번째로 독립 변수(Independents)란에 듣기를 선택하여 옮긴 후 다음(Next)을 선택한다.

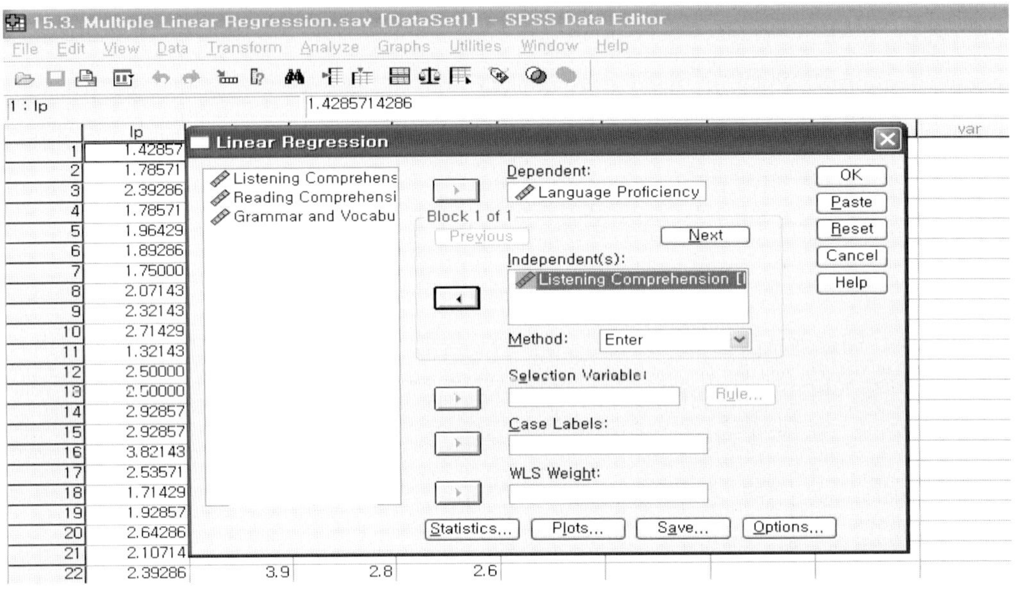

두 번째로 독립 변수란에 문법과 어휘능력을 선택하여 옮긴 후 다음(Next)을 선택한다.

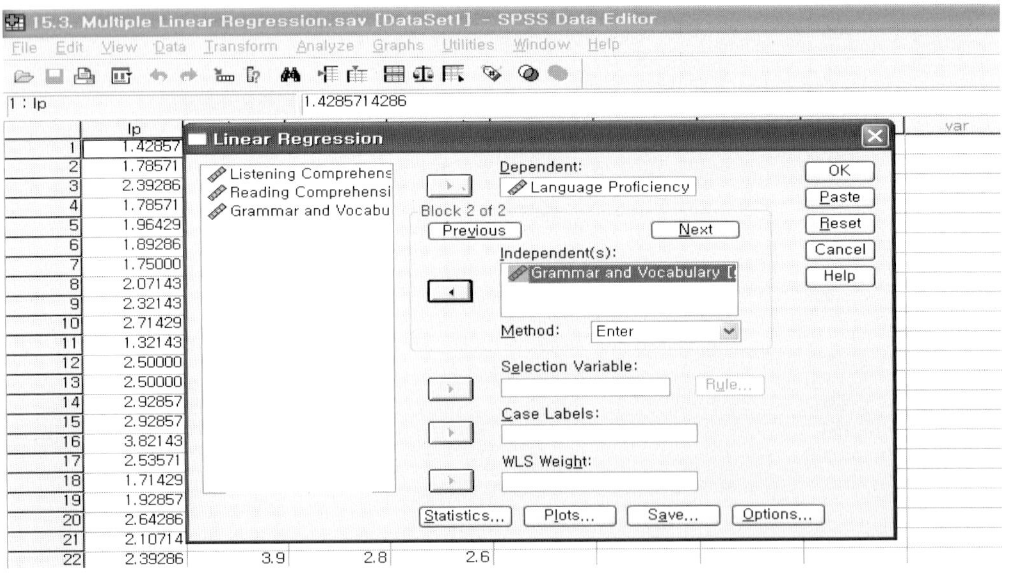

마지막으로 독립 변수란에 듣기를 선택하여 옮긴다. 방법(Method)에서 입력(Enter)을 선택한다.

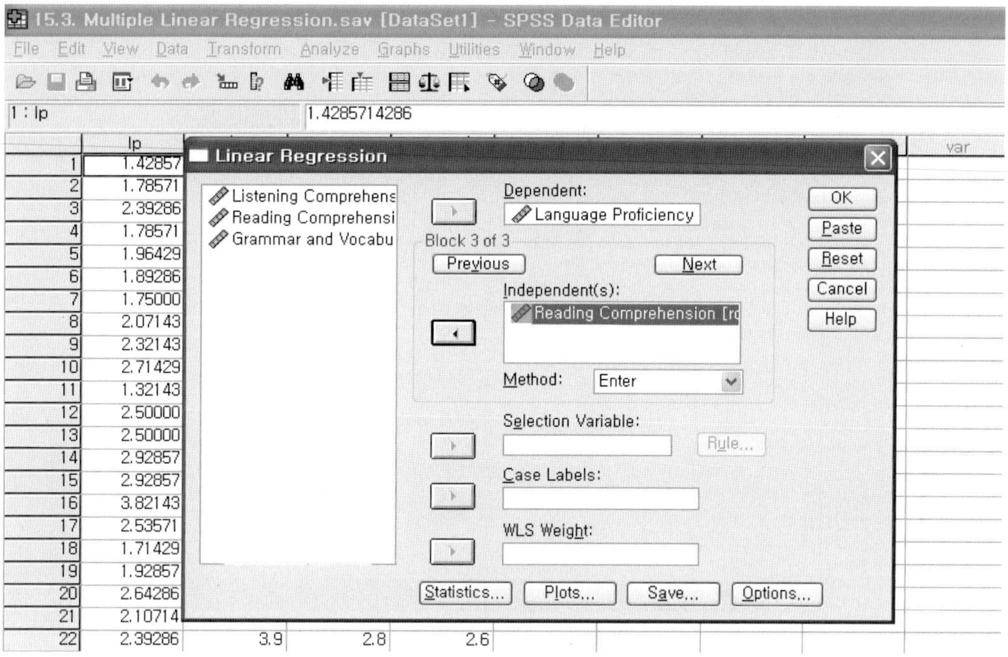

표 15.3. 독립변수의 투입방법

독립변수 투입방법	설　　명
입력(Enter)	모든 독립변수를 동시에 투입한다.
단계선택(Stepwise)	독립변수의 진입과 탈락을 단계별로 투입한다.
Remove	블록내의 변수를 강제로 제거한다.
Backward	모든 독립변수를 투입한 후 하나씩 제거하면서 진행해 나간다.
Forward	독립변수를 한 번에 하나씩 진입하면서 투입한다.

3) 통계량(Statistics) 선택: 옵션(Options)을 선택하면 회귀계수(Regression Coefficients), 잔차(Residuals)등이 나타나는데 검정하고자 하는 것을 선택한 후 계속(Continue)을 선택한다.

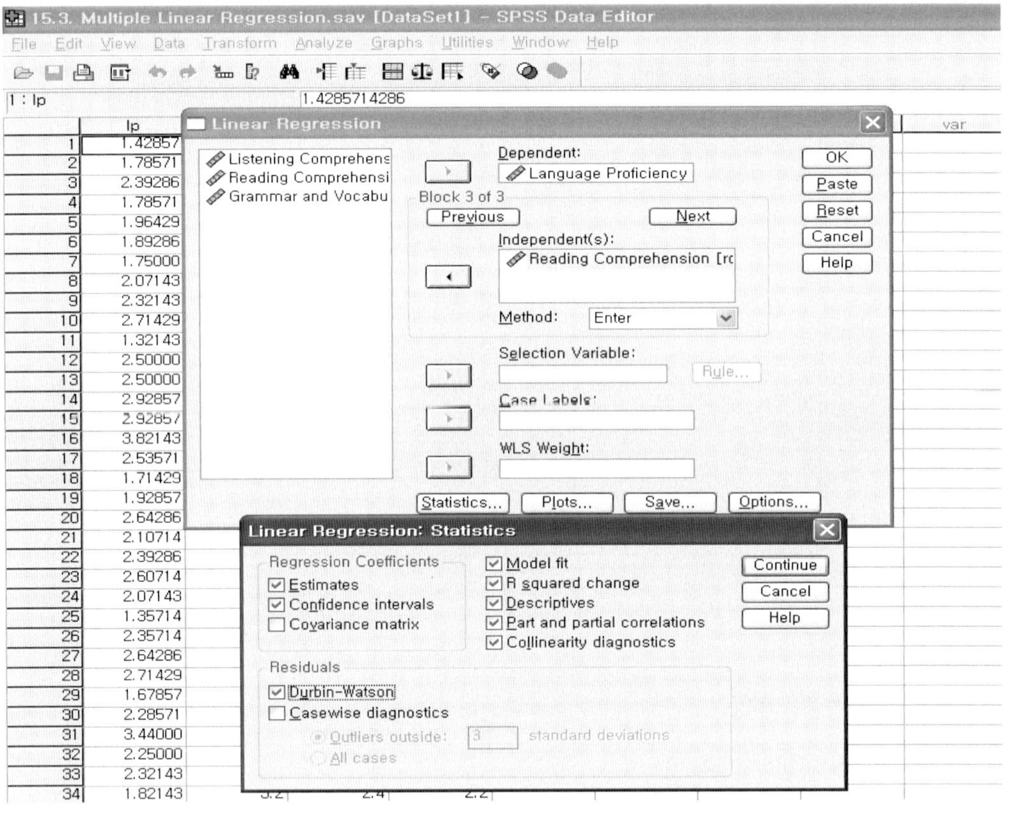

4) 도표(Plot) 선택: 도표(Plot)를 선택하면 Y: 란에는 종속변수(DEPENDNT), X: 란에는 *ZRESID(standardized residuals: 독립변수의 표준화된 예측치)를 옮긴다. Standardized Residual Plots에서 막대그림표(Histogram)와 정규분포 산포도(Normal probability plot)를 선택한 후, 계속(Continue)을 선택한다.

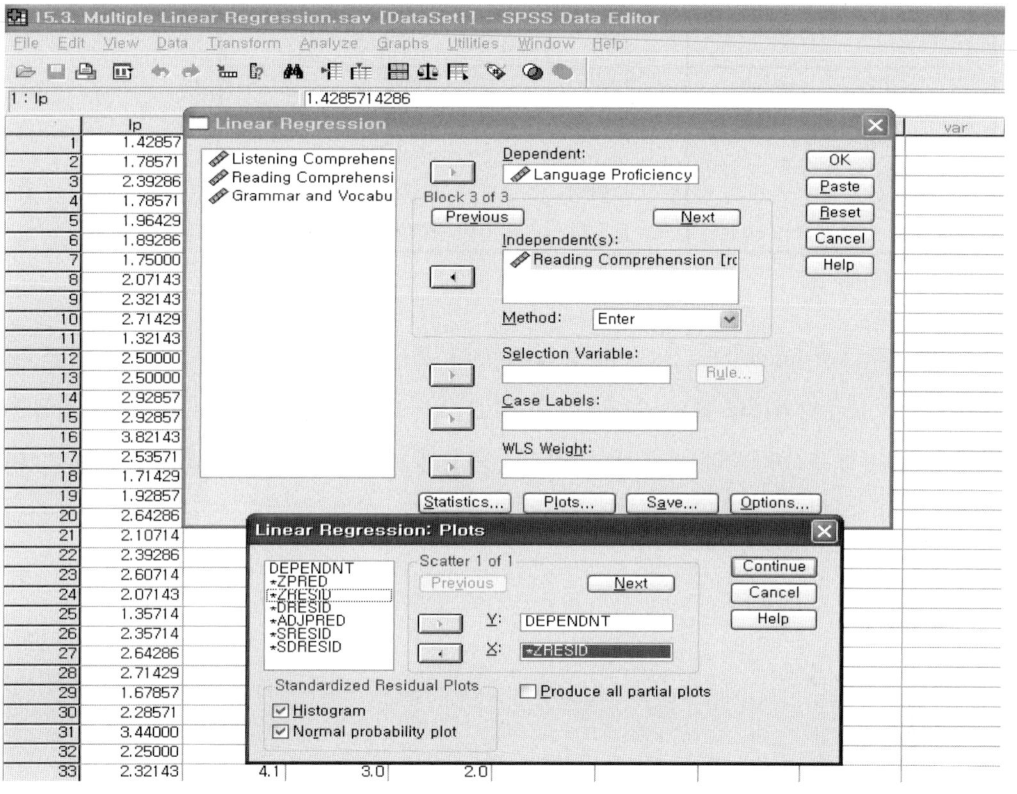

5) 분석결과(Result): 다음과 같은 분석결과를 얻을 수 있다.

Regression

Descriptive Statistics

	Mean	Std. Deviation	N
Language Proficiency	2.3796863	.53501252	154
Listening Comprehension	3.650	.5328	154
Grammar and Vocabulary	2.829	.8756	154
Reading Comprehension	2.321	.6735	154

기술통계(Descriptive Statistics) 분석을 통하여 독립변수와 종속변수 각각에 대한 평균(Mean), 표준편차(Std. Deviation), 사례수(N)을 알 수 있다. 언어 능력의 평균은 2.38, 표준편차는 .54, 사례수는 154명이다. 듣기 점수의 평균은 3.65, 표준편차는 .53이다. 문법 및 어휘의 평균은 2.83, 표준편차는 .88이다. 읽기 점수의 평균은 2.32, 표준편차는 .67이다.

Correlations

		Language Proficiency	Listening Comprehension	Grammar and Vocabulary	Reading Comprehension
Pearson Correlation	Language Proficiency	1.000	.053	-.136	.221
	Listening Comprehension	.053	1.000	-.010	-.140
	Grammar and Vocabulary	-.136	-.010	1.000	-.062
	Reading Comprehension	.221	-.140	-.062	1.000
Sig. (1-tailed)	Language Proficiency	.	.256	.047	.003
	Listening Comprehension	.256	.	.452	.042
	Grammar and Vocabulary	.047	.452	.	.222
	Reading Comprehension	.003	.042	.222	.
N	Language Proficiency	154	154	154	154
	Listening Comprehension	154	154	154	154
	Grammar and Vocabulary	154	154	154	154
	Reading Comprehension	154	154	154	154

상관계수(Correlations) 분석을 통하여 독립변수와 종속변수간의 상관관계를 볼 수 있다. 위의 표에서는 읽기 점수와 언어 능력과의 상관관계가 .221이고, 유의확률이 .003이므로 가장 높은 것으로 나타났다.

Variables Entered/Removed[b]

Model	Variables Entered	Variables Removed	Method
1	Listening Comprehension[a]	.	Enter
2	Grammar and Vocabulary[a]	.	Enter
3	Reading Comprehension[a]	.	Enter

a. All requested variables entered.

b. Dependent Variable: Language Proficiency

진입/제거된 변수(b)(Variables Entered/Removed b)를 통하여 독립변수들이 진입/제거되었음을 알 수 있다. 즉 진입된 변수는 독립변수를 의미하고, 종속변수는 언어 능력임을 알 수 있다. 또한 방법은 입력(Enter)임을 알 수 있다.

Model Summary [d]

Model	R	R Square	Adjusted R Square	Std. Error of the Estimate	Change Statistics					Durbin-Watson
					R Square Change	F Change	df1	df2	Sig. F Change	
1	.053[a]	.003	-.004	.53601177	.003	.430	1	152	.513	
2	.145[b]	.021	.008	.53282690	.018	2.823	1	151	.095	
3	.265[c]	.070	.052	.52095738	.049	7.959	1	150	.005	1.818

a. Predictors: (Constant), Listening Comprehension

b. Predictors: (Constant), Listening Comprehension, Grammar and Vocabulary

c. Predictors: (Constant), Listening Comprehension, Grammar and Vocabulary, Reading Comprehension

d. Dependent Variable: Language Proficiency

모형요약(Model Summary)은 독립변수가 종속변수에 어느 정도의 영향을 미치는지 R Square의 값을 통해서 알 수 있는데 일반적으로 R Square의 값이 1에 가까우면 회귀모형이 표본을 설명하는데 용이하다고 판단한다. 종속변수인 언어 능력의 0.3%가 듣기에 의해서 설명되어지고, 언어 능력의 2.1%가 듣기와 문법 및 어휘능력에 의해서 설명되어진다. 하지만 듣기 능력을 제외한 문법 및 어휘능력이 언어 능력에 1.8%를 설명한다. 또한 언어 능력의 7%가 듣기, 문법 및 어휘능력, 읽기에 의해서 설명되어지지만, 듣기 능력과 문법 및 어휘 능력이 미치는 영향을 제외한 읽기 능력이 언어 능력에 순수하게 4.9%를 설명하고 있다. 또한 R Square Change의 값을 보면 세 개의 독립변수가 종속변수인 언어 능력에 미치는 순수한 영향의 크기를 알 수 있다. 즉, 듣기는 0.3%, 문법 및 어휘는 1.8%, 읽기는 4.9%임을 알 수 있다. 그리고 세 개의 독립변수의 값들은 유의확률(Sig. F Change)을 통하여 유의미한 변수인지를 알 수 있다. 다시 말해서 듣기의 유의확률은 .513이고, 문법 및 어휘의 유의확률은 .095로 .05보다 크므로 유의미한 변수가 아니다. 하지만 읽기의 유의확률은 .005로 .05보다 작기 때문에 유의미한 변수인 것을 알 수 있다. 다시 말해서 읽기 능력이 언어 능력을 가장 많은 부분을 설명하고 있으며 또한 읽기 능력이 언어 능력의 중요한 예측 변수임을 알 수 있다. 그러나 듣기 능력과 문법 및 어휘 능력은 언어 능력을 설명하는 부분이 읽기 능력보다 적으며, 두 변수 역시 언어 능력의 유의미한 예측변수는 아니라는 것을 나타낸다.

* 아래 두 개의 모형요약(Model Summary)은 단계별 입력 순서를 다르게 했을 때의 분석 결과이다. 즉, 동일한 자료이지만 입력 순서에 따라 결과가 다르게 나타나는 것을 알 수 있다. 모형 요약 (1)은 단계별 순서를 첫 번째 듣기, 두 번째 문법 및 어휘, 세 번째 읽기의 순서로 입력하여 분석한 결과이고, 모형 요약 (2)는 단계별 순서를 첫 번째 듣기, 두 번째 읽기, 세 번째 문법 및 어휘의 순서로 입력하여 분석한 결과이다. 모형 요약 (1)은 듣기를 제외한 문법 및 어휘 능력이 언어 능력에 미치는 영향이 1.8%를 설명하고 있으나, 모형 요약 (2)는 듣기와 읽기 능력이 미치는 영향을 제외한 문법 및 어휘 능력이 언어 능력에 미치는 영향이 1.5%를 설명하고 있는 것을 알 수 있다. 또한 모형 요약 (1)에서는 듣기와 문법 및 어휘능력을 제외한 읽기 능력이 언어 능력에 미치는 영향이 4.9%를 설명하고 있으나, 모형 요약 (2)에서는 듣기 능력을 제외한 읽기 능력이 언어 능력에 미치는 영향이 5.3%를 설명하고 있는 것을 알 수 있다. 즉, 단계선택회귀분석은 다중회귀분석 결과 독립변수 중에서 종속 변수에 영향을 미치는 유의미한 변수의 크기를 알아보고자 하는 분석방법이기 때문에 아래의 표에서 보이듯이 입력 순서에 따라 유의미한 변수인 읽기의 영향력 (4.9%: 모형요약 (1), 5.3%:모형요약 (2))이 다르게 나타나므로 종속변수의 입력 순서가 중요하다.

모형요약 - (1)

Model Summary [d]

Model	R	R Square	Adjusted R Square	Std. Error of the Estimate	Change Statistics					Durbin-Watson
					R Square Change	F Change	df1	df2	Sig. F Change	
1	.053[a]	.003	-.004	.53601177	.003	.430	1	152	.513	
2	.145[b]	.021	.008	.53282690	.018	2.823	1	151	.095	
3	.265[c]	.070	.052	.52095738	.049	7.959	1	150	.005	1.818

a. Predictors: (Constant), Listening Comprehension
b. Predictors: (Constant), Listening Comprehension, Grammar and Vocabulary
c. Predictors: (Constant), Listening Comprehension, Grammar and Vocabulary, Reading Comprehension
d. Dependent Variable: Language Proficiency

모형요약 - (2)

Model Summary [d]

Model	R	R Square	Adjusted R Square	Std. Error of the Estimate	Change Statistics					Durbin-Watson
					R Square Change	F Change	df1	df2	Sig. F Change	
1	.053[a]	.003	-.004	.53601177	.003	.430	1	152	.513	
2	.236[b]	.056	.043	.52328370	.053	8.484	1	151	.004	
3	.265[c]	.070	.052	.52095738	.015	2.352	1	150	.127	1.818

a. Predictors: (Constant), Listening Comprehension
b. Predictors: (Constant), Listening Comprehension, Reading Comprehension
c. Predictors: (Constant), Listening Comprehension, Reading Comprehension, Grammar and Vocabulary
d. Dependent Variable: Language Proficiency

ANOVA[d]

Model		Sum of Squares	df	Mean Square	F	Sig.
1	Regression	.124	1	.124	.430	.513[a]
	Residual	43.671	152	.287		
	Total	43.794	153			
2	Regression	.925	2	.462	1.629	.200[b]
	Residual	42.870	151	.284		
	Total	43.794	153			
3	Regression	3.085	3	1.028	3.789	.012[c]
	Residual	40.709	150	.271		
	Total	43.794	153			

a. Predictors: (Constant), Listening Comprehension

b. Predictors: (Constant), Listening Comprehension, Grammar and Vocabulary

c. Predictors: (Constant), Listening Comprehension, Grammar and Vocabulary, Reading Comprehension

d. Dependent Variable: Language Proficiency

분산분석표(ANOVA)는 회귀모형이 통계적으로 유의한지를 검정한다. 첫 번째 모델(1)은 Predictor가 읽기의 경우 F값이 .430이고, 유의확률(Sig.)이 .513이므로 회귀모형이 적합하지 않다. 두 번째 모델 (2)는 Predictor가 읽기와 문법 및 어휘일 경우 F값이 1.629이고, 유의확률이 .200이므로 회귀모형이 적합하지 않다. 그러나 세 번째 모델(3)은 Predictor가 듣기와 문법 및 어휘와 읽기일 경우 F값이 3.789이고, 유의확률이 .012이므로 회귀모형이 적합하다. 즉, 연구자가 알아보고자 하는 회귀모형은 세 번째 모델(3)이므로 적합하다고 할 수 있다.

Coefficients a

Model		Unstandardized Coefficients		Standardized Coefficients	t	Sig.	Correlations			Collinearity Statistics	
		B	Std. Error	Beta			Zero-order	Partial	Part	Tolerance	VIF
1	(Constant)	2.185	.300		7.283	.000					
	Listening Comprehension	.053	.081	.053	.656	.513	.053	.053	.053	1.000	1.000
2	(Constant)	2.424	.330		7.337	.000					
	Listening Comprehension	.052	.081	.052	.643	.521	.053	.052	.052	1.000	1.000
	Grammar and Vocabulary	-.083	.049	-.135	-1.680	.095	-.136	-.135	-.135	1.000	1.000
3	(Constant)	1.869	.378		4.942	.000					
	Listening Comprehension	.084	.080	.083	1.048	.296	.053	.085	.083	.980	1.020
	Grammar and Vocabulary	-.074	.048	-.121	-1.533	.127	-.136	-.124	-.121	.996	1.004
	Reading Comprehension	.179	.063	.225	2.821	.005	.221	.224	.222	.976	1.024

a. Dependent Variable: Language Proficiency

앞서 모형 요약에서 설명한 것처럼 모델 (3)에서 볼 수 있듯이 읽기(Reading Comprehension)가 언어 능력에 미치는 중요한 변수가 될 수 있다는 것을 다시 한번 보여주고 있다. 결론적으로 다른 독립 변수들(Predictors)이 종속 변수(언어 능력)에 미치는 영향을 제외하고 순수하게 연구자가 알고 싶어 하는 변수가 종속 변수에 미치는 영향을 보게 위해서 맨 마지막에 입력한 결과이다. 그리고 또 하나의 중요한 사항은 앞장(15.2)에서 설명된 아래의 다중회귀분석(Multiple Linear Regression)의 결과와 현재의 단계회귀분석(Multiple Ordered Linear Regression)의 모델(3)과의 결과는 동일하다는 것이다.

다중회귀분석(Multiple Linear Regression)

Coefficients a

Model		Unstandardized Coefficients		Standardized Coefficients	t	Sig.	Correlations			Collinearity Statistics	
		B	Std. Error	Beta			Zero-order	Partial	Part	Tolerance	VIF
1	(Constant)	1.869	.378		4.942	.000					
	Listening Comprehension	.084	.080	.083	1.048	.296	.053	.085	.083	.980	1.020
	Reading Comprehension	.179	.063	.225	2.821	.005	.221	.224	.222	.976	1.024
	Grammar and Vocabulary	-.074	.048	-.121	-1.533	.127	-.136	-.124	-.121	.996	1.004

a. Dependent Variable: Language Proficiency

아래의 도표들은 세 개의 독립변수(Predictor)가 종속변수인 언어능력에 미치는 영향을 시각적으로 볼 수 있다.

Charts

Histogram

Dependent Variable: Language Proficiency

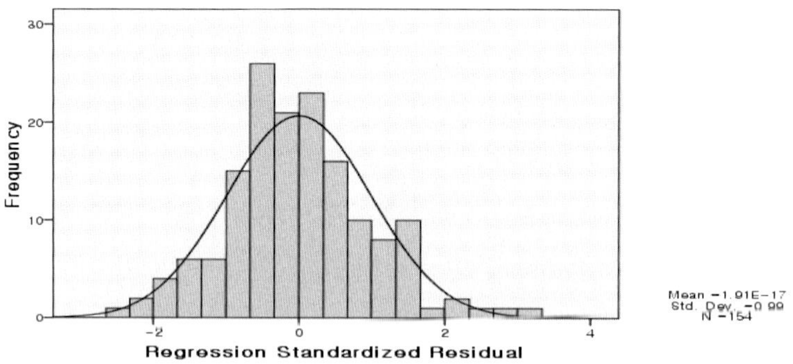

Normal P-P Plot of Regression Standardized Residual

Dependent Variable: Language Proficiency

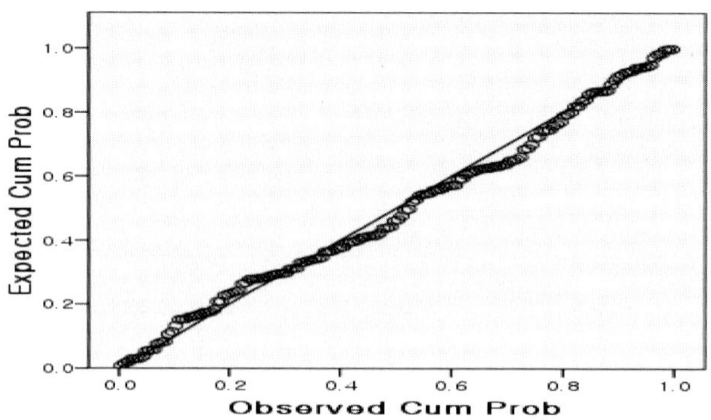

Scatterplot

Dependent Variable: Language Proficiency

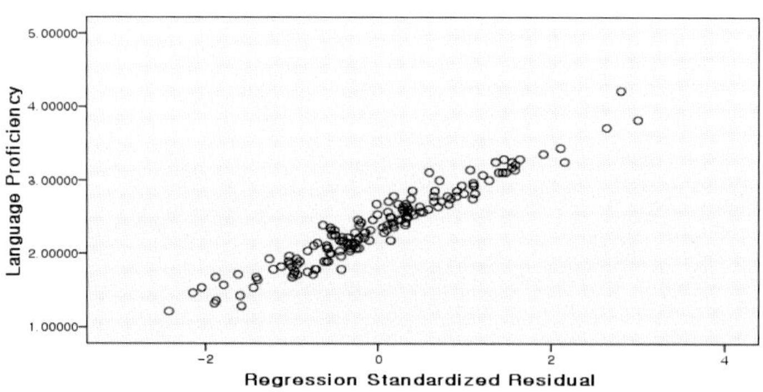

16. 신뢰도 분석 (Reliability Analysis)

측정하고자 하는 변수가 일관성 있게 측정되었는지를 알아보고자 할 때 사용되어진다. 하나의 개념을 나타내기 위하여 적어도 2개 이상의 변수(문항)가 필요하며, 이때 사용되어지는 변수는 순서척도(Ordinal Scale), 구간척도(Interval Scale), 또는 비율척도(Ratio Scale)이어야 한다(DeVellis, 2005). 예를 들어 영어 어휘 학습 방법중 영어 어휘에 대한 노출 빈도에 대한 변수(문항)의 신뢰도를 측정할 수 있다. 신뢰도를 측정하는 방법에는 검사-재검사 신뢰도(Test-Retest Reliability), 동형검사신뢰도(Equivalent Form Reliability), 반분신뢰도(Split-Half Reliability), 문항내적합치도(Inter-Item Consistency Reliability), 평가자간신뢰도(Inter-Rater Reliability) 등이 있다.

16.1. 신뢰도 분석의 종류

1) 검사-재검사 신뢰도(Test-Retest Reliability)

동일한 내용을 동일한 대상으로 일정한 시간을 두고 반복적으로 측정하여 두 측정 점수간의 신뢰성을 구하는 방법이다.

2) 동형검사신뢰도(Equivalent Form Reliability)

동일한 형태의 A형과 B형의 측정도구를 만들어 각 응답자에게 A형과 B형의 검사를 실시한 후 동형검사(A형 · B형) 점수간의 신뢰성을 구하는 방법이다. 그러나 각각의 측정도구(A형 · B형)를 서로 유사하거나 동일하게 만들기 어렵다는 현실적인 어려움이 있다.

3) 반분신뢰도(Split-Half Reliability)

하나의 측정도구에 동일한 내용을 두 부분으로 만들어 측정한 후, 두 부분의 점수간의 신뢰성을 구하는 방법이다.

4) 문항내적합치도(Inter-Item Consistency Reliability)

동일한 내용을 측정하기 위하여 여러 문항으로 구성되어있는 검사에서 각 문항들의 일치성을 알아보고자 신뢰성을 구하는 방법이다. 각 문항과 문항들의 신뢰도 계수는 크론바하 알파(Cronbach α)값으로 나타낸다.

5) 평가자간신뢰도(Inter-Rater Reliability)

동일한 방법을 통하여 다수의 측정을 실시한 후 측정자들간의 일치정도를 검증하여 신뢰도를 구하는 방법이다.

16.2. 타당도

타당도(Validity)는 측정하고자 하는 개념이나 속성 또는 현상을 얼마나 정확히 측정하였는가를 나타내는 개념이다. 타당도에는 다음의 세 가지 종류가 있다.

1) 내용타당도(Content Validity)

측정도구가 측정하고자 하는 항목 내용을 충실히 대표하고 있는지의 정도를 의미한다. 내용타당도는 전문가나 연구자의 주관적인 판단에 의해 결정되어 진다.

2) 예측타당도(Predictive Validity)

하나의 속성이나 개념에 대한 측정값이 다른 속성의 변화를 예측하는 정도에 의해 평가되는 타당도를 나타낸다.

3) 구성타당도(Construct Validity)

측정도구가 연구하고자 하는 속성이나 개념에 얼마나 적합한지를 통하여 타당성을 파악하는 방법이다. 즉 목표된 구성을 정확히 측정하였는지를 검증하는 방법이다.

* 신뢰도와 타당도의 관계

신뢰도는 타당도의 필요조건이지만 충분조건은 아니다. 하지만 타당도는 신뢰도의 충분조건이다. 다시 말해서 신뢰도가 높으면 타당도가 높은 것은 아니지만 타당도가 높으면 신뢰도는 높다.

신뢰도와 타당도의 관계

(1) 신뢰도 ↑ 타당도 ↓

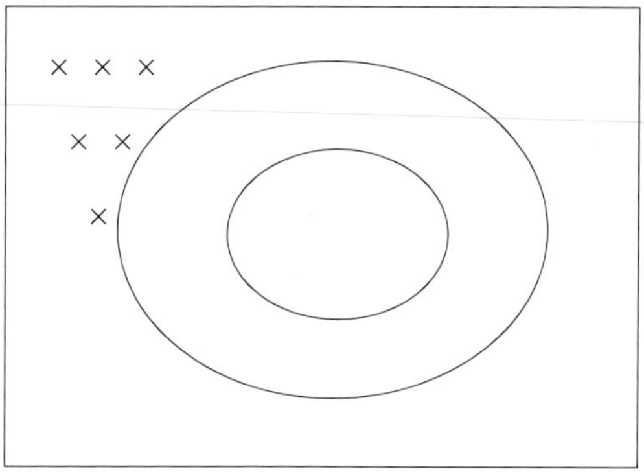

(2) 신뢰도 ↓ 타당도 ↓

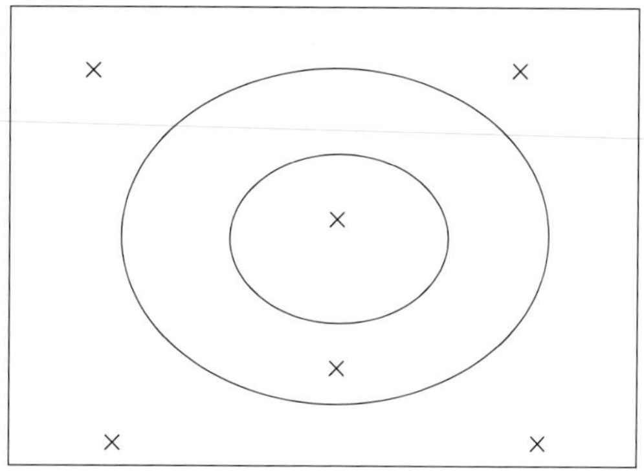

(3) 신뢰도 ↓ 타당도 ↓

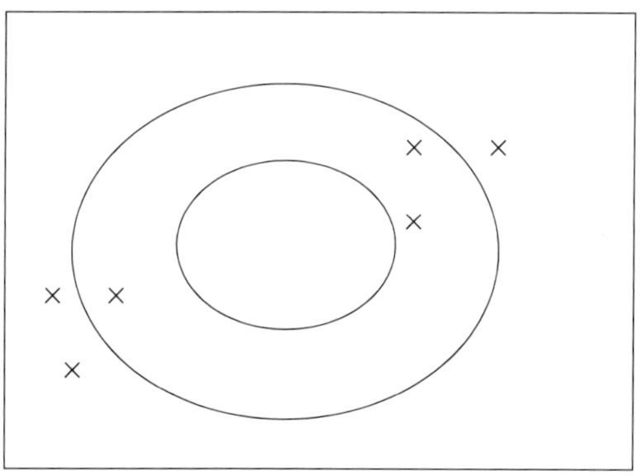

(4) 신뢰도 ↑ 타당도 ↑

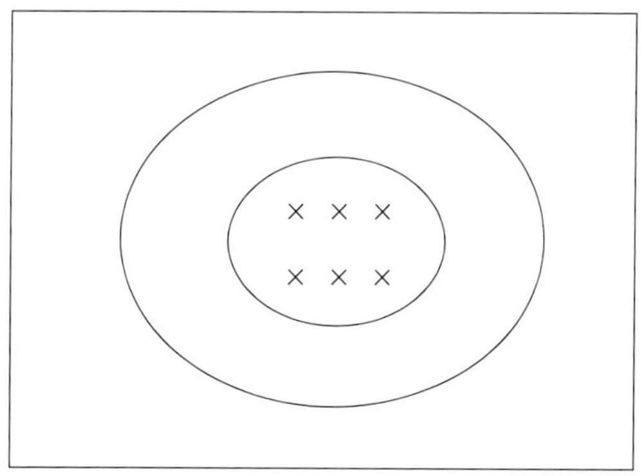

위의 그림은 신뢰도와 타당도의 관계를 나타낸다. 그림 (1)은 측정값들의 분산이 한 곳(좌측 상단)에 치우쳐 있으므로 신뢰도는 높으나 타당도는 낮은 것을 알 수 있다. 그림 (2)와 (3)은 측정값들의 분산이 크게 차이가 나므로 신뢰도와 타당도가 모두 낮은 것을 알 수 있다. 그림 (4)는 측정값들의 분산이 참값 한 곳에 모여 있으므로 신뢰도와 타당도가 높은 것을 알 수 있다.

16.3. 신뢰도 분석의 절차

아래의 데이터(data)는 읽기(reading comprehension) 학습 전략중 3개의 변수(문항)의 중요도에 대한 신뢰도 분석을 하였다. (문항 1 : 어휘(vocabulary), 문항 2 : 문법(grammar), 문항 3 : 배경지식(background knowledge))

1) 신뢰도 분석(Reliability Analysis) 선택: 분석(Analyze) → 척도화(Scale) → 신뢰도 분석(Reliability Analysis)을 순서대로 선택한다.

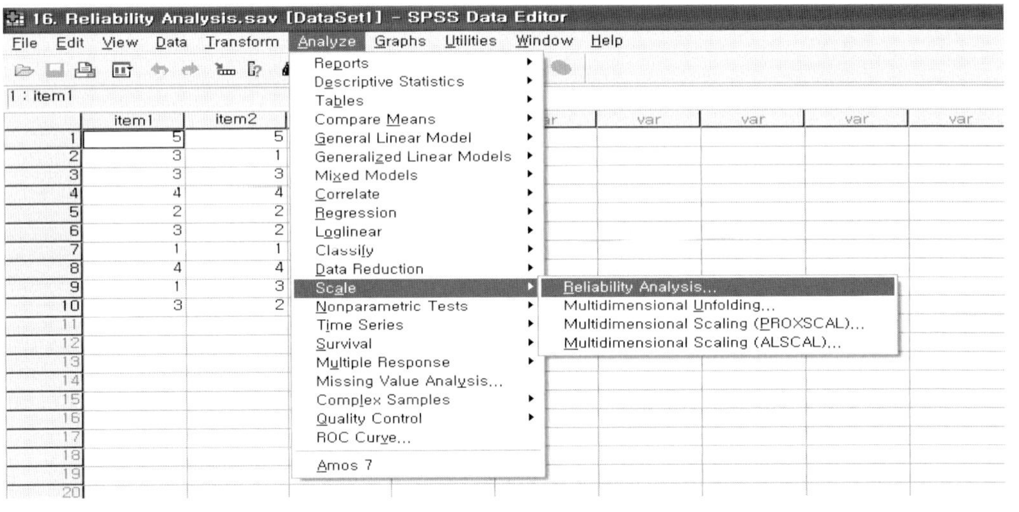

2) 변수 선택: 신뢰도 분석(Reliability Analysis) 대화상자에 분석하고자 변수를 오른쪽 항목(Items)란으로 이동시킨다.

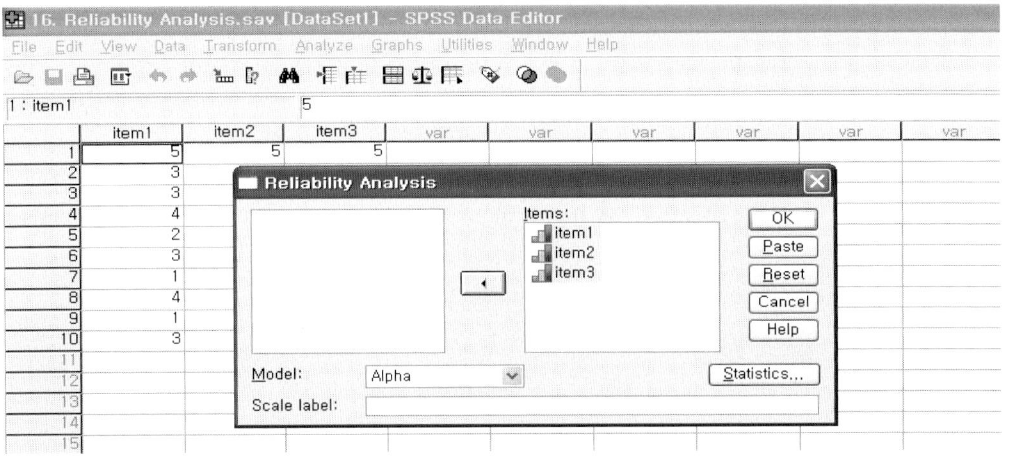

아래의 표에서 보듯이 신뢰도 분석 모형의 종류에는 알파(Alpha), 반분계수(Split-half), Guttman, 동형(Parallel)의 4가지가 있으나 여기서는 크론바하 알파(Cronbach α) 값을 계산하는 알파를 선택한다.

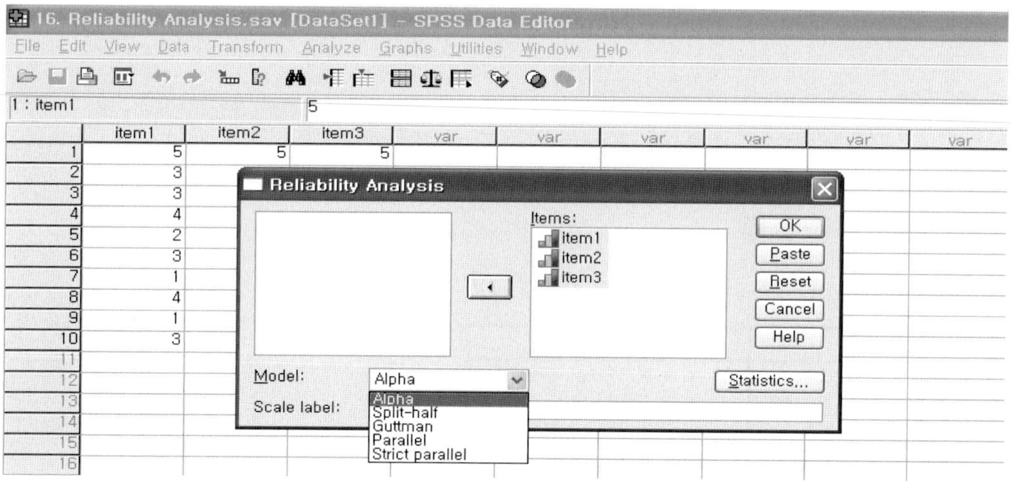

3) 통계량(Statistics) 선택: 통계량(Statistics) 대화상자에서 다음에 대한 기술통계량(Descriptives for), 항목내(Inter-Item), 요약값(Summaries), 분산분석표(ANOVA Table)등 분석하고자 하는 것을 선택한 후 계속(Continue)을 선택한다.

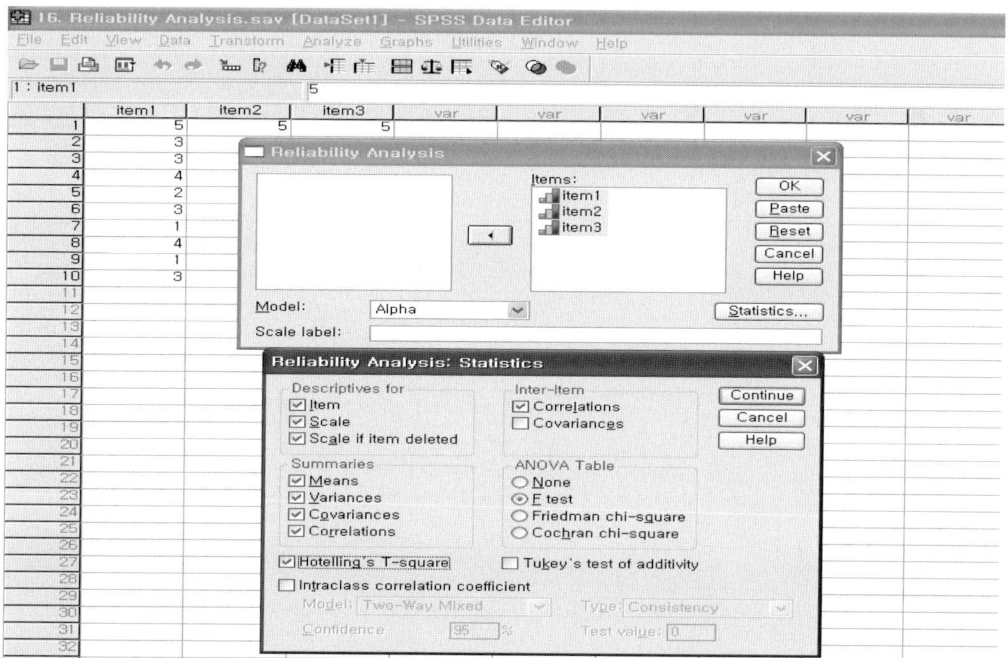

4) 분석 결과: 신뢰도 분석(Reliability Analysis)은 보통 케이스 처리 요약(Reliability Analysis-Scale), 신뢰도 통계량, 항목 통계량, 항목 총계 통계량, 척도 통계량의 결과가 출력되나 분석 과정 중에서 무엇을 선택하느냐에 따라서 생성되는 결과들은 달라질 수 있다.

Reliability

Scale: ALL VARIABLES

Case Processing Summary

		N	%
Cases	Valid	10	100.0
	Excluded[a]	0	.0
	Total	10	100.0

a. Listwise deletion based on all variables in the procedure.

위의 케이스 처리 요약(Case Processing Summary) 결과를 통하여 각 변수(문항)들에 대한 유효(Valid), 제외됨(Excluded), 합계(Total)를 알 수 있다. 즉, 사례수는 10명, 제외된 사례수는 0명, 전체 사례수는 10명인 것을 알 수 있다.

Reliability Statistics

Cronbach's Alpha	Cronbach's Alpha Based on Standardized Items	N of Items
.767	.762	3

위의 신뢰도 통계량(Reliability Statistics)은 문항에 대한 신뢰도를 알 수 있다. 즉, 3개 문항에 대한 신뢰도는 .767인 것을 알 수 있다.

$$\alpha = \frac{N}{N-1}\left(1-\sum\frac{\sigma_i^2}{\sigma_t^2}\right) = \frac{3}{3-1}\left(1-\frac{(1.287)^2+(1.337)^2+(1.080)^2}{9.433}\right) = .767$$

N: 사례수, σ_i^2 : 각문항의 분산, σ_t^2 : 총분산

Item Statistics

	Mean	Std. Deviation	N
item1	2.90	1.287	10
item2	2.70	1.337	10
item3	3.50	1.080	10

Scale Statistics

Mean	Variance	Std. Deviation	N of Items
9.10	9.433	3.071	3

위의 항목 통계량(Item Statistics)은 3개의 각각의 문항에 대하여 평균(Mean), 표준편차(Std. Deviation), 사례수(N)를 알 수 있다. 즉, 1번 문항의 평균은 2.90, 표준편차는 1.287, 사례수는 10명인 것을 알 수 있다. 2번 문항의 평균은 2.70, 표준편차는 1.337, 사례수는 10명인 것을 알 수 있다. 3번 문항의 평균은 3.50, 표준편차는 1.080, 사례수는 10명인 것을 알 수 있다.

Summary Item Statistics

	Mean	Minimum	Maximum	Range	Maximum / Minimum	Variance	N of Items
Item Means	3.033	2.700	3.500	.800	1.296	.173	3
Item Variances	1.537	1.167	1.789	.622	1.533	.107	3
Inter-Item Covariances	.804	.500	1.189	.689	2.378	.099	3
Inter-Item Correlations	.517	.360	.691	.331	1.920	.022	3

위의 항목 통계량 요약(Summary Item Statistics)은 3개 문항의 평균(Item Means), 문항 분산(Item Variances), 문항간 상관관계(Inter-Item Correlations), 문항간 상관분산(Inter-Item Covariances)을 알 수 있다.

문항 평균(Item Means):
문항들의 평균(Mean): 2.90+2.70+3.50/3=3.033
최저평균(Minimum): 2.700, 최고평균(Maximum): 3.500
평균의 폭(Range): 3.50-2.70=0.800
최대평균과 최소평균간의 비율(Maximum/Minimum): 3.50/2.70=1.296
문항 평균의 분산(Variance):0.173, 항목(N of Items): 3개의 문항인 것을 알 수 있다.

문항 분산(Item Variances):
문항들의 분산의 평균: 1.656+1.789+1.167/3=1.537
최저분산(Minimum):1.167, 최고분산(Maximum): 1.789
분산의 폭(Range): 1.789-1.167=0.622
최대분산과 최소분산의 비율(Maximum/Minimum=1.789/1.167=1.533
문항 분산의 분산(Variance): 0.107을 나타낸다.

분산($Variance$)은 표준편차(SD)의 제곱이므로 다음과 같다.

$1.287^2 = 1.656$
$1.337^2 = 1.789$
$1.080^2 = 1.167$

문항간 상관계수(Inter-Item Correlations):

각 변수들간의 상관관계의 평균(Mean): 0.691+0.360+0.500/3=0.517

상관관계 중 최저 상관계수(Minimum): 0.360

상관관계 중 최대 상관계수(Maximum): 0.691

최대상관계수와 최소상관계수의 폭(Range): 0.691-0.360=0.331

상관계수의 분산(Variance): 0.022를 나타낸다.

Inter-Item Correlation Matrix

	item1	item2	item3
item1	1.000	.691	.360
item2	.691	1.000	.500
item3	.360	.500	1.000

Item-Total Statistics

	Scale Mean if Item Deleted	Scale Variance if Item Deleted	Corrected Item-Total Correlation	Squared Multiple Correlation	Cronbach's Alpha if Item Deleted
item1	6.20	4.400	.626	.478	.657
item2	6.40	3.822	.731	.550	.523
item3	5.60	5.822	.469	.250	.817

위의 항목 총계 통계량(Item-Total Statistics)은 측정된 각각의 문항이 제외되었을 때의 평균, 분산, 상관계수, 신뢰도 계수를 나타낸다.

항목이 삭제된 경우 척도 평균(Scale Mean if Item Deleted): 하나의 문항이 분석에서 제외되었을 때 그 문항을 제외한 나머지 문항간의 평균값이다. 예를 들면 1번 문항이 제외되었을 때 평균값은 6.20이다. 즉, 1번 문항이 제외되었기 때문에 전체 평균값 9.10 (2.90+2.70+3.50)에서 1번 문항을 제외한 평균값 6.20 (2.70+3.50)으로 변한다는 것을 나타낸다.

항목이 삭제된 경우 척도 분산(Scale Variance if Item Deleted): 하나의 문항이 분석에서 제외되었을 때 그 문항을 제외한 나머지 문항간의 나머지의 분산값이다. 예를 들어 1번 문항이 제외되었을 때 분산값은 4.400임을 나타낸다.

수정된 항목-전체 상관관계(Corrected Item-Total Correlation): 각 개별 문항과 그 문항을 제외한 문항들간의 상관관계이다. 다시 말해서 좌측의 문항과 나머지 문항들간의 상관관계이다. 예를 들어 문항1과 나머지 문항2,3의 상관관계는 .626임을 나타낸다.

다중 상관관계의 제곱(Squared Multiple Correlation): 각 개별 문항을 제외한 후 구성된 측정값이 전체 분산중에서 얼마를 설명하는가를 나타낸다. 예를 들어 문항1을 종속변수(Dependent Variable)로 하고 문항2와 문항3을 독립변수(Independent Variables)로 구성된 회귀식이 가진 설명력을 나타낸다.

항목이 삭제된 경우 크론바하 알파(Cronhach's Alpha if Item Deleted): 각 개별문항을 제외한 Cronbach α값이다. 예를 들어 문항1을 제외하였을 때 신뢰도는 .657인 것을 알 수 있다. 이것은 전체 신뢰도가 .767이므로 문항1을 제외했을 때 신뢰도가 낮아지므로 문항1을 제외해서는 안된다는 것을 나타낸다. 반대로 문항3을 제외했을 때는 신뢰도가 높아지는 것을 알 수 있다. 즉, 문항을 제거하였을 때 신뢰도가 높아지면 제거된 문항은 낮은 신뢰도의 문항이라고 할 수 있다. 다시 말해서 측정도구의 신뢰도를 높이고자 할 때 이 문항을 제거할 수 있다.

Scale Statistics

Mean	Variance	Std. Deviation	N of Items
9.10	9.433	3.071	3

위의 척도 통계량(Scale Statistics)은 신뢰도를 구하는데 사용된 항목수(Item)를 나타낸다. 문항의 평균합은 9.10, 분산합은 9.433, 표준편차합은 3.071, 측정된 항목은 3개인 것을 알 수 있다.

ANOVA

		Sum of Squares	df	Mean Square	F	Sig
Between People		28.300	9	3.144		
Within People	Between Items	3.467	2	1.733	2.364	.123
	Residual	13.200	18	.733		
	Total	16.667	20	.833		
Total		44.967	29	1.551		

Grand Mean = 3.03

위의 분산분석(ANOVA) 결과는 제곱합(Sum of Squares), 자유도(df), 평균제곱(Mean Square), F, 유의확률(Sig.)을 나타낸다.

설문대상자간의 자유도 (Between People df): 10명의 설문대상자들의 3개의 각 문항간의 차이 여부를 검정하는 것으로 자유도(df)는 9(N-1=10-1, N: 사례수)이다.

설문대상자내의 문항간의 자유도(Between Items df): 문항간의 자유도는 2(문항의수-1=3-1)이며, 제곱합은 3.467, F값은 2.364, 유의확률(Sig.)은 .123이므로 유의하지 않다. 즉, 각각의 설문대상자가 응답한 3개의 문항내에 대해 측정된 값의 차이가 없고 일정하다는 것을 의미한다. 다시 말해서 읽기 학습 전략에 있어서 어휘, 문법, 배경지식의 중요도 차이가 없다라는 것을 의미한다. 하지만 이것은 세 개의 요인이 읽기 학습 전략에 중요도의 정도(Degree)를 의미하는 것이 아니라 중요도의 일관성(Consistency)을 의미하는 것이다. 정리하자면 신뢰도의 개념은 반응한 문항의 값의 일관성의 문제이지 정확성의 문제가 아니다.

Hotelling's T-Squared Test

Hotelling's T-Squared	F	df1	df2	Sig
4.235	1.882	2	8	.214

위의 Hotelling's T-Squared Test는 문항간의 평균이 동일한가를 검정하는 것이다. 즉 Sig.값이 .214이므로 문항간의 평균은 차이가 없는 것으로 나타났다. 즉, 문항1, 문항2, 문항3 이 세 문항의 평균의 차이가 없다는 것을 의미한다.

17. 요인 분석 (Factor Analysis)

변수들간의 상관 계수를 바탕으로 변수들 사이에 내재된 요인들을 추출하여 하나의 잠재적인 요인으로 분석하는 방법이다. 요인 분석은 데이터 축소(Data Reduction)를 통하여 중요도가 낮은 변수를 제거할 수 있고, 상호 독립적인 특성을 가진 변수들을 하나의 요인으로 묶음으로써 잠재 요인의 변수들의 특성을 밝힐 수 있다. 또한 요인 분석은 변수들간의 상관 관계를 규명함으로 변수가 순서 척도 이상의 연속형 자료이어야 한다(Dörnyei, 2007). 예를 들어, 아래의 표에서 보듯이 영어 학습을 측정하고자 할 때 7개의 변수들이 요인분석을 통하여 상위인지전략(Metacognitive Strategy), 인지전략(Cognitive Strategy), 사회 정의적전략(Socioaffective Strategy)의 3가지 요인으로 영역을 축약할 수 있다. 즉, 각 요인들간에 높은 상관관계를 갖는 변수들끼리 하나의 요인으로 묶일 수 있다.

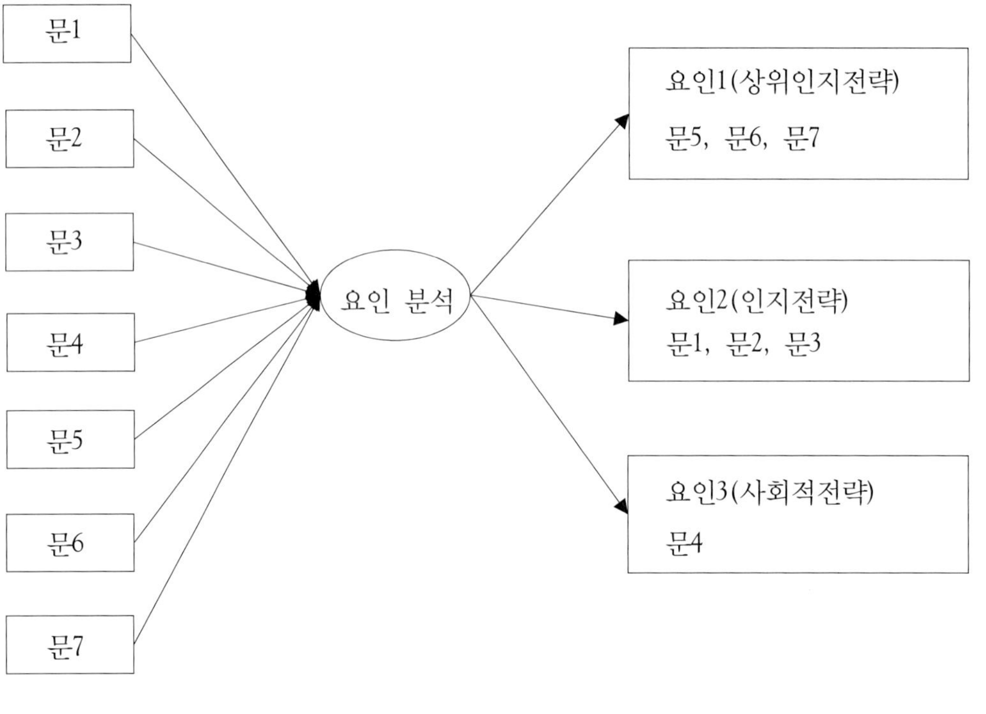

17.1. 요인 분석 방법

1. 주성분 분석(Principle Component Analysis: PCA): 변수들 사이에 존재하는 요인들의 수를 공통 요인으로 분류할 때 사용한다. 먼저 모든 변수의 분산 중에서 가장 많은 부분을 설명하는 요인(주성분)을 먼저 분류하고, 두 번째로 나머지 변수의 분산중에서 가장 많은 부분을 설명하는 요인을 분류하는 방법이다. 이때 각각의 변수들은 한 요인에만 포함되는 상호 독립적인 관계이어야 한다. 예를 들어 영어 학습에 관한 주성분 분석을 할 때 변수들 중에서 상위인지전략이 가장 많은 요인을 설명한다면 상위인지전략을 제1요인으로 먼저 분류하고, 나머지 변수들 중에서 인지전략이 두 번째로 많은 요인을 설명한다면 인지전략을 제2요인으로 분류한다. 이렇게 제1요인과 제2요인으로 분류하는 것을 주성분 분석이라 한다. 주성분 분석은 많은 변수들중에서 정보의 손실을 최소화하기 위하여 하나 또는 몇 개의 적은 수의 요인을 구하고자 할 때에 주로 사용되며, 자료의 총분산을 분석한다(Dennis, 2006).

2. 공통요인분석(Common Factor Analysis: CFA): 변수들간의 내재하는 잠재적인 공통요인을 알고자 할 때, 즉 처음 변수들을 통하여 요인들을 쉽게 파악할 수 없을 때 사용한다. 주성분 분석은 자료의 총분산을 분석하여 잠재적 요인을 찾아내는 반면에 공통요인분석은 공분산(Common Variance)만으로 잠재적인 요인을 분석하여 변수들간의 구조를 파악한다(Dennis, 2006).

표 17.1.

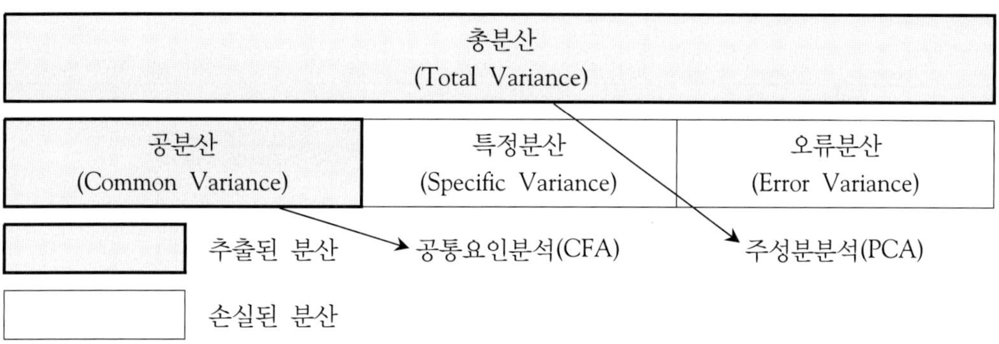

위의 표에서 보듯이 주성분 분석은 총분산에서 요인을 추출하는 것이고, 공통요인분석은 공통분산에서 요인을 추출하는 것이다.

17.2. 요인 분석 절차

1) 요인 분석(Factor...) 선택: 분석(Analyze) → 데이터 축소(Data Reduction) → 요인 분석 (Factor...)을 순서대로 선택한다.

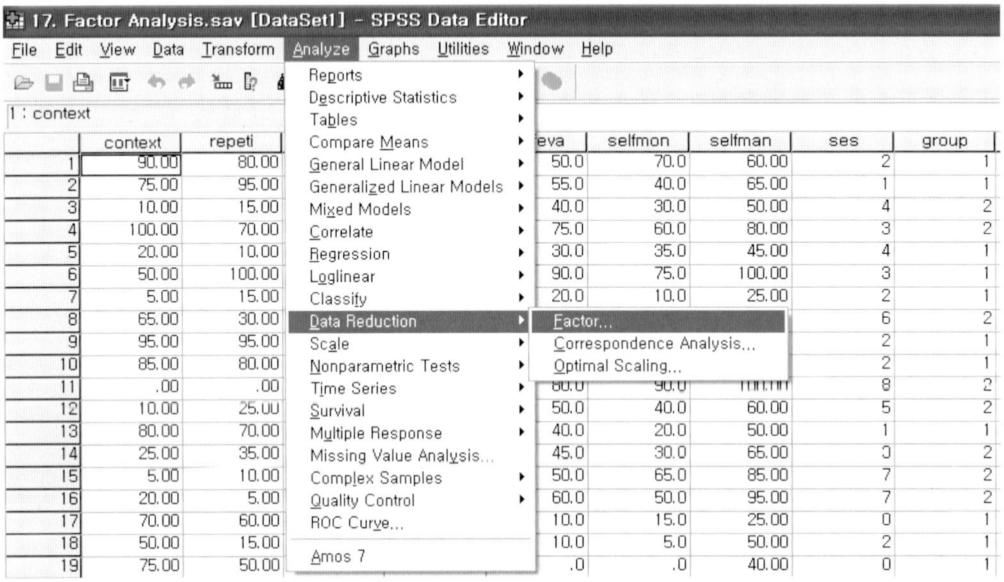

2) 변수 선택: 요인분석(Factor Analysis) 대화 상자가 나타나면 분석하고자 하는 변수들을 선택하여 오른쪽의 변수(Variables)창으로 이동한다.

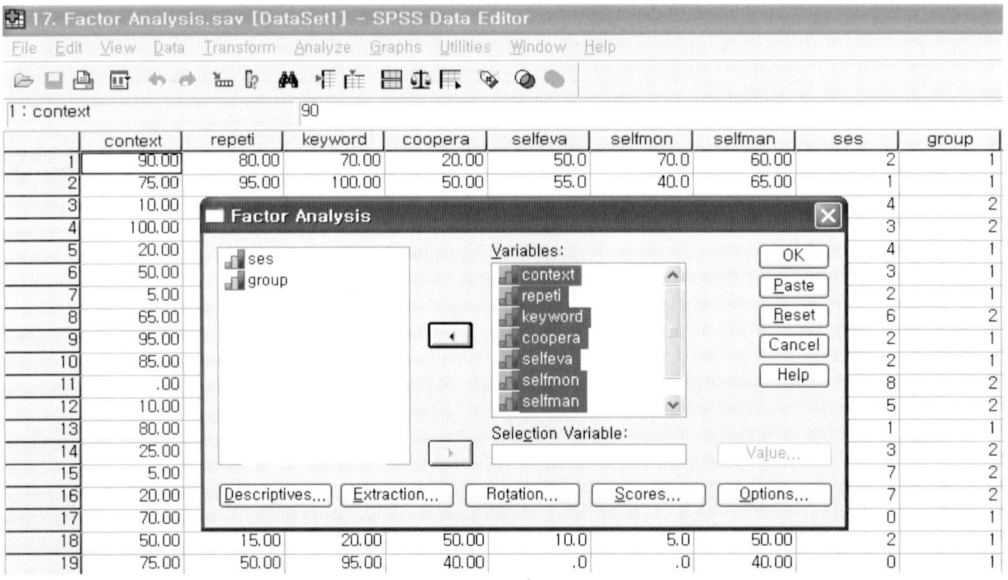

3) 기술통계(Descriptives) 대화상자: 기술통계 대화상자에서 분석하고자 하는 것을 선택한 후 계속(Continue)을 선택한다.

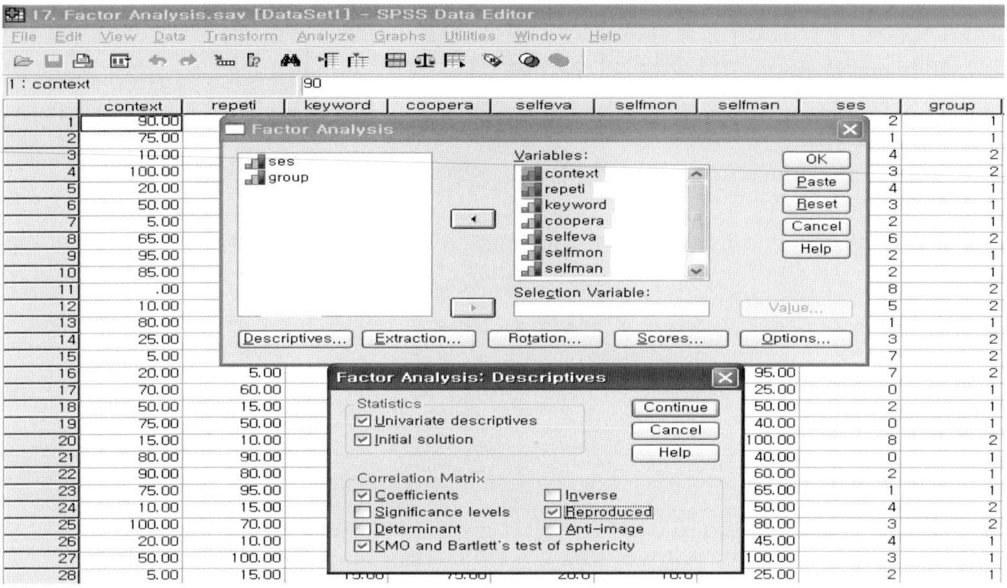

4) 요인추출(Extraction) 대화상자: 요인추출 대화상자에서 주성분(Principal components)을 선택한 후 분석하고자 하는 것을 선택한 후 계속(Continue)을 선택한다. PCA는 principal components를 선택하고, CFA는 principle axis factoring을 선택한다(Gorsuch, 1983).

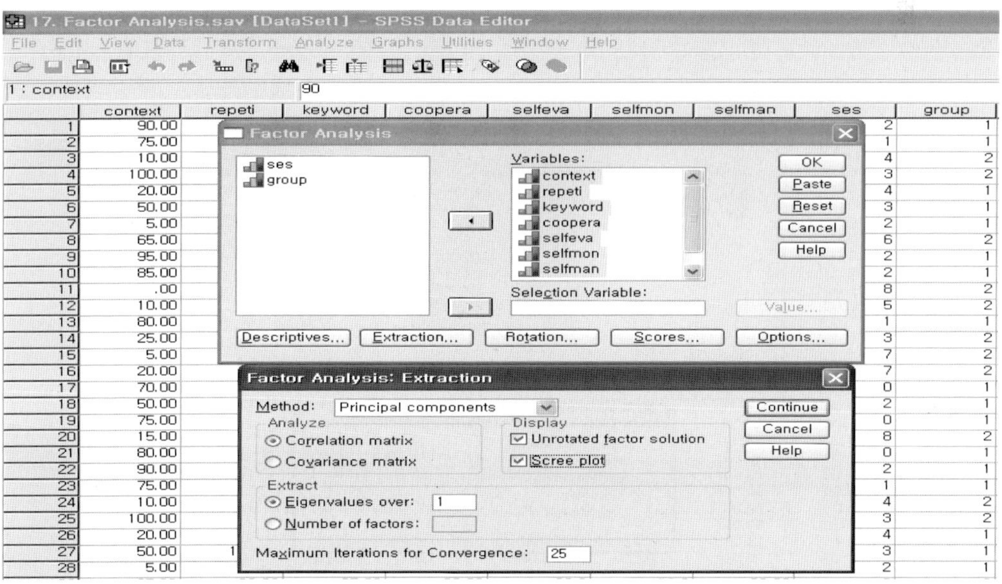

5) 요인회전(Rotation) 대화상자: 요인회전 대화상자에서 Varimax 선택한 후 분석하고자 하는 것을 선택한 후 계속(Continue)을 선택한다. 요인회전은 요인패턴의 구조를 단순화하는 것으로 베리멕스(Varimax), 쿼티멕스(Quartimax), 이퀴멕스(Equamax) 등이 있다. 요인의 해석을 쉽게 하기 위하여 요인 적재값이 높은 변수의 수를 최소화하고 요인간 상관이 없는 직각(oblique)회전 방법중의 하나인 베리멕스(Varimax)가 일반적으로 가장 많이 사용된다(Dennis, 2006).

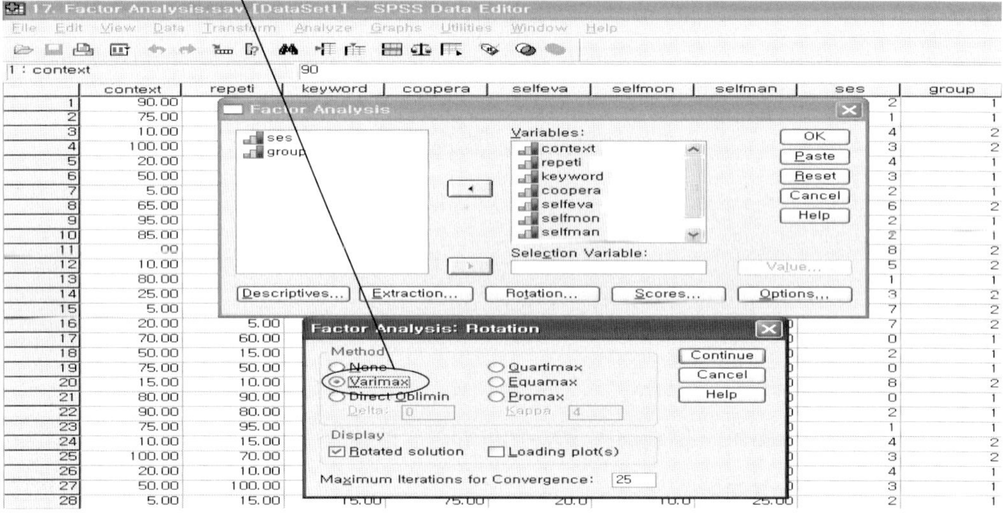

6) 요인점수(Factor Scores) 대화상자: 요인점수 대화상자에서 회귀분석(Regression)을 선택한 후 분석하고자 하는 것을 선택한 후 계속(Continue)을 선택한다.

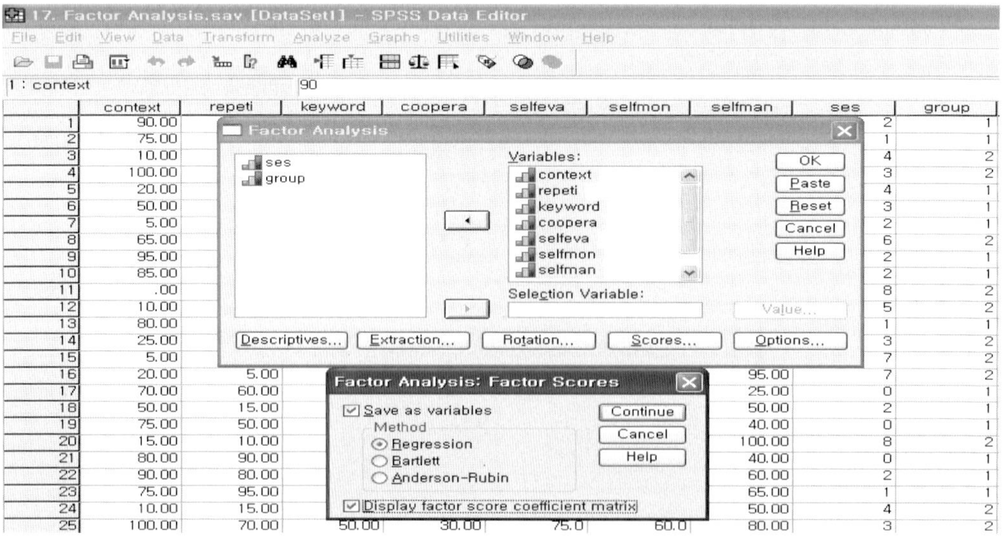

7) 옵션(Options) 대화상자: 옵션 대화상자에서 크기순 정렬(Sorted by size) 선택한 후 분석하고자 하는 것을 선택한 후 계속(Continue)을 선택한다.

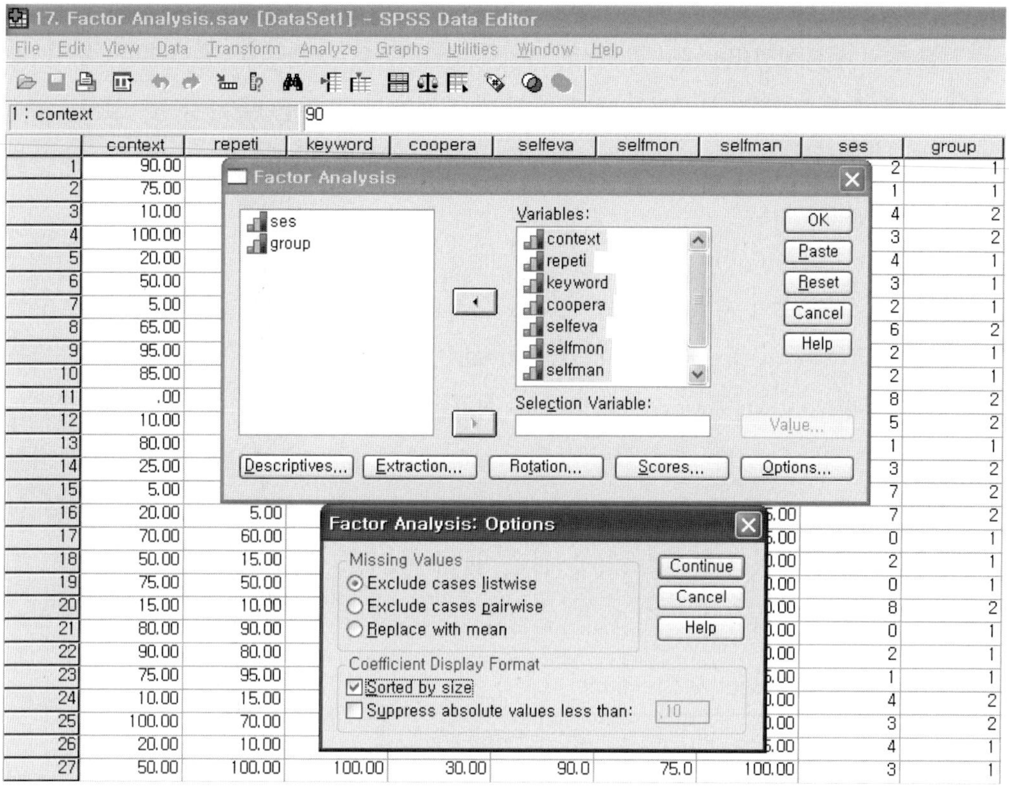

8) 분석결과(Result): 요인분석(Factor Analysis) 대화상자가 나타나면 확인(OK)을 선택한다. 기술통계(Descriptive Statistics), 공통성(Communalities), 설명된 총 분산(Total Variance Explained), 스크리 도표(Scree Plot), 성분행렬(Component Matrix), 회전된 성분행렬(Rotated Component Matrix), 등의 Output이 출력된다. 분석 과정 중에서 무엇을 선택하느냐에 따라서 생성되는 표들은 달라질 수 있다.

Factor Analysis

아래의 결과는 영어 학습 요인분석에 대한 기술통계분석이다. 기술통계량은 변수들에 대한 평균(Mean), 표준편차(Std. Deviation), 사례수(Analysis N)를 보여준다. 예를 들어 1번 문항(contextualization)에 대하여 평균은 47.25, 표준편차는 34.26, 사례수는 220명인 것을 알 수 있다. 또한 2번 문항(repetition)에 대하여 평균은 43.50, 표준편치는 33.73, 사례수는 220명인 것을 알 수 있다. 즉, 각각의 문항에 대한 기술통계를 알 수 있다. 또한 문항이 1번부터 7번인 것을 알 수 있다.

Descriptive Statistics

	Mean	Std. Deviation	Analysis N
context	47.2500	34.26403	220
repeti	43.5000	33.73311	220
keyword	46.5000	32.24868	220
coopera	48.2500	24.20435	220
selfeva	51.000	26.8753	220
selfmon	44.750	25.8209	220
selfman	67.2500	24.11078	220

1문항 : contextualization

2문항 : repetition

3문항 : keyword

4문항 : cooperation

5문항 : self-evaluation

6문항 : self-monitor

7문항 : self-management

아래의 결과는 Kaise-Meyer-Olkin 측도와 Bartlett의 구형성 검정(KMO and Bartlett's Test)은 요인분석 모형의 적합성 여부를 나타낸다. 즉 변수들간의 상관관계가 다른 변수에 의해 설명되는 정도를 나타낸다. KMO의 값이 .90이면 상당히 좋은 값이고, .80 이상이면 좋은 값이며, .70 이상이면 적당한 값이며, .60 이상이면 평범한 값이며, .50 이상이면 바람직하지 못한 값이며, .50 미만이면 받아들일 수 없는 값으로 판정한다 (Gorsuch, 1983). 아래의 결과에서 보듯이 KMO의 값이 .665이고 유의수준(Sig.)은 .000이 의미하는 것은 모상관 행렬안의 변수들이 상관관계가 없다라는 영가설(Null Hypothesis)을 기각하면 요인분석을 계속 진행할 수 있다라는 증거를 충분히 제시하고 있다. 왜냐하면 변수간의 상관관계가 통계적으로 유의미하여 상관관계가 충분히 있어야 요인분석이 가능하기 때문이다.

KMO 값 : KMO 값이 1에 가까울수록 요인분석에 적합하다.

KMO and Bartlett's Test

Kaiser-Meyer-Olkin Measure of Sampling Adequacy.		.665
Bartlett's Test of Sphericity	Approx. Chi-Square	1637.869
	df	21
	Sig.	.000

구형성 검정치 :유의확률이 작을수록 ($p < .05$) 요인분석에 적합하다.

요인분석 방법은 자료의 총분산(Total Variance)을 분석하여 잠재적 요인을 찾아내는 주성분 분석(PCA)과 자료의 공분산(Common Variance)만을 분석하여 잠재적 요인을 찾아내는 공통요인분석(CFA)으로 나누어진다. 즉, 어떤 요인 분석 방법을 사용하여 요인분석을 하였느냐에 따라 공통성(Communalities)의 결과가 다르게 나타난다.

아래 왼쪽의 주성분 분석 결과의 공통성(Communalities)은 추출한 요인에 의해 각 변수의 설명 정도를 나타낸다. 전체 7문항에 대한 초기(Initial)값과 최종적으로 추출(Extraction)된 값을 보여준다. 추출 방법을 주성분 분석(PCA)으로 하였을 때 초기 공통성(초기총분산)과 추출 공통성(추출분산)의 변화가 있음을 알 수 있다 (문항1=1.000→.842, 문항2=1.000→.901, 문항3=1.000→.889). 즉, 문항1의 추출 공통성이 .842이므로 84%의 추출된 요인들에 의해 설명될 수 있는 공통성이다. 문항2의 추출 공통성이 .901이므로 90%의 추출된 요인들을 설명한다. 반면 추출 방법을 공통요인분석(CFA)으로 하였을 때 초기 공통성과 추출 공통성의 변화가 있는 것을 알 수 있나 (문항1=.738→.745, 문항2=.912→.914, 문항3=.866→.866). 즉, 문항1의 추출 공통성이 .745이므로 75%의 추출된 요인들에 의해 설명될 수 있는 공통성이다. 문항2의 추출 공통성이 .914이므로 92%의 추출된 요인들을 설명한다.

Multiple R^2: ***context***를 종속변수(***Dependent Variable***)로 하고, 나머지 변수들(***repetition, keyword, cooperation, selfevaluation,selfmonitor, selfmanagement***)을 독립변수(***Predictor***)로 하여 회귀분석을 통해 산출된 다중결정계수이다.

Communalities

	Initial	Extraction
context	1.000	.842
repeti	1.000	.901
keyword	1.000	.889
coopera	1.000	.546
selfeva	1.000	.910
selfmon	1.000	.918
selfman	1.000	.922

Extraction Method: Principal Component Analysis.

초기공통성(초기총분산)

추출공통성(추출분산)

Communalities

	Initial	Extraction
context	.738	.745
repeti	.912	.914
keyword	.866	.866
coopera	.499	.385
selfeva	.922	.892
selfmon	.857	.896
selfman	.881	.902

Extraction Method: Principal Axis Factoring.

초기공통성(초기공통분산)

추출공통성(추출분산)

각 변수의 공통성(공통 요인의 변량)은 아이겐(h^2) 으로 표시하며, 공통성(h^2)은 요인의 적절성을 나타낸다(Velicer & Jackson, 1990). 즉, 추출된 요인들이 각각의 변수들을 설명하는 정도를 나타낸다. 이 공통성은 성분행렬 결과 산출된 요인 계수들을 각각 제곱하여 더한 총합이다.

공통성(h^2) = 성분행렬의 성분1^2 + 성분2^2

문1의 $h^2(.842) = .550^2 + 734^2$　　문2의 $h^2(.901) = .667^2 + .675^2$

문3의 $h^2(.889) = .632^2 + .699^2$　　문4의 $h^2(.546) = (-.735)^2 + (-.071)^2$

문5의 $h^2(.910) = .760^2 + (-.576)^2$　　문6의 $h^2(.918) = .736^2 + (-.614)^2$

문7의 $h^2(.922) = .710^2 + (-.646)^2$

Communalities

	Initial	Extraction
context	1.000	.842
repeti	1.000	.901
keyword	1.000	.889
coopera	1.000	.546
selfeva	1.000	.910
selfmon	1.000	.918
selfman	1.000	.922

Extraction Method: Principal Component Analysis

Component Matrix[a]

	Component	
	1	2
selfeva	.760	-.576
selfmon	.736	-.614
coopera	-.735	-.071
selfman	.710	-.646
context	.550	.734
keyword	.632	.699
repeti	.667	.675

Extraction Method: Principal Component Analysis.

a. 2 components extracted.

위의 추출 공통성(추출분산)은 요인을 회전하기 전 변수들과 요인들의 상관계수를 나타낸다.

Reproduced Correlations

		context	repeti	keyword	coopera	selfeva	selfmon	selfman
Reproduced Correlation	context	.842[b]	.863	.861	-.457	-.005	-.046	-.084
	repeti	.863	.901[b]	.894	-.539	.119	.077	.038
	keyword	.861	.894	.889[b]	-.514	.078	.036	-.003
	coopera	-.457	-.539	-.514	.546[b]	-.518	-.498	-.477
	selfeva	-.005	.119	.078	-.518	.910[b]	.913	.912
	selfmon	-.046	.077	.036	-.498	.913	.918[b]	.919
	selfman	-.084	.038	-.003	-.477	.912	.919	.922[b]
Residual[a]	context		-.031	-.094	.051	.023	-.001	.020
	repeti	-.031		.010	.146	.060	.021	-.012
	keyword	-.094	.010		.051	-.006	.008	.015
	coopera	.051	.146	.051		.147	.055	.034
	selfeva	.023	.060	-.006	.147		-.005	-.009
	selfmon	-.001	.021	.008	.055	-.005		-.049
	selfman	.020	-.012	.015	.034	-.009	-.049	

Extraction Method: Principal Component Analysis.

a. Residuals are computed between observed and reproduced correlations. There are 7 (33.0%) nonredundant residuals with absolute values greater than 0.05.

b. Reproduced communalities

아래의 주성분 분석 결과 추출된 요인들의 고유값 및 분산비율 확인을 설명하는 설명된 총분산(Total Variance Explained)이다. 전체 분산은 7개의 문항이 2개의 요인으로 나타난 것을 알 수 있고, 추출후의 전체 값을 보면 요인 1이 3.313이고, 요인 2가 2.616인 것을 알 수 있다. 요인분석시 사용되는 고유값(아이겐값)은 일반적으로 1.0을 기준으로 한다(Dörnyei, 2006). 고유값이 1보다 크다는 것은 하나의 요인이 변수 1개 이상의 분산을 설명한다는 것을 의미한다. 또한 고유값이 1보다 적다는 것은 하나의 요인이 변수 1개의 분산도 설명할 수 없음을 나타내기 때문에 보통 배제된다. 분산의 비율(% of Variance)은 각 요인이 설명해주는 분산의 양을 보여준다. 다시 말해서 요인1이 47.33%의 분산의 양을 설명해주고, 요인2는 37.37%의 분산의 양을 설명해준다. 누적(Cumulative) 분산은 2개 요인이 84.70%의 분산의 양을 설명해 준다는 것을 알 수 있다.

고유값(아이겐값)은 1이상을 기준으로 한다.

Total Variance Explained

Component	Initial Eigenvalues			Extraction Sums of Squared Loadings			Rotation Sums of Squared Loadings		
	Total	% of Variance	Cumulative %	Total	% of Variance	Cumulative %	Total	% of Variance	Cumulative %
1	3.313	47.327	47.327	3.313	47.327	47.327	3.017	43.101	43.101
2	2.616	37.369	84.696	2.616	37.369	84.696	2.912	41.595	84.696
3	.575	8.209	92.905						
4	.240	3.427	96.332						
5	.134	1.921	98.252						
6	.085	1.221	99.473						
7	.037	.527	100.000						

Extraction Method: Principal Component Analysis.

합계(*Total*) : 각 요인(*Component*)에 해당하는 변수 요인적재량(*Variable's Factor Loading*)의 제곱의 합

$$\text{합계}(Total): (.760)^2 + (.736)^2 + (-.735)^2 + (.710)^2 + (.550)^2 + (.632)^2 + (.667)^2 = 3.313$$
$$(-.576)^2 + (-.614)^2 + (-.071)^2 + (-.646)^2 + (.734)^2 + (.699)^2 + (.675)^2 = 2.616$$

$$\text{설명력} = \frac{\text{합계}(Total)}{\text{성분}(Component)}$$

$$\text{요인1의 설명력} = \frac{3.313}{7} = .47327 \qquad \frac{3.017}{7} = .43101$$

$$\text{요인 2의 설명력} = \frac{2.616}{7} = .37369 \qquad \frac{2.912}{7} = .41595$$

고유값(아이겐값)은 성분행렬의 요인 1,2에 해당하는 변수 요인적재량의 제곱의 합이다. 추출된 제곱합 적재값(Extraction Sums of Squared Loadings)은 성분행렬(Component Matrix)의 제곱의 합이고, 회전 제곱합 적재값(Rotation Sums of Squared Loadings)은 회전된 성분행렬(Rotated Component Matrix)의 제곱의 합이다.

Total Variance Explained

Component	Initial Eigenvalues			Extraction Sums of Squared Loadings			Rotation Sums of Squared Loadings		
	Total	% of Variance	Cumulative %	Total	% of Variance	Cumulative %	Total	% of Variance	Cumulative %
1	3.313	47.327	47.327	3.313	47.327	47.327	3.017	43.101	43.101
2	2.616	37.369	84.696	2.616	37.369	84.696	2.912	41.595	84.696
3	.575	8.209	92.905						
4	.240	3.427	96.332						
5	.134	1.921	98.252						
6	.085	1.221	99.473						
7	.037	.527	100.000						

Extraction Method: Principal Component Analysis.

$$Total = .760^2 + .736^2 + (-735)^2 + .710^2 + .550^2 + .632^2 + .667^2 = 3.313$$
$$Total = (-.576)^2 + (-.614)^2 + (-.071)^2 + (-.646)^2 + .734^2 + .699^2 + .675^2 = 2.616$$

$$Total = .960^2 + .958^2 + .952^2 + .066^2 + .024^2 + (-.061)^2 + (-.512)^2 = 3.017$$
$$Total = (-.028)^2 + .014^2 + .058^2 + .947^2 + .942^2 + .916^2 + .916^2 + (-.533)^2 = 2.912$$

Component Matrix [a]

	Component 1	Component 2
selfeva	.760	-.576
selfmon	.736	-.614
coopera	-.735	-.071
selfman	.710	-.646
context	.550	.734
keyword	.632	.699
repeti	.667	.675

Extraction Method: Principal Component Analysis.
a. 2 components extracted.

Rotated Component Matrix [a]

	Component 1	Component 2
selfman	.960	-.028
selfmon	.958	.014
selfeva	.952	.058
repeti	.066	.947
keyword	.024	.942
context	-.061	.916
coopera	-.512	-.533

Extraction Method: Principal Component Analysis.
Rotation Method: Varimax with Kaiser Normalization
a. Rotation converged in 3 iterations.

아래의 스크리 분포(Scree Plot)는 요인의 수를 시각적적으로 보여준다. 세로축은 고유값을, 가로축은 성분번호를 나타낸다. 요인의 수를 결정하는 방법은 고유값이 1이상에서 결정할 수 있다. 3번 요인부터 고유값이 1이하인 것을 알 수 있고, 또한 고유값의 크기가 평준화됨을 알 수 있다. 아래의 결과에서 보듯이 고유값이 1이상인 것은 2개의 요인인 것을 알 수 있다.

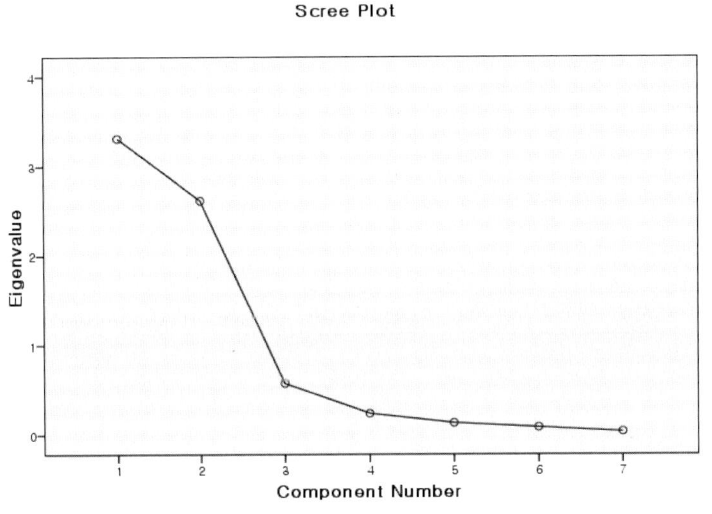

아래의 성분행렬(Component Matrix)은 변수들과 요인들의 상관계수를 나타내는 것으로 요인추출 방법으로 주성분 분석을 사용하였고, 추출된 요인은 2개임을 알 수 있다. 그러나 요인을 회전하기 전의 요인적재량(Factor Loading)을 보여 주기 때문에 해석은 하지 않는다.

Component Matrix[a]

	Component	
	1	2
selfeva	.760	-.576
selfmon	.736	-.614
coopera	-.735	-.071
selfman	.710	-.646
context	.550	.734
keyword	.632	.699
repeti	.667	.675

Extraction Method: Principal Component Analysis.
a. 2 components extracted.

아래의 결과는 최적의 요인을 찾는 회전된 성분행렬(Rotated Component Matrix)이다. 각 문항들을 다음과 같은 요인으로 명명할 수 있다. 즉, 각각의 추출된 요인은 연구자에 의해 각 변수들이 갖는 상관관계를 고려하여 요인명을 부여한다. 요인적재량 (Factor Loading)은 보통 ±.30이상을 기준으로 하고, ±.40이상이면 유의한 변수로 간주하고, ±.50이상이면 중요한 변수로 간주한다. 아래의 결과에서는 요인적재량을 ±.40이상을 기준으로 하여 요인명을 부여한다. 하지만 문항 4에 해당하는 협동학습(cooperation)은 요인적재량이 -.533으로 요인 2에 포함될 수 있으나 다른 요인과 달리 요인적재량이 음수(-)로 나왔기 때문에 연구목적에 따라서 취사선택할 수 있다. 영어학습전략을 연구하는 본 자료에서는 의미 있는 변수가 아니기에 제외하고 다음과 같이 요인명을 부여한다.

요인 1: 문5. 문6, 문7 - 상위인지전략(요인명)

요인 2: 문2, 문3, 문1 - 인지전략(요인명)

Rotated Component Matrix [a]

	Component	
	1	2
selfman	.960	-.028
selfmon	.958	.014
selfeva	.952	.058
repeti	.066	.947
keyword	.024	.942
context	-.061	.916
coopera	-.512	-.533

Extraction Method: Principal Component Analysis.
Rotation Method: Varimax with Kaiser Normalization.

a. Rotation converged in 3 iterations.

성분 변환 행렬(Component Transformation Matrix)은 최적의 요인을 찾기 위하여 요인회전시 사용한 변환행렬 값으로 각 변수의 요인 적재값이 회전 전(.760)에 비하여 회전 후(.952)에 높게 나타나므로 요인분석을 하기에 적당한 구조임을 알 수 있다. 즉, 각각의 요인의 성분 변환 행렬(Component Transformation Matrix)과 성분 행렬(Component Matrix) 곱의 합이 결국 각 요인의 회전된 성분 행렬 (Rotated Component Matrix)의 요인적재량(Factor Loading)으로 나타난다. 예를 들어 문항 7의 요인적재량을 다음과 같이 구할 수 있다. 문항 7은 요인분석 결과에 나타난 것처럼 성분 변환 행렬의 세로 행렬 계수와 성분행렬에 있는 해당 성분 행렬의 계수를 곱하면 회전된 성분 행렬(Rotated Component Matrix)에 해당 계수가 나오게 된다.

회전된 성분 행렬(Rotated Component Matrix)

= 성분 변환 행렬(Component Transformation Matrix) × 성분 행렬(Component Matrix)

문항7(self-management) = (.759) × (.710) + (-.651) × (-.646) = .960

Component Transformation Matrix

Component	1	2
1	.759	.651
2	-.651	.759

Extraction Method: Principal Component Analysis.
Rotation Method: Varimax with Kaiser Normalization

Component Matrix[a]

	Component	
	1	2
selfeva	.760	-.576
selfmon	.736	-.614
coopera	-.735	-.071
selfman	.710	-.646
context	.550	.734
keyword	.632	.699
repeti	.667	.675

Extraction Method: Principal Component Analysis.
a. 2 components extracted.

Rotated Component Matrix[a]

	Component	
	1	2
selfman	.960	-.028
selfmon	.958	.014
selfeva	.952	.058
repeti	.066	.947
keyword	.024	.942
context	-.061	.916
coopera	-.512	-.533

Extraction Method: Principal Component Analysis.
Rotation Method: Varimax with Kaiser Normalization
a. Rotation converged in 3 iterations.

참고문헌

Baayen, R. H. (2008). *Analyzing linguistic data: A practical introduction to statistics using R*. Cambridge: Cambridge University Press.

Brown, J. D. (2006). *Understanding research in second language learning*. Cambridge, New York.

Clark-Carter, D. (2005). The importance of considering effect size and statistical power in research. In J. Miles & P. Gilbert (Eds.), A handbook of research methods for clinical and health psychology (pp. 185-192). New York: Oxford University Press.

Cohen, J., Cohen, P., West, S. G., & Aiken, L. S. (2003). *Applied multiple regression/correlation analysis for the behavioral sciences*. Mahwah, NJ: Erlbaum.

Crawley, M. J. (2002). *Statistical computing: An introduction to data analysis using S-PLUS*. New York: Wiley.

Crawley, M. J. (2007). *The R book*. New York; Wiley.

Dalgaard, P. (2002). *Introductory statistics with R*. New York: Springer-Verlag.

DeKeyser, R. M., & Larson-Hall, J. (2005). What does the Critical Period really mean? In J. Kroll & A. M. B. de Groot (Eds.), *Handbook of bilingualism: Psycholinguistic approaches* (pp. 88-108). New York: Oxford University Press.

Dennis, C. (2006). *The Essential of Factor Analysis*. London: Continuum.

DeVellis, R. F. (2005). Inter-rater reliability. In K. Kempf-Leonard (Ed.), *Encyclopedia of social measurement* (pp. 317-322). San Diego, CA: Academic.

Dörnyei, Z. (2007). Research Methods in Applied Linguistics. OXFORD.

Field, A. (2005). *Discovering statistics using SPSS* (2nd ed.). London: Sage.

Friendly, M. (2000). *Visualizing categorical data*. Cary, NC: SAS.

Gorsuch, R. L. (1983). *Factor Analysis*. Hillsdale, NJ: Lawrence Erlbaum.

Hatch, E. M. & A. Lazaraton. (1991). *The research manual: Design and statistics for applied linguistics*. New York: Newbury House.

Heiberger, R. M., & Holland, B. (2004). *Statistical analysis and data display: An intermediate course with examples in S-PLUS, R, and SAS*. New York: Springer.

Howell, D. C. (2002). *Statistical methods for psychology*. Pacific Grove, CA: Duxbury/Thomson learning.

Kline, R. (2004). *Beyond significance testing: Reforming data analysis methods in behavioral research.* Washington, DC: American Psychological Association.

Lafrance, A., & Gottardo, A. (2005). A longitudinal study of phonological processing skills and reading in bilingual children. *Applied Psycholinguistics, 26*(4), 559-578.

Larson-Hall, J. (2010). *A guide to doing statistics in second language research using SPSS.*

Larson-Hall, J. (2006). What does more time buy you? Another look ate the effects of long-term residence on production accuracy of English /r/ and /l/ by Japanese speaker. *Language and Speech, 49*(4), 521-548.

Larson-Hall, J., & Connell, S. (2005). *Evidence for a critical period: Remnants from forgotten language.* Paper presented at the Second Language Research Forum, Columbia Teacher's College, New York.

Lazaraton, A. (2005). 'Quantitative research methods' in E. Hinkel (ed.). *Handbook of Research in Second Language Teaching and Learning.* Mahwah, N.J.: Lawrence Erlbaum.

Lyster, R. (2004). Differential effects of prompts and recasts in form-focused instruction. *Studies in Second Language Acquisition, 26*(4), 399-432.

Mackey, A., & Gass, S. (2005). *Second language research: Methodology and design.* Mahwah, NJ: Erlbaum.

Mackey, A., & Silver, R. E. (2005). Interactional tasks and English L2 learning by immigrant children in Singapore. *System, 33*(2), 239-260.

Maxwell, S. E., & Delaney, H. D. (2004). *Designing experiments and analyzing data: A model comparison perspective* (2nd ed.). Mahwah, NJ: LEA.

Murphy, V. A. (2004). Dissociable systems in second language inflectional morphology. *Studies in Second Language Acquisition, 26*(3), 433-459.

Murphy, K. R., & Myors, B. (2004). *Statistical power analysis.* Mahwah, NJ: Erlbaum.

Porte, G. K. (2002). *Appraising research in second language learning: A practical approach to critical analysis of quantitative research.* Philadelphia, PA: John Benjamins.

Tabachnick, B. G., & Fidell, L. S. (2001). *Using multivariate statistics* (4th ed.). Boston, MA: Allyn & Bacon.

Takimoto, M. (2006). The effects of explicit feedback on the development of pragmatic proficiency. *Language Teaching Research, 10*(4), 393-417.

Velicer, W. F., & Jackson, D. N. (1990). Component analysis versus common factor analysis: Some issues in selecting an appropriate procedure. *Multivariate Behavioral Research, 25*(1), 1-28.

Weinberg, S. L., & Abramowitz, S. K. (2002). *Data analysis for the behavioral science using SPSS*. New York: Cambridge University Press.

Westfall, P. H., & Young, S. S. (1993). *Resampling based multiple testing*. New York: Wiley.

Wilcox, R. (2003). *Applying contemporary statistical techniques*. San Diego, CA: Elsevier Science.

부 록

※ 아래의 표는 통계 분석에 있어서 전반적인 지침서이다.

종속 변수의 수	독립변수의 특징	종속변수의 특징	분 석
1	0 IVs (1 population)	구간척도 (interval)	단일표본 T-검정 (one-sample t-test)
		순서척도 or 구간척도 (ordinal or interval)	one-sample median
		명목척도 (nominal) (2 categories)	binomial test
		명목척도 (nominal)	카이제곱 검정 (Chi-square goodness-of-fit)
	1 IV with 2 levels (independent groups)	구간척도 (interval)	독립표본 T-검정 (independent sample t-test)
		순서척도 or 구간척도 (ordinal or interval)	Wilcoxon-Mann Whitney test
		명목척도 (nominal)	카이제곱 검정 (Chi-square test)
			피셔검정 (Fisher's exact test)
	1 IV with 2 or more levels (independent groups)	구간척도 (interval)	일원배치 분산분석 (one-way ANOVA)
		순서척도 or 구간척도 (ordinal or interval)	Kruskal Wallis
		명목척도 (nominal)	카이제곱 검정 (Chi-square test)
	1 IV with 2 levels (dependent/matched groups)	구간척도 (interval)	대응표본 T-검정 (paired t-test)
		순서척도 or 구간척도 (ordinal or interval)	Wilcoxon signed ranks test
		명목척도 (nominal)	McNemar
	1 IV with 2 or more levels (dependent/matched groups)	구간척도 (interval)	일원배치 반복측정 분산분석(one-way repeated measures ANOVA)
		순서척도 or 구간척도 (ordinal or interval)	Friedman test

종속 변수의 수	독립변수의 특징	종속변수의 특징	분 석
1	1 IV with 2 or more levels (dependent/matched groups)	명목척도 (nominal)	반복측정 로지스틱 회귀분석(repeated measures logistic regression)
	2 or more IVs (independent groups)	구간척도 (interval)	factorial ANOVA
		명목척도 (nominal)	요인 로지스틱 회귀분석(factorial logistic regression)
	1 interval IV	구간척도 (interval)	상관분석(correlation)
			단순회귀분석 (simple linear regression)
		순서척도 or 구간척도 (ordinal or interval)	비모수검정(non-parametric) 상관분석(correlation)
		명목척도 (nominal)	단순 로지스틱 회귀분석 (simple logistic regression)
	1 or more interval IVs and/or 1 or more categorical IVs	구간척도 (interval)	다중회귀분석 (multiple regression)
			categorical
		명목척도 (nominal)	다중 로지스틱 회귀분석(multiple logistic regression)
			판별분석(discriminant analysis)
2 or more	1 IV with 2 or more levels (independent groups)	구간척도 (interval)	일원배치 다변량 분산분석 (one-way MANOVA)
2 or more	2 or more	구간척도 (interval)	다변량분석(multivariate) 다중회귀분석 (multiple linear regression)
2 sets of 2 or more	0	구간척도 (interval)	정준상관분석 (canonical correlation)
2 or more	0	구간척도 (interval)	요인분석 (factor analysis)

TABLE D t distribution critical values

	Upper tail probability p											
df	.25	.20	.15	.10	.05	.025	.02	.01	.005	.0025	.001	.0005
1	1.000	1.376	1.963	3.078	6.314	12.71	15.89	31.82	63.66	127.3	318.3	636.6
2	0.816	1.061	1.386	1.886	2.920	4.303	4.849	6.965	9.925	14.09	22.33	31.60
3	0.765	0.978	1.250	1.638	2.353	3.182	3.482	4.541	5.841	7.453	10.21	12.92
4	0.741	0.941	1.190	1.533	2.132	2.776	2.999	3.747	4.604	5.598	7.173	8.610
5	0.727	0.920	1.156	1.476	2.015	2.571	2.757	3.365	4.032	4.773	5.893	6.869
6	0.718	0.906	1.134	1.440	1.943	2.447	2.612	3.143	3.707	4.317	5.208	5.959
7	0.711	0.896	1.119	1.415	1.895	2.365	2.517	2.998	3.499	4.029	4.785	5.408
8	0.706	0.889	1.108	1.397	1.860	2.306	2.449	2.896	3.355	3.833	4.501	5.041
9	0.703	0.883	1.100	1.383	1.833	2.262	2.398	2.821	3.250	3.690	4.297	4.781
10	0.700	0.879	1.093	1.372	1.812	2.228	2.359	2.764	3.169	3.581	4.144	4.587
11	0.697	0.876	1.088	1.363	1.796	2.201	2.328	2.718	3.106	3.497	4.025	4.437
12	0.695	0.873	1.083	1.356	1.782	2.179	2.303	2.681	3.055	3.428	3.930	4.318
13	0.694	0.870	1.079	1.350	1.771	2.160	2.282	2.650	3.012	3.372	3.852	4.221
14	0.692	0.868	1.076	1.345	1.761	2.145	2.264	2.624	2.977	3.326	3.787	4.140
15	0.691	0.866	1.074	1.341	1.753	2.131	2.249	2.602	2.947	3.286	3.733	4.073
16	0.690	0.865	1.071	1.337	1.746	2.120	2.235	2.583	2.921	3.252	3.686	4.015
17	0.689	0.863	1.069	1.333	1.740	2.110	2.224	2.567	2.898	3.222	3.646	3.965
18	0.688	0.862	1.067	1.330	1.734	2.101	2.214	2.552	2.878	3.197	3.611	3.922
19	0.688	0.861	1.066	1.328	1.729	2.093	2.205	2.539	2.861	3.174	3.579	3.883
20	0.687	0.860	1.064	1.325	1.725	2.086	2.197	2.528	2.845	3.153	3.552	3.850
21	0.686	0.859	1.063	1.323	1.721	2.080	2.189	2.518	2.831	3.135	3.527	3.819
22	0.686	0.858	1.061	1.321	1.717	2.074	2.183	2.508	2.819	3.119	3.505	3.792
23	0.685	0.858	1.060	1.319	1.714	2.069	2.177	2.500	2.807	3.104	3.485	3.768
24	0.685	0.857	1.059	1.318	1.711	2.064	2.172	2.492	2.797	3.091	3.467	3.745
25	0.684	0.856	1.058	1.316	1.708	2.060	2.167	2.485	2.787	3.078	3.450	3.725
26	0.684	0.856	1.058	1.315	1.706	2.056	2.162	2.479	2.779	3.067	3.435	3.707
27	0.684	0.855	1.057	1.314	1.703	2.052	2.158	2.473	2.771	3.057	3.421	3.690
28	0.683	0.855	1.056	1.313	1.701	2.048	2.154	2.467	2.763	3.047	3.408	3.674
29	0.683	0.854	1.055	1.311	1.699	2.045	2.150	2.462	2.756	3.038	3.396	3.659
30	0.683	0.854	1.055	1.310	1.697	2.042	2.147	2.457	2.750	3.030	3.385	3.646
40	0.681	0.851	1.050	1.303	1.684	2.021	2.123	2.423	2.704	2.971	3.307	3.551
50	0.679	0.849	1.047	1.299	1.676	2.009	2.109	2.403	2.678	2.937	3.261	3.496
60	0.679	0.848	1.045	1.296	1.671	2.000	2.099	2.390	2.660	2.915	3.232	3.460
80	0.678	0.846	1.043	1.292	1.664	1.990	2.088	2.374	2.639	2.887	3.195	3.416
100	0.677	0.845	1.042	1.290	1.660	1.984	2.081	2.364	2.626	2.871	3.174	3.390
1000	0.675	0.842	1.037	1.282	1.646	1.962	2.056	2.330	2.581	2.813	3.098	3.300
z^*	0.674	0.841	1.036	1.282	1.645	1.960	2.054	2.326	2.576	2.807	3.091	3.291
	50%	60%	70%	80%	90%	95%	96%	98%	99%	99.5%	99.8%	99.9%
	Confidence level C											

F–Distribution Table

F - Distribution (α = 0.01 in the Right Tail)

Numerator Degrees of Freedom (columns, df_1); Denominator Degrees of Freedom (rows, df_2)

df_2 \ df_1	1	2	3	4	5	6	7	8	9
1	4052.2	4999.5	5403.4	5624.6	5763.6	5859.0	5928.4	5981.1	6022.5
2	98.503	99.000	99.166	99.249	99.299	99.333	99.356	99.374	99.388
3	34.116	30.817	29.457	28.710	28.237	27.911	27.672	27.489	27.345
4	21.198	18.000	16.694	15.977	15.522	15.207	14.976	14.799	14.659
5	16.258	13.274	12.060	11.392	10.967	10.672	10.456	10.289	10.158
6	13.745	10.925	9.7795	9.1483	8.7459	8.4661	8.2600	8.1017	7.9761
7	12.246	9.5466	8.4513	7.8466	7.4604	7.1914	6.9928	6.8400	6.7188
8	11.259	8.6491	7.5910	7.0061	6.6318	6.3707	6.1776	6.0289	5.9106
9	10.561	8.0215	6.9919	6.4221	6.0569	5.8018	5.6129	5.4671	5.3511
10	10.044	7.5594	6.5523	5.9943	5.6363	5.3858	5.2001	5.0567	4.9424
11	9.6460	7.2057	6.2167	5.6683	5.3160	5.0692	4.8861	4.7445	4.6315
12	9.3302	6.9266	5.9525	5.4120	5.0643	4.8206	4.6395	4.4994	4.3875
13	9.0738	6.7010	5.7394	5.2053	4.8616	4.6204	4.4410	4.3021	4.1911
14	8.8616	6.5149	5.5639	5.0354	4.6950	4.4558	4.2779	4.1399	4.0297
15	8.6831	6.3589	5.4170	4.8932	4.5556	4.3183	4.1415	4.0045	3.8948
16	8.5310	6.2262	5.2922	4.7726	4.4374	4.2016	4.0259	3.8896	3.7804
17	8.3997	6.1121	5.1850	4.6690	4.3359	4.1015	3.9267	3.7910	3.6822
18	8.2854	6.0129	5.0919	4.5790	4.2479	4.0146	3.8406	3.7054	3.5971
19	8.1849	5.9259	5.0103	4.5003	4.1708	3.9386	3.7653	3.6305	3.5225
20	8.0960	5.8489	4.9382	4.4307	4.1027	3.8714	3.6987	3.5644	3.4567
21	8.0166	5.7804	4.8740	4.3688	4.0421	3.8117	3.6396	3.5056	3.3981
22	7.9454	5.7190	4.8166	4.3134	3.9880	3.7583	3.5867	3.4530	3.3458
23	7.8811	5.6637	4.7649	4.2636	3.9392	3.7102	3.5390	3.4057	3.2986
24	7.8229	5.6136	4.7181	4.2184	3.8951	3.6667	3.4959	3.3629	3.2560
25	7.7698	5.5680	4.6755	4.1774	3.8550	3.6272	3.4568	3.3239	3.2172
26	7.7213	5.5263	4.6366	4.1400	3.8183	3.5911	3.4210	3.2884	3.1818
27	7.6767	5.4881	4.6009	4.1056	3.7848	3.5580	3.3882	3.2558	3.1494
28	7.6356	5.4529	4.5681	4.0740	3.7539	3.5276	3.3581	3.2259	3.1195
29	7.5977	5.4204	4.5378	4.0449	3.7254	3.4995	3.3303	3.1982	3.0920
30	7.5625	5.3903	4.5097	4.0179	3.6990	3.4735	3.3045	3.1726	3.0665
40	7.3141	5.1785	4.3126	3.8283	3.5138	3.2910	3.1238	2.9930	2.8876
60	7.0771	4.9774	4.1259	3.6490	3.3389	3.1187	2.9530	2.8233	2.7185
120	6.8509	4.7865	3.9491	3.4795	3.1735	2.9559	2.7918	2.6629	2.5586
∞	6.6349	4.6052	3.7816	3.3192	3.0173	2.8020	2.6393	2.5113	2.4073

F - Distribution (α = 0.01 in the Right Tail)

df_2 \ df_1	10	12	15	20	24	30	40	60	120	∞
	Numerator Degrees of Freedom									
1	6055.8	6106.3	6157.3	6208.7	6234.6	6260.6	6286.8	6313.0	6339.4	6365.9
2	99.399	99.416	99.433	99.449	99.458	99.466	99.474	99.482	99.491	99.499
3	27.229	27.052	26.872	26.690	26.598	26.505	26.411	26.316	26.221	26.125
4	14.546	14.374	14.198	14.020	13.929	13.838	13.745	13.652	13.558	13.463
5	10.051	9.8883	9.7222	9.5526	9.4665	9.3793	9.2912	9.2020	9.1118	9.0204
6	7.8741	7.7183	7.5590	7.3958	7.3127	7.2285	7.1432	7.0567	6.9690	6.8800
7	6.6201	6.4691	6.3143	6.1554	6.0743	5.9920	5.9084	5.8236	5.7373	5.6495
8	5.8143	5.6667	5.5151	5.3591	5.2793	5.1981	5.1156	5.0316	4.9461	4.8588
9	5.2565	5.1114	4.9621	4.8080	4.7290	4.6486	4.5666	4.4831	4.3978	4.3105
10	4.8491	4.7059	4.5581	4.4054	4.3269	4.2469	4.1653	4.0819	3.9965	3.9090
11	4.5393	4.3974	4.2509	4.0990	4.0209	3.9411	3.8596	3.7761	3.6904	3.6024
12	4.2961	4.1553	4.0096	3.8584	3.7805	3.7008	3.6192	3.5355	3.4494	3.3608
13	4.1003	4.9603	3.8154	3.6646	3.5868	3.5070	3.4253	3.3413	3.2548	3.1654
14	3.9394	3.8001	3.6557	3.5052	3.4274	3.3476	3.2656	3.1813	3.0942	3.0040
15	3.8049	3.6662	3.5222	3.3719	3.2940	3.2141	3.1319	3.0471	2.9595	2.8684
16	3.6909	3.5527	3.4089	3.2587	3.1808	3.1007	3.0182	2.9330	2.8447	2.7528
17	3.5931	3.4552	3.3117	3.1615	3.0835	3.0032	2.9205	2.8348	2.7459	2.6530
18	3.5082	3.3706	3.2273	3.0771	2.9990	2.9185	2.8354	2.7493	2.6597	2.5660
19	3.4338	3.2965	3.1533	3.0031	2.9249	2.8442	2.7608	2.6742	2.5839	2.4893
20	3.3682	3.2311	3.0880	2.9377	2.8594	2.7785	2.6947	2.6077	2.5168	2.4212
21	3.3098	3.1730	3.0300	2.8796	2.8010	2.7200	2.6359	2.5484	2.4568	2.3603
22	3.2576	3.1209	2.9779	2.8274	2.7488	2.6675	2.5831	2.4951	2.4029	2.3055
23	3.2106	3.0740	2.9311	2.7805	2.7017	2.6202	2.5355	2.4471	2.3542	2.2558
24	3.1681	3.0316	2.8887	2.7380	2.6591	2.5773	2.4923	2.4035	2.3100	2.2107
25	3.1294	2.9931	2.8502	2.6993	2.6203	2.5383	2.4530	2.3637	2.2696	2.1694
26	3.0941	2.9578	2.8150	2.6640	2.5848	2.5026	2.4170	2.3273	2.2325	2.1315
27	3.0618	2.9256	2.7827	2.6316	2.5522	2.4699	2.3840	2.2938	2.1985	2.0965
28	3.0320	2.8959	2.7530	2.6017	2.5223	2.4397	2.3535	2.2629	2.1670	2.0642
29	3.0045	2.8685	2.7256	2.5742	2.4946	2.4118	2.3253	2.2344	2.1379	2.0342
30	2.9791	2.8431	2.7002	2.5487	2.4689	2.3860	2.2992	2.2079	2.1108	2.0062
40	2.8005	2.6648	2.5216	2.3689	2.2880	2.2034	2.1142	2.0194	1.9172	1.8047
60	2.6318	2.4961	2.3523	2.1978	2.1154	2.0285	1.9360	1.8363	1.7263	1.6006
120	2.4721	2.3363	2.1915	2.0346	1.9500	1.8600	1.7628	1.6557	1.5330	1.3805
∞	2.3209	2.1847	2.0385	1.8783	1.7908	1.6964	1.5923	1.4730	1.3246	1.0000

Denominator Degrees of Freedom

F - Distribution ($\alpha = 0.025$ in the Right Tail)

Denominator Degrees of Freedom df_2 \ df_1	Numerator Degrees of Freedom 1	2	3	4	5	6	7	8	9
1	647.79	799.50	864.16	899.58	921.85	937.11	948.22	956.66	963.28
2	38.506	39.000	39.165	39.248	39.298	39.331	39.335	39.373	39.387
3	17.443	16.044	15.439	15.101	14.885	14.735	14.624	14.540	14.473
4	12.218	10.649	9.9792	9.6045	9.3645	9.1973	9.0741	8.9796	8.9047
5	10.007	8.4336	7.7636	7.3879	7.1464	6.9777	6.8531	6.7572	6.6811
6	8.8131	7.2599	6.5988	6.2272	5.9876	5.8198	5.6955	5.5996	5.5234
7	8.0727	6.5415	5.8898	5.5226	5.2852	5.1186	4.9949	4.8993	4.8232
8	7.5709	6.0595	5.4160	5.0526	4.8173	4.6517	4.5286	4.4333	4.3572
9	7.2093	5.7147	5.0781	4.7181	4.4844	4.3197	4.1970	4.1020	4.0260
10	6.9367	5.4564	4.8256	4.4683	4.2361	4.0721	3.9498	3.8549	3.7790
11	6.7241	5.2559	4.6300	4.2751	4.0440	3.8807	3.7586	3.6638	3.5879
12	6.5538	5.0959	4.4742	4.1212	3.8911	3.7283	3.6065	3.5118	3.4358
13	6.4143	4.9653	4.3472	3.9959	3.7667	3.6043	3.4827	3.3880	3.3120
14	6.2979	4.8567	4.2417	3.8919	3.6634	3.5014	3.3799	3.2853	3.2093
15	6.1995	4.7650	4.1528	3.8043	3.5764	3.4147	3.2934	3.1987	3.1227
16	6.1151	4.6867	4.0768	3.7294	3.5021	3.3406	3.2194	3.1248	3.0488
17	6.0420	4.6189	4.0112	3.6648	3.4379	3.2767	3.1556	3.0610	2.9849
18	5.9781	4.5597	3.9539	3.6083	3.3820	3.2209	3.0999	3.0053	2.9291
19	5.9216	4.5075	3.9034	3.5587	3.3327	3.1718	3.0509	2.9563	2.8801
20	5.8715	4.4613	3.8587	3.5147	3.2891	3.1283	3.0074	2.9128	2.8365
21	5.8266	4.4199	3.8188	3.4754	3.2501	3.0895	2.9686	2.8740	2.7977
22	5.7863	4.3828	3.7829	3.4401	3.2151	3.0546	2.9338	2.8392	2.7628
23	5.7498	4.3492	3.7505	3.4083	3.1835	3.0232	2.9023	2.8077	2.7313
24	5.7166	4.3187	3.7211	3.3794	3.1548	2.9946	2.8738	2.7791	2.7027
25	5.6864	4.2909	3.6943	3.3530	3.1287	2.9685	2.8478	2.7531	2.6766
26	5.6586	4.2655	3.6697	3.3289	3.1048	2.9447	2.8240	2.7293	2.6528
27	5.6331	4.2421	3.6472	3.3067	3.0828	2.9228	2.8021	2.7074	2.6309
28	5.6096	4.2205	3.6264	3.2863	3.0626	2.9027	2.7820	2.6872	2.6106
29	5.5878	4.2006	3.6072	3.2674	3.0438	2.8840	2.7633	2.6686	2.5919
30	5.5675	4.1821	3.5894	3.2499	3.0265	2.8667	2.7460	2.6513	2.5746
40	5.4239	4.0510	3.4633	3.1261	2.9037	2.7444	2.6238	2.5289	2.4519
60	5.2856	3.9253	3.3425	3.0077	2.7863	2.6274	2.5068	2.4117	2.3344
120	5.1523	3.8046	3.2269	2.8943	2.6740	2.5154	2.3948	2.2994	2.2217
∞	5.0239	3.6889	3.1161	2.7858	2.5665	2.4082	2.2875	2.1918	2.1136

F - Distribution ($\alpha = 0.025$ in the Right Tail)

df_2 \ df_1 (Numerator Degrees of Freedom)	10	12	15	20	24	30	40	60	120	∞
1	968.63	976.71	984.87	993.10	997.25	1001.4	1005.6	1009.8	1014.0	1018.3
2	39.398	39.415	39.431	39.448	39.456	39.465	39.473	39.481	39.490	39.498
3	14.419	14.337	14.253	14.167	14.124	14.081	14.037	13.992	13.947	13.902
4	8.8439	8.7512	8.6565	8.5599	8.5109	8.4613	8.4111	8.3604	8.3092	8.2573
5	6.6192	6.5245	6.4277	6.3286	6.2780	6.2269	6.1750	6.1225	6.0693	6.0153
6	5.4613	5.3662	5.2687	5.1684	5.1172	5.0652	5.0125	4.9589	4.9044	4.8491
7	4.7611	4.6658	4.5678	4.4667	4.4150	4.3624	4.3089	4.2544	4.1989	4.1423
8	4.2951	4.1997	4.1012	3.9995	3.9472	3.8940	3.8398	3.7844	3.7279	3.6702
9	3.9639	3.8682	3.7694	3.6669	3.6142	3.5604	3.5055	3.4493	3.3918	3.3329
10	3.7168	3.6209	3.5217	3.4185	3.3654	3.3110	3.2554	3.1984	3.1399	3.0798
11	3.5257	3.4296	3.3299	3.2261	3.1725	3.1176	3.0613	3.0035	2.9441	2.8828
12	3.3736	3.2773	3.1772	3.0728	3.0187	2.9633	2.9063	2.8478	2.7874	2.7249
13	3.2497	3.1532	3.0527	2.9477	2.8932	2.8372	2.7797	2.7204	2.6590	2.5955
14	3.1469	3.0502	2.9493	2.8437	2.7888	2.7324	2.6742	2.6142	2.5519	2.4872
15	3.0602	2.9633	2.8621	2.7559	2.7006	2.6437	2.5850	2.5242	2.4611	2.3953
16	2.9862	2.8890	2.7875	2.6808	2.6252	2.5678	2.5085	2.4471	2.3831	2.3163
17	2.9222	2.8249	2.7230	2.6158	2.5598	2.5020	2.4422	2.3801	2.3153	2.2474
18	2.8664	2.7689	2.6667	2.5590	2.5027	2.4445	2.3842	2.3214	2.2558	2.1869
19	2.8172	2.7196	2.6171	2.5089	2.4523	2.3937	2.3329	2.2696	2.2032	2.1333
20	2.7737	2.6758	2.5731	2.4645	2.4076	2.3486	2.2873	2.2234	2.1562	2.0853
21	2.7348	2.6368	2.5338	2.4247	2.3675	2.3082	2.2465	2.1819	2.1141	2.0422
22	2.6998	2.6017	2.4984	2.3890	2.3315	2.2718	2.2097	2.1446	2.0760	2.0032
23	2.6682	2.5699	2.4665	2.3567	2.2989	2.2389	2.1763	2.1107	2.0415	1.9677
24	2.6396	2.5411	2.4374	2.3273	2.2693	2.2090	2.1460	2.0799	2.0099	1.9353
25	2.6135	2.5149	2.4110	2.3005	2.2422	2.1816	2.1183	2.0516	1.9811	1.9055
26	2.5896	2.4908	2.3867	2.2759	2.2174	2.1565	2.0928	2.0257	1.9545	1.8781
27	2.5676	2.4688	2.3644	2.2533	2.1946	2.1334	2.0693	2.0018	1.9299	1.8527
28	2.5473	2.4484	2.3438	2.2324	2.1735	2.1121	2.0477	1.9797	1.9072	1.8291
29	2.5286	2.4295	2.3248	2.2131	2.1540	2.0923	2.0276	1.9591	1.8861	1.8072
30	2.5112	2.4120	2.3072	2.1952	2.1359	2.0739	2.0089	1.9400	1.8664	1.7867
40	2.3882	2.2882	2.1819	2.0677	2.0069	1.9429	1.8752	1.8028	1.7242	1.6371
60	2.2702	2.1692	2.0613	1.9445	1.8817	1.8152	1.7440	1.6668	1.5810	1.4821
120	2.1570	2.0548	1.9450	1.8249	1.7597	1.6899	1.6141	1.5299	1.4327	1.3104
∞	2.0483	1.9447	1.8326	1.7085	1.6402	1.5660	1.4835	1.3883	1.2684	1.0000

(Rows: Denominator Degrees of Freedom)

F - Distribution (α = 0.05 in the Right Tail)

df_2 \ df_1	Numerator Degrees of Freedom 1	2	3	4	5	6	7	8	9
1	161.45	199.50	215.71	224.58	230.16	233.99	236.77	238.88	240.54
2	18.513	19.000	19.164	19.247	19.296	19.330	19.353	19.371	19.385
3	10.128	9.5521	9.2766	9.1172	9.0135	8.9406	8.8867	8.8452	8.8123
4	7.7086	9.9443	6.5914	6.3882	6.2561	6.1631	6.0942	6.0410	6.9988
5	6.6079	5.7861	5.4095	5.1922	5.0503	4.9503	4.8759	4.8183	4.7725
6	5.9874	5.1433	4.7571	4.5337	4.3874	4.2839	4.2067	4.1468	4.0990
7	5.5914	4.7374	4.3468	4.1203	3.9715	3.8660	3.7870	3.7257	3.6767
8	5.3177	4.4590	4.0662	3.8379	3.6875	3.5806	3.5005	3.4381	3.3881
9	5.1174	4.2565	3.8625	3.6331	3.4817	3.3738	3.2927	3.2296	3.1789
10	4.9646	4.1028	3.7083	3.4780	3.3258	3.2172	3.1355	3.0717	3.0204
11	4.8443	3.9823	3.5874	3.3567	3.2039	3.0946	3.0123	2.9480	2.8962
12	4.7472	3.8853	3.4903	3.2592	3.1059	2.9961	2.9134	2.8486	2.7964
13	4.6672	3.8056	3.4105	3.1791	3.0254	2.9153	2.8321	2.7669	2.7144
14	4.6001	3.7389	3.3439	3.1122	2.9582	2.8477	2.7642	2.6987	2.6458
15	4.5431	3.6823	3.2874	3.0556	2.9013	2.7905	2.7066	2.6408	2.5876
16	4.4940	3.6337	3.2389	3.0069	2.8524	2.7413	2.6572	2.5911	2.5377
17	4.4513	3.5915	3.1968	2.9647	2.8100	2.6987	2.6143	2.5480	2.4943
18	4.4139	3.5546	3.1599	2.9277	2.7729	2.6613	2.5767	2.5102	2.4563
19	4.3807	3.5219	3.1274	2.8951	2.7401	2.6283	2.5435	2.4768	2.4227
20	4.3512	3.4928	3.0984	2.8661	2.7109	2.5990	2.5140	2.4471	2.3928
21	4.3248	3.4668	3.0725	2.8401	2.6848	2.5727	2.4876	2.4205	2.3660
22	4.3009	3.4434	3.0491	2.8167	2.6613	2.5491	2.4638	2.3965	2.3419
23	4.2793	3.4221	3.0280	2.7955	2.6400	2.5277	2.4422	2.3748	2.3201
24	4.2597	3.4028	3.0088	2.7763	2.6207	2.5082	2.4226	2.3551	2.3002
25	4.2417	3.3852	2.9912	2.7587	2.6030	2.4904	2.4047	2.3371	2.2821
26	4.2252	3.3690	2.9752	2.7426	2.5868	2.4741	2.3883	2.3205	2.2655
27	4.2100	3.3541	2.9604	2.7278	2.5719	2.4591	2.3732	2.3053	2.2501
28	4.1960	3.3404	2.9467	2.7141	2.5581	2.4453	2.3593	2.2913	2.2360
29	4.1830	3.3277	2.9340	2.7014	2.5454	2.4324	2.3463	2.2783	2.2229
30	4.1709	3.3158	2.9223	2.6896	2.5336	2.4205	2.3343	2.2662	2.2107
40	4.0847	3.2317	2.8387	2.6060	2.4495	2.3359	2.2490	2.1802	2.1240
60	4.0012	3.1504	2.7581	2.5252	2.3683	2.2541	2.1665	2.0970	2.0401
120	3.9201	3.0718	2.6802	2.4472	2.2899	2.1750	2.0868	2.0164	1.9588
∞	3.8415	2.9957	2.6049	2.3719	2.2141	2.0986	2.0096	1.9384	1.8799

Denominator Degrees of Freedom

F - Distribution ($\alpha = 0.05$ in the Right Tail)

Denominator Degrees of Freedom df_2 \ Numerator Degrees of Freedom df_1	10	12	15	20	24	30	40	60	120	∞
1	241.88	243.91	245.95	248.01	249.05	250.10	251.14	252.20	253.25	254.31
2	19.396	19.413	19.429	19.446	19.454	19.462	19.471	19.479	19.487	19.496
3	8.7855	8.7446	8.7029	8.6602	8.6385	8.6166	8.5944	8.5720	8.5494	8.5264
4	5.9644	5.9117	5.8578	5.8025	5.7744	5.7459	5.7170	5.6877	5.6581	5.6281
5	4.7351	4.6777	4.6188	4.5581	4.5272	4.4957	4.4638	4.4314	4.3985	4.3650
6	4.0600	3.9999	3.9381	3.8742	3.8415	3.8082	3.7743	3.7398	3.7047	3.6689
7	3.6365	3.5747	3.5107	3.4445	3.4105	3.3758	3.3404	3.3043	3.2674	3.2298
8	3.3472	3.2839	3.2184	3.1503	3.1152	3.0794	3.0428	3.0053	2.9669	2.9276
9	3.1373	3.0729	3.0061	2.9365	2.9005	2.8637	2.8259	2.7872	2.7475	2.7067
10	2.9782	2.9130	2.8450	2.7740	2.7372	2.6996	2.6609	2.6211	2.5801	2.5379
11	2.8536	2.7876	2.7186	2.6464	2.6090	2.5705	2.5309	2.4901	2.4480	2.4045
12	2.7534	2.6866	2.6169	2.5436	2.5055	2.4663	2.4259	2.3842	2.3410	2.2962
13	2.6710	2.6037	2.5331	2.4589	2.4202	2.3803	2.3392	2.2966	2.2524	2.2064
14	2.6022	2.5342	2.4630	2.3879	2.3487	2.3082	2.2664	2.2229	2.1778	2.1307
15	2.5437	2.4753	2.4034	2.3275	2.2878	2.2468	2.2043	2.1601	2.1141	2.0658
16	2.4935	2.4247	2.3522	2.2756	2.2354	2.1938	2.1507	2.1058	2.0589	2.0096
17	2.4499	2.3807	2.3077	2.2304	2.1898	2.1477	2.1040	2.0584	2.0107	1.9604
18	2.4117	2.3421	2.2686	2.1906	2.1497	2.1071	2.0629	2.0166	1.9681	1.9168
19	2.3779	2.3080	2.2341	2.1555	2.1141	2.0712	2.0264	1.9795	1.9302	1.8780
20	2.3479	2.2776	2.2033	2.1242	2.0825	2.0391	1.9938	1.9464	1.8963	1.8432
21	2.3210	2.2504	2.1757	2.0960	2.0540	2.0102	1.9645	1.9165	1.8657	1.8117
22	2.2967	2.2258	2.1508	2.0707	2.0283	1.9842	1.9380	1.8894	1.8380	1.7831
23	2.2747	2.2036	2.1282	2.0476	2.0050	1.9605	1.9139	1.8648	1.8128	1.7570
24	2.2547	2.1834	2.1077	2.0267	1.9838	1.9390	1.8920	1.8424	1.7896	1.7330
25	2.2365	2.1649	2.0889	2.0075	1.9643	1.9192	1.8718	1.8217	1.7684	1.7110
26	2.2197	2.1479	2.0716	1.9898	1.9464	1.9010	1.8533	1.8027	1.7488	1.6906
27	2.2043	2.1323	2.0558	1.9736	1.9299	1.8842	1.8361	1.7851	1.7306	1.6717
28	2.1900	2.1179	2.0411	1.9586	1.9147	1.8687	1.8203	1.7689	1.7138	1.6541
29	2.1768	2.1045	2.0275	1.9446	1.9005	1.8543	1.8055	1.7537	1.6981	1.6376
30	2.1646	2.0921	2.0148	1.9317	1.8874	1.8409	1.7918	1.7396	1.6835	1.6223
40	2.0772	2.0035	1.9245	1.8389	1.7929	1.7444	1.6928	1.6373	1.5766	1.5089
60	1.9926	1.9174	1.8364	1.7480	1.7001	1.6491	1.5943	1.5343	1.4673	1.3893
120	1.9105	1.8337	1.7505	1.6587	1.6084	1.5543	1.4952	1.4290	1.3519	1.2539
∞	1.8307	1.7522	1.6664	1.5705	1.5173	1.4591	1.3940	1.3180	1.2214	1.0000

■ 지은이

백승현

University of Maryland at College Park에서 응용언어학(제2언어 습득) 박사학위를 받고 성균관대학교 영어영문학과 BK21 박사후 연구원으로 활동하였으며 현재 전남대학교 영어영문학과 조교수로 재직하고 있다.

영어교육과 응용언어학 연구를 위한 SPSS의 활용

인쇄 | 2012년 2월 10일
발행 | 2012년 2월 15일

저자 | 백승현
발행 | 김윤수
발행처 | 전남대학교출판부

등록 | 1981. 5. 21. 제53호
주소 | 500-757 광주광역시 북구 용봉로 77
전화 | (062) 530-0571~3
팩스 | (062) 530-0579
홈페이지 | http://altair.chonnam.ac.kr/~cnup

값 18,000 원

ISBN 978-89-7598-992-6 (93740)

이 도서의 국립중앙도서관 출판시도서목록(CIP)은 e-CIP홈페이지(http://www.nl.go.kr/ecip)와 국가자료공동목록시스템(http://www.nl.go.kr/kolisnet)에서 이용하실 수 있습니다.
(CIP제어번호: CIP2012000665)